李志远 —— 著

国际贸易学
现代观点

International Trade

Modern Perspectives

北京大学出版社
PEKING UNIVERSITY PRESS

图书在版编目(CIP)数据

国际贸易学：现代观点 / 李志远著. -- 北京：北京大学出版社，2024.7. -- ISBN 978-7-301-35193-2

I. F74

中国国家版本馆 CIP 数据核字第 20246Y6T73 号

书　　　名	国际贸易学：现代观点
	GUOJI MAOYI XUE：XIANDAI GUANDIAN
著作责任者	李志远　著
策 划 编 辑	李　娟
责 任 编 辑	任京雪
标 准 书 号	ISBN 978-7-301-35193-2
出 版 发 行	北京大学出版社
地　　　址	北京市海淀区成府路 205 号　100871
网　　　址	http://www.pup.cn
微信公众号	北京大学经管书苑（pupembook）
电 子 邮 箱	编辑部 em@pup.cn　　总编室 zpup@pup.cn
电　　　话	邮购部 010-62752015　发行部 010-62750672　编辑部 010-62752926
印 刷 者	北京飞达印刷有限责任公司
经 销 者	新华书店
	787 毫米×1092 毫米　16 开本　22.25 印张　494 千字
	2024 年 7 月第 1 版　2024 年 7 月第 1 次印刷
定　　　价	66.00 元

未经许可，不得以任何方式复制或抄袭本书之部分或全部内容。
版权所有，侵权必究
举报电话：010-62752024　电子邮箱：fd@pup.cn
图书如有印装质量问题，请与出版部联系，电话：010-62756370

序

　　中国对外经济部门发展的路径选择、体制机制变革和成果绩效,是研究国际贸易理论、政策和实践的宝矿。从外贸国家专营,到外贸权下放、开展"三来一补",再到今天中国建设更高水平开放型经济新体制,中国对外贸易的发展历程极大地丰富了我们对国际贸易本质的认知。改革开放以来,中国经济高速增长和中国对外贸易快速发展相互交织,中国对外贸易依存度显著提高,货物贸易规模已达世界第一,从2001年加入世界贸易组织融入世界经济洪流到新时代构建国内国际双循环新发展格局,中国的国际贸易谱写了一幅波澜壮阔的生动画卷。

　　当今世界,伴随着信息通信技术、运载技术和工具的飞速发展,生产全球化快速演进,造成发达国家制造业大量向发展中国家转移,就业结构和收入结构随之变化,收入差距日益成为一个全球性问题,"逆全球化"甚嚣尘上。与此同时,在技术日新月异的当代,互联网、大数据、云计算和人工智能的大发展,促进了诸如数字贸易和跨境电子商务等新贸易业态的发展,以及基于技术和知识产权优势的"无工厂企业"的全球扩张,这些新的贸易与生产现象迫切需要我们应用贸易理论去条分缕析,利用规范的研究工具和方法去抽丝剥茧、去伪存真,找出其中的缘由和影响,提出针对性的政策,助推世界经济的平衡和平稳发展。

　　毫无疑问,世界各国特别是中国丰富的国际贸易实践为国际贸易理论的推广和普及提供了肥沃的土壤,也助推了中国学界对国际贸易问题的深入研究,产生了一系列丰硕的成果,并上升到学理的高度去概括和总结。

　　作为年轻一代国际贸易研究的杰出代表,李志远教授自美国博士学成归国后,围绕国际经济特别是国际贸易问题,结合中国国际贸易实践,展开了较为深入而系统的研究,在国内外诸多重要的学术期刊发表了一系列的前沿成果。为了更好地将前沿知识介绍到国内,帮助国内读者更好、更系统地了解国际贸易学发展的脉络、研究工具和方法,李志远教授积数载一线教学经验和体会,撰写了这部《国际贸易学:现代观点》教材。这部教材重点介绍了国际贸易理论中涉及的分析工具和范式演进,具有较强的学术特征,可能需要一定的高等数学知识作为基础。尽管如此,这部教材力求做到所介绍的理论及其所需的基础知识内在耦合。与已有类似教材相比,这部教材有如下几个方面的典型特征:

　　首先,教材力求涵盖最新的研究成果。2000年以前的国际贸易理论主要围绕国家层面和行业层面展开探讨。21世纪后,国际贸易理论迎来了重大的突破。以哈佛大学马克·梅里兹(Marc Melitz)和波尔·安特拉斯(Pol Antràs)为代表的国际贸易学家从企业视角,深入考察企业生产率差异和企业国际化经营模式,开辟了国际贸易研究的新方向——新新贸易理论。而乔纳森·伊顿(Jonathan Eaton)和塞缪尔·科特姆(Samuel Kortum)对大卫·李嘉图(David Ricardo)思想的复兴,则使得李嘉图的比较优势理论成为一种可以用来解构国际贸易实践的工具,助推了结构模型在国际贸易领域的发展。此外,伴随着国际贸易新的实践,一大批围绕生产全球化的理论成果开始纳入国际贸易理论范畴,极大地丰富了国际贸易理论的内涵。这一系列新的理论发展均在这部教材里得到较为完整和细致的呈现。

其次,教材非常强调知识的系统性。自亚当·斯密(Adam Smith)的绝对优势理论起,国际贸易理论沿着纯粹思辨到倚重实证支撑的发展脉络,先后经历了李嘉图的比较优势理论,基于要素禀赋的比较优势理论,考虑偏好多样性、生产存在规模经济或市场不完全竞争的国际贸易理论,基于企业生产率差异的异质性企业国际贸易理论,基于生产全球化的国际贸易理论等发展阶段。这部教材从李嘉图模型开始,按照国际贸易理论的发展脉络,遵循循序渐进的原则,由简单到复杂,系统地对这些理论进行了阐述和解释,以使读者能够更加清晰地了解每一种理论的假定条件、适用范围、结论的经济学内涵,系统地剖析了国际贸易理论的演进历程。

最后,教材特别注重表述的可读性。根据国内读者的习惯,这部教材引入了大量的案例和数据,通过介绍案例和数据背后的故事引入相应的贸易理论,这样使得阐述的每一种理论都建立在坚实的现实基础上,有助于增强读者的经济学直觉。此外,这部教材也强调了每一种国际贸易理论之间的区别与联系,这无疑增强了教材内容内在的逻辑性。与此同时,这部教材更多地关注了中国贸易发展的历程,对中国对外贸易开放的历程与特点进行了专门章节的说明,这有助于国内读者更好地联系中国实际开展国际贸易理论的学习。

毋庸置疑,国际贸易理论是对国际贸易实践系统而深刻的总结,但是国际贸易理论又因为有其深刻的洞察力而散发出独特的魅力,在繁杂的乱象背后呈现大道至简的逻辑之美。已故诺贝尔经济学奖获得者保罗·萨缪尔森(Paul Samuelson)曾说,经济学中有许多不可否认的正确原理,但对许多人来说并非显而易见,比较优势理论就是一个这样的例子,这一理论是国际贸易的基石,但认识和理解它需要严密的推理与深刻的思辨。

总而言之,这部《国际贸易学:现代观点》教材遵循严谨的学术规范,围绕国际贸易研究的基本问题,即国际贸易的动因、国际贸易的模式、国际贸易的福利等,将国际贸易的各种理论,按照发展历程,一一系统地介绍给我们,无疑对我们理解各种纷繁复杂的国际贸易现象,并透过这些现象认识其背后的本质大有裨益,同时也将极大地推动国内国际贸易理论的研究和发展,为形成具有中国特色的国际贸易学学科体系、学术体系和话语体系提供有力的支持。

赵忠秀
对外经济贸易大学校长
教育部高等学校经济与贸易类专业教学指导委员会主任
2023 年 10 月

目 录

导 言 ·· 1

第 1 章　国际贸易简介 ·· 10
1.1　国际贸易发展的历史阶段 ··· 14
1.2　全球国际贸易基本事实与特点 ·· 22
1.3　国际直接投资基本事实与特点 ·· 34
1.4　本章小结 ·· 47

第 2 章　国际贸易政策与制度 ·· 50
2.1　基本国际贸易制度发展 ·· 52
2.2　生产全球化与国际贸易政策关注重点的演进 ······················· 67
2.3　本章小结 ·· 72

第 3 章　中国对外贸易开放历程与特点 ··· 74
3.1　改革开放前的中国对外贸易 ··· 75
3.2　第一阶段：计划经济破冰阶段（1978—1991 年） ················· 75
3.3　第二阶段：市场经济建设阶段（1992—2000 年） ················· 84
3.4　第三阶段：国际体系融入阶段（2001 年至今） ····················· 93
3.5　本章小结 ·· 102

第 4 章　李嘉图模型 ·· 104
4.1　基本设定 ·· 105
4.2　李嘉图模型与全球化 ·· 114
4.3　本章小结 ·· 127

第 5 章　李嘉图模型扩展：两国多产品模型 ··································· 132
5.1　DFS(1977)模型 ··· 133
5.2　开放经济均衡的讨论：技术进步 ······································· 138

5.3　贸易不平衡的福利影响 ·· 145
　　5.4　本章小结 ·· 147

第 6 章　李嘉图模型扩展：多国多产品模型 ································ 150
　　6.1　生产 ·· 151
　　6.2　贸易与均衡 ·· 153
　　6.3　贸易均衡的讨论 ·· 157
　　6.4　本章小结 ·· 163

第 7 章　赫克歇尔-俄林模型 ·· 167
　　7.1　不完全分工：HO 模型 ·· 168
　　7.2　完全分工：DFS(1980)模型 ··· 186
　　7.3　本章小结 ·· 194

第 8 章　垄断竞争模型 ·· 195
　　8.1　贸易平衡垄断竞争模型：克鲁格曼(1979) ························· 196
　　8.2　贸易不平衡垄断竞争模型：克鲁格曼(1980) ····················· 207
　　8.3　本章小结 ·· 217

第 9 章　垄断竞争模型：异质性企业 ··· 220
　　9.1　模型 ·· 221
　　9.2　封闭经济均衡 ·· 223
　　9.3　开放经济均衡 ·· 228
　　9.4　封闭经济与开放经济条件下个体企业变化 ························· 233
　　9.5　本章小结 ·· 236

第 10 章　异质性企业模型：可变加成率 ····································· 240
　　10.1　需求：二次效用函数 ·· 240
　　10.2　供给：企业生产 ·· 244
　　10.3　封闭经济均衡 ·· 245
　　10.4　开放经济均衡(无贸易成本) ·· 248
　　10.5　开放经济均衡(有贸易成本) ·· 250
　　10.6　本章小结 ··· 254

第 11 章　异质性企业出口成本 ·· 258
　　11.1　理解市场渗透 ·· 259

11.2　需求 ··· 261
　　11.3　生产 ··· 263
　　11.4　均衡 ··· 265
　　11.5　贸易与福利 ··· 269
　　11.6　本章小结 ·· 274

第 12 章　异质性企业研发决策 ··· 277
　　12.1　等比研发回报模型 ·· 277
　　12.2　可变研发回报模型 ·· 285
　　12.3　本章小结 ·· 293

第 13 章　水平型国际直接投资 ··· 297
　　13.1　同质性企业垄断竞争模型 ··· 297
　　13.2　异质性企业垄断竞争模型 ··· 304
　　13.3　本章小结 ·· 308

第 14 章　生产全球化 ·· 310
　　14.1　任务贸易模型 ·· 311
　　14.2　离岸生产的合约理论模型 ··· 319
　　14.3　本章小结 ·· 330

部分习题答案 ·· 333

导　言

为什么要学习国际贸易学？为什么要使用本书来学习国际贸易学？

答案非常简单，那就是在当前的政治、经济形势下，一些特别重要的、涉及国际贸易理论或实践的问题需要我们做出回答。回答这些问题需要我们具有一定的国际贸易理论素养。这里的"我们"，包括高等院校中经济金融相关专业的同学，包括经济金融领域相关的工作者，包括政府经济管理部门的政策制定者，甚至包括经济生活中的每一个人。这里的"问题"，可能是企业的经营投资决策，可能是政府部门具体的、细节的管理政策，也可能是决定整个经济体未来发展的国家根本政策抉择。对这些问题的研究和回答，不仅仅是思想的游戏，也不仅仅是实务的总结与描述，而是涉及全球每个经济体，以及经济体中每个个人福利的根本问题。

这么说是否有点夸大？其实没有。历史已经证明，是否应该进行国际贸易、国际贸易能否带来福利改善，特别是国际贸易能否给每一个人带来福利改善，还真不是一个简单的"是"与"否"的问题，更不是一个已经形成共识的问题。在不同的历史时期，公众对这个问题的理解与回答有前进也有后退，有反转也有回潮。只不过，每一次这样的认识变化都深刻地影响了当时（以及后来）每一个人的福利，尽管绝大多数人对此并不自知。

在我国历史上，有过"丝绸之路"的辉煌，有过郑和下西洋的壮举，但是也有过"片板不许入海"的海禁，有过"天朝物产丰盈……原不籍外夷货物以通有无"的自傲。而在西方，既有过"地理大发现"的艰难探索、东印度公司的威风八面，又有过重商主义对顺差的痴迷。终于，在进入 20 世纪以后，特别是在《关税与贸易总协定》（General Agreement on Tariffs and Trade，GATT）以及后来的世界贸易组织（World Trade Organization，WTO）框架下，人类似乎终于抛弃了封闭的倾向，拥抱自由贸易，甚至是生产的全球化。

这一态度的改变大致可以分为两个阶段。第一阶段是在第二次世界大战之后，由发达国家主导建立起基于规则的国际贸易和国际金融体系。这一体系将全球主要经济体带入一个互相协商、依赖形成共识的贸易规则体系。第二阶段大约从 20 世纪七八十年代开始，发展中国家从抵制或者不情愿的态度转向积极拥抱国际贸易，主动降低本国进口关税。自由贸易的雪球越滚越大，据世界银行的估计，国际贸易占全球 GDP（国内生产总值）的比重从 1960 年的约 25% 增长到 2007 年的约 60%。

然而，好景不长。自由贸易的思想在今天突然面临前所未有的挑战。挑战有四个方面：

第一个挑战是发达国家贸易福利在不同群体中分布的不均衡。这种收益不均衡的情况在生产全球化（或者称作全球价值链）的背景下尤为突出。发达国家的跨国公司把大量的生产任务转移至发展中国家，造成发达国家原本从事这些生产任务的个体收入下降、就业困难。这部分个体面对的困难逐渐转变成一种公众共识，并由此将发达国家面对的困难与经济全球化联系在了一起，造成社会对自由贸易的整体负面观感，并上升到政府的政策层面。其结果是，全球范围内发达国家贸易保护主义抬头，形成所谓"逆全球化"的浪潮。在欧洲，有英国的脱欧；在北美洲，有美国的"再工业化"、"生产任务回流"、重新谈判北美自由贸易区、退出跨太平洋合作伙伴谈判，等等。

第二个挑战来自自由贸易所需的制度环境与现有制度环境之间的冲突。当前的国际贸易形式不再是李嘉图时代以红酒换衣服的产成品贸易形式，而早已进入生产全球化的时代。生产的全球化要求各国在生产的各个链条间紧密配合与协作。这种配合不仅仅要求各个生产主体独立完成生产任务，然后组合在一起生产出最终产品；相反，生产链条的各个节点牵涉上下游环节，也对上下游环节主体的生产过程、生产工艺、生产技术等有着各种各样的要求。由于生产链条分布在不同的国家，生产链条间的合作、博弈、利益分配不可避免地被上升到国家层面，形成对各国间制度协同的要求。这种要求在一定程度上构成对国家主权的侵蚀，从而要求一定程度的主权让渡。部分国家对这种权力让渡的抵制，会带来国家间政治博弈与冲突，构成进一步全球化发展的阻碍。

我们可以从GATT与WTO历次回合谈判的焦点变化来了解这种冲突的发展。最早的回合谈判（1947—1963年）中主要的议题在于降低关税。自1963年肯尼迪回合谈判起，谈判开始讨论非关税贸易壁垒。在这一阶段，贸易政策的讨论主要还是针对产成品贸易形态中的贸易障碍。1986年起的乌拉圭回合谈判代表着贸易政策对贸易形态转变的反映。从这一回合谈判开始，贸易政策的讨论开始聚焦于国际投资、知识产权和服务贸易等。在之后的各种双边投资协定及贸易协定中，则更为关注所谓的"深度"条款。焦点的转移反映了贸易形态的变化。例如，外商直接投资是生产全球化的主要推动力量。在我国，由外资全资企业进行的加工贸易占到加工贸易总数的绝大部分。知识产权问题则是生产全球化中跨国公司关心的核心问题。有关国际投资、知识产权、服务贸易以及其他"深度"条款的协定反映了生产转移来源国对生产转移目的国的干涉与限制。例如，这些协定会限制发展中国家控制资本流动的能力，从而使外国公司可以自由投入或转出资本；这些协定会允许外国投资者将争端上诉至国际仲裁机构，而非局限于发展中国家的法庭；这些协定会保护发达国家企业转移到发展中国家的技术，减缓发展中国家企业模仿追赶的速度；这些协定还要保障跨国公司能够获得国际水准的通信、运输、清关服务等，因此会约束生产转移目的国政府的行政管理行为。生产转移来源国与目的国在转移的生产环节管理制度、目标以及利益上的冲突，构成自由贸易进一步推进的障碍。

第三个挑战是现有国际贸易理论对当前贸易形态和贸易问题的解释能力有限。一方面，国际贸易理论一般是解释和理解已经出现的贸易形态。相较于当前国际贸易形势的变化，国际贸易理论的发展会有一些滞后。因此，即使对于一些经典的问题，由于当前国际贸易形势的变化，对这些经典问题的回答仍然可能需要修正，由此造成国际贸易理论不能对这些经典问题给出笃定的、共识性的结论。例如，贸易对经济增长有多大的影响、贸易能够带来多大的福利提升、贸易的福利如何分布、贸易如何影响收入不平等等问题都还没有定论。另一方面，随着技术的进步，新的贸易形态快速发展。例如服务贸易、数字贸易、跨境电子商务等都是近年来新兴的贸易形态。国际贸易理论过去的洞见是否仍然适用于新的贸易形态？例如，如何理解云端服务、大数据相关企业的跨国竞争？贸易福利将在经济体中如何分配，是否会过于集中？各国政府是否应该拥抱自由贸易？更重要的，政策制定者还需要关心政策的平衡，新的贸易形态下国际贸易对一部分个体带来收益的同时是否会损害另外一部分个体的利益？毕竟，自由贸易的推进不仅依赖于出口商，更依赖于普通公众能否意识到贸易带来的福利，依赖于受到贸易损害的个体能否及时转换工作或者得到救济。

第四个挑战来自公众对国际贸易的错误直觉。国际贸易理论的洞见尚未在公众中有力地普及。不是每个人都从事经济学研究，因此能够理解国际贸易理论背后的各种假设、推导和结论。公众对国际贸易的观感主要来自个体的直觉，而个体的直觉又在很大程度上受到个体经验的影响。例如，国际贸易对每个人的福利可能有很大的正向影响，但这种影响未必能够被个人直观地体验。譬如，进口商品降低了国内的物价水平，但是对于个人而言，影响物价水平的因素很多，个人所观察到的物价降低并不会被归因于国际贸易。因此，尽管国际贸易为个人带来了福利，但个人并不能体会到国际贸易的贡献。另外，国际贸易的受益群体覆盖较大（如绝大多数消费者），但群体中每个人获得的福利相对较小。而受到国际贸易损害的群体可能较小（比如某一行业或某一职业），但这个群体中每个人受到的损害相对较大。这就会造成支持国际贸易群体的集体行动困难，也即反对国际贸易的群体较容易集体发声（因为这个群体中的每个人都能从反对国际贸易的集体行动中获取较大的个人利益，尽管这个群体规模较小），而支持国际贸易的群体则难以被组织起来集体发声（因为这个群体中的每个人都只能从支持国际贸易的集体行动中获取较小的个人利益，尽管这个群体规模较大）。

国际贸易缺乏公众直觉支持的另一个原因，在于国际贸易理论的许多洞见是反直觉的，天然不利于公众形成对国际贸易的直觉支持。例如，贸易的收益需要用比较优势来解释。比较优势相比绝对优势就难以被普通个人掌握，大部分人直觉上会更多地依赖绝对优势来思考问题。一方面，如果一国可以以较低的成本生产某个产品，甚至只要该国可以生产这个产品，根据直觉个人可能就会得出该国不需要进口这个产品的结论。另一方面，如果一国不能生产某个产品，或者在国际贸易中进口该种产品需要较大的成本，根据直觉个人可能就会得出该国应该努力研发，争取实现自主生产这个产品的结论。这些直觉都是天然"反"自由贸易的。

由于以上这些挑战，国际贸易、国际分工在全球很多国家面临极其困难的境况。当前的世界经济实践与思想已经越来越接近于混乱的状态。面对这些挑战，我们（经济学者、政策制定者乃至普通公众）只有克服简单化、直觉化的倾向，研究和理解国际贸易的动机、福利影响以及不良后果，才能在国际贸易政策选择中做出最睿智、最有利的决策。为了能够做出这样的决策（或者哪怕只是形成更深入的理解），我们需要对国际贸易理论进行深入的学习与更多的研究。本书写作的目的就在于为这样的深入学习与研究提供一定的支持。

理解了国际贸易理论在当前的重要性，为什么我们不去使用一些特别经典、使用广泛的国际经济学入门教科书来学习国际贸易理论，比如芬斯特拉和泰勒（Feenstra and Taylor,2014），克鲁格曼、奥伯斯法尔德和梅里兹（Krugman,Obstfeld and Melitz,2015）所著的书籍，而特别需要使用本书呢？为了回答这个问题，让我们首先来简单审视一下国际贸易理论的发展历程。

国际贸易理论的思想基础，始于1817年由李嘉图发表的《政治经济学与赋税原理》。在这本著作中，李嘉图首次提出基于国家间生产技术的不同而带来的比较优势的概念。国际贸易理论思想以此为发端，几乎根植于每个经济学家的头脑之中。正如萨缪尔森（Samuelson,1969）所言，如果要列出社会科学中的一条既能反映真实规律又在现实中重要的命题的话，那就应该是比较优势理论。然而，尽管这一理论起到了国际贸易理论思想启蒙的作用，但我们很少能够将它与国际贸易实践联系起来，而只能用它来回答一些原则性的问题。正如伊顿和科特姆（Eaton and Kortum,2012）所言，李嘉图模型就像一个"传家宝"一样，需要向下一代展示的时候就从阁楼里取下来，展示完后会被立刻放回阁楼中去，再不去用它。

比李嘉图模型好一点，一个稍微能够与国际贸易实践结合的模型在大约100年之后被提出来。这就是赫克歇尔（Heckscher,1919）-俄林（Ohlin,1933）模型。这一模型指出比较优势的另一个来源——国家间要素禀赋的不同。在这一模型中，不同国家拥有相同的生产技术，但生产过程中需要的两种要素在国家间的相对丰裕度不同，由此形成两国间在不同产品上的比较优势。赫克歇尔-俄林模型指出了另外一种国际贸易的驱动力——基于要素禀赋的比较优势。

与李嘉图模型相比，赫克歇尔-俄林模型与国际贸易实践更多地联系起来。20世纪初至中期，类似澳大利亚、加拿大、美国等土地面积较大的国家更多地出产土地投入密集的农产品，并以这些农产品与英国、德国等劳动力相对丰裕的国家换取劳动力投入密集的产品。这种国际贸易的基本事实似乎更接近于基于要素禀赋的比较优势模型。同时，在这一时期，经济学家能够获得国际贸易数据，国际贸易理论开始摆脱纯抽象的思想形态，而更多地被实证检验起来。例如，著名的里昂惕夫悖论（Leontief,1953）研究了1945年左右美国的进出口数据是否符合要素禀赋比较优势理论。从20世纪中期至80年代（甚至持续至2000年左右），国际贸易研究的焦点一直是如何将国际贸易数据放进要素禀赋比较优势理论的框架之中。当然，后续的发展证明，这一努力基本上是失败的。

1979年,一个完全不同于前述两个模型(李嘉图模型与赫克歇尔-俄林模型)思想的国际贸易模型被克鲁格曼(Krugman,1979,1980)提了出来,这就是垄断竞争模型。前述两个模型中贸易的动机更多地来自生产端,即不同的国家在不同产品的生产上具有各自的比较优势。垄断竞争模型中的贸易动机则更多地来自需求端,即消费者偏好多样化的品种选择。模型假设不同国家的企业生产不同品种的产品,则自然而然一个国家的消费者有消费另一个国家生产品种的需求,从而产生进口该国产品的动机。当然,有了国际需求后,还需要生产端的驱动才会使国际贸易真正发生。在垄断竞争模型中,生产端企业出口的动机来自扩大市场后企业规模的扩张能够给企业带来规模效应,降低生产成本。尽管垄断竞争模型对国际贸易动机的解释相对来说比较机械,但这一模型对国际贸易中广泛存在的相似国家间(特别是发达国家之间)进行的贸易提供了一种解释,更在国际贸易模型中引入企业的概念,构成国际贸易理论的一大突破。

上述三个模型(之后我们将称其为国际贸易"经典三模型")构成了2000年以前国际贸易理论思想的主体。这三个模型具有一个共同特征,即模型相对简单、抽象,逻辑无可挑剔。但是,这些模型的逻辑过程或结论无法得到较好的实证支持,更无法回答许多贸易实践中相对具体、细节的问题。换句话说,这些模型都具有强有力的洞见,但也都具有李嘉图模型一样的"传家宝"特征。一旦涉及较为具体或细节的贸易实践问题,这些模型就无法提供更多的支持和引导了。

可以说,从2000年以后,国际贸易理论才开始进入现代化阶段。在这一阶段,国际贸易理论取得了重大的突破,主要体现在三个方面。

第一个是国际贸易理论的微观突破,即国际贸易理论开始研究企业在国际贸易中的表现。尽管在克鲁格曼的垄断竞争模型中,企业已经成为国际贸易的主体,但是在这一模型中,企业是同质的(企业之间在任何维度上没有差异)。这就限制了我们研究企业在国际贸易中的表现、角色的能力。这一困境在2003年由梅里兹(Melitz,2003)打破。梅里兹在垄断竞争模型中引入异质性企业,并且指出在贸易自由化过程中,哪些企业可以扩张,哪些企业可能收缩或退出。将异质性企业放在一个一般均衡模型中,梅里兹为研究国际贸易中的企业表现提供了一个近乎完美的框架。

异质性企业模型框架可以被用来研究一系列微观企业层面的现象,而这些现象无法在同质性企业模型框架下进行研究。国际贸易领域企业层面的研究由此井喷。例如,企业的市场进入和退出、研发决策、产品质量选择、面临的信贷约束等问题都开始成为国际贸易研究的对象。首先,将这些企业层面的表现纳入国际贸易模型增加了模型对现实的描述、拟合和预测能力。其次,异质性企业模型提供了更多的细节让我们理解国际贸易通过何种渠道对经济体或个人的福利产生影响。这两点具有极其重要的政策意义。例如,我们可以利用异质性企业模型研究贸易自由化中的潜在获益者和受损者,预测尚未实施的贸易政策可能产生的后果,等等。这样的能力对于最优贸易政策的选择极其重要。最后,理解经济体各个不同边际在国际贸易中的调整对于判断贸易的总福利影响非常重要。相较于同质性企业模型,异质性企业模型可能在收入不平等、失业、贸易保护的政治经济学等多方面的问题上有完全不同的推论。因此,异质性企业模型自提出伊始至今可以说成为国际贸易实践(如企业层面表现)的标准分析框架。

第二个是国际贸易理论的宏观突破,即国际贸易模型开始与国家或行业层面的数据进行较好的对接。这一突破来源于伊顿和科特姆对李嘉图思想的现代化改写(Eaton and Kortum,2002)。李嘉图的两国、两产品模型只能被用来进行原则性思想的阐释,但是伊顿和科特姆模型通过将这一思想拓展至多国、多产品环境,给出简单且可推导的一般均衡结果,使我们可以通过这个模型得到每个国家出口哪种产品以及出口多少产品的推论。这样的理论推论完全可以被用来与实践中的贸易结果比照,从而大大增强了国际贸易模型与实践的结合能力。在后续的发展中,这一模型框架更被加入了行业、投入—产出关系、区域等因素,这就使得李嘉图模型不再停留在思想层面,而真正成为一种工具,一种可以被用来解构实践的工具。

这一进展深刻地影响了国际贸易理论思想的发展。20世纪中期,似乎李嘉图模型对多生产要素的忽略,造成了看上去似乎更符合直觉的赫克歇尔-俄林模型思想相对广泛的传播。然而,伊顿和科特姆的工作真正带来了李嘉图思想的复兴(Revival of Ricardian Idea)。这种复兴不仅仅体现在我们对传统产成品贸易的理解上,在全球化生产的背景下,李嘉图模型相较于经典三模型中的另外两个模型,再次体现出强大的解释力。

第三个是国际贸易理论的实践突破,即实践中已经主导全球国际贸易形态的生产全球化也慢慢开始为国际贸易理论所关注。之前所有讨论到的理论与模型针对的都是传统形态的国际贸易,即产成品贸易。但是,当前的国际贸易形态已经发生革命性的变化,这就是生产全球化(或称"全球价值链""生产碎片化""离岸生产"等)。这种新的贸易形态与传统贸易形态在多个角度不同,这就造成了传统贸易模型对于理解新型贸易形态结果和影响的无能为力。

仅举几个方面的例子。第一,传统贸易形态下,国际贸易不同产品间的替代效应较强,譬如享受一次大餐(放弃穿一件新衣服)和穿一件新衣服(放弃享受大餐)可能带来相同的效用。但在新型贸易形态下,生产的不同环节之间不具有替代性,譬如生产一个电脑(至少短期内)不可能由于使用了两个CPU(中央处理器)芯片就不需要鼠标、键盘。第二,新旧两种贸易形态影响到的国家及国家内的群体不同。生产全球化事实上提供了世界各国包括发展中国家在生产环节上的分工可能。生产环节的分工使得一个国家不再需要具有生产某一产品所需的全部要素,而只要具有一种要素即可参与分工。譬如,在产成品贸易时代,我国既需要劳动力,又需要资本(或知识)才能完成产成品的生产。虽然我国具有充足的劳动力,但由于缺少资本和知识,我国无法有效地参与全球竞争。但在生产全球化时代,资本和知识可以通过外商直接投资的形式进入我国,我国所需提供的唯一要素就是劳动力。由此,生产全球化为我国和很多发展中国家(特别是发展中国家中的低教育水平劳动力)参与全球竞争提供了一个分水岭似的机会。第三,新的贸易形态下,生产环节的全球分布、资本的跨境流动、跨国公司的有效组织,都是在传统贸易形态下不存在或者不特别重要的现象,而在当前则成为理解国际贸易的关键。

生产全球化对于我国而言尤其重要。事实上,我国是发展中国家中较早(如果不是最早的话)参与国际分工的,而我国参与国际分工的形式,就是我们因过于熟悉而有点"厌弃"的加工贸易。加工贸易使得我国从实践上在发展中国家中较早加入生产全球化,这一时期生产全球化的概念甚至还未成型。以加工贸易为发端,我国将最丰富的生产要素——劳动力——与世界其他国家拥有的生产要素(如资本、知识、技术等)结合起来,获得了参与生产全球化、参与全球分工的入场券。在加工贸易的基础上,生产的过程逐渐使我国积累了更多的知识、更多的创新思想与设计、更多的人力资本、更强的生产组织能力,以及更多的企业与更大的活力。这一发展过程的结果,就是我们今天所见到的欣欣向荣、活力四射的中国经济。

尽管生产全球化在实践中如此重要,但在过去的国际贸易理论研究中,其受到的重视远远不足。自2008年起,以格罗斯曼和罗斯-汉斯伯格(Grossman and Rossi-Hansberg,2008)为发端,开始了针对生产全球化的国际贸易理论构造。在此之后,这一领域开始缓慢发展,例如鲍德温和维纳布尔斯(Baldwin and Venables,2013)和最近的安特拉斯和格塔瑞(Antràs and Gortari,2020)等。客观地讲,生产全球化理论的发展还相对缓慢,然而,国际贸易理论开始涉足生产全球化的理论探索,这必然成为国际贸易理论革命的重要一步。

稍作总结,我们可以认为,2000年之前的国际贸易理论有点像用玩具模型来解释一些基本的国际贸易思想。进入2000年之后,随着国际贸易理论在上述三个方面的突破,这一学科才真正进入现代化的发展阶段。这种发展一方面重塑了我们观察和理解国际经济的理论工具,类似于从肉眼进化到使用天文望远镜来观察天体;另一方面拓展了国际贸易理论研究的覆盖范围,使得我们开始发现和研究原来根本无法企及的"黑洞"。

了解了国际贸易理论的发展历程,现在我们可以讨论为什么特别经典、使用广泛的国际经济学入门教科书无法帮助我们深入理解和研究国际贸易了。这些经典的国际经济学入门教科书针对的是完全没有经济学背景的读者群(譬如一、二年级本科生),其目的在于帮助这些读者形成国际贸易的基本概念,其主要介绍的内容是2000年之前的经典三模型。然而,如果读者希望进一步思考和研究现实世界中遇到的国际贸易问题,那么这些经典教科书中的讨论和介绍就完全无能为力了。因此,在这些读者已经形成国际贸易的概念之后,我们需要一本教材能够将这些读者引入现代化的国际贸易讨论中来,赋予其进一步思考和研究国际贸易问题的工具。这正是本书的出发点与目标所在。

因此,本书的目标在于介绍基础的国际贸易理论,特别是近年来的国际贸易理论现代化进展。对这些进展的了解,是一个专业的经济学者所必须具备的基本素质。以本书介绍的理论为工具,读者可以进一步结合自身的经验与观察,提出自己关心的问题,并寻找自己的答案。当然,本书的目标不是直接回答国际贸易实践中遇到的各种问题。这些问题,留待读者研究本书之后自行探索。

本书的目标读者为修读过"国际经济学"后需要进一步学习"国际贸易"课程的本科学生,国际贸易与世界经济专业的硕士和博士研究生,以及对国际贸易感兴趣的相关行业从业者。本书的重点在于介绍理论工具和进展,因此不可避免地涉及理论计算与推导。要读懂这些理论推导,读者需要修读过"高等数学"课程。尽管先修"国际经济学"课程对于理解本书内容有些帮助,但是本书力求做到"自容"(包含理解内容所必需的所有信息),因此并不要求读者预先修读"国际经济学"课程。

笔者相信,本书的讨论将会使大量的读者受益。其一,我国具有很强的国际贸易研究传统,大量高校都设有国际贸易相关院系,培养了大批国际贸易相关人才。其二,我国的经济发展过程与国际贸易息息相关,国际贸易问题在我国特别受到重视。在当前世界经济面临关键抉择的时点,如何理解和看待国际贸易的贡献、预测国际贸易形势的走向,并采用有利的国际贸易政策,都是可能影响到所有国民未来福祉的关键问题。本书的讨论有望对这些问题的研究做出一些贡献。

需要特别说明的是,本书中所涉及的我国全国性统计数据,除行政区划、特殊注明外,均未包括香港、澳门特别行政区和台湾省数据。根据《中华人民共和国香港特别行政区基本法》和《中华人民共和国澳门特别行政区基本法》的有关原则,香港、澳门与内地是相对独立的统计区域,依据各自不同的统计制度和法律规定,独立进行统计工作。

参 考 文 献

Antràs, P. and A. Gortari(2020), "On the geography of global value chains", *Econometrica*, 88, 1553 – 1598.

Baldwin, R. and A. Venables (2013), "Spiders and snakes: offshoring and agglomeration in the global economy", *Journal of International Economics*, 90, 245 – 254.

Eaton, J. and S. Kortum(2002), "Technology, geography, and trade", *Econometrica*, 70, 1741 – 1779.

Eaton, J. and S. Kortum (2012), "Putting Ricardo to work", *Journal of Economic Perspectives*, 26(2), 65 – 90.

Feenstra, R. and A. Taylor(2014), *International Economics*, New York: Worth Publishers.

Grossman, G. and E. Rossi-Hansberg (2008), "Trading tasks: a simple theory of offshoring", *The American Economic Review*, 98(5), 1978 – 1997.

Heckscher, E. F. (1919), "The effect of foreign trade on the distribution of income", in E. F. Heckscher and B. G. Ohlin(Eds.), *Heckscher-Ohlin Trade Theory*, Cambridge, MA: MIT Press, pp. 43 – 69.

Krugman, P. R. (1979), "Increasing returns, monopolistic competition, and international trade", *Journal of International Economics*, 9(4), 469 – 479.

Krugman, P. R. (1980), "Scale economies, product differentiation, and the pattern of trade", *The American Economic Review*, 70(5), 950 – 959.

Krugman, P. R., M. Obstfeld and M. J. Melitz (2015), *International Economics*, 10th Edition, Boston, MA: Pearson.

Leontief, W. W. (1953), "Domestic production and foreign trade: the American capital position re-examined", *Proceedings of the American Philosophical Society*, 97(4), 332 – 349.

Melitz, M. J. (2003), "The impact of trade on intra-industry reallocations and aggregate industry productivity", *Econometrica*, 71, 1695 – 1725.

Ohlin, B. (1933), *Inter-Regional and International Trade*. Cambridge, MA: Harvard University Press.

Ricardo, D. (1821), *The Principles of Political Economy and Taxation*, London: John Murray.

Samuelson, P. A. (1969), "The way of an economist", in P. A. Samuelson(ed.), *International Economic Relations: Proceedings of the Third Congress of the International Economic Association*, London: Macmillan, pp. 1 – 11.

第 1 章 国际贸易简介

国际贸易的发展与经济体间的融合可以说是近两个世纪以来世界经济最重要的特征之一。图 1.1(a)展示了 1800—2014 年全球出口值的变化过程,图 1.1(b)则展示了取对数后的出口值。在图 1.1(b)中,曲线的斜率代表增长率。非常明显,在过去的两个世纪里,国际贸易的发展极其迅速,一直呈现近乎指数发展的趋势。特别是在 1960 年之后,全球国际贸易似乎进入一个增长的快车道,增速显著提升,年均增长率达到约 5.8%。

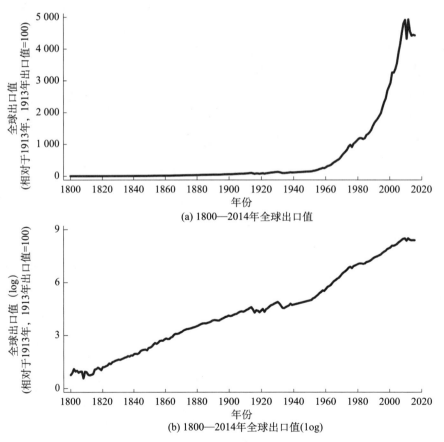

(a) 1800—2014年全球出口值

(b) 1800—2014年全球出口值(log)

图 1.1 全球国际贸易发展趋势

资料来源:Federico and Tena-Junguito(2016)。

国际贸易在一国经济中所起的作用愈发重要。图 1.2(a)展示了 1827—2014 年全球出口值占全球 GDP 的比重。1870 年以前,全球出口值占全球 GDP 的比重约在 10% 以下。1870—1920 年这五十年间,全球出口值占全球 GDP 的比重保持在 13% 左右。两次世界大战期间,全球出口值占全球 GDP 的比重有所下降,但这一趋势并未持续很久。从 1989 年开始,全球出口值占全球 GDP 的比重快速上升,到 2008 年达到 26% 左右。

图 1.2(b)特别展示了 1864—2014 年中国出口值占中国 GDP 的比重。对中国而言,国际贸易所起的作用更为显著,虽然这一发展过程起步较晚。1980 年以前,中国出口值占中国 GDP 的比重在 3% 左右。这一水平基本相当于中国 1864 年左右的水平。这一数字说明中国 1980 年以前的国际贸易极其落后。从 1980 年开始,中国的国际贸易快速发展,2000 年左右中国的出口值达到 GDP 的 30%。2004—2007 年,这一数字甚至超过 40%,达到历史最高水平。国际贸易也成为中国经济中最亮眼的明星。

(a) 1827—2014年全球出口值占全球GDP的比重

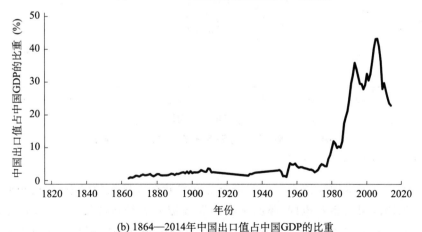

(b) 1864—2014年中国出口值占中国GDP的比重

图 1.2　国际贸易(出口值)占 GDP 的比重

资料来源:Fouquin and Hugot(2016)。

国际贸易的增长有何意义？在后面的章节中，我们将会介绍到国际贸易可能会提升消费者的福利水平。在讲解具体的理论之前，我们可以对国际贸易理论中的福利水平提升做如下简单理解：个体的效用水平由给定预算约束下个体的最优消费选择决定。国际贸易可以将个体的预算约束外推（类似收入增加），而预算约束的放松自然带来个体可选择的消费组合的增加，从而个体可以选择相比过去更优的消费组合，由此得到福利水平的提升。由于从无贸易均衡到自由贸易均衡带来的预算约束放松是一次性的，因此这种机制下的贸易收益也是一次性的。这种一次性的收益被称为静态收益，是当前绝大多数国际贸易理论主要关注的福利收益。

与静态收益不同，国际贸易也可能带来动态收益。动态收益不是一次性的，而可能不断累积、不断提升。动态收益的最好表现就是经济增长。简单比较发现，经济增长与国际贸易之间存在非常紧密的联系，经济增长迅速的国家往往也有着相对较快的国际贸易发展。如图 1.3 所示，1950—2014 年，全球经济体中人均 GDP 的增长率与出口值占 GDP 比重的增长率之间呈现近一比一的关系。

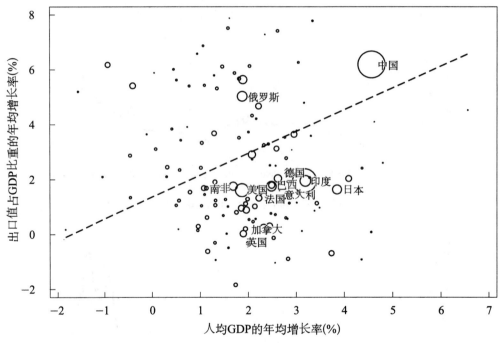

图 1.3　国际贸易与经济增长（1950—2014 年）

资料来源：Fouquin and Hugot(2016)。

尽管图 1.3 显示国际贸易与经济增长之间可能存在紧密的联系，但这种联系是否代表两者间的因果关系？也即，是国际贸易发展带来了经济增长，还是经济增长本身带来了国际贸易发展，又或者两者共同决定于其他未观测到的因素？识别国际贸易对经济增长的贡献是国际经济学中的一个重要问题。然而，就这一问题，当前国际贸易学界尚未形成共识。

第 1 章 国际贸易简介

直觉来看,国际贸易应该可以从多个方面促进经济增长。第一,国际贸易可能促进竞争,由此生产率低的企业会被生产率高的企业淘汰,从而提升整体经济的生产效率;第二,企业将产品销往更多、更大的市场,推动了生产规模的扩大,降低了单位成本;第三,国际贸易带来企业从事生产的机会,企业可以在生产过程中学习和提升生产技术,甚至可以实现自主创新。

然而,现实中国际贸易是否促进了经济增长这一问题不能用直觉来回答,因为不同的经验会带来截然不同的结论。例如,在比较典型的发展中国家贸易开放的例子中,中国的开放带来了显著的经济增长。然而,拉丁美洲的发展中国家在1990年左右进行的贸易开放并没有使这些国家收入提升多少。

在这个问题上,一个比较重要的因果关系识别研究是弗兰克尔和罗默(Frankel and Romer,1999),尽管他们并未直接研究国际贸易与经济增长之间的关系,而只是研究国际贸易与人均GDP之间的关系。使用各国1985年的数据,他们发现一国贸易值占GDP的比重与该国人均GDP之间显著相关,如图1.4(a)所示。当然,这种相关关系并不能说明国际贸易带来了人均GDP的提升。于是,弗兰克尔和罗默试图从贸易值中提取出外生于人均GDP的组分。他们使用那些只能通过国际贸易才能影响到经济的因素(如各国的地理因素)来预测各个国家的贸易值,在此基础上,观察它们与人均GDP之间的关系,这些关系就说明了国际贸易对人均GDP的贡献(这是经济学实证研究中常见的工具变量方法)。如图1.4(b)所示,弗兰克尔和罗默发现,基于外生变量构建出来的国际贸易预测值与人均GDP之间存在显著的正向关系。后续的研究使用类似的方法也发现国际贸易对生产率有正向的影响。

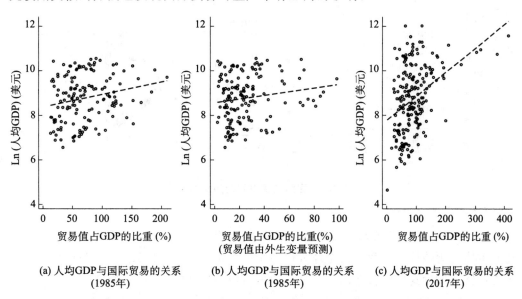

(a) 人均GDP与国际贸易的关系
(1985年)

(b) 人均GDP与国际贸易的关系
(1985年)

(c) 人均GDP与国际贸易的关系
(2017年)

图 1.4 国际贸易与人均 GDP

资料来源:佩恩世界表10.0。

当然,弗兰克尔和罗默的研究是基于1985年的数据,距今较为久远。为了观察当前国际贸易与人均GDP之间的关系,我们仿照弗兰克尔和罗默的研究,得出2017年国际贸易与人均GDP之间的关系。如图1.4(c)所示,国际贸易与人均GDP之间的关系相比1985年更为明显(拟合线的斜率更大)。这可能说明当前国际贸易对人均GDP的影响相比过去更为重要了。

总之,国际贸易的发展可以说是现代世界经济最重要的特征之一。国际贸易的发展程度可能影响一国的收入水平、生产效率、创新能力以及经济发展水平等。因此,理解国际贸易对于理解经济发展的决定因素以及选择正确的发展道路极其关键。为了给后面介绍国际贸易理论打好基础,我们将分两章介绍国际贸易的实践与背景知识,以期大家能够在理论讨论时将其与国际贸易实践联系起来。本章将主要介绍国际贸易的一些基本特点,下一章则介绍国际贸易的政策与制度。

1.1 国际贸易发展的历史阶段

国际贸易发展的历史阶段大致与世界经济格局的变化同步。图1.5展示了G7国家(美国、德国、日本、法国、英国、加拿大和意大利)与中国和印度占全球GDP的比重变化。由图可见,世界经济格局在历史上发生了两次重大变化,分别发生在1820年与1990年左右。以这两次重大变化为界,世界经济格局大致可以分为三个阶段。同样地,国际贸易的发展历程也大致可以被归为三个阶段。

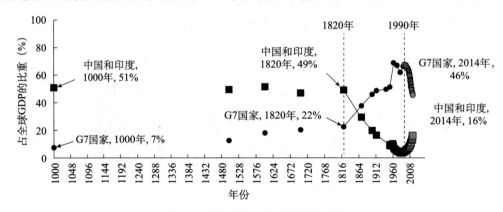

图1.5　国际贸易发展的历史阶段

资料来源:Baldwin(2016)。

1820年以前,世界经济整体上处于农业社会,因此一国的经济在全球经济中的占比基本体现为该国人口数量占全球人口总量的比重。在这一阶段,世界主要的产出集中在中国和印度这样的古老国家。这一阶段可以被称作"前全球化阶段"。

从1820年开始,国际贸易的发展和工业化引发了世界经济格局的反转。主宰世界经济长达四千年的亚洲和中东古老国家渐渐被崛起的西方发达国家(以G7国家为代表)取代。1820—1990年,G7国家占全球GDP的比重从22%上升到近67%,而中印等国占全球GDP的比重则掉落至谷底。这一阶段可以被称作"旧全球化阶段"。

世界经济格局的第二次反转发生在1990年左右。G7国家在世界经济中占比不断上升的趋势在这一年开始逆转。接下来的时期中,G7国家占全球GDP的比重大幅下降,而同一时期几个发展中国家(如中国、韩国、印度、印度尼西亚、泰国和波兰等)则夺得G7国家丢失的份额。几个发展中国家在世界经济格局中再次回到重要的位置,其中以中国最为突出。中国制造业占全球制造业产出的比重从1990年的3%上升到2010年的20%左右。这一阶段可以被称作"新全球化阶段"。

世界经济格局的这三个阶段恰好对应于国际贸易发展的三个阶段。之所以如此,是因为在不同的阶段中,国际分工与贸易的本质发生了变化,由此带来国际贸易与生产在不同国家间分布的转换,并进而改变了世界经济格局。为了理解国际分工与贸易在这三个阶段的本质变化,我们采用鲍德温(Baldwin,2016)的框架来理解阻碍国际贸易发展的力量。

阻碍国际贸易发展的力量可以分为三类,分别是商品运输的成本、思想交流的成本和人口流动的成本。在不同的历史阶段,这三类成本有不同的变化。这些变化进一步影响了国际分工与贸易,更进一步塑造了当时的世界经济格局。

1.1.1 前全球化阶段

在前全球化阶段,这三类成本都非常高。高企的成本将全球经济分割成一个个很小的经济单位(绝大多数情况下经济单位以村落为计),各个单位之间难以沟通、交流与贸易。各个小经济单位消费的产品都只能靠自己生产,自给自足。因此,产品的生产与消费被这些贸易成本绑定在了同一个经济(地理)单位内。

由于生产技术落后,销售市场狭小,分工与专业化收益甚微,因此绝大多数经济单位内的生产和消费主要依赖于农业,而农业又主要取决于气候和地理条件,这就造成世界经济分布与地理条件紧密关联。气候条件影响了人口密度,因此这一阶段世界主要的经济单位集中在几个特别适合农耕的地区,而这些地区集中在气候适宜的一段很窄的纬度范围内(北纬20度到北纬35度)。此外,河谷是最适宜的定居地,每年河水泛滥带来了径流,解决了土地肥力枯竭的问题。因此,在这一纬度范围内的河流流域逐渐形成了发达的农业文明,甚至出现了较大的城市。世界古老的文明莫不如此,如伊拉克、伊朗、土耳其、埃及、中国、印度和希腊等。

当然,在前全球化阶段,并非不存在贸易,甚至其规模相当可观。以中国为例,连接中国与欧洲的丝绸之路途经甘肃、新疆,到中亚、西亚,并连接地中海各国。海上丝绸之路则从中国通过东南亚到印度、中东,再到南欧。在中国国内,京杭大运河和漕运体系将不同的地理单位连接起来。

然而,需要明确的是,相对于绝大多数人口生存需要的物资而言,这一阶段的国际贸易几乎聊胜于无。一方面，贸易的物品主要是那些本地无法获得的物品，比如重要的原材料和奢侈品等；另一方面，贸易涉及的人群往往只有社会的最上层，社会底层人群的日常生活受到国际贸易的影响极其有限，主要消费的物品往往需要依靠身边极小的地理单位来生产。图1.6展示了20世纪初中国大城市北京、南京和上海的风貌，从中可以直观地感受到在国际贸易发展尚不发达的时期，城市与普通民众受到国际贸易的影响有限。

(a) 北京前门大街，1920年

(b) 南京仪凤门，1922年

(c) 上海福州路，1915年

图1.6　20世纪初中国大城市繁华街道风貌

资料来源：中国历史照片，https://www.hpcbristol.sjtu.edu.cn(访问时间：2013年10月9日)。

1.1.2　旧全球化阶段

进入旧全球化时代，商品运输的成本大幅下降，而思想交流的成本和人口流动的成本变化很小。这带来了生产与消费的解绑以及相应的产成品贸易。

商品运输成本的下降最早源自蒸汽动力的使用。虽然早期蒸汽机体型笨重、耗能巨大，功效也比较有限，但它能够完成在过去需要大量人力、畜力一起才能完成的任务。随着技术的进步，蒸汽机的设计取得很大的进步，被赋予更多的工业用途。到19世纪早期，蒸汽机已经被用在船只和火车上，大大提升了商品运输的效率，降低了商品运输的成本。

铁路从根本上降低了散装货物横穿大洲的运输成本，并由此打开了欧洲内陆通向全球经济的大门。发达国家如英国、美国、德国和日本等相继在国内建设了铁路网络，彻底改造了陆地交通。在海洋运输方面，蒸汽船带来了远洋航行的革命。在蒸汽船发展的初期，运输船只一直不能完成从混合动力向单纯依靠蒸汽供能的转变，这主要是因为航程中煤炭供应的限制。到19世纪末，全球主要港口都建成储煤仓库，蒸汽船及时补充燃料的问题得到了彻底的解决。

远洋船舶、火车和卡车等运输设备的技术进步大大降低了商品运输的成本。但这些技术没能解决装货和卸货中依靠人力从而效率很低的问题。20世纪60年代，全球运输业开始了"集装箱化"革命，并在此后的二三十年内以指数级速度迅猛发展。集装箱的出现大幅减少了运输过程中需要的人工。并且，由于箱体的标准化，世界各地的港口和车站都可以集中力量优化起重机和其他机器，由此进一步带来商品运输成本的大幅下降。

当然，在商品运输成本下降的同时，工业生产技术也发生了革命性的变化。化学、电力和内燃机的发展催生了新的工业与生产方式，即所谓的"第二次工业革命"。发达国家的工业化造成工厂在工业区的地理集中，而这种集中进一步带来创新成本的降低，并刺激工业化国家内部生产的进一步集聚。但是，由于思想交流的成本和人口流动的成本并未得到有效的降低，生产技术的突破和积累仅仅局限在发达国家内部，发展中国家并不能很容易地学习或者模仿发达国家的生产技术。

商品运输成本的降低打破了产品的生产和消费在地理意义上的绑定。像我们在后面章节中将要介绍的李嘉图模型与赫克歇尔-俄林模型所展示的那样，不同国家在不同产品的生产上成本各不相同，由此造成不同产品在不同市场的相对价格不同。例如，在英国1公斤面粉可以交换10件衣服，但在法国1公斤面粉只能交换1件衣服。这样法国的面粉生产商就有动机将本地生产的面粉销售到英国去，而英国的消费者也愿意购买来自法国的相对更便宜的面粉（因为不再需要以10件衣服的代价去交换1公斤面粉了）。

这样的贸易动机由于商品运输成本的降低而得以实现。人们开始购买由遥远的国家生产的产品（在这个例子中，英国购买法国的面粉，而法国购买英国的衣服）。各国开始逐渐专业化于它们最有竞争力的部门（英国生产更多的衣服，法国生产更多的面粉），远距离贸易开始出现。这就完成了全球化的第一次解绑——生产与消费的解绑。这一次解绑伴随着产成品贸易在世界主要工业化国家的腾飞。

商品运输成本的降低在促进贸易的同时增强了生产的集聚性。一方面，正像后面章节中将要介绍的垄断竞争模型所刻画的那样，运输成本的降低使得一些企业获得服务更大市场的机会，并因此能够以前所未有的规模进行生产。生产规模的扩大能够使企业降低单位产品的生产成本，从而使生产向较少得以扩大规模的企业集中。另一方面，大规模生产的组织复杂。生产的复杂性再加上高昂的知识交流成本决定了生产组织在空间上不可能分布在过于遥远的地方。将生产的各个环节在地理上集中能够降低生产过程的管理成本，使管理流程更加稳定。因此，生产的过程必须集中于地理范围极小的工厂内部，而规模经济又将特定产品的生产集中于较大的企业。

由以上讨论可见，我们在导言中提到的国际贸易经典三模型描述的正是旧全球化阶段下国际贸易的形态。国际贸易理论主要描述产成品贸易的这一传统一直持续至今，包括当前最常使用的国际贸易模型：梅里兹模型及伊顿和科特姆模型等。当然，致力于理解新全球化下国际贸易新形态(生产全球化)的国际贸易模型正在蓬勃发展中,只是还没有出现一个能被学界广泛接受的模型。

1.1.3 新全球化阶段

进入新全球化时代,商品运输的成本继续下降,加入这一下降势头的还有思想交流的成本。与此同时,人口流动的成本并没有特别显著的降低。这些成本的下降将一个产品的不同生产环节进行了解绑,使不同的生产环节可以在不同的国家进行,这就带来新全球化阶段下的新型国际贸易形态——生产全球化。

从20世纪80年代后期开始,一些新的技术革命极大地改变了生产过程的组织形式。首先是信息与通信技术(Information and Communication Technology,ICT)的发展。早期信息技术侧重于信息的编码、存储和解码等,而通信技术侧重于信息的传输。随着技术的发展,这两个方面已经无法分割,融合成为一个范畴。信息与通信技术发展的早期代表是电报、电话的发明,以及电磁波的发现。这些发明与发现使得人类通信产生了根本性的变革,实现了使用金属导线上的电脉冲来传递信息以及通过电磁波来进行无线通信。

接着是电子计算机的普及应用,这大大增强了人类处理信息的能力。20世纪80年代末多媒体技术的兴起,使计算机具备了综合处理文字、声音、图像、影视等各种形式信息的能力。计算机与现代通信技术的结合进一步发展出了计算机网络,实现了计算机之间的数据通信、数据共享。

技术的发展使得远程信息共享发生了根本性的变革。早期,人们的沟通还需要借助电报、传真、电话和电子邮件等。当前,随着智能手机和电信网络的发展,双向、持续、实时地进行文字、图片和数据的交流几乎没有成本。信息与通信技术革命彻底消除了距离对数字化信息流动的约束。

当人们可以极其容易地将信息通过光缆传送到世界上任何一个角落的时候,企业的生产组织要求(如工作实践、管理实践以及企业、顾客、供应商联系等)就发生了重大的变化。生产过程更加模块化,生产就可以通过远程合作来完成。复杂的远距离协调和合作变得更简单、快捷与安全,远程合作能够容许更多、更频繁的交流。因此,企业可以将不同的生产环节根据该生产环节在世界各地生产成本的不同而安排在特定而非集中的地点,毕竟在不同地点进行生产协调已经变得非常容易。

当然,生产环节在不同国家的分离也需要商品运输技术的支持。20世纪80年代中期,货物空运的发展促进了国际生产网络的发展。联邦快递(Fedex)、敦豪快递(DHL)以及联合包裹服务公司(UPS)等国际性快递公司的出现代表货物空运的正式兴起。

空运在国际生产网络中的关键优势在于它的速度。例如,洲际海运一般需要二十到三十多天的时间,而空运只需要一两天时间,甚至更短。运输时间缩短的同时带来了物流的可靠性。运输时间的缩短以及物流的可靠性对于国际生产网络的组织至关重要,因为不同的生产环节需要及时、精准、快速的协调配合,只有这样才能保证整个生产网络的稳定流畅运行。当一个生产环节出现问题,需要另一个生产环节提供支持时,通过空运只需要几天甚至几个小时就能解决问题,而如果通过陆路或海路运输的话,则可能需要几周的时间。当前的国际生产网络事实上非常依赖空运这样的快速物流服务。如赫梅尔斯和施瓦尔(Hummels and Schaur,2013)指出,在美国,约有40%的零部件进口是通过空运完成的。

随着远距离通信、协调和物流成本的降低,生产的不同环节开始被分割并被置于距离很远的国家,这就是生产的全球化。根据不同的语境,生产全球化也被称作生产碎片化(Production Fragmentation)、离岸生产(Offshoring)、全球价值链(Global Value Chain)等。生产组织者根据每一个环节在不同国家的生产成本的不同而选择最优的生产分配方式。例如,知识与技术密集型的生产环节保留在发达国家,而劳动密集型的生产环节被离岸至劳动力丰裕、工资较低的发展中国家。

当然,即使是同样知识与技术密集的环节,或者同样劳动密集的环节,也可能由于各个国家或地区在不同环节上的优势不同而被安排在不同的地方进行生产。例如,在集成电路这种技术极其密集的产品生产上,不同国家或地区也有所分工。美国的英特尔集中在CPU的研发生产上,日本、韩国的企业(三星、索尼等)分工在存储器(DRAM和NAND flash)方面,而中国台湾(台积电)则专长于半导体制造。

截至目前,生产全球化实践中的一个显著特征是发达国家与发展中国家间的合作,特别是发达国家与其邻近发展中国家间的合作。这两类国家之间存在巨大的工资差异。如果企业能够把劳动密集的生产环节分散到发展中国家,企业就能极大地节约生产成本。进一步地,如果发展中国家毗邻发达国家,则发达国家的企业不仅能够享受到发展中国家较低工资的优势,还能节约协调与交流的成本。所以,美国与墨西哥之间、日本与中国和东盟国家之间,以及德国与波兰之间都存在大量的生产合作关系。

为了对生产全球化的发展程度有所了解,图1.7(a)展示了1995年和2014年全球各国进口距离分布。由图可见,1995年全球各国平均进口距离约为5 000公里,这一距离大约相当于北京到旧金山距离的一半。以平均进口距离为半径,分别以美国、德国和中国为圆心画圆,刚好可以将全球划为三个互不交叉的圆。到2014年,全球各国平均进口距离比1995年稍有增加,但增加的距离有限。因此,从进口距离的角度来看,生产全球化在实践中可能主要体现为区域性的生产联系。

图1.7(b)则将国际贸易的产品分为三类,即中间品、最终消费品和资本品,并汇报了三类产品从1995年到2014年全球进口距离的变化。从图中可以看出,中间品的进口距离最短,大约为4 500公里,资本品的进口距离稍长,但与中间品接近。这两类产品大致可以认为是生产全球化过程中需要贸易的产品类型。相较于这两类产品,最终消费品的进口距离最长,达到5 700公里左右。从图中也可以看出,1998—2014年生产全球化并未发生较大的推进,因为中间品和资本品两类产品的进口距离并未显著地增加,其增加幅度仅约500公里,这大致相当于上海到合肥的距离。

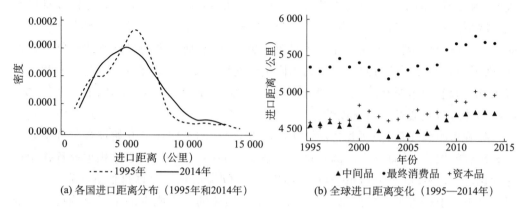

图 1.7　全球进口距离

资料来源：法国世界经济信息及前景研究中心(CEPII)的 BACI 数据库。

生产全球化的另一个显著特征是其发展主要以外商直接投资为载体。尽管生产的过程可以打破地理的限制搬至发展中国家，但原来的生产企业很难也很不愿意将生产的资本、技术和知识转移至离岸合作企业。因此，生产全球化很大部分由原来的生产企业以外商直接投资的形式在发展中国家设立子公司或工厂进行。例如，2008 年我国的加工贸易（生产全球化在我国的一种表现形式）中，约 5 000 亿美元的出口值由外商全资企业和外商合资企业完成，不到 1 000 亿美元的出口值由内资企业完成。

1.1.4　国际贸易发展的历史阶段小结

我们现在可以对国际贸易发展的历史阶段稍作总结，如图 1.8 所示。国际贸易的发展与世界经济格局的变化紧密相关，两者变化的底层动力来自贸易分工形式的不同。

在前全球化阶段，商品运输成本、思想交流成本、人口流动成本的限制使得生产只能在极小的经济单位内部进行，无法分工与贸易，从而造成世界经济格局主要集中于人口大国。到旧全球化阶段，商品运输的成本降低，而思想交流、人口流动的成本基本不变。这带来生产和消费在地理意义上的解绑：生产集中在一个地方，但产品可以销售到遥远的国家。这一阶段贸易分工发生在产成品层面，由此国家间开始进行产成品贸易。生产集中在少数发达国家，导致发达国家与发展中国家在经济发展上产生大分流。最后，到新全球化阶段，商品运输成本和思想交流成本都得到了显著的降低，产品生产的环节之间开始解绑。这一阶段贸易分工发生在生产环节层面，发展中国家可以将本国的廉价劳动力与发达国家的资本和知识要素结合而参与全球化生产。大量的离岸生产带来了部分发展中国家的工业化，使得全球经济版图从发达国家部分转向参与全球化生产的发展中国家。

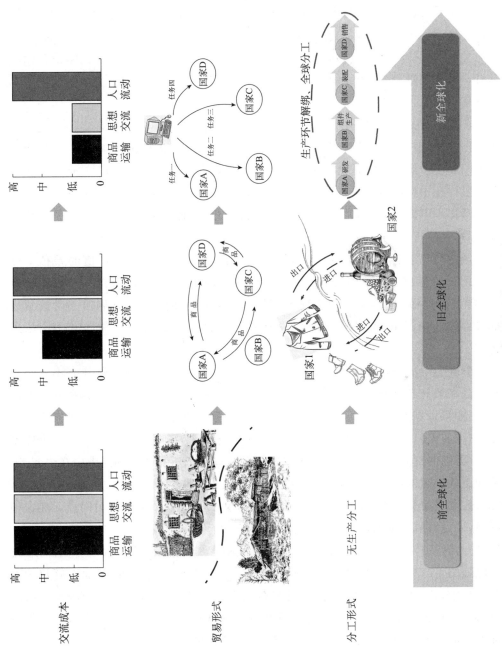

图1.8 国际贸易发展的历史阶段

1.2　全球国际贸易基本事实与特点

国际贸易，或者说进口与出口(Imports/Exports)，指的是各国之间进行的商品和服务的交换。注意这里存在两类产品的贸易：一种是商品，一种是服务。通常讨论的，或者海关能够有效统计的贸易，一般是商品的进口与出口。例如，电脑的零部件由中国从日本和韩国进口，生产好的电脑在中国码头装运后出口至美国，美国为这一产品的最终消费地。

服务贸易与商品贸易不同，很难由海关进行统计，因为很多服务是直接在进口国或出口国发生，而不需要经由海关。例如，建筑服务可以在进口国直接进行(中国企业建设美国旧金山海湾大桥)，这并不需要将这种服务先在出口国"装卸"与"运输"；旅游服务则可以在出口国直接进行(美国游客在张家界景区游玩，代表中国服务向美国的出口)，同样也不需要经由海关。在本书后面的讨论中，除非特别注明，国际贸易均指商品贸易。

一国的贸易差额(Trade Balance)指的是该国总出口值与总进口值的差值。如果一国的出口值超过进口值，则该国具有贸易顺差(Trade Surplus)；反之，该国就有贸易逆差(Trade Deficit)。在很多的新闻报道中，往往会在两国的基础上讨论贸易差额。在双边情况下，贸易差额即一国向另一国的出口值减去该国从另一国的进口值。

尽管现实生活中贸易失衡无处不在，但在国际贸易模型中，我们往往并不关心各国是否存在贸易逆差或顺差，而假设每个国家都达到了贸易均衡。做出这种假设的原因在于，如果世界上只存在两个国家，那么一个国家不可能相对于另一个国家永远保持顺差(或逆差)，否则就相当于这个国家一直在贷款给另一个国家(或从另一个国家借款)。不同的时间点总要有贷款，也要有还款。如果把所有的时间点考虑在一起，则贷款和还款必须达到平衡。由于国际贸易理论关注的是各国间贸易动机和贸易福利，研究中往往采用静态模型，即将所有的时期(今天与未来)压缩成一个时间点。在这种情况下，采用贸易均衡的假设就合乎情理了。

另外，到了生产全球化时代，双边贸易差额的问题几乎是一个伪命题。例如，假设一个电脑的生产中，中国从日本和韩国进口了500美元的中间品，进行加工后定价为600美元出口至美国。只讨论双边贸易差额时，这600美元全部算作了中国向美国的出口，但其中只有100美元真正应该算作中国向美国的出口。因此，双边贸易差额在当前贸易形式下是一个非常似是而非的概念，需要谨慎使用。

当然，特别针对某个时间点，一国总体贸易差额还是非常重要且有意义的概念。贸易差额会受到很多宏观因素的影响，如国家的宏观经济状况、经济中的总支出和储蓄水平等。这一类问题是国际宏观经济学的研究领域，本书不做深入讨论。

1.2.1 国际贸易基本事实

当前全球国际贸易总量有多大？表1.1展示了2018年全球主要经济体的进(出)口值。全球作为一个整体,2018年出口总值(或进口总值)为18万亿美元。以大洲来看,主要的经济体集中在亚洲、欧洲与北美洲。其中,亚洲和欧洲的贸易规模相似,进(出)口值均在7万亿美元左右。北美洲的两个大国中,美国占据主导地位,出口值达到1.4万亿美元,而进口值达到2.4万亿美元。

表1.1 全球国际贸易概况

经济体	出口					进口				
	2018年		1995—2000年	2001—2010年	2011—2018年	2018年		1995—2000年	2001—2010年	2011—2018年
	总值(亿美元)	占比(%)	总值年均增长率(%)			总值(亿美元)	占比(%)	总值年均增长率(%)		
世界	183 824	100.0	6.2	9.9	3.4	183 824	100.0	6.2	9.9	3.4
亚洲	74 781	40.7	8.4	12.1	4.4	67 422	36.7	6.5	12.8	4.5
东亚										
中国	25 871	14.1	13.2	19.7	5.8	16 106	8.8	7.8	21.6	6.1
日本	7 126	3.9	2.4	5.9	−0.2	6 534	3.6	4.0	7.6	1.4
韩国	6 166	3.4	7.4	11.3	3.6	5 091	2.8	7.6	11.7	3.7
东南亚										
新加坡	3 227	1.8	8.2	9.2	4.4	3 234	1.8	10.3	8.9	3.3
越南	2 737	1.5	28.3	16.9	17.9	2 533	1.4	19.2	19.5	14.7
马来西亚	2 698	1.5	11.5	8.2	3.4	2 122	1.2	6.5	8.7	4.1
泰国	2 615	1.4	6.7	11.6	3.7	2 272	1.2	−0.3	12.5	5.0
印度尼西亚	1 972	1.1	7.7	10.4	2.4	1 798	1.0	2.7	15.5	4.4
南亚										
印度	3 259	1.8	7.0	18.8	6.9	4 920	2.7	5.9	25.5	5.7
西亚										
沙特阿拉伯	2 627	1.4	17.0	13.5	4.5	1 359	0.7	3.9	12.7	4.0
阿联酋	2 416	1.3	15.8	20.8	10.3	2 319	1.3	9.6	18.2	6.8
欧洲	71 354	38.8	3.3	9.2	3.1	69 794	38.0	3.8	9.4	2.8
俄罗斯	4 271	2.3	18.9	16.6	3.4	2 315	1.3	7.3	20.9	2.5
波兰	2 590	1.4	6.8	18.0	6.9	2 776	1.5	9.9	15.6	5.9
英国	4 638	2.5	5.0	4.4	2.1	6 513	3.5	6.5	6.0	2.0
意大利	5 398	2.9	1.3	7.2	2.9	5094	2.8	3.7	8.9	1.1
西班牙	3 302	1.8	4.6	8.5	4.3	3 775	2.1	6.7	8.8	2.5
德国	15 047	8.2	1.1	9.6	3.0	11 998	6.5	0.7	8.6	3.2
法国	5 630	3.1	1.8	6.3	1.5	6 570	3.6	2.5	7.6	1.6

(续表)

经济体	出口				进口			
	2018年		1995—2000年	2001—2010年	2011—2018年	2018年		1995—2000年	2001—2010年	2011—2018年
	总值（亿美元）	占比（%）	总值年均增长率（%）			总值（亿美元）	占比（%）	总值年均增长率（%）		
荷兰	5 503	3.0	1.7	9.9	3.7	6 137	3.3	3.1	10.5	3.1
北美洲	18 735	10.2	9.5	5.0	2.8	27 802	15.1	12.0	5.8	3.5
美国	14 416	7.8	9.0	5.0	3.0	24 089	13.1	11.7	5.8	4.0
加拿大	4 305	2.3	11.3	4.9	2.2	3 689	2.0	13.7	5.6	0.5
拉丁美洲	10 687	5.8	9.4	10.6	2.7	10 259	5.6	8.9	10.4	2.8
墨西哥	4 413	2.4	15.5	7.0	5.3	4 162	2.3	20.0	6.5	6.3
巴西	2 425	1.3	3.4	14.9	2.8	1 729	0.9	1.9	14.9	0.5
非洲	5 218	2.8	12.0	15.0	1.1	5 673	3.1	3.4	14.8	2.1
大洋洲	3 017	1.6	3.7	13.1	2.8	2 798	1.5	6.6	11.4	2.7
澳大利亚	2 476	1.3	4.5	14.0	2.6	2 189	1.2	7.5	11.7	2.5

资料来源：CEPII BACI 数据库。

我们将国际贸易发展的历史进程划分为1995—2000年、2001—2010年和2011—2018年三个阶段。可以看出，2001—2010年这十年中，全球国际贸易经历了最快的增长期，年均增长率达9.9%。亚洲与欧洲在此期间出口年均增长率分别为12.1%和9.2%。表现最亮眼的国家当属中国（19.7%）、印度（18.8%）、越南（16.9%）、波兰（18.0%），这些国家较深入地参与了新全球化阶段的生产全球化进程，实现了较快的增长。另有一些发展中国家[如俄罗斯（16.6%）、巴西（14.9%）和阿联酋（20.8%）]及一个发达国家[澳大利亚（14%）]也实现了较快的增长。这些国家有着非常丰富的初级资源，其增长因此主要受益于新全球化阶段生产扩张带来的对初级资源需求的大量增长。

2011—2018年，全球国际贸易增速下降，年均增长率仅为3.4%。在此期间，唯一达到进出口两位数增长的国家是越南（出口17.9%、进口14.7%）。越南在前两个阶段的发展也表现不俗，出口与进口的增速均超过或接近20%。在全球国际贸易增长放缓的阶段还能取得如此高的增长率，越南未来必将在全球经济中发挥更重要的作用。

图1.9展示了1995—2018年主要经济体贸易额及占比情况。这些经济体的贸易额占到了全球贸易总额的约50%。2018年，无论出口还是进口，排在前三的贸易大国都是中国、德国和美国。尤其突出的是中国，自2001年加入WTO以来，中国对外出口迅猛增长，2003年超过日本，2005年超过美国，又在2007年超过德国成为全球第一大出口国。2018年，中国的出口额达到约2.6万亿美元的水平。中国之外，德国与美国的出口水平自2003年起就一直比较接近，各自占到全球贸易总额的约8%。2018年，两国的出口额各约为1.5万亿美元，都超过排名第四的日本（约7 000亿美元）较大的水平。

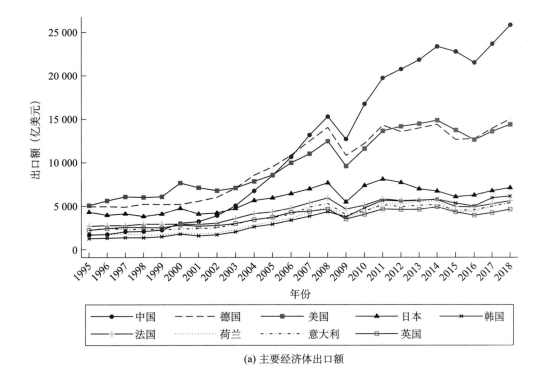

(a) 主要经济体出口额

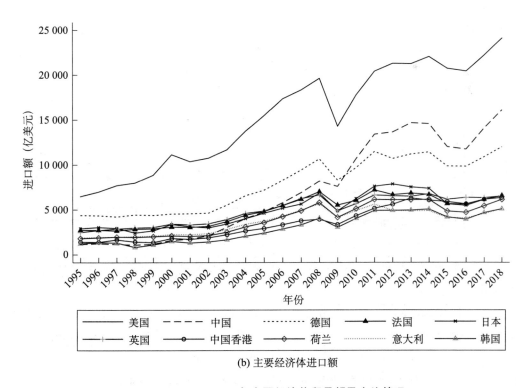

(b) 主要经济体进口额

图 1.9 1995—2018 年主要经济体贸易额及占比情况

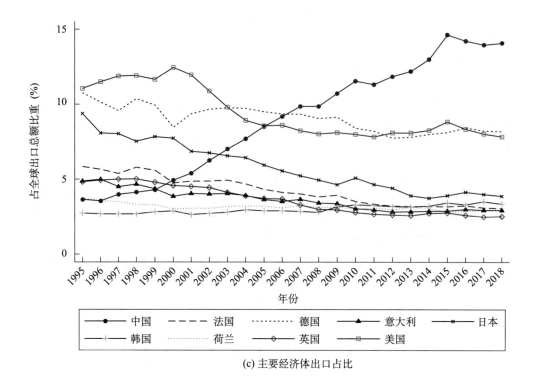

(c) 主要经济体出口占比

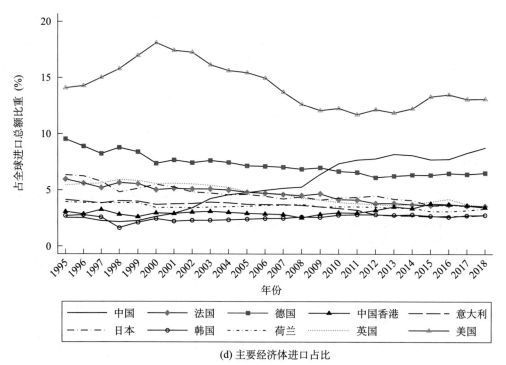

(d) 主要经济体进口占比

图1.9 1995—2018年主要经济体贸易额及占比情况(续)

资料来源:CEPII BACI 数据库。

进口方面,美国一直是全球第一大进口国,2018年其进口额约为2.4万亿美元,远超排名第二的中国约8 000亿美元。中国尽管尚未超过美国成为第一大进口国,但同样自2001年起进口开始大幅提升(2001年的排名为全球第八)。中国在2010年超过德国成为全球第二大进口国,2018年进口额达到1.6万亿美元,同时期排名第三的德国与排名第四的日本的进口额分别约为1.2万亿美元和0.65万亿美元。

哪些产品是全球贸易的主要产品呢?我们将贸易产品分为农产品、矿产品、化学工业及其相关工业产品和制造业产品。表1.2给出了2018年这些产品的出口额、出口占比以及在三个阶段的年均增长率。2018年,全球最重要的贸易产品是制造业产品,其出口额占到全球贸易总额的67.1%,达12万亿多美元,其中机器设备及零部件出口额占全球贸易总额的25.9%,是制造业的主要贸易产品;矿产品的出口占比为14.4%,而农产品的出口占比不到10%。这里特别需要注意的是农产品与矿产品的出口占比,这两类产品在过去(如一个世纪前)是主要的贸易产品。当前制造业产品出口占比的提升表明全球生产技术的发展使得人类社会不再主要依赖初级产品。

表1.2 全球国际贸易产品结构

贸易产品	2018年		1995—2000年	2001—2010年	2011—2018年
	出口总值(亿美元)	占比(%)	出口总值年均增长率(%)		
农产品	16 077.21	8.7	−0.8	10.4	4.1
矿产品	26 394.60	14.4	17.0	17.0	3.5
化学工业及其相关工业产品	18 042.25	9.8	5.0	11.4	3.4
制造业产品	123 310.00	67.1	6.2	8.5	3.7
交通运输	19 237.45	10.5	6.3	8.3	3.9
仪器仪表	6 820.06	3.7	11.9	9.2	4.2
机器设备及零部件	47 680.18	25.9	8.7	7.4	3.7
纺织	8 145.12	4.4	2.3	5.7	3.4
贱金属	13 419.67	7.3	1.5	13.1	2.5
制造业其他	28 007.48	15.2	4.7	9.4	4.2
总计	183 824.06	100.0			

资料来源:CEPII BACI数据库。

当把国家按照联合国贸易和发展会议(UNCTAD)的标准划分为发达国家和发展中国家两类时,我们可以看出不同类型产品生产在发达国家与发展中国家之间的转移。图1.10汇报了1995—2018年两类国家不同类型产品出口额占全球贸易总额的比重。我们可以看到,发达国家的贸易份额在向发展中国家转移;发达国家的制造业产品出口占比在显著下降,丢失的份额主要转移到了发展中国家,此外发展中国家的矿产品和化学工业及其相关工业产品出口也获得了一些份额;无论是发达国家还是发展中国家,农产品出口占比都比较小。

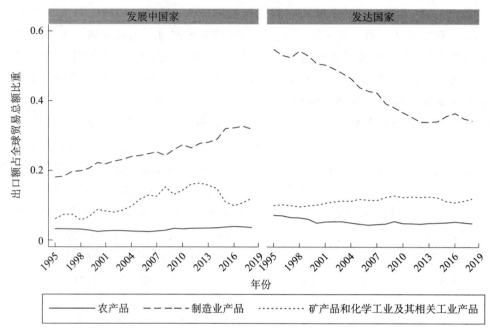

图 1.10 1995—2018 年全球国际贸易产品结构

资料来源：CEPII BACI 数据库。

进一步地，我们想了解全球国际贸易流向。我们将世界所有国家分为发达国家、新兴国家和其他国家三类。其中，新兴国家为过去几十年间经济高速增长的国家，包括中国、印度、印度尼西亚、波兰、韩国和泰国（Baldwin, 2016）。通过这样的划分，我们可以清楚地看出：其一，全球的需求主要来自发达国家，无论在哪个阶段，无论是哪类国家，贸易的主要出口部分都是流向发达国家。其二，新兴国家的贸易参与度逐步上升，各类国家出口到新兴国家的比重在过去二十多年间都得到了较大的增长（如表 1.3 所示）。

表 1.3 全球国际贸易流向   单位：亿美元

			进口国家		
		年份	发达国家	新兴国家	其他国家
出口国家	发达国家	1995—2000	73.4	6.9	19.7
		2001—2010	70.6	9.2	20.2
		2011—2018	63.7	13.5	22.8
	新兴国家	1995—2000	56.7	9.5	33.7
		2001—2010	53.2	12.3	34.6
		2011—2018	44.6	14.6	40.8
	其他国家	1995—2000	61.1	11.3	27.6
		2001—2010	53.5	16.4	30.0
		2011—2018	44.0	24.4	31.6

资料来源：CEPII BACI 数据库。

另外一个影响两国间贸易水平的因素是地理距离。图 1.11 展示了两国间贸易水平与两国间地理距离的关系。其中,纵轴代表两国间贸易额与两国 GDP 乘积的比值的对数值,横轴代表两国间地理距离的对数值。显然,两国间地理距离越远,给定两国的经济规模,两国间贸易水平越低。这一现象非常容易理解,随着地理距离的增加,贸易的成本增加,由此造成贸易额的降低。

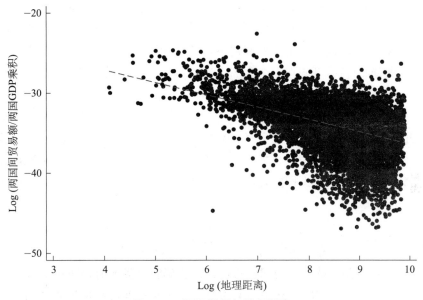

图 1.11　国际贸易与地理距离

资料来源:CEPII BACI 数据库(2012 年数据)。

国家间贸易水平随着地理距离的增加而降低这一思想早在 1962 年就由贸易学界丁伯根(Tinbergen,1962)提出。具体而言,两国间贸易总额(T)与它们的经济总量(Y)成正比,与它们的地理距离(D)成反比。表达成数学的形式,即

$$T_{ij} = AY_iY_j/D_{ij}$$

这一思想可以类比于牛顿所提出的万有引力模型,因此被称为国际贸易的"引力模型"。

引力模型是国际贸易学中的一个重要定理。在提出之初,人们并不理解其背后的机制。随着国际贸易学的发展,经济学家逐渐发现,从大多数后面我们将要介绍的国际贸易模型出发,我们都能够推导出引力模型的某种形式,只是引力模型中各项的系数和具体含义有所不同,例如 $T_{ij} = AY_i^\alpha Y_j^\beta / D_{ij}^\gamma$,其中 α、β、γ 的具体数值与含义随贸易模型而不同。因此,引力模型是两国间贸易的一个很好概括。而国际贸易学中对引力模型的关注,归根结底是对如何解释国与国之间贸易的关注。

1.2.2　国际贸易的基本特点

国与国之间贸易的不平衡

当今世界存在大量的国际贸易,但贸易不是在所有国家间都发生,而是集中在某

些国家间高强度发生。国家间为何会发生贸易？贸易在什么样的国家间更容易发生？不同国家间贸易流量如何被决定？这些都是国际贸易学重点关心的问题。接下来本书会结合国际贸易学的最新进展给出一些回答。现在，让我们先从事实的角度来体会国际贸易的这一特点。

图 1.12 呈现了 2018 年全球双边贸易热度图。矩阵的行和列分别代表出口国和进口国，矩阵的每一个小方格代表一个行国家与一个列国家的出口关系。矩阵每一个小方格颜色的深度代表行国家向列国家的贸易额占当年全球贸易总额的比重，颜色越深表明贸易份额越大，颜色越浅表明贸易份额越小，无颜色则表示没有发生贸易。同时，我们把国家按照大洲分类排列，且同在一个大洲内部的国家按当年贸易额从大到小排列，这样双边贸易矩阵又形成了以大洲为边界的大方格。从图中可以看出：第一，大规模的国际贸易集中发生在少数国家间（深颜色集中在大方格的左上角），全图中很大一部分面积为白色，表明很多国家间几乎不发生贸易；第二，贸易大国同时和很多国家发生贸易，贸易伙伴分布全球，贸易量小的国家也拥有较少的贸易伙伴；第三，一个大洲内部的国家间更倾向于发生贸易，尤其是欧洲国家，两两之间几乎都存在贸易关系，因此深色面积更大。

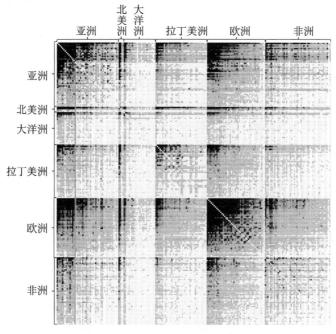

图 1.12　国际贸易在国家间的分布

资料来源：CEPII BACI 数据库（2018 年数据）。

我们对每个经济体的贸易分布做进一步的可视化。我们关注每个经济体最大的贸易伙伴——第一、第二大出口目的地和进口来源地——分别在本经济体出口额和进口额中所占的比重。如图 1.13 所示，每一个点代表一个经济体，横轴为第一大贸易伙伴的贸易比重，纵轴为第二大贸易伙伴的贸易比重。图中我们特别标出全球前十大出口经济体和前十大进口经济体。如图所示,很多经济体的贸易呈现"一枝独大"(图中右下方的经济体),第一大贸易伙伴份额超过 1/3,甚至占据了本经济体绝大部分的贸易份额;很多经济体第一、第二大贸易伙伴加起来占据绝大部分贸易份额(图中偏右上方的经济体);对于全球贸易前十的经济体而言,其第一大贸易伙伴占比在 10%—20%,贸易伙伴分布相对更广泛一些。

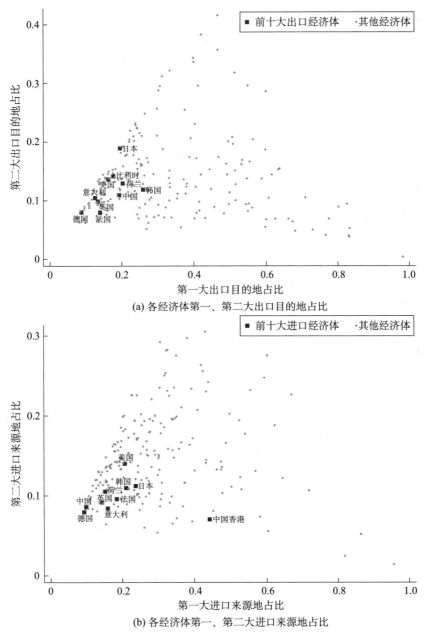

图 1.13 2018 年各经济体出口与进口第一、第二大贸易伙伴占比

资料来源:CEPII BACI 数据库。

国际贸易在国与国之间分布不均衡的状态,本质上反映了存在某种规律决定着国家间的贸易额。使用国际贸易理论来解释实践中的贸易分布是国际贸易学的一个基本任务。引力模型是这方面的早期尝试。然而,在这一点上经典三模型能起的作用非常小。以伊顿和科特姆模型为代表的国际贸易理论在这一点上取得了很大的进展。

企业异质性

与国际贸易理论的宏观突破相似,国际贸易理论在微观上也取得了很大的突破。这一突破就是对企业异质性的关注。大量的实证研究表明,并非所有的企业都会选择对外贸易。更进一步地,进行对外贸易的企业与不进行贸易的企业之间在诸如生产率、资本技术密集度和工资水平等方面存在显著而系统的差异。

对国际贸易中企业异质性现象的关注,始于伯纳德和詹森(Bernard and Jensen, 1995,1999)。他们用美国制造业普查数据考察了美国企业出口与企业绩效之间的关系。他们发现,美国制造业企业中只有很少一部分从事出口,且出口企业相比非出口企业呈现规模大、生产率高、资本技术密集、工资高等特点,同时出口企业的这些优势在企业开始出口之前就已经存在。具体而言,出口企业的交货量是非出口企业的2倍,生产率高出非出口企业12%—19%,各工种各类型工作的工资相对都较高;在企业出口前一年,出口企业比非出口企业增长更快。

出口企业相对于非出口企业的优势在中国制造业企业中也能够得到支持。选取2006年中国工业企业数据库中规模以上的制造业企业作为样本,将这些企业按照贸易参与情况分为几类,分别为非出口企业、只做加工贸易的企业、以加工贸易为主的出口企业(加工贸易出口额超过半数)和以一般贸易为主的出口企业(一般贸易出口额超过半数)。图1.14展示了这四类企业的生产率核密度分布。图1.14(a)展示了使用莱文森和帕纯(Levinsohn and Petrin, 2003, LP)方法估计的生产率核密度分布,图1.14(b)展示了使用欧力和帕克斯(Olley and Pakes, 1996, OP)方法估计的生产率核密度分布。我们发现,以一般贸易为主的出口企业生产率最高,接着是以加工贸易为主的出口企业,最后两种企业(非出口企业和只做加工贸易的出口企业)的生产率几乎相同,也是生产率最低的企业类型。而如果使用OP方法估计生产率的话,我们甚至发现非出口企业比只做加工贸易的出口企业的生产率更优一些。

为了解释实证研究中发现的企业异质性现象,以梅里兹(Melitz, 2003)为代表的异质性企业模型构成了国际贸易理论的微观突破。这一点我们将在后面的章节中详细介绍。

贸易形态变化

国际贸易的第三个基本特点是贸易形态发生了变化。如前所述,步入新全球化阶段,国际贸易逐渐由产成品贸易转变为生产全球化。生产全球化要求国家间进行国际分工合作,分工环节完成的中间品需要在不同国家间流转。这一贸易形态的变化可以

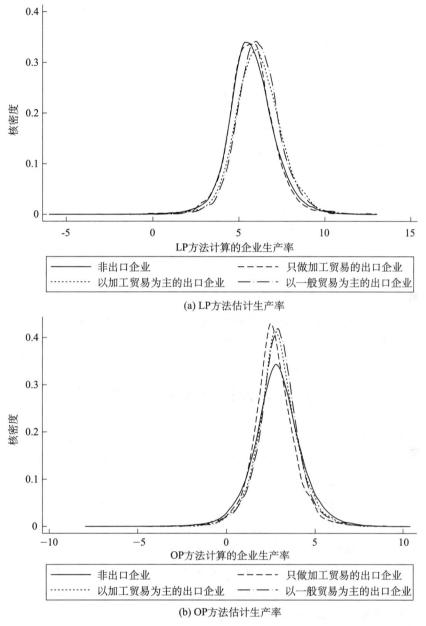

图 1.14　中国制造业企业生产率核密度分布

资料来源：中国工业企业数据库（2006 年）。

从国际贸易事实中看出，如图 1.15 所示。我们按照联合国广义经济类别（Broad Economic Categories，BEC）将国际贸易产品分为中间品、消费品和资本品三类，然后观察三类产品在国际贸易中的占比。可以发现，1996—2018 年，国际贸易已经进入以中间品贸易为主的国际贸易模式，中间品贸易额占比达到 55% 以上，而消费品和资本品的贸易额占比各不到 20%。

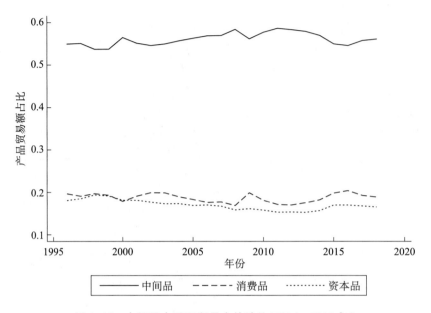

图 1.15 中间品在国际贸易中的地位(1996—2018 年)

资料来源:CEPII BACI 数据库。

1.3 国际直接投资基本事实与特点

前面介绍过,生产全球化的一个显著特征是主要以外商直接投资为载体。另外,国际贸易实践的舞台高光越来越从国家和行业转移到极少数的超大企业。这些超大企业多是跨国公司,它们在多个国家、多个行业都进行生产,并占据了全球生产的主要份额。例如,根据美国经济分析局(U. S. Bureau of Economic Analysis)2009 年的数据,美国大企业的产值中只有 25% 在美国生产,剩下的 75%(约 5 万亿美元)由这些大企业在国外的子公司生产。而在进出美国的所有货物中,约有 90% 由跨国公司完成,其中约 50% 发生在跨国公司内部,即跨国公司在不同国家的子公司之间。因此,研究跨国公司以及相关的国际直接投资是理解当前国际贸易本质的一个关键。本节简要介绍一些国际直接投资和跨国公司的事实与特点。

国际直接投资指的是母国(投资来源国)企业直接在外国(投资目的国或东道国)进行投资以开设并经营企业的活动。这样的企业,即控制和管理至少两个位于不同国家的生产实体的企业,被称作跨国公司。国际直接投资关系中,位于母国的实体被称作母公司(Parents),而位于投资目的国的被控制的实体被称作子公司(Affiliates)。根据直接投资目的国的不同以及直接投资目标的不同,国际直接投资可以分为水平直接投资(Horizontal FDI,或称横向直接投资)与垂直直接投资(Vertical FDI,或称纵向直接投资)两种类型。

水平直接投资

水平直接投资指的是企业在另外一个国家设立（或拥有）与母公司生产和经营业务相同或相近的企业，并独立完成产品在投资目的国的生产和销售，从而直接服务于该国的市场。水平直接投资大多发生在发达国家之间，也是国际直接投资的最主要形式。

企业选择水平直接投资有多种原因。其一，在投资目的国建厂可以使母公司避免在出口产品时缴纳关税。例如，20 世纪五六十年代，美国汽车制造企业就在欧洲设厂以生产和销售汽车，从而避免支付欧洲国家进口关税；20 世纪八九十年代，许多日本汽车制造企业在美国设立工厂，以避免美国进口配额的限制（配额是一种贸易政策，指一国限制某种产品的进口数量，我们将在下一章对此进行详细的介绍），这些直接投资甚至使得在美国制造的日本汽车比美国从日本进口的汽车数量还要多。

其二，在投资目的国设立子公司可以更好地利用当地的资源、信息和销售渠道以在目的国销售产品。投资目的国的很多情况往往不同于来源国。例如，美国企业到中国投资，中国的体制、环境、风险、政策、文化等都与美国不同。在一些消费品市场，中国消费者的偏好也与美国消费者有很大的不同。在这种情况下，相较于向目的国出口产品，在目的国设立子公司，允许子公司独立经营，自主选择当地最优的资源与更适合的渠道来生产和销售产品，对于提升企业的业绩与表现有更大的作用。很多情况下，跨国公司在投资目的国的销量甚至超过其在母国的销量。例如，根据德国大众汽车公司 2019 年的年报，当年其在德国市场销售了 136 万辆汽车，在北美市场销售了 95 万辆汽车，而在中国市场销售了 1 098 万辆汽车。

垂直直接投资

垂直直接投资指的是企业把产品的不同生产环节分别配置在成本相对较低的不同国家。这种直接投资大多由发达国家企业发起，投向发展中国家，特别是与发达国家邻近的发展中国家，如美国对墨西哥、日本对东盟国家，以及德国对波兰等。较为普遍的观点是，发展中国家较低的劳动力成本是发达国家企业将生产转移到发展中国家的主要原因。发达国家企业将其拥有的生产知识和技术与发展中国家的廉价劳动力相结合，生产出的产品成本更低。这种观点构成生产全球化理论模型主要描述的贸易（投资）形态。当然，发达国家企业向发展中国家进行的直接投资也不完全是垂直直接投资，很多跨国公司向中国投资的目标在于进入中国市场。例如，中国的整车汽车市场进入门槛很高，美国、德国和日本的汽车生产商一般都选择在中国建厂，使其产品更容易在中国市场销售。

根据跨国公司设立（或拥有）子公司手段的不同，国际直接投资又可以分为两种方式：一种是绿地投资（Green-field Investment，或称新建投资），指企业在目的国设立新的企业，拥有该企业全部或主要部分的资产；另一种是跨国并购（Cross-Boarder Merger & Acquisition，或称棕地投资，Brown-field Investment），指企业通过跨国兼并和收购,直接获得生产设施而不需要完全新建。跨国并购又存在两种形式:一种是跨国公司与目的国企业合并;另一种是跨国公司收购目的国企业的股权达10%以上,使目的国企业的资产和经营控制权转移到跨国公司。联合国贸易和发展会议的数据显示,2007年跨国并购交易额占国际直接投资总量的50%以上。对于发达国家而言,跨国并购交易额占国际直接投资总量的68%,而对于发展中国家而言,这一数字仅为18%。因此,与绿地投资相比,跨国并购是国际直接投资的主体,特别是在投资目的国是发达国家的情况下。

1.3.1 国际直接投资基本事实

当前全球国际直接投资总量有多大?表1.4展示了2019年全球主要经济体的外商直接投资(Inward Foreign Direct Investment,IFDI)存量与对外直接投资(Outward Foreign Direct Investment,OFDI)存量。2019年,全球外商直接投资存量约为38万亿美元,对外直接投资存量约为36万亿美元。与国际贸易相同,外商直接投资和对外直接投资也集中在欧洲、北美洲和亚洲。其中,欧洲占比最大,外商直接投资存量与对外直接投资存量分别占33.8%和40.1%;北美洲占比稍低,分别为27.7%和26.2%,但美国一国外商直接投资存量就占据全球总量的1/4,远超其他发达经济体和新兴经济体。相较于产品的国际流动,资本的国际流动和最终分布更加集中。与国际贸易不同,全球国际直接投资中存在一些如新加坡、塞浦路斯以及中国香港和拉丁美洲加勒比海部分岛屿等经济体量相对较小的国家和地区,其拥有大量的国际直接投资,原因在于这些国家和地区在投资监管上较为宽松,故被用作"避税天堂"。

表1.4 全球国际直接投资基本情况

经济体	外商直接投资存量					对外直接投资存量				
	2019年		1980—2000年	2001—2010年	2011—2019年	2019年		1980—2000年	2001—2010年	2011—2019年
	总值(亿美元)	占比(%)	总值年均增长率(%)			总值(亿美元)	占比(%)	总值年均增长率(%)		
世界	378 582.0	100.0	12.6	11.4	7.2	357 284.0	100.0	14.1	11.6	6.3
亚洲	90 049.1	23.8	8.6	15.5	8.2	88 743.0	24.8	20.0	16.1	11.2
中国香港	18 679.3	4.9	5.6	12.7	6.7	17 940.2	5.0	57.2	11.8	7.6
中国	17 694.8	4.7	30.7	12.0	13.1	20 994.0	5.9	50.5	29.2	23.7
新加坡	16 975.5	4.5	17.1	19.4	11.8	11 061.9	3.1	28.9	24.6	10.2
塞浦路斯	4 450.9	1.2	82.6	115.5	6.4	4 428.0	1.2	144.6	207.0	7.2
印度	4 269.3	1.1	20.5	29.7	8.6	1 787.0	0.5	22.3	54.1	7.1
泰国	2 544.2	0.7	21.0	16.6	7.1	1 374.4	0.4	74.4	21.8	24.3
韩国	2 385.5	0.6	23.7	13.0	6.8	4 401.5	1.2	30.8	21.9	13.3

(续表)

经济体	外商直接投资存量					对外直接投资存量				
	2019年		1980—2000年	2001—2010年	2011—2019年	2019年		1980—2000年	2001—2010年	2011—2019年
	总值（亿美元）	占比（%）	总值年均增长率（%）			总值（亿美元）	占比（%）	总值年均增长率（%）		
沙特阿拉伯	2 361.7	0.6	75.9	28.0	3.3	1 230.5	0.3	24.3	21.7	18.9
印度尼西亚	2 326.1	0.6	9.4	33.4	4.5	788.2	0.2	89.6	76.1	36.4
日本	2 225.3	0.6	16.8	17.1	0.8	18 181.3	5.1	15.1	11.8	9.2
欧洲	128 059.0	33.8	13.2	13.5	5.2	143 131.0	40.1	14.8	12.6	4.1
英国	20 752.7	5.5	11.4	10.1	8.1	19 494.4	5.5	13.8	6.7	1.8
荷兰	17 497.7	4.6	13.2	10.6	15.2	25 652.8	7.2	9.6	12.9	13.5
瑞士	13 506.8	3.6	17.8	21.7	8.9	15 262.2	4.3	16.5	16.4	4.5
爱尔兰	11 203.0	3.0	7.6	10.1	19.9	10 851.0	3.0	5.9	30.1	14.9
德国	9 533.1	2.5	12.4	8.3	0.4	17 193.8	4.8	6.6	11.3	2.9
法国	8 686.9	2.3	13.2	14.2	3.9	15 328.2	4.3	18.1	12.9	3.1
西班牙	7 515.1	2.0	20.5	15.9	2.3	6 065.5	1.7	24.2	18.4	−0.5
比利时	5 661.2	1.5	18.9	11.0	2.4	6 564.3	1.8	19.7	1.7	5.4
俄罗斯	4 638.6	1.2	282.1	39.5	2.6	3 866.2	1.1	38.8	40.3	2.3
意大利	4 457.4	1.2	15.7	11.7	3.7	5 584.0	1.6	18.0	11.7	1.7
北美洲	105 054.0	27.7	17.3	5.3	10.6	93 743.4	26.2	14.4	9.2	6.3
美国	94 658.3	25.0	19.8	3.6	12.4	77 217.1	21.6	14.4	9.0	6.2
加拿大	10 370.9	2.7	10.6	15.2	1.4	16 524.8	4.6	17.5	10.4	6.6
拉丁美洲	36 490.0	9.6	12.0	18.3	6.8	19 193.6	5.4	6.0	20.7	9.2
非洲	9 406.1	2.5	7.3	15.2	5.3	2 827.9	0.8	9.2	15.6	9.4
大洋洲	8 242.8	2.2	9.8	17.1	3.7	5 981.9	1.7	18.9	18.9	3.2
澳大利亚	7 142.5	1.9	9.5	17.9	3.6	5 792.6	1.6	18.7	19.5	3.3

资料来源：联合国贸易和发展会议数据库（UNCTADstat）。

比较2019年外商直接投资存量和对外直接投资存量，我们发现，美国、英国等发达经济体的外商直接投资存量和对外直接投资存量大致相当。这些经济体不仅大量对外投资，更吸引了世界其他经济体的大量投资。日本、德国、韩国等偏重制造业的经济体，对外直接投资存量相对超出外商直接投资存量较多。以日本为例，2019年日本的对外直接投资存量是外商直接投资存量的8倍。这可能与这些经济体处在全球价值链的上游位置，通过垂直直接投资在发展中国家和地区建设生产基地有关。发展中国家如印度、印度尼西亚等则有较多的净资本流入。

中国是发展中国家中一个较特殊的个体。其一，中国的外商直接投资、对外直投资总量与发达经济体水平接近。其二,中国对外直接投资存量甚至超过外商直接投资存量,这可能与中国通过诸如"一带一路"倡议向中东、东南亚、非洲等国家和地区进行大量的基础设施项目投资有关。其三,中国对外直接投资近年来增长较快,2011—2019年年均增长率达23.7%。

将全球国际直接投资从1980年至2019年分为1980—2000年、2001—2010年和2011—2019年三个阶段,可以发现:国际直接投资积累较迅速的时期是在第一个和第二个阶段,全球对外直接投资存量年均增长率分别为14.1%和11.6%,外商直接投资存量增速类似。其中,美国在第一阶段快速积累外商直接投资,在此期间年均增长率达到19.8%,在第二阶段增速有所放缓,在第三阶段增速又开始抬升。同样,中国也是在第一阶段迅速积累外商直接投资,在此期间年均增长率达到30.7%。

图1.16展示了1980—2019年全球主要经济体的国际直接投资情况。截至2019年,这些经济体代表了全球71%的外商直接投资和80%的对外直接投资。这反映了国际直接投资特别集中于一些主要经济体。其中,最活跃的是美国,其在过去40年间一直是最大的投资和被投资国,且其与其他经济体的差距越来越大。2019年,美国吸引9.5万亿美元的外商直接投资存量,对外直接投资存量共计7.7万亿美元。中国于1993年开始逐渐引入外商直接投资,此后外商直接投资存量不断上升,于2019年成为全球第四大投资目的地。中国对外直接投资起步较晚,直至2005年左右,中国对外直接投资存量仍然很少,此后迅速增长,于2019年成为全球第三大投资来源地。

1.3.2 国际直接投资特点

国际直接投资经济体分布

首先我们研究什么样的经济体会进行更多的对外直接投资,以及什么样的经济体会获得更多的外商直接投资。图1.17(a)展示了对外直接投资存量占GDP的比重与人均GDP之间的关系,图1.17(b)展示了外商直接投资存量占GDP的比重与人均GDP之间的关系。如图所示,人均GDP越高的经济体(发达经济体)越多地涉入国际直接投资,不管是外商直接投资还是对外直接投资。进一步比较国际直接投资的两种流向,我们发现,发达经济体在投资流出上的优势更加明显,即越是收入高的经济体越会进行更多的对外直接投资。与之形成对照的,发达经济体在接受外商直接投资方面尽管相对于发展中经济体有优势,但这种优势相对并不特别明显。这反映了一部分发展中经济体也因参与生产全球化而获得了大量的外商直接投资,抵消了发达经济体在获得外商直接投资方面的优势。

一经济体向另一经济体投资,是否也会收到来自另一经济体的投资?为了回答这一问题,我们需要观察两个经济体间的双向直接投资存量,并以此计算两个经济体间投资双向流动指数:

$$\text{Twoway}_{ij} = \left(1 - \frac{|\text{FDI}_{ij} - \text{FDI}_{ji}|}{\text{FDI}_{ij} + \text{FDI}_{ji}}\right) \times 100$$

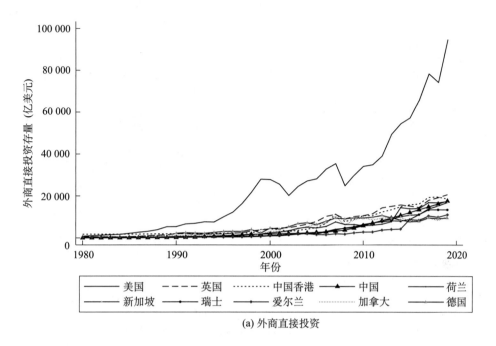

(a) 外商直接投资

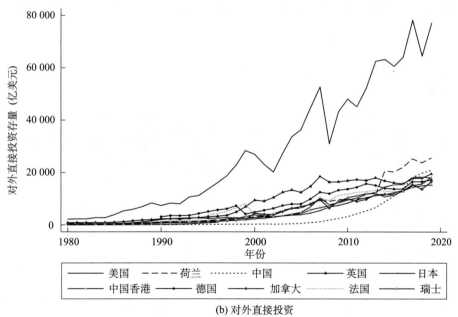

(b) 对外直接投资

图 1.16　全球主要经济体的国际直接投资(1980—2019 年)

资料来源:联合国贸易和发展会议数据库。

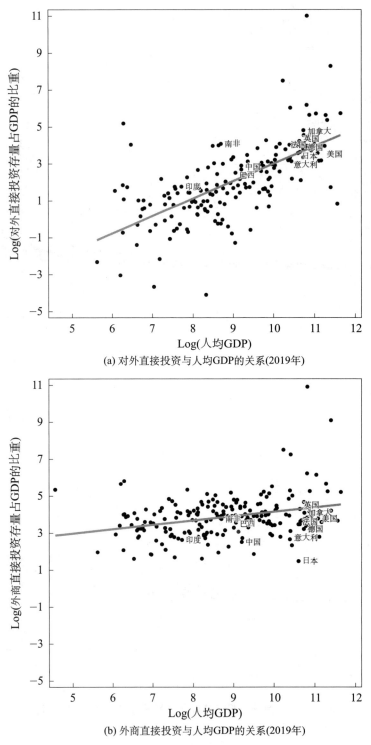

(a) 对外直接投资与人均GDP的关系(2019年)

(b) 外商直接投资与人均GDP的关系(2019年)

图 1.17 国际直接投资与人均 GDP

资料来源：联合国贸易和发展会议数据库。

其中，FDI_{ij} 表示 i 经济体向 j 经济体直接投资存量，FDI_{ji} 代表 j 经济体向 i 经济体直接投资存量。[①] 当 $FDI_{ij}=FDI_{ji}$ 时，$Twoway_{ij}$ 指数为 100，即直接投资是双向的；而当 $Twoway_{ij}=0$ 时，直接投资就是完全单向的。$Twoway_{ij}$ 指数越高，两个经济体间直接投资越表现为双向流动。

如表 1.5 所示，在发达经济体之间，双向流动指数均值为 36.39。而在发达经济体与发展中经济体之间，双向流动指数均值为 29.64。在其他百分位上，发达经济体之间的双向流动指数都显著高于发达经济体与发展中经济体之间的指数。由此，我们可以得出当前国际直接投资的一个特点：**国际直接投资主要集中于发达经济体，且在发达经济体间更多地体现出双向流动的特点，发达经济体与发展中经济体之间更主要的是发达经济体向发展中经济体的直接投资**。

表 1.5　国际直接投资双向流动指数

	均值	百分位			
		25%	50%	75%	90%
发达经济体之间	36.39	5.6	29.48	66.91	83.38
发达经济体与发展中经济体之间	29.64	2.5	24.56	50.00	82.91

国际直接投资行业分布

不同的行业，国际直接投资的密度存在很大的不同。以美国为例，考察各行业进口中的**企业内贸易**（指同一跨国公司内部位于不同国家的子公司之间进行的贸易，Intrafirm Trade，又称关联企业贸易）所占的比重。与之对应的是**独立贸易**（指贸易双方不属于同一个跨国公司，相互独立，Arm's Length Trade）。图 1.18(a) 展示了企业内贸易比重与行业资本密集度（以行业资本劳动比度量）之间的关系。资本越密集的行业，企业内贸易比重就越大。劳动密集型行业（如服装或鞋类）以独立贸易为主，而资本密集型行业（如汽车和医药）以企业内贸易为主。图 1.18(b) 展示了企业内贸易比重与行业研发密集度之间的关系，也显示出研发越密集的行业，企业内贸易比重就越大。

类似地，根据经济合作与发展组织（OECD）的数据，跨国公司在法国创造了 20% 的就业。在资本密集型和研发密集型行业（如化工和机械），跨国公司创造就业的份额超过 33%，而在劳动密集型行业（如食品和纺织），跨国公司创造就业的份额不足 12.5%。这些数据表明，发达经济体的国际直接投资主要分布在资本密集与研发密集的行业。

[①] 注意，两经济体间的双向直接投资存量可能为负值。这是因为直接投资存量包含两个部分，一个是来源国（地区）在目的国（地区）拥有的股权值，另一个是来源国（地区）向目的国（地区）的净贷款。其中，来源国（地区）向目的国（地区）的净贷款额可能为负，反映目的国（地区）子公司向来源国（地区）母公司有净贷款。

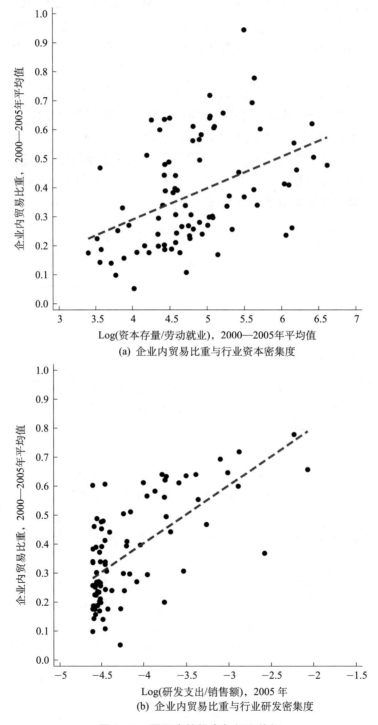

(a) 企业内贸易比重与行业资本密集度

(b) 企业内贸易比重与行业研发密集度

图 1.18　国际直接投资与行业特征

资料来源：美国北美工业分类系统（NAICS）行业层面数据，企业内贸易比重数据来自美国调查局（Bureau of Census），资本密集度数据来自美国国家经济研究局（NBER）制造业数据，研发密集度数据来自 Nunn and Trefler(2013)。

我国外商直接投资数据也反映了同样的情形。表1.6展示了2016年我国各制造业行业外商直接投资新增外企个数和外方资本金。非常明显，外商直接投资比重较大的行业往往是资本、技术密集型行业（如计算机、通信和其他电子设备等），家具、农副食品加工等劳动密集型行业的外商直接投资比重较小。

表1.6 2016年我国各制造业行业外商直接投资情况

代码	行业	新增外企个数（家）	外方资本金（万美元）	占比
	制造业	6 093	598	1.000
26	化学原料和化学制品	248	147	0.247
29	橡胶和塑料制品	266	76	0.127
39	计算机、通信和其他电子设备	622	61	0.103
34	通用设备	524	52	0.087
38	电气机械和器材	449	31	0.053
36	汽车	435	24	0.040
35	专用设备	546	23	0.039
17	纺织	163	23	0.039
22	造纸和纸制品	72	22	0.037
25	石油、煤炭及其他燃料加工	15	18	0.030
14	食品	338	16	0.027
30	非金属矿物制品	208	13	0.023
41	其他	425	11	0.019
33	金属制品	374	10	0.017
15	酒、饮料和精制茶	114	10	0.017
18	纺织服装、服饰	282	8	0.014
37	铁路、船舶、航空航天和其他运输设备	69	7	0.011
28	化学纤维	13	7	0.011
13	农副食品加工	158	6	0.010
27	医药	106	4	0.007
24	文教、工美、体育和娱乐用品	177	4	0.007
21	家具	100	3	0.006
40	仪器仪表	111	2	0.004
19	皮革、毛皮、羽毛及其制品和制鞋	92	2	0.004
20	木材加工和木、竹、藤、棕、革制品	79	2	0.003
32	有色金属冶炼和压延加工	21	2	0.003
42	废弃资源综合利用	17	0.9	0.001
43	金属制品、机械和设备修理	33	0.9	0.001

(续表)

代码	行业	新增外企个数（家）	外方资本金（万美元）	占比
31	黑色金属冶炼和压延加工	11	0.3	0.000
23	印刷和记录媒介复制	24	0.1	0.000
16	烟草制品	1	0	0

资料来源：中国工商注册企业数据库。

由此，我们总结国际直接投资行业分布特点：国际直接投资相对集中于资本密集型和研发密集型行业。

国际直接投资与地理距离

如同地理距离对国际贸易的影响一样，地理距离同样影响着经济体间的国际直接投资。图1.19(a)展示了两经济体间对外直接投资存量与两经济体间地理距离之间的关系。其中，纵轴代表两经济体间对外直接投资存量（双向投资之和）与两经济体GDP乘积的比值的对数值，横轴代表两经济体间地理距离的对数值。我们可以看到，两经济体间的地理距离每增加1%，两经济体间的直接投资（相对于GDP）就减少0.759%。

国际贸易可能与对外直接投资存在替代关系，一国可以通过出口方式，也可以通过对外直接投资方式服务另一国的市场。那么，在考虑不同的目的国（地区）时，与目的国（地区）的地理距离如何影响两种服务方式的选择呢？也就是说，随着地理距离的增加，企业更倾向于使用出口的方式还是通过对外直接投资的方式服务目的国（地区）？图1.19(b)展示了两经济体间对外直接投资相对出口比值与地理距离之间的关系。我们可以看到，随着两经济体间地理距离的增加，对外直接投资的下降速度小于出口的下降速度。因此，出口似乎对地理距离的增加更加敏感，而对外直接投资一定程度上可以缓解地理距离增加对企业带来的不利影响。这一点，我们将在介绍水平直接投资的章节中进行更详细的讨论。

由此，我们可以得出另一个影响经济体进行对外直接投资的因素：**两经济体间的对外直接投资随两经济体间地理距离的增加而下降，但其下降的速度比两经济体间贸易随着地理距离的增加而下降的速度要慢。**

国际直接投资与企业表现

从事对外直接投资的企业与不从事对外直接投资的企业有什么不同？为了对这个问题有所了解，我们可以从对外直接投资来源国（地区）和目的国（地区）分别考察跨国公司与其他企业之间表现的差异。

首先看跨国直接投资的主要来源国——美国。我们可以将美国本土企业（这些企业并不是其他国家跨国公司的子公司）分为两类：一类是在其他国家拥有子公司的企业（跨国公司的母公司），另一类是没有在其他国家拥有子公司的企业。比较这两类企业的业绩，前者数量仅占美国本土企业总数的不到0.5%，但贡献了62%以上的增加

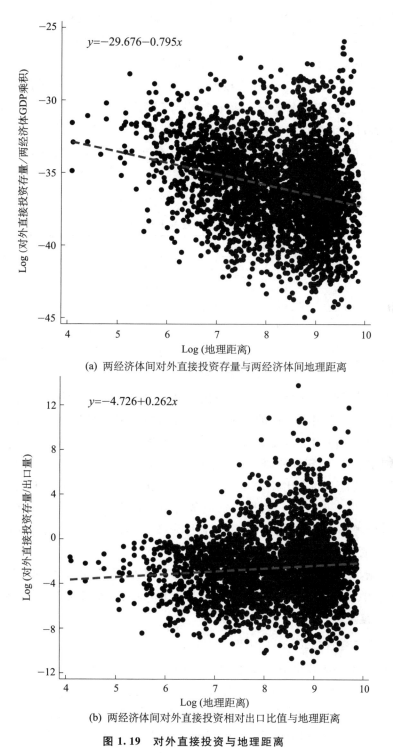

(a) 两经济体间对外直接投资存量与两经济体间地理距离

(b) 两经济体间对外直接投资相对出口比值与地理距离

图 1.19 对外直接投资与地理距离

资料来源：对外直接投资数据来自联合国贸易和发展会议数据库（2012 年数据），GDP 与地理距离数据来自 CEPII。

值与58%的就业;此外,前者的研发投入占美国制造业研发总投入的近75%(Barefoot and Mataloni,2011)。这些数据表明,在对外直接投资来源国,跨国公司的母公司相比非跨国公司的生产率更高且更加重视研发。

同样地,我们也可以比较对外直接投资目的国(地区)的跨国公司子公司和目的国(地区)本土企业之间表现的差异。表1.7展示了部分OECD国家以及中国的跨国公司子公司在各国经济指标中所占的比重。这些指标包括企业数量、雇工人数、销售额、研发支出和出口等。我们可以清楚地看到,跨国公司子公司在企业数量上占比一般都很小,在法国,这一数字为2.0%,在中国与波兰,这一数字相对较大,分别是20.0%和16.0%。这可能与中国和波兰大量参与生产全球化有关。

表1.7 跨国公司子公司在各国经济指标中占比 单位:%

经济指标	芬兰	法国	爱尔兰	荷兰	波兰	瑞典	中国
企业数量	1.6	2.0	13.4	3.4	16.0	2.8	20.0
雇工人数	17.2	26.2	48.0	25.1	28.1	32.4	29.1
销售额	16.2	31.8	81.1	41.1	45.2	39.9	26.9
研发支出	13.1	27.4	77.3	35.8	20.9	52.0	28.8
出口	17.5	39.5	92.3	60.0	69.1	45.8	69.4

资料来源:Antràs(2014)和中国工业企业数据库(2007年)。

与跨国公司子公司在企业数量上占比形成对比的是,这些跨国公司子公司在雇工人数、销售额、研发支出上所占的比重较大。法国的跨国公司尽管数量仅占2.0%,但在雇工人数和研发支出上占比超过26%,在销售额上占比更是超过30%。中国的跨国公司在雇工人数、销售额和研发支出上的占比(分别是29.1%、26.9%和28.8%)也高出其在企业数量上的占比(20.0%)。这表明各国跨国公司子公司相比本土企业数量较少,但生产率一般较高。表现特别显著的是这些跨国公司子公司在出口上的优势。法国的跨国公司子公司出口占比达到近40%,在波兰和中国则分别达到69.1%和69.4%,在爱尔兰这一占比更是达到92.3%。

由此可见,跨国公司,无论是对外直接投资来源国(地区)的母公司,还是对外直接投资目的国(地区)的子公司,相对所在国(地区)本地企业而言规模更大、生产能力更强、研发密集度更高、出口导向性更强。

对外直接投资与垂直分工

跨国公司的母公司和子公司之间又是如何进行分工的呢?安特拉斯(Antràs,2014)使用美国跨国公司的数据研究发现,跨国公司的母公司高度专注于研发活动,以研发成果获得所有权优势。2000年,美国跨国公司的母公司占美国跨国公司全球业务总销售额的74%、增加值的78%、研发支出的87%;而2009年,这些比重基本保持不变,分别为65%、68%、84%。

跨国公司的子公司又专注于哪些经济活动呢?表1.8展示了美国跨国公司的子

公司产品销往不同目的国的比重。非常明显,这些跨国公司子公司的绝大多数产品销往了美国以外的地区(约90%),其中约55%的产品留在了东道国,另有34%的产品销往了美国以外的其他国家。因此,美国跨国公司子公司的主要目标在于服务除美国本土以外的市场。

表1.8 跨国公司子公司不同目的国(地区)销售占比 单位:%

产品	对外直接投资目的国(地区)	其他国家(地区)	美国
制造业	54	34	12
纺织品	39	42	19
化工	57	36	7
塑料制品	60	33	7
金属	55	34	11
机器制造	41	44	15
电脑	44	39	17
电器	47	40	13
运输设备	48	36	16

资料来源:Antràs(2014)。

因此,在跨国公司内部也存在一定的分工,母公司的业务主要集中在研发方面,而子公司主要在国外市场特别是对外直接投资目的国(地区)市场销售产品。

1.4 本章小结

国际贸易在当前的经济生活中极其重要。只是由于国际贸易过于普遍,因此很多人对其习以为常,形成国际贸易并不是特别重要的直觉。本章陈述了一些事实,展示了国际贸易的发展与一国人均GDP和经济发展之间的相关关系。并且,这种相关关系其实很可能是一种因果关系。这在我们回顾国际贸易发展历程的过程中体现得更加明显。世界经济格局在过去几千年中曾有两次反转,这两次反转的背后可能就是贸易分工方式和国际贸易形态的两次革命。当然,描述性的回顾毕竟不是铁证,作为经济学研究者,我们有必要深入研究国际贸易,理解其背后的机制,研究其对经济生活与福利的影响,这也是本书的出发点。

作为研究国际贸易的起点,本章介绍了一些国际贸易的基本事实和特点。基本事实方面,我们回顾了世界各国在过去几十年间在国际贸易上的比重变化,其中一个突出的事实是中国作为世界工厂的崛起。此外,我们了解了国际贸易的一些基本数字,对其规模、流向、产品结构等形成了一个初步的概念。

在此基础上,我们希望从本质上理解国际贸易,这就要求我们对国际贸易学的核心研究目标有所了解。可以说,国际贸易学的核心研究目标有三个:第一,研究国际贸易的宏观表现,即为什么某国与另一国之间会发生某个特定水平的贸易。这是后面章节中伊顿和科特姆模型的核心研究目标。第二，研究国际贸易中的微观个体（企业），即为什么某个企业会比另一个企业有更多的贸易，或者采用某种特定的贸易形式。这是后面章节中异质性企业模型的核心研究目标。第三，当前，国际贸易形态发生了根本性的变化，生产的全球化已非常普遍，这样的生产全球化又对经济与福利产生怎样的影响。这些是生产全球化类模型（如离岸生产）的核心研究目标。这三个方面分别对应于本章介绍国际贸易的三个特点。

最后，国际贸易中微观个体（企业）的研究以及生产全球化相关的研究与国际直接投资联系紧密。一方面，跨国公司，特别是水平直接投资中的跨国公司是国际贸易中最重要的微观个体；另一方面，生产全球化的开展大量依赖垂直直接投资。本章亦对国际直接投资的基本事实与特点做了一些简要的介绍。

参 考 文 献

Antràs, P. (2014), "Multinational firms and the structure of international trade", in G. Gopinath, E. Helpman and K. Rogoff (Eds.), *Handbook of International Economics*, Amsterdam: Elsevier, pp. 55–130.

Baldwin, R. (2016), *The Great Convergence: Information Technology and the New Globalization*, Cambridge MA: Belknap Press of Harvard University Press.

Barefoot, K. and R. Mataloni (2011), "Operations of U.S. multinational companies in the United States and abroad: preliminary results from the 2009 benchmark", *Survey of Current Business*, November, 29–48.

Bernard, A. B. and J. B. Jensen (1995), "Exporters, jobs, and wages in US manufacturing: 1976—1987", *Brookings Papers on Economic Activity, Microeconomics*, 67–112.

Bernard, A. B. and J. B. Jensen (1999), "Exceptional exporter performance: cause, effect, or both?", *Journal of International Economics*, 47(1), 1–25.

Bernard, A. B., J. B. Jensen and P. K. Schott (2009), "Importers, exporters, and multinationals: a portrait of firms in the U.S. that trade goods", in T. Dunne, J. B. Jensen and M. J. Roberts (Eds.), *Producer Dynamics: New Evidence from Micro Data*, Chicago: University of Chicago Press, pp. 513–552.

Bernard, A. B., J. B. Jensen, S. J. Redding and P. K. Schott (2007), "Firms in international trade", *Journal of Economic Perspectives*, 21(3), 105–130.

Bernard, A. B., S. J. Redding and P. K. Schott (2007), "Comparative advantage and heterogeneous firms", *The Review of Economic Studies*, 74, 31–66.

Federico, G. and A. Tena-Junguito (2016), "A tale of two globalizations: gains from trade and openness 1800—2010", London: Centre for Economic Policy Research

(CEPR WP. 11128).

Feenstra, R. C., and A. M. Taylor(2012), *International Economics*, New York: Worth Publishers.

Fouquin, M. and J. Hugot(2016), "Two centuries of bilateral trade and gravity data: 1827—2014", CEPII Working Paper.

Frankel, J. A. and D. H. Romer(1999), "Does trade cause growth?", *The American Economic Review*, 89(3), 379–399.

Grossman, G. M. and E. Helpman(1991), *Innovation and Growth in the Global Economy*, Cambridge, MA: MIT Press.

Hummels, D. L. and G. Schaur(2013), "Time as a trade barrier", *The American Economic Review*, 103(7), 2935–2959.

Levinsohn J. and A. Petrin(2003), "Estimating production functions using inputs to control for unobservables", *The Review of Economic Studies*, 70(2, Apr), 317–341.

Melitz, M. J. (2003), "The impact of trade on intra-industry reallocations and aggregate industry productivity", *Econometrica*, 71, 1695–1725.

Nunn, N. and D. Trefler(2013), "Incomplete contracts and the boundaries of the multinational firm", *Journal of Economic Behavior and Organization*, 94, 330–344.

Olley G. S. and A. Pakes(1996), "The dynamics of productivity in the telecommunications equipment industry", *Econometrica*, 64(6), 1263–1297.

Tinbergen, J. (1962), *Shaping the World Economy*, New York: Twentieth Century Fund.

习　　题

1-1　请对国际贸易与经济发展之间关系的文献做一个简单综述。

第 2 章　国际贸易政策与制度

国家间的国际贸易受到各国贸易政策与制度的规制。研究和理解国际贸易必须了解国际贸易政策与制度及其对国际贸易的影响。本章将对国际贸易政策与制度的发展及当前的状况做一个简要的介绍。

国际贸易政策(如关税、配额等)可能很早在我国就已经存在。图 2.1 展示了 1957 年出土于安徽寿县的"鄂君启金节"。这是公元前 323 年楚怀王发给鄂君"启"(楚怀王弟,封于鄂邑,今鄂州市)的减免税收的通行证。节符既有车节(陆路通行证),又有舟节(水路通行证)。节符上的错金铭文详细说明了鄂君运输货物适用的规定。如车节规定,一次最多通行 50 辆车,禁运青铜、皮革等军用物资,持节免税,无节征税。类似地,舟节规定,一次最多通行 150 艘船,运输马、牛、羊等则需在大府征税,而不在关卡征税。尽管金节针对的是楚国内部的通行与税收,但由于国家间的管理应该更加严格,可以推断战国时期各国之间至少已经有了征收关税的机构,而且有关税政策的具体规定。

图 2.1　鄂君启金节(战国)

资料来源:作者摄于安徽博物院。

具体什么是国际贸易政策?国际贸易政策指的是政府为了影响国际贸易额而采取的某种政策。主要的贸易政策包括进口关税(对进口产品征收的税)、进口配额(对进口数量的限制)和出口补贴(为出口企业提供的补贴)等。

其中,进口关税是最简单也最常用的贸易政策,共有三种形式:第一种是从价关税(Ad-valorem Tariff),指的是按进口商品的价值征收固定比例的税收,如 2015 年中国对小汽车用的橡胶轮胎征收的关税为 50%,对 WTO 成员征收的最惠国待遇关税为 10%。第二种是从量关税(Specific Tariff),指的是对每单位进口商品征收固定数额的税收,如 2015 年中国征收石油原油税每吨 85 元,而对 WTO 成员免税。第三种是复合型关税,其关税既有按照价值征收的部分,又有按照数量征收的部分,如 2015 年中国进口广播级磁带录像机如果完税价格高于每台 3 000 美元,则征收其价值 6% 另加 20 600 元的关税。

进口配额也是较为重要的贸易政策,在实践中主要有两种形式:第一种形式是由进口国政府向一些个人或公司颁发进口许可证,规定其一个年度内进口的最高限额。第二种形式被称为自愿出口限制(Voluntary Export Restraint,VER),这种配额不由进口国对进口产品实行配额,而是由出口国对出口产品实行配额。通常情况下,自愿出口限制都是出口国应进口国的要求而被迫遵循,以避免进口国施行其他形式的贸易限制。

出口补贴在实践中也存在不同的形式:第一种是在某种特定产品出口时政府提供给出口企业的补贴。第二种则不分产品是否出口,只要生产这种产品就能得到高额的补贴,如欧洲国家对种植甜菜的农民提供每吨 50 欧元的补贴,这个补贴达到了该产品国际市场价格的五倍。还有的补贴以政府控制的进出口银行向出口商提供贷款,或者政府提供物资和服务,或者抵税、退税等形式实施。

除了进口关税、进口配额、出口补贴等常见的贸易政策,还有一些相对比较隐晦的贸易政策,如海关完税价格的判定、海关在清关规则与程序上的不透明、政府采购中对本国产品的偏向、进口产品检验检疫和技术标准的要求等,都可能被用来作为限制外国产品进口的政策工具。

各国对国际贸易政策的使用受到了国际贸易制度的限制。图 2.2 展示了代表性国家——美国 1891—2011 年的平均关税税率。20 世纪 30 年代,国家间的贸易障碍非常之高,关税税率达到 40% 左右,最高时超过 50%。从 1930 年起,美国和其他发达国家开始逐步降低关税以及其他非关税贸易障碍。20 世纪 90 年代,发展中国家和地区开始加入降低关税的行列,如图 2.3 所示。这些贸易障碍的消除在很大程度上得益于国际贸易协定和相关贸易制度的建立。

图 2.2　美国关税税率(1891—2011 年)

资料来源:Krugman,Obstfeld and Melitz(2016)第十章。

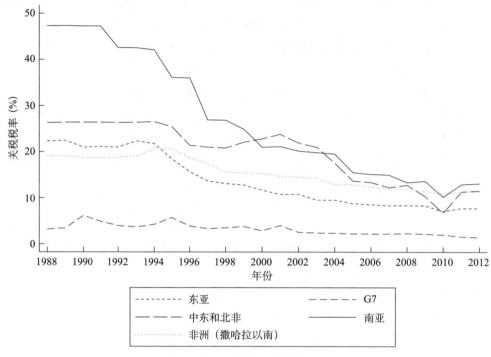

图 2.3 世界主要地区关税税率

资料来源:世界银行。

2.1 基本国际贸易制度发展

1930 年,由于第一次世界大战的影响,美国颁布了著名的《斯姆特-霍利法案》(Smoot-Hawley Act)。根据这一法案,美国的关税税率大幅提升(由平均 38% 提升至平均 52%),美国的贸易额也随之大幅降低。紧随其后,美国的主要贸易伙伴(如意大利、法国、英国等)纷纷开始反击,提升了它们的进口关税,世界贸易陷入低谷,加剧了美国的经济大萧条。自由贸易体系的崩溃也推动全球滑向第二次世界大战。

由于经济和政治的压力,法案颁布后没几年,美国政府很快就意识到需要降低关税。但是降低关税不太可能通过单边的调整实现,因为单边的关税下调会带来很大的政治压力。任何产品的关税削减都会遭到国内受到该产品进口竞争冲击的企业的反对。降低反对力量影响的办法是引入支持的力量。如果降低进口关税的同时能够降低美国企业在其他国家面对的关税,则可以将出口企业转化为支持的力量。

在这一思想的指导下,1934 年美国出台了《对等贸易协定法案》(Reciprocal Trade Agreement Act),开始进行双边贸易谈判。双边贸易协定在降低某些产品进口关税的同时也降低了另外一些产品在谈判对象国的进口关税。支持力量的引入抵消了反对的力量,降低了美国政府降低关税的政治压力,同时也降低了谈判对象国内的反对力量。双边贸易谈判与协定取得了很大的成功,美国签署了多个双边贸易协定,使得美国的平均关税税率迅速回落至第二次世界大战结束时的25%。这一法案中也提出了"最惠国"(Most Favored Nation, MFN)的概念。这一概念指的是通过双边贸易协定形成的关税削减应该自动适用于所有其他贸易伙伴国。最惠国原则后来成为第二次世界大战后全球贸易制度体系的基石。

双边贸易谈判并没有充分利用各国倾向自由贸易的全部潜力。其一,由于最惠国原则,双边贸易谈判的结果可能会使一些其他国家受益。例如,由于美国与巴西的谈判降低了美国咖啡的进口关税,那么哥伦比亚向美国出口的咖啡就可能从中受益。其二,国家间的贸易往来可能存在一个环状连接,如韩国大量向中国出口,中国大量向美国出口,美国大量向欧洲出口,而欧洲又大量向韩国出口,如果将各国组织起来一起削减关税,则可以更大可能地调动各国国内支持贸易协定的力量,推动更有力的关税减免。

于是,美国开始推动多边贸易谈判。第二次世界大战刚刚结束的1946年,超过50个国家进行协商讨论成立名为国际贸易组织(International Trade Organization)的实体,该组织设想与国际货币基金组织和世界银行并列。然而,该组织并未成功成立。1947年,由23个国家组成的群体开始在一个临时性的准则指导下进行谈判,这一准则就是著名的《关税与贸易总协定》(GATT)。原则上讲,GATT是一个协定,而不是一个组织。实践中,其在日内瓦保持着一个永久性的"秘书处"。这一状态直到1995年世界贸易组织(WTO)作为一个正式的组织成立才得以改变。GATT以及代替它的WTO自1947年至今一直是指导和管理全球国际贸易最重要、最根本的制度安排。

GATT和WTO需要所有成员都同意才能推进某一项贸易政策改变。但是,任何一项贸易政策的改变显然很容易对某个特定成员产生负面影响,因此获取所有成员的支持就非常困难。这就造成了很多贸易政策改变在多边框架下无法推进。1990年左右,一些地理相近的国家间开始组成区域性贸易协定(Regional Trade Agreement, RTA)。主要的区域性贸易协定包括成立于1991年的南方共同市场(MERCOSUR,来自西班牙语Mercado Común del Sur),1992年签署的《北美自由贸易协定》(North American Free Trade Agreement, NAFTA, 1994年生效),1991年签署的《欧洲联盟条约》(Treaty on European Union, 1993年11月生效)和自2002年开始推进的东南亚国家联盟(Association of South-east Asian Nations, ASEAN)等。截至2022年,全球有超过200个区域性贸易协定,已成为推动国际贸易自由化的一个重要渠道。

除了区域性贸易协定,20世纪90年代国际贸易制度安排还发生了一个重大改变,那就是双边投资(贸易)协定(Bilateral Investment Treaties, BITs)数量的迅速增长。在90年代以前,发展中国家对外商直接投资的态度一直比较复杂。一方面,发展中国家欢迎来自外国的投资,因为这些投资既会带来外国的先进技术,又会改善本国的资本账户;然而另一方面,发展中国家也担心跨国公司干扰到本国经济。几乎所有发展中国家的外商直接投资监管政策基本都是根据这两方面的权衡来制定的。很多时候,发展中国家的监管政策会较为敌视外商直接投资。比如,墨西哥有大量的政策限制美国资本收购墨西哥公司,或者限制美国企业在墨西哥设立与本国企业形成竞争的子公司。

然而,随着新全球化的发展,贸易形态从产成品贸易转变为生产全球化,发展中国家对外商直接投资的态度在20世纪90年代发生了较大的转变。发达国家与发展中国家签署了大量的双边投资协定,这些投资协定主要是发达国家要求发展中国家在对外商直接投资的监管方面做出让步(例如规范发展中国家政府对外商投资者的影响)。尽管这些条款在一定程度上限制了发展中国家政府对外资的影响力,但是由于生产全球化对外商直接投资的依赖以及外资对发展中国家发展产生的积极作用,发展中国家开始普遍欢迎这些双边投资协定。

进入21世纪,WTO这一多边贸易制度的进一步发展受阻,区域性贸易协定和双边投资协定逐渐成为近年来贸易自由化推进的主要途径。到2016年左右,贸易自由化的推进趋势开始减弱甚至倒退,发达国家普通民众担心生产全球化会损害自身利益,逆全球化潮流在这些国家以各种形式涌现。在多边贸易制度框架下,各国间越来越难以形成利益的聚合,而利益的冲突则越来越多。于是新的区域性贸易协定不断被发起和讨论,在可预见的未来,WTO在国际贸易制度安排中的地位会进一步被边缘化。

2.1.1 GATT/WTO的工作机制

GATT/WTO依靠怎样的机制推动国际贸易的发展?首先,它依靠"贸易回合谈判"(Trade Rounds)来不断约束和减少贸易壁垒。每一个回合的谈判都将许多成员聚集在一起,就一系列降低关税和其他国际贸易障碍的措施进行磋商。自1947年以来,GATT/WTO完成了八个回合的谈判,如表2.1所示。

表2.1 GATT/WTO多边贸易谈判回合

谈判回合	年份	关税降低百分比(%)	成员数量	发展中成员数量
日内瓦(第一轮)	1947	26	19	7
安纳西	1949	3	20	8
托基	1950	4	33	13
日内瓦(第二轮)	1955	3	35	14
狄龙	1960	4	40	19
肯尼迪	1963	37	74	44
东京	1973	33	84	51
乌拉圭	1986	38	125	88

资料来源:Martin and Messerlin(2007)。

GATT在成立之初十分频繁地进行多边谈判。第一个回合的谈判(日内瓦第一轮)成功地将世界平均关税降低了26%。此后的四个回合中将注意力转至制定一些新的制度、讨论新成员的加入等,而在关税减免方面没有取得较大的成绩。在这五个回合的谈判中,GATT采取双边协商的形式讨论关税减免,即一成员同时与多个成员协商并达成双边协定。例如,如果德国打算削减某项关税,且这项关税削减对法国和意大利都有利,则德国会在与法国和意大利进行的双边谈判中要求两国都做出互惠让步。

第六个回合的谈判(著名的肯尼迪回合谈判)将谈判的重点转回关税减免。此回合谈判取消了双边协商的形式,而采用"一刀切"的谈判原则。谈判中主要讨论哪些行业可以作为例外保持关税不变,只要行业不在这个清单中,就需要统一削减50%的关税。其结果是,世界平均关税税率降低了37%。

肯尼迪回合谈判首次涉及非关税壁垒的讨论,跨出了GATT不再单纯关注关税的历史性一步。这里涉及的非关税壁垒主要是反倾销调查。尽管在1947年签署的GATT中明确了倾销的定义和征收反倾销税的条件和幅度,但是由于缺少具体的实施规定,各成员有滥用反倾销的倾向。在此回合谈判中,各成员签署了第一个有关反倾销的协议——《反倾销协议》,作为GATT中反倾销的实施细则。尽管如此,由于GATT/WTO一再压缩各成员使用关税、配额等贸易政策的空间,反倾销作为一种制度允许的贸易壁垒还是逐渐变得越来越重要,使用越来越频繁。

肯尼迪回合谈判也是第一次吸纳大量发展中成员的回合(44个发展中成员)。为了鼓励发展中成员参与协定,GATT正式增加了针对发展中成员的优惠条款,规定了对发展中成员的特殊优惠待遇,明确发达成员不应期望发展中成员的对等减让。这些优惠待遇中一个重要的优惠即所谓的"普惠制"(General System of Preference,GSP)。普惠制最早于1968年由联合国贸易和发展会议推出,该次会议形成了《对发展中国家出口至发达国家的制成品及半制成品予以优惠进口或免税进口》的决议。推行的具体办法是各发达国家制订自己针对发展中国家的优惠税率方案,1971年欧洲经济共同体首先实施普惠制。这些优惠方案的覆盖范围相当广泛,因此发展中国家从中获益显著。例如,美国2019年的优惠方案中有针对发展中国家(Beneficiary Developing Countries,BDCs)的3 500个产品的减免,另有额外针对最不发达国家(Least-developed Beneficiary Developing Countries,LDBDCs)的1 500个产品的减免。由于GATT框架下对发展中国家(地区)的特殊优惠,我国加入WTO谈判的一个重要原则就是以发展中国家的身份加入。我国在2001年加入WTO后,多年来也一直努力维护发展中国家的身份。

第七个回合的谈判(东京回合谈判)用了一个比肯尼迪回合更为复杂的公式来计算应减免的关税。此外,该回合谈判还达成了一系列控制非关税壁垒的协议,如《技术性贸易壁垒协议》《补贴与反补贴措施协议》《进口许可程序协议》《政府采购协议》和《海关估价协议》等。只不过这些协议在东京回合谈判中未能全员推行,各成员可自主决定是否签字加入这些协议。直至乌拉圭回合谈判结束,WTO成立后,WTO才要求所有成员都必须接受这些协议。另外,由于1968年联合国贸易和发展会议通过的普惠制具有歧视性,即发达国家只特别针对发展中国家给予关税减让,这与 GATT 的无歧视原则相冲突。就此,东京回合谈判通过了一条"授权条款",规定缔约方给予发展中成员的有差别和优惠的待遇,无须给予其他缔约方,这为普惠制的长期实施打下了法律基础。

最后一次成功的回合谈判是 1994 年结束的乌拉圭回合谈判。乌拉圭回合谈判最大的成果是 1995 年 WTO 的成立。WTO 取代了 GATT,国际贸易制度发生了质的改变。

其一,WTO 是一个正式、成熟的国际组织。在这个组织下,WTO 设立了"争端处理"(Dispute Settlement)机制。当一个成员指责另外一个成员违反了 WTO 规则的时候,这个成员可以向 WTO 提出申诉。WTO 会挑选专家小组听证案例,并在不到一年左右做出裁决。如果 WTO 裁定另外一个成员确实违反了国际贸易规则,WTO 虽然没有权利强制要求该成员改变其贸易政策,但是可以授权申诉成员对该成员进行报复,如临时提升关税等。一般而言,受侵害成员威胁向 WTO 进行申诉往往就能促使相关成员调整贸易政策。大部分情况下,相关成员都会接受 WTO 的仲裁而改变其贸易政策。

其二,从 GATT 到 WTO 代表着国际贸易制度重点关注领域的转变。GATT 主要关注的是货物贸易。如前所述,1990 年国际贸易进入新全球化阶段,新阶段下的国际贸易涉及各种新的形态,如服务贸易(保险、咨询、金融服务等)之前并不受任何成文规则的约束。WTO 对此设立了服务贸易规则,即《服务贸易总协定》(General Agreement on Trade in Services, GATS)。类似地,WTO 还引入了对知识产权保护的国际规则——《与贸易有关的知识产权协定》(Agreement on Trade-Related Aspects of Intellectual Property Rights, TRIPs),以及与跨国投资等相关的规则——《与贸易有关的投资措施协议》(Agreement on Trade-Related Investment Measures, TRIMs)。这些新的规则意味着国际贸易政策正在因国际贸易形态的变化而进行调整。

除了这些主要的变化,乌拉圭回合谈判还有一个重要的成就,那就是决定了用十年的时间终结当时世界最大的多边配额协议——1973 年签署的《多种纤维协定》(Multi-Fibre Arrangement, MFA)。这是美国在 20 世纪 50 年代对从日本进口的纺织品采取限制措施的产物。随着时间的推移,它发展成为一个更为广泛的制度,对发展中国家向美国、欧盟、加拿大等地出口的纺织品和服装进行管理。在该协定框架下,发达国家(纺织品与服装进口国)可以与纺织品出口国(主要是发展中国家)协商确定纺织品和服装进口的数量,否则进口国可以单方面实施进口配额限制。这一配额制度与 GATT 取消配额的原则相悖,但一直保存了下来。乌拉圭回合谈判达成了《纺织品与服装协议》(Agreement on Textiles and Clothing, ATC),这一新协议的目标是在 1995—2005 年间逐渐过渡,缩减配额,并最终到 2005 年完全取消纺织品进口配额。

根据《纺织品与服装协议》,美国、欧盟和加拿大需要在 1995 年、1998 年、2002 年和 2005 年逐步取消纺织品和服装配额,每阶段放宽的进口配额逐步增大,分别占这些国家 1990 年进口额的 16%、17%、18% 和 49%。各国(地区)可以自主决定哪些产品在哪个阶段取消配额。为了尽可能地推迟取消配额带来的进口竞争,各国(地区)往往在前几期宣布取消那些较少进口产品的配额,因此前几期配额的取消起到的作用不大。那些被配额真正限制的进口产品的配额直到2005年最后时刻才得以取消。因此,在《纺织品与服装协议》规定的分阶段过渡的过程中,取消的配额在前期阶段较松,而在后期特别是2005年变紧。该配额制度的取消对中国服装出口产生了巨大的影响。2005年1月,中国出口到美国的裤子达到2 700万条,而一年前只有190万条。

在取得重大进展的乌拉圭回合谈判之后,2001年在波斯湾多哈市WTO开始了多哈回合谈判。不过遗憾的是,这一回合谈判第一次未能签订任何协定而宣告失败。尽管如此,多哈回合谈判的失败并没有破坏以往贸易谈判已经取得的进步,当前仍然是历史上世界贸易最自由的时刻。理解这一点需要我们注意到GATT/WTO的第二个机制,即阻止贸易自由化倒退的机制。

WTO成员需要与其他成员形成共识,并向WTO汇报一个约束关税(Bound Tariff)。这一约束关税是该成员所能实际实施的最高关税。对于发达成员而言,这一约束关税本身就处在非常低的水平。图2.4展示了美国2002年约束关税的核密度分布。横轴代表约束关税水平,纵轴代表该关税水平下的核密度。由图可见,绝大多数约束关税税率接近于零或者5%,超过10%约束关税的产品非常少见。在这样的约束关税下,即便该成员希望提高当前实施的关税,提高后的关税也不能超过约束关税,这就使得该成员难以在关税水平上走贸易自由化的回头路。事实上,在当前,几乎所有发达国家(地区)的实施关税都被约束关税约束(实施关税达到约束关税的水平)。就算对发展中国家(地区)而言,近3/4的实施关税也被约束关税约束。约束关税对实施关税的约束,成为GATT/WTO防止关税反弹的有效工具。

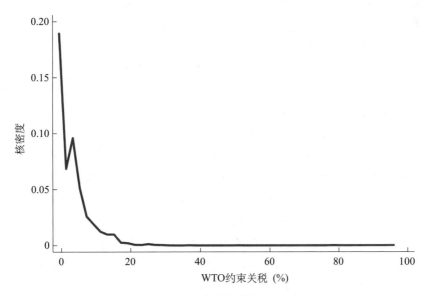

图2.4 美国约束关税税率(2002年)

资料来源:Feng,Li and Swenson(2017)。

除了约束关税,GATT/WTO 还制定了各种规则来防止非关税贸易壁垒的使用。前面已经提到,除了已经形成的配额协定,GATT/WTO 一般情况下不允许新的贸易配额政策。即使是已经形成的配额协定,GATT/WTO 也致力于消除这些政策,或者将其转化为关税政策。类似地,出口补贴也不被 GATT/WTO 允许。这些约束性规则使得成员不能轻易地提高贸易保护水平,只要该成员还希望在 GATT/WTO 的体系下行动。

2.1.2 GATT/WTO 的原则与规定

尽管 GATT/WTO 的规则非常复杂,但它们对世界国际贸易的发展发挥了极其关键的作用,并且在可预见的未来将仍然发挥重要作用,这里对其做一个简单的介绍。

GATT/WTO 有一个基本原则,即世界贸易体系应该是一个基于规则的法治体系,而非一个分蛋糕似的分配体系。这就是为什么 GATT/WTO 关注程序、规则和指导方针的设计、执行、更新与保障,而并不关注如何在各国(地区)间商定和分配利益,比如某国(地区)要实现多大的出口增长,或者应该占领多少市场份额等。另外,GATT/WTO 还坚持共识决策的原则,即其大部分决策都需要获得所有成员的同意才能做出。

GATT/WTO 还有一些具体原则。它的第一条具体原则是"无歧视"(Non-Discrimination),也称无差别待遇原则。它规定成员在实施某种限制性或禁止性措施时,不得对其他成员实施歧视性待遇。实际操作中,无歧视原则的表现可以分为两种:一种是之前提过的"最惠国待遇",另一种是所谓的"国民待遇"(National Treatment)。首先看最惠国待遇。具体而言就是每一个成员应保证其他所有成员在该成员内面临的关税水平(或者其他政策待遇)不高于与该成员贸易支付最低关税的国家所承受的关税水平。它的实质就是在 WTO 各成员间实行非歧视性待遇。在国际贸易过程中,最惠国待遇应给予所有成员。由于这一原则的本质是各成员间不能有"优惠"的存在,因此"最惠国待遇"这一说法并不特别准确。目前,美国已经在其国内法规中将"最惠国待遇"改称为"正常贸易关系待遇"(Normal Trade Relation,NTR)。接着看国民待遇。这条原则指的是一成员领土的产品输入另一成员领土时,不能以任何直接和间接方式对进口产品征收高于本成员内部相同产品所征收的税收或其他费用,在关于产品在成员内部销售、营销、购买、运输、分配和使用的全部法令、条例和规定方面,进口产品所享受的待遇不应低于相同的成员内部产品享受的待遇。简单表述,即进口产品和本成员内部生产的产品应当适用同样的税收、规则和管制政策。当前,在 WTO 关注的重点从商品贸易扩大到国际直接投资领域时,这一原则也应该意味着外国在本国投资的企业应当与内资企业一样拥有相同的待遇。只不过这一点在当前的实践中还在不断的争议中缓慢推进。

GATT/WTO 的第二条具体原则是不得使用配额类型的贸易政策。成员可以使用关税形式的贸易政策,但是不能使用基于数量的贸易限制,包括施加于进口的配额,也包括施加于出口的配额,还包括进口或出口的许可等。

GATT/WTO 的第三条具体原则是"对等"(Reciprocity)。这条原则要求在 GATT/WTO 体系下,一成员进行的关税削减应获得其他成员的对等回报,从而双方都有动力一起推进贸易自由化。同时,这一原则也要求如果有成员不遵守 GATT/WTO 的规则,例如以倾销或补贴的方式在其他成员市场上销售产品等,则受到侵害的成员可以对不遵守规则的成员进行反击。

GATT/WTO 的第四条具体原则是"透明"(Transparency)。其具体内容包括:一是公布和告知原则,即通知义务。该原则要求成员管理机构必须将正式实施的与贸易有关的法律、法规、条例及政策予以公布;必须将与另一成员政府或政府机构签订的影响国际贸易政策的现行条约及政府协定予以公布;在实施具体贸易过程中使用的法令、条例以及一般援用的司法判例及行政决定,都应公布。二是关于行政和司法过程的透明原则。该原则要求各成员管理外贸的过程及审理外贸案件的过程透明,并要求能够对政府管理外贸过程中的决定进行独立的司法审查。这些规定意味着一成员的贸易限制政策必须形成书面文件并公之于众,不能暗箱操作,由此可以减小成员采用隐晦方式进行贸易保护的空间。透明原则特别地与补贴政策有关。GATT/WTO 明确要求,任何成员使用补贴的形式(如出口补贴、税收减免等)以提升出口或者限制进口的,则需向其他成员书面通知补贴的目的与程度等。

GATT/WTO 的第五条具体原则是"灵活"(Flexibility)。GATT/WTO 的设立者知道成员政府有时会受到当地难以抵抗的压力,从而需要设置一定的贸易壁垒,因此 GATT/WTO 设定了一些"安全阈值"。一旦达到这些阈值,成员可以提升关税而不受惩罚。这样的政策主要包括以下几种。

- 反倾销

GATT/WTO 规定,如果成员发现另一成员在本地市场上进行倾销(Dumping),并且这种倾销造成了本地行业的实质性损害,则该成员可以针对倾销方的该种产品征收"反倾销"关税(Anti-Dumping Duties)。很显然,采用反倾销的贸易政策,必须满足两个条件:一是构成倾销,二是造成实质性损害。

首先看怎样就算构成倾销行为。倾销指的是出口商以低于其在本国(地区)市场上售卖的价格向另一国(地区)出口商品。因此,判断一国(地区)是否倾销,我们需要首先确认出口的价格和在本国(地区)市场上售卖的价格具体是多少。先看出口的价格,这个价格应该是在出口商支付运输过程中产生的费用和关税前的价格,在国际商务术语中被称为离岸价(Free on Board,FOB)。再看本国(地区)市场上售卖的价格,类似于离岸价,这个价格也应该使用本国(地区)的出厂价(Factory-gate Price)来计算,也就是说本国(地区)市场上的售价中需要排除任何运费和税款。

如果无法获得出口商在本国(地区)市场上售卖的价格,则可以使用两种方法计算一个所谓的"合理价格"(Normal Price)替代本国(地区)价格进行比较:第一种方法是使用出口商向所有第三国(地区)市场出口价格中的最高价;第二种方法是使用"生产成本"加上"固定加成"(Overhead Margin),再加上一个"利润加成"(Profit Margin)构建的总价格。在很多情况下,固定加成和利润加成信息往往比较难以获取,因此有些国家(地区)会采用一个固定的加成率。例如,美国会使用10%的固定加成率和8%的利润加成率来进行计算。显然,采用这两种替代方法计算的合理价格容易偏高,因此"倾销"很容易被认定。例如,美国反倾销调查中约有95%的倾销案件都被认定成立。

什么情况下需要使用合理价格替代本国(地区)价格呢?一种情况当然是无法获得出口商在本国(地区)市场上售卖的价格,例如出口商并不在本国(地区)市场上销售。另一种情况是即便出口商在本国(地区)市场上销售,但其本国(地区)价格也被认为不能反映真实的价格。这种情况就涉及一个比较重要的概念——"市场经济"(Market Economy)国家(地区)。如果一国(地区)被认为不是市场经济国家(地区),则在反倾销调查中就需要采用合理价格来代替本国(地区)价格。这也是我国在国际上一直坚持是市场经济国家的原因。

接着看怎样就算造成实质性损害。损害的定义非常广泛。大部分成员要求负责反倾销调查的政府机构调查相关行业的产出、雇工、产能、利润、投资和存货等是否受到影响。当然,调查反倾销的政府机构需要证明损害的来源是进口,而非其他可能影响行业表现的因素,如需求乏力或管理不善等。因此,调查的关注点往往集中在来自倾销方的进口是否大幅提升,并且进口的提升是否显著地压低了商品的价格。一旦调查机构确认倾销成立,则该成员可以向倾销方征收反倾销税。反倾销税的水平为合理价格与倾销价格的差值,这样理论上就能将商品的价格提升到合理价格的水平。图2.5展示了反倾销调查中合理价格计算的方法及反倾销成立后反倾销税的大小。

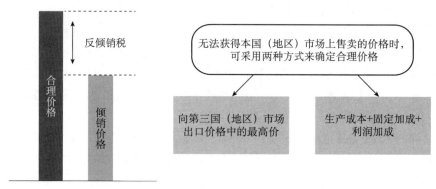

图2.5 反倾销的确立与反倾销税示意

反倾销税一旦被加征,尽管该关税应该在倾销结束后就被取消,但在实践中往往无限期持续。乌拉圭回合谈判后,WTO开始要求使用反倾销政策的成员每五年进行一次审查,以判断是否仍然有实质性的损害以及是否应该继续加征反倾销税。这个审查被称为"日落审查"(Sunset Review)。事实上,日落审查往往起不到终结反倾销税的作用。例如,美国针对中国的反倾销调查中,约有90%的反倾销政策在日落审查中再次被通过。因此,尽管反倾销税不像正常关税那么普遍,但其对特定国家的特定行业而言往往有很大的影响。

- 反补贴

如果某成员对其出口企业提供补贴,则受到侵害的其他成员可以向该成员的该产品征收反补贴税(Countervailing Duties, CVDs)。WTO 不反对提供给所有企业、所有行业的普遍性补贴,但反对"特别针对性"(Specific)补贴,即提供给特定行业或特定区域的企业的补贴。在所有的补贴中,WTO 区分两种补贴类型,并做不同的政策规定。

第一种是政府在法律上规定,或者在实践中根据生产的产品是否出口,生产过程中是否使用本国的中间品来判断是否给予补贴。这样的补贴形式为 WTO 所禁止。

第二种是不属于第一种形式的补贴。例如,政府只根据企业产量,而不管产品是否出口来给予补贴,这样的补贴是 WTO 允许使用的。但是,如果某个 WTO 成员能够证明该成员的企业被这种补贴伤害,无论这种伤害发生在本地市场还是第三地市场,那么该成员也被 WTO 允许征收反补贴税。

- 冲击保障

在特定情况下,WTO 允许成员短期提升贸易保护水平(一般是以关税的形式),而不需要提供倾销、补贴或任何其他"不公平"贸易行为的证据,这就是所谓的"保障条款"(Safeguard Provision),或称"逃脱条款"(Escape Clause),在美国也称"201 条款"。该条款规定,如果一国(地区)面对短期、大量的某种产品的进口激增,从而使该国(地区)本土企业受到严重伤害(或者威胁到它们的生存),则该国(地区)可以临时提升对该产品的贸易保护水平,以给本土企业以喘息的空间。

尽管冲击保障条款作为贸易保护工具看起来比反倾销、反补贴等使用更加方便,但在现实中其被使用的频率相对更低一些。这一方面是由于冲击保障条款不像反倾销与反补贴针对特定国家(地区),其贸易保护一般需要针对所有的 GATT/WTO 成员,因此保障条款的使用会给使用国(地区)带来较大的压力;另一方面是由于 GATT/WTO 要求一成员如果使用保障条款来保护某个行业,则应该相应地降低其他行业的贸易壁垒作为补偿。如果其他成员认为该成员所做的补偿不够充分,它们就被允许进行报复。最后,冲击保障条款的保护必须是短期的。例如,美国的冲击保障条款保护必须在 5 年之内逐渐减弱,并到 5 年时完全退出。

除了上述三种临时性贸易保护政策,GATT/WTO 还在某些重要议题上允许成员对一般原则的突破,只不过这些突破的目标在于进一步推进全球的自由贸易。这样的突破主要包括两点:一是突破对等原则,GATT/WTO 允许发展中成员享受发达成员提供的关税减免,而不需要做对等让步;二是突破无歧视原则,GATT/WTO 允许部分成员之间签署区域性自由贸易协定,在这样的协定中签约方可以拥有比非签约方更优的待遇。接下来我们对这两点做一些介绍。

2.1.3 GATT/WTO 对发展中国家的特殊待遇

在 GATT/WTO 的框架下,发达成员进行了较为彻底的贸易开放。其平均关税从1947年的15%降到了2007年的4.5%。GATT/WTO也要求发达成员不能设置非关税壁垒,特别是配额限制。由于贸易政策空间的压缩,发达成员被迫转向貌似合规的贸易政策,例如自愿出口限制或反倾销关税等。

与发达成员不同,发展中成员从GATT设立之初就承担了较少的开放责任,并且这种特别的待遇被GATT作为正式条款规定下来,这就是特别待遇(Special and Differential Treatment)原则。这一原则对于发展中成员而言意味着两点:其一,在乌拉圭回合谈判之前,发展中成员基本不需要参与之前各轮的关税减让。如表2.2所示,在乌拉圭回合谈判之前,发展中成员仅有接近1/3的工业产品设置了约束关税,而对于发达成员而言这一比例为84.7%。也就是说,发展中成员超过2/3的产品没有任何关税的限制。即使对于那些设置了约束关税的产品,它们的约束关税又比这些成员原来实际施加的关税高出很多,因此对于发展中成员也不构成实质性的约束。其二,GATT不仅允许发展中成员不进行关税的减免,甚至允许它们使用对发达成员禁止使用的配额政策和其他非关税贸易政策。大量的发展中成员在实践中也确实使用了配额政策,这种情况自第二次世界大战后一直持续了近五十年之久。

表2.2 乌拉圭回合谈判之前约束关税比例　　　　　　　　　　　　单位:%

产品类型	工业国(地区)	发展中国家(地区)
工业产品	84.7	31.8
所有贸易商品	80.2	30.1

资料来源:Subramanian and Wei(2007);数字为百分数,表示设置了约束关税的产品占总产品的比重,从单个国家加总到工业国(地区)或发展中国家(地区)时进行了加权,权重为各国(地区)进口值。工业国(地区)包括澳大利亚、奥地利、加拿大、瑞士、芬兰、日本、挪威、新西兰、新加坡、瑞典、美国以及欧盟、中国香港。发展中国家(地区)包括WTO数据库中有数据记录的21个发展中国家(地区)。

发展中成员享受的特别待遇在乌拉圭回合谈判(WTO成立)之后有所改变。乌拉圭回合谈判的一个目标就是缩小发展中成员和发达成员在权责义务上的差距。这一点对于已经是成员的发展中成员较难推行,因此改变的重点放在了通过在加入条件上的严格要求以使新申请加入的发展中成员做出较大的开放。比较乌拉圭回合谈判前和谈判后加入的发展中成员,后者在更多的产品上设置了约束关税(94%,而前者只有58%),约束关税也相对更低(在制造业和农产品上分别为17%、28%,而前者分别约为33%、63%)。

中国于2001年年底加入WTO,因此也是最早、最重要的受到较强开放压力的发展中国家。图2.6展示了中国1992—2020年消费品、资本品和中间品三类产品的平均进口关税变化。由图可见,中国进口关税主要经历了三次调整:第一次发生在1996年,第二次发生在2001年,尽管这两次关税调整的时间不同,但其目标都是争取加入WTO。这两次关税调整的结果是,消费品关税从1996年的40%降低到2001年的25%,并进一步降低到2005年的15%。中间品和资本品的关税从1996年的约18%降低到2001年的15%,再降低到2005年的8%。尽管这些关税减让看似有益于其他国家向中国的出口,但是后续的一些研究表明,中国加入WTO时进行的本国市场开放非常有助于中国出口的增长。其原因是生产全球化下,本国市场开放能够使本国企业进口更多、更高质量的中间品和资本品,从而提升产品的质量,增强在国际市场上的竞争力。自 2005 年起,中国的关税水平基本没有调整,直到 2019 年再次大幅降低了消费品的关税(降低了 5 个百分点)。

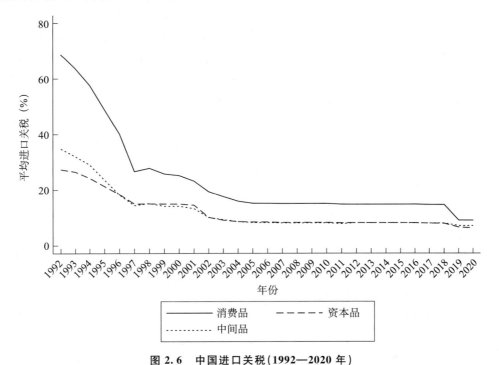

图 2.6 中国进口关税(1992—2020 年)

资料来源:http://tariffdata.wto.org(访问时间:2024 年 6 月 4 日)。

2.1.4 GATT/WTO 与特惠性贸易协定

GATT/WTO 的非歧视原则要求一成员对任一成员关税的减免应当自动适用于所有其他成员,因此禁止成员之间签署特惠性贸易协定(Preferencial Trading Agreements),即签约方之间的关税低于从非签约方进口同样产品的关税。但 GATT/WTO 对这一原则提供了一个例外条款,即如果签约方之间互免关税(零关税),那么这样的特惠性贸易协定就可以存在。更具体一些,满足以下两个条件的特惠性贸易协定不算违反 GATT/WTO 的规则:①签约方之间"基本上完全"自由贸易;②协议签署后,非签约方相对于没有协议时面对的贸易保护整体不会提升。

特惠性贸易协定主要包含三种形式:第一种是较简单的特惠性贸易协定,即签约方选定一系列产品(而非全部产品),将在签约方之间的进口关税设为零,各签约方独立制定对其他非签约方的关税。当然该关税不应超过最惠国关税。第二种是较全面的特惠性贸易协定,也称自由贸易区(Free Trade Area),不同于第一种协定,第二种协定下签约方之间的所有产品进口关税都设为零,签约方对非签约方的关税也由各方独立制定。北美自由贸易区是一个典型的自由贸易区的例子,例如加拿大和美国之间进口关税为零,但它们对从中国进口的电脑并不需要征收相同的关税。第三种是关税同盟(Customs Union),除了签约方之间所有产品进口关税为零外,所有签约方还必须统一对非签约方的关税税率。欧盟就是一个典型的关税同盟。一般而言,特惠性贸易协定的签署方地理位置相近,因此特惠性贸易协定也被称为区域贸易协定。

自由贸易区与关税同盟的区别在于,前者在政治上简单易行,但在执行上非常复杂,后者则刚好相反。在关税同盟下,同盟一旦建立,关税的征收与管理就相当容易。货物通过同盟区边界需要缴纳关税,之后货物可以在同盟区内自由运输。例如,货物从中国进口至鹿特丹,卸载时必须缴纳关税,再从鹿特丹运往慕尼黑则不需要再缴纳任何额外关税。为了保证同盟区内的自由运输,签约方对外执行的关税税率必须一致,否则进口商就会选择关税较低的海关以降低费用。在签约方之间统一对外的关税并不容易做到,因为这意味着签约方需要让渡一部分主权和政策灵活性给一个超国家的实体。

签约方为了保留这种主权(或者政策灵活性),可以采用自由贸易区的形式。例如,北美自由贸易区中,墨西哥与美国的商品可以相互免税进入对方国家,但两国在从其他国家进口的产品上则不需要采取统一的关税。关税的不同会带来一个执行上的问题,即如果墨西哥进口衬衣的关税较低,而美国又想对从其他国家进口的衬衣保持高关税,则怎样才能防止例如从中国进口衬衣的进口商不先将衬衣运至墨西哥,然后再将其转运至芝加哥销售呢?实践中的处理方法是在美国和墨西哥边境进行海关检查,进口商必须提供充分的文件证明从墨西哥运至美国的产品是地道的墨西哥生产的产品,而不是第三国在墨西哥转运的产品,只有这样才能免关税进入美国。这样的话,从中国出口至美国的衬衣就不会先运至墨西哥,然后再转运至美国了,因为这些衬衣不能从墨西哥和美国的边境海关通关。这就是"原产地规定"(Rules of Origin,ROO)。

原产地规定实际操作起来非常复杂。怎样才算墨西哥原产的衬衣呢?如果衬衣来自中国,但由墨西哥工人钉上纽扣,这样的衬衣是否算作墨西哥原产的呢?纽扣的价值较小,因此可能不能算作墨西哥原产的产品。但如果衬衣布料和纽扣都来自中国,由墨西哥厂家裁剪制成衬衣,这样的产品能够算作墨西哥原产的吗?恐怕也是两可。衬衣的原产地可能相对还比较容易判断,但一些复杂的产品(如汽车、车床等)在生产过程中需要很多国家的原材料和中间品,判断它们的原产地会更加复杂。因此,原产地规定首先需要极其详尽的规定,对于每种产品可能都需要有特殊的说明,在执行中又需要海关能够有效地判断和执行,这就造成极大的文书、管理、执行等方面的成本。

特惠性贸易协定虽然未能将 WTO 成员之间所有的关税都削减为零,但至少降低了协定签约方之间的关税,因此特惠性贸易协定是否一定能够提高福利呢?是否部分自由贸易总比没有贸易要好?事实上,这个问题并没有简单答案,特惠性贸易协定有些情况下可以提升协定签约各方的福利,但有些情况下也可能降低协定签约方的福利。

考虑这样一个例子,假设有中国、美国和墨西哥三国。原先美国从中国进口汽车零部件,现在美国和墨西哥组成自由贸易区,从而美国改从墨西哥进口汽车零部件。在这个例子中,很显然中国由于出口减少,福利必然受损;墨西哥由于出口增加,福利必然提升。而对于美国而言,由于其原来以最低的成本从生产效率较高的国家(中国)进口,现在由于与墨西哥之间关税的调整而改从生产效率较低的国家(墨西哥)进口,则这里存在效率损失,这种损失有可能带来美国的福利损失。

为了更好地理解,假设美国、墨西哥和中国生产汽车零部件的成本分别为 80 美元、60 美元和 40 美元。假设初始美国征收 50 美元的关税,则从三国购买的成本分别为 80 美元、110 美元和 90 美元。显然此时美国应该自己生产汽车零部件,因为其成本最低。现在美国与墨西哥组成自由贸易区,美国只对中国征收关税,则从三国购买的成本分别为 80 美元、60 美元和 90 美元。美国发现从墨西哥购买成本最低,从而不再自己生产而转从墨西哥进口。由于之前美国不从任何国家进口,现在则从墨西哥进口,相当于创造了贸易,自由贸易区的这种作用被称为贸易创造(Trade Creation)。贸易创造对于美国而言带来了收益,因为自己生产需要 80 美元的成本,而如果从墨西哥进口的话,美国只需要生产出价值 60 美元的产品就可以与墨西哥交换了,相当于节约了 20 美元。

自由贸易区不是在任何时候都能带来贸易创造。假设美国最初关税为 30 美元,则其从三国购买的价格分别为 80 美元、90 美元和 70 美元。在这种情况下,美国会从中国购买汽车零部件,而不会自己生产。现在美国与墨西哥组成自由贸易区,美国只对中国征收关税,则从三国购买的成本分别为 80 美元、60 美元和 70 美元。美国发现从墨西哥购买比从中国购买成本更低,因此将不从中国而从墨西哥进口。美国的贸易从中国转向了墨西哥,自由贸易区的这种作用被称为贸易转移(Trade Diversion)。注意此时的贸易转移对于美国而言构成了福利损失。原因在于,本来美国可以以实际为 40 美元的成本从中国购进汽车零部件,因为 70 美元的购买价格中有 30 美元通过政府收入的形式返还给了美国,这 30 美元不能算作美国的成本。由于自由贸易区的施行,美国需要以 60 美元的成本从墨西哥购买产品,这个购买价格中并没有关税可以返还给美国。因此,美国将不得不投入更多的资源生产出口产品用以交换汽车零部件。这造成了美国的福利损失。

需要强调的是,贸易转移并不一定带来福利损失,以上例子只是一种可能的结果。设想在上述贸易转移的设定下,当美国的贸易从中国转向墨西哥时,墨西哥由于生产的扩张带来了规模效应,使得墨西哥的生产成本降低到了 40 美元。在这种情况下,由于墨西哥的成本降低至中国的水平,尽管美国不再能够征收关税,但美国购买价格的降低会完全将这种损失覆盖掉,美国整体上会从与墨西哥的自由贸易协定中获益。

2.1.5 GATT/WTO 何以能够推进贸易自由化

GATT/WTO 非常有效地推进了全球的贸易自由化。给定各国在旧全球化时期天然的贸易保护倾向,取得这样的成功难能可贵。我们有必要讨论一下 GATT/WTO 为何能够取得成功。鲍德温(Baldwin,2016)总结了两个机制。

引入支持自由贸易的力量

第一个机制在于将一国自身的关税削减通过制度安排使之成为一个自我持续的良性循环。这一机制的关键因素就是对等原则。为了理解这一点,首先看一下一国国内谁喜欢关税,而谁又厌恶关税。与进口产品竞争的国内企业希望设置高关税,以此限制进口并提高本地价格,从而提升其利润(或者至少最小化其损失)。相反,出口企业不喜欢外国市场的高关税,因为外国市场的高关税会降低其出口和由此获得的利润。

然而,国内的关税与出口市场的关税并没有关系,毕竟每个国家都能自主决定自己的关税。但是在 GATT/WTO 的谈判中,由于对等原则,本国的关税与出口市场的关税被挂起钩来。只有本国的关税降低,出口市场的关税才会随之降低。这样就在一个国家内部形成了政治角力。那些原本并不关心本国关税的出口商发现,他们只有打败那些受进口冲击企业的主张从而降低本国的关税,他们才能在出口市场上获得更低的关税。

由此,对等原则为每个国家的政府提供了可以用来制衡支持贸易保护集团的力量:支持自由贸易的集团。在对等谈判之前,政府大多听取支持贸易保护集团的意见。在对等谈判中,政府也会吸收支持自由贸易集团(出口商)的意见。因此,GATT/WTO 对等关税削减的谈判重组了各国内部的政治力量,使整体社会倾向于降低国内关税。需要注意的是,原则上消费者的利益也本应纳入自由化与否的政治考量中来,但是由于消费者很少能够参与关税决策的过程,因此在大多数国家,消费者对关税选择的影响几乎可以忽略不计。

就像滚雪球一样,每一轮回合谈判的关税削减会进一步增强支持自由贸易集团的力量。本国关税的降低带来更多的进口,受进口冲击的行业规模就会缩小。同时,出口市场关税的削减会提升本国出口行业的产出,增加就业并提高出口商利润。经济基础进一步改变政治影响,出口行业越来越重要,出口商的利益越来越被重视,受进口冲击的行业规模缩小,其在贸易政策决策上的影响相应减小,在下一轮政治博弈中,削减关税就会得到更广泛的支持。

因此,对等关税削减机制会改变一国内部的政治经济版图,促进贸易自由化。首先由 GATT/WTO 开始滚动关税削减的雪球。一旦开始,这个雪球便会创造政治经济动量,并不断累积能量,粉碎阻碍它进一步滚动的障碍。

减少向前推进时的阻力

第二个机制在于尽管 GATT/WTO 原则上要求所有成员都达成共识,但它仍然能够主要依靠少数发达成员之力推进贸易自由化的发展。之所以能够实现这一点,关键在于 GATT/WTO 对对等原则设置的一个例外,即允许发展中成员不进行对等关税削减就享受发达成员的关税优惠。

这一例外使得发展中成员在关税减免谈判中搭了顺风车,而这又是一种非常特殊的顺风车。由于最惠国待遇原则,发展中成员希望 GATT/WTO 的谈判能够最终取得成功,这样它们就可以从发达成员的关税减免中获益。因此,这种机制把发展中成员放在一个"不承担责任就不要反对"的位置上。实际上,很多发展中成员根本就不参加 GATT 的谈判。因为在这个机制中,发展中成员只有收益而没有损失,它们自然没有必要去参加谈判。另外,由于发展中成员也不需要在谈判中承诺任何的关税削减,那么它们自然也无从置喙发达成员关税削减的力度。

2.2 生产全球化与国际贸易政策关注重点的演进

在前面的讨论中,国际贸易政策关注的重点是产成品贸易时代通常使用的贸易政策,如关税、配额以及反倾销、反补贴等。这些政策当然在今天仍然十分重要,但是随着进入生产全球化时代后贸易形态的改变,国际贸易政策关注的重点也在悄然发生变化。这些新的国际贸易政策关注的重点已经进入多边、双边贸易协定讨论的范围,但学界对它们的研究还相对有限。本节讨论这些新的国际贸易政策关注的重点。

在产成品贸易时代,国际贸易政策具有保护主义的传统,因为通常认为一国经济的发展需要一定的贸易保护。例如,在英国工业化之后,英国之外的 G7 国家都采用了一套"标准政策"来追赶英国,其中就包括统一国内市场和设置对外关税壁垒以阻隔来自英国产品的竞争。在 GATT/WTO 的框架下,对发展中国家的特殊待遇,也是来自贸易保护能够促进发展中国家工业化的思想。比如,在 1958 年,由贸易学家戈特弗里德·哈伯勒(Gottfried Haberler)撰写的《哈伯勒报告》(Haberler Report)就建议 GATT 支持发展中国家保持高关税以促进工业化。正是由于这样的学界支持,GATT 才在这一点上对发展中国家网开一面。

然而,随着生产全球化的推进,贸易形态发生了重要的变化。如第 1 章所述,分工不再发生在最终产品层面,而是发生在生产环节层面。发展中国家可以将本国的廉价劳动力与发达国家的资本和知识要素结合而参与到全球价值链的生产中,大量的离岸生产则带来了发展中国家的工业化。因此,如何能够有效地融入全球价值链,成为发展中国家工业化的关键。

生产全球化有两个重要的特点:其一是发达国家与发展中国家间的合作。发达国家的企业往往需要利用发展中国家相对廉价的劳动力,这些企业于是把劳动密集的生产阶段分散到发展中国家。而这样的生产组织需要设立在发展中国家的工厂从发达国家进口大量的中间品。因此,发展中国家的市场必须开放才可能降低生产全球化的成本,保证生产产品的质量。其二是生产全球化往往以外商直接投资为载体。尽管发展中国家能够为产品的生产提供廉价的劳动力,但是生产中的其他必要投入(如生产的资本、技术和知识)还是为发达国家的企业所控制。发展中国家如果想要参与生产的全球化,则必须照顾到发达国家企业在资本、技术和知识等方面的需求。生产全球化的这两个特点与新的国际贸易政策关注的重点密切相关。

2.2.1 发展中国家单边开放

由于 GATT/WTO 对发展中国家的特别政策,发展中国家在 20 世纪 40 年代到 80 年代一直没有参与多边关税减免进程,保持着 5—10 倍于发达国家的关税。但是,进入 90 年代,许多发展中国家意识到贸易壁垒妨碍了它们从发达国家获得离岸生产的工作,因此开始进行大规模单边关税减免(见图 2.3)。这些关税减免与 GATT/WTO 的谈判无关,主要是发展中国家主动做出的选择。在发展中国家眼里,保护主义似乎越来越不受欢迎了。

发展中国家为什么会发生这么大的政策转向呢?因为生产全球化对发展中国家的要求与旧全球化时代时的要求不同。如果某个发展中国家准备加入一个国际生产网络,通常情况下它会进口一部分中间品,对这部分中间品进行加工后再将制成品出口。对进口中间品加征的任何关税都会增加该进口国的生产成本,从而降低该国的竞争力。因此,该国对进口中间品征收的关税会使该国从一开始就被排除在国际生产网络之外。由于关税的目标在于创造工业部门的工作岗位,因此发达国家向发展中国家的离岸活动就动摇了关税存在的基础。认识到这一点,许多发展中国家改变了它们的政策倾向——在生产全球化时代,保护主义不利于发展工业化。

2.2.2 双边投资协定

生产全球化需要来自发达国家的投资。发达国家向发展中国家进行离岸生产的目标是服务于全球市场,虽然生产位置发生了转移,但产品的质量不能降低。因此,发达国家进行离岸生产往往需要在向发展中国家发出订单的同时,也向发展中国家转移相应的生产技术、管理和知识等。这些转移在企业看来往往需要控制在自己的手中,因此订单的转移往往伴随着发达国家向发展中国家的直接投资。第 1 章已经提到,2008 年中国的加工贸易(生产全球化在中国的一种表现形式)中,约 5 000 亿美元的出口值由外商全资企业和外商合资企业完成,只有不到 1 000 亿美元的出口值由内资企业完成。

因为生产全球化的这一特点,为了参与全球价值链,发展中国家对外商直接投资的态度在 20 世纪 80 年代末发生了根本性转变。双边投资协定签订的情况可以反映这一点。多数情况下,双边投资协定主要是发达国家要求发展中国家在限制外商直接投资方面做出让步。这种让步主要体现为规范发展中国家政府对外国投资者的影响。这些协定往往会限制发展中国家的主权。

比如,大多数双边投资协定会限制发展中国家控制资本流动的能力,从而使外国投资者可以自由投入或转出资本。这些协定也会允许外国投资者将争端上诉至国际仲裁机构而非发展中国家的法庭。这些条款就是所谓的投资者争端解决条款。这些条款在最近的《跨太平洋伙伴关系协定》(Trans-Pacific Partnership,TPP)和《跨大西洋贸易与投资伙伴关系协定》(Transatlantic Trade and Investment Partnership,TTIP)中引起了很大的争议。这里的仲裁人一般是国际投资争端解决中心(International Centre for Settlement of Investment Disputes,ICSID),它位于美国的华盛顿特区。

表面上看,这些协定似乎只会有利于外国投资者,因为从根本上讲这些协定主要起到保护外国投资者财产权益的作用。然而,似乎发展中国家并不这么看,它们认为这些协定会带来双赢:接受投资的国家——大多数是发展中国家——想要吸引离岸生产的工厂和工作岗位,而发达国家的离岸生产企业又需要保证投资的安全。因为双边投资协定有助于保证投资的安全,所以发达国家都很乐于签署这样的协定。

尽管早在 20 世纪 50 年代双边投资协定就已经出现,但直到 90 年代它们才迅猛发展起来。如图 2.7 所示,1985 年只有 86 个签署国,到 2000 年这个数字翻了一倍,其中大部分是发展中国家。这些发展中国家大都和每一个主要外商直接投资国(欧盟国家、美国和日本)签署了双边投资协定,因此协定数量的增长速度比新签署国的增长速度要快得多。随着主要投资伙伴间逐渐完成协定的签署,协定数量的增长速度也开始逐渐放缓。最新的协定是 2020 年 12 月 30 日签署的《中欧全面投资协定》,这一协定除禁止强制转让技术的规则外,中国在该协定中首次纳入履行国有企业行为义务、全面透明的补贴规则以及可持续发展有关的承诺等。截至 2022 年,全球已经签署三千多个双边投资协定。原则上,双边投资协定是双向的,但由于外商直接投资大多从发达国家流向发展中国家(或其他发达国家),因此双边投资协定鼓励更多的发达国家向发展中国家进行投资。

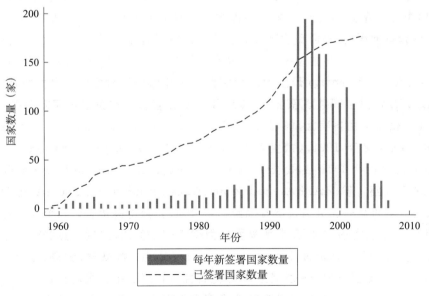

图 2.7　双边投资协定的发展

资料来源:国际投资争端解决中心双边投资协定数据。

有意思的是,双边投资协定签署的时点以及这些协定数量的变化和发展中国家对自由贸易态度的转变完全重合。1985年之前,几乎没有发展中国家认为这些协定带来的主权损失能够被经济发展获益弥补。而在这之后,似乎所有发展中国家的态度都有了转变。

近年来,一些最初反对双边投资协定的国家——比如印度和中国——也开始渐渐意识到这些协定对它们的好处。印度和中国的企业开始投资于发达国家及一些发展中国家。本质上,这些国家越来越不像"工厂"经济体,而越来越像"总部"经济体。

2.2.3 深度贸易条款

20世纪90年代以后国际贸易协定中出现了一些新的条款。这些新的条款也能够反映出发展中国家用主权换取加入生产全球化机会的倾向。

国际贸易协定条款的变化大约发生在20世纪80年代晚期至90年代早期。在此之前,发展中国家签署的多数贸易协定都较为"肤浅",这些协定基本上只涉及关税。在此之后,发展中国家与发达国家签署的贸易协定开始变得更加富有"深度"——特别是和美国、欧盟国家、日本等签署的协定。这里的"深度"指的是协议规定深入各国的国界之内,规范该国原本属于国内事务的一些政策,这就远远超过了关税政策涉及的范围。

譬如,双边投资协定中的一些条款指定发展中国家进行的一些改革,而不对发达国家的法律和实践做出要求。因此,这些条款基本上就是发展中国家的单方面承诺——承诺其会为发达国家投资提供一个友好的环境。

这些新的条款涉及哪些内容?自2011年起,WTO收集了区域贸易协定内容的数据,并将所有的条款分成52个不同的类型。表2.3罗列了这些条款中与生产全球化有关的一些条款。

表2.3 深度贸易条款

条款名称	条款描述
贸易相关投资措施	限制"本地成分要求"和"外商直接投资出口要求"等条款
服务贸易总协定	服务贸易自由化
贸易相关知识产权	标准统一协调;实施与执行;国民待遇,知识产权的最惠国待遇
海关	提供相关信息;在网络上公布新的法律与规章;提供训练
国有企业	独立竞争主体;在生产与市场条件方面无差别待遇;提供相关信息
国家补贴	评定是否破坏竞争环境;公布国家补贴的数额与对象;被要求的话也需要提供与补贴相关的具体信息
公共部门采购	逐步向外国企业开放政府采购;国民待遇/无差别待遇;在网络上公开适用法律与规章
竞争政策	禁止反竞争行为;竞争相关法规的统一协调;保证市场主体是独立竞争的主体

(续表)

条款名称	条款描述
国际产权	如果有国际协定能够提供比 WTO 还强的知识产权保护的话,允许市场主体获得这些保护
投资	信息交换;发展法律体系;管理程序的统一与简化;国民待遇;设立争端解决机制
资本流动	允许资本自由流动;禁止新增对资本流动的限制

资料来源:WTO 数据库。

这些条款中,有一些对生产全球化的发展极为重要,同时也被包含进 WTO 的协定中。这些条款包括:涉及资本自由流动的条款(资本流入与撤出),涉及服务的条款(确保企业能够获得国际水准的通信、运输、清关服务等),以及涉及知识产权保护的条款(保护发达国家企业离岸到发展中国家的技术不被剽窃),等等。接下来我们对这几类特别重要的条款做一个简要的介绍。

贸易相关投资措施

《与贸易有关的投资措施协议》(TRIMs)主要禁止两类对国际直接投资的限制性政策。一类政策要求国际直接投资企业生产的产品必须满足一定程度的本地成分要求。也就是说,这类政策要求跨国公司生产的产品中一定比例的中间品和投入来自东道国,这就限制了跨国公司自由选择生产中使用到的进口中间品的能力。第二类政策要求国际直接投资企业生产的产品中必须有一定量出口至非东道国市场。在 TRIMs 之外,其他区域贸易协定或双边贸易协定中也有涉及投资的深度条款,包括允许资本自由流动、禁止新增对资本流动的限制、完善法律体系、规范管理程序、给予国际直接投资企业国民待遇、明确争端解决机制等。

贸易相关知识产权

《与贸易有关的知识产权协定》(TRIPs)是第一个涵盖绝大多数知识产权类型的多边条约,它规定了对著作权、商标、地域标识、工业品外观设计、专利、集成电路布图设计、未公开的信息(包括商业秘密)等七种知识产权的保护。协定既包括实体性规定,又包括程序性规定。这些规定构成了 WTO 成员必须达到的最低标准,除在个别问题上允许最不发达成员延缓施行之外,所有成员均不得有任何保留。因此,该协定全方位地提高了世界知识产权保护的水准。

TRIPs 也是第一个对知识产权执法标准及执法程序做出规范的条约。它对侵犯知识产权行为的民事责任、刑事责任以及保护知识产权的边境措施、临时措施等都做了明确规定。同时,TRIPs 引入了 WTO 的争端解决机制,用于解决各成员之间产生的知识产权纠纷。过去的知识产权国际条约对成员在立法或执法上违反条约并无相应的制裁条款,TRIPs 则将违反协定规定直接与单边及多边经济制裁挂钩。这就增强了知识产权保护的执行力度。

TRIPs反映了发达国家在生产全球化进程中对知识产权保护的关心。它的产生主要来自美国在多边谈判中的推动。20世纪70年代初期,美国政府认为美国的知识产权在世界范围内没有得到有效的保护,于是美国在贸易法中规定了"301条款"。根据该条款,外国政府不遵守其与美国政府签订的贸易协定,或者采取其他不公平的贸易做法,损害美国的贸易利益的,美国政府可以采取强制性的报复措施。美国的"301条款"包括三个部分,即"一般301条款""特别301条款"和"超级301条款",其中"特别301条款"就是针对知识产权而制定的。TRIPs基本上是仿照美国的"特别301条款"而制定的,可以说,它是美国"特别301条款"的国际化和系统化。

发展中国家对知识产权保护的积极性则相对较弱。因为对于发展中国家而言,严格地执行知识产权保护不仅不能给本国带来多大的收益,反而可能会约束本国企业直接或间接地获取发达国家的创新成果。另外,执行知识产权保护也需要资金和人力,这些成本本可以用于其他经济活动,提升本国国民的福利水平。由于发达国家与发展中国家在知识产权保护上动机的不同,在可预见的未来,两类国家还会因此而产生更多的摩擦、冲突与谈判。

服务贸易

《服务贸易总协定》(GATS)是第一个有关国际服务贸易的具有法律效力的多边协定。它于1995年1月正式生效。GATS涉及12个服务大类,包括商业、通信、建筑、销售、教育、环境、金融、卫生、旅游、娱乐、运输和其他。在这些大类之下又涉及160多个小的服务行业。GATS的条款主要关注服务贸易中涉及的最惠国待遇、国民待遇、市场准入、政策透明度及服务相关资金的自由流动等。

2.3 本章小结

本章的目标在于介绍当前主要的国际贸易政策与制度,以及它们的历史发展逻辑。本章并不特别注重分析每一种政策与制度的福利影响,这部分留待读者进一步学习时进行研究。有关贸易制度,本章详细介绍了GATT和WTO的发展历程、发展逻辑以及各回合谈判取得的成绩。本章也介绍了在GATT/WTO框架下允许的特惠性贸易协定,以及这些协定不同的特点。有关贸易政策,本章则介绍了当前常见的国际贸易政策工具,如关税、配额和补贴等。特别地,本章介绍了在GATT/WTO框架下允许的贸易保护工具,如反倾销、反补贴及冲击保障等。

本章也特别讨论了国际贸易政策关注重点的演进,介绍了发展中国家对贸易保护态度的转变,各国对双边投资协定的偏好,以及贸易协定中越来越多涉及的深度贸易条款等。从这些政策的发展过程中,我们可以体会到贸易政策关注重点转变和国际贸易形态变化之间的微妙联系。

参 考 文 献

Baldwin, R. (2016), *The Great Convergence: Information Technology and the New Globalization*, Gambridge MA: The Belknap Press of Harvard University Press.

Feng, L., Z. Li and D. L. Swenson (2017), "Trade policy uncertainty and exports: evidence from China's WTO accession", *Journal of International Economics*, 106, 20–36.

Krugman, P., M. Obstfeld and M. Melitz (2016), *International Economics: Theory and Policy*, 10th Edition, Lodon: Pearson Press.

Martin, W. and P. Messerlin (2007), "Why is it so difficult? trade liberalization under the doha agenda", *Oxford Review of Economic Policy*, 23(3), 347–366.

Subramanian, A. and S. Wei (2007), "The WTO promotes trade strongly but unevenly", *Journal of International Economics*, 72(1), 151–175.

习 题

2-1 本章讨论了GATT/WTO能够推动贸易自由化的一个机制是其将一国自身的关税削减通过制度安排使之成为一个自我持续的良性循环,特别地,对等原则使对等贸易开放重组国内的政治力量。请讨论这样的一个机制在传统贸易模式下(旧全球化)和生产全球化贸易模式下(新全球化)是否有相同的作用。如果不同,请试着回答,生产全球化贸易模式下怎样的机制安排能够更好地增强国内支持自由贸易的力量,构造一个理论模型对此进行解释。

2-2 请在世界银行网站(http://tariffdata.wto.org)下载中国历年进口关税数据,计算各年平均关税,各年各HS(《商品名称及编码协调制度的国际公约》)产品分类二位码下产品的平均关税。在2006年的关税数据中,找到进口关税超过30%的产品,列出这些产品的名称。下载《中华人民共和国进出口税则》,在该税则中找到这些产品。请指出这些产品在税则中适用的贸易政策和其他产品适用的贸易政策之间是否存在区别。

第3章　中国对外贸易开放历程与特点

在第1章中，我们已经看到，中国在全球国际贸易中占有非常重要的地位。中国从2007年起成为全球第一大出口国，从2010年起成为全球第二大进口国，在全球国际贸易中的地位基本与美国和德国持平。中国的贸易实践为我们更一般地理解国际贸易的本质和规律提供了良好的研究环境，可以说理解国际贸易在一定程度上就需要理解中国的国际贸易。

中国在全球国际贸易中的地位并非与生俱来。20世纪90年代之前，中国的经济体系整体还处在管控严格的计划经济时代，在全球国际贸易中的分量非常小。中国国际贸易的发展得益于两个突破性的历史事件：一个是1992年邓小平南方谈话，此后中国的改革开放得到加速推进；另一个是中国在2001年年底加入WTO。对应于这两个历史事件，中国在各方面政策上做了很多的调整，才得以在国际贸易与整体经济上取得飞速的发展。因此，理解中国改革开放的政策变化以及它们对中国经济发展产生的作用就显得非常重要。

最后，中国的改革开放不仅限于国际贸易方面，很多国际、国内，涉及政治、经济和社会等方面的政策都与之配套，整体推进。因此，中国的国际贸易改革可以被视为整个改革开放的一个子集。理解中国国际贸易的发展也需要对中国整体改革开放的发展有所了解。

本章的目标在于介绍中国改革开放的简要历程，特别是中国在对外贸易开放方面走过的道路，以期对贡献于中国经济发展的因素有一个直观的了解。我们将中国改革开放的历程大致分为三个阶段：第一阶段是计划经济破冰阶段（1978—1991年），中国初步开始探索对外开放，试办经济特区，并在1984年进一步开放14个沿海城市，对外开放格局初步形成。第二阶段是市场经济建设阶段（1992—2000年），邓小平发表南方谈话，中央提出建立社会主义市场经济体制，加快浦东新区开发开放，实行沿边开放战略，对外开放全面铺开。第三阶段是国际体系融入阶段（2001年至今），中国加入WTO，政策、管理、制度等方面与国际标准对接，外商直接投资大量涌进，中国生产的产品大规模走向全球市场。在介绍中国改革开放主要阶段的同时，本章将介绍中国对外贸易中的一些基本特点，这些特点基本上可以概括中国对外贸易发展的关键因素，如一般贸易、加工贸易、出口加工区和外商直接投资等。

3.1 改革开放前的中国对外贸易

在1978年实行改革开放之前,中国的对外贸易体系是典型的计划经济模式,是整个计划经济体制的一部分。在整体发展思路上,中国奉行内向型发展战略,主要的发展目标是工业化。因此,对外贸易的目的是"调剂余缺",即国际贸易中的进口主要是为了弥补国内生产基本原材料、技术设备的短缺,而出口主要是作为为进口提供外汇的一种手段。

国家主要通过两种手段来控制国际贸易:一种是货物跨境流动的垄断,即对外贸易的权利由国家垄断。到1978年年底,中国由12家国有外贸企业垄断进出口,这些企业设在全国各省的子公司加起来也只有100个左右(余淼杰,2012)。出口的流程是专业出口公司先在各地收购,再由公司统一安排外销。外贸部门与生产部门作为两个系统,相互独立,产销不见面。另一种是官方控制外汇体系,非经严格的批准,企业和个人无权将人民币兑换成外币。控制外汇并不是为了限制国际贸易。为了发展国内的工业,中国需要从国外进口先进的技术设备,但是进口这些设备需要用外汇进行支付,而中国出口产品有限,主要由低价值的农产品和资源构成,因此外汇稀缺且昂贵。为了满足进口的外汇需求,政府一方面限制普通企业和个人获得外汇,另一方面高估本币、压低汇率。

改革开放前,中国也有一些对外贸易,不过主要是与苏联和东欧国家之间的贸易。1952—1960年,中国与这些国家的贸易额占贸易总额的2/3,其中48%是与苏联的贸易(海闻、林德特和王新奎,2003)。这些贸易对中国的工业化起到了重要的作用。如第一个五年计划中,中国进口了大量工业原材料(如钢铁、柴油和机械设备等),为了平衡贸易逆差,中国向苏联出口纺织品和食品,并向苏联借贷以支付剩余的逆差。

1962年起,中苏关系恶化,苏联断绝与中国的贸易联系。中国国民经济严重困难,经济衰退,粮食减产,对外贸易雪上加霜。为了摆脱对苏联的依赖,中国开始将对外贸易的重点和引进技术设备的对象转向西方对中国较为友好的国家,只是对外贸易的规模比较有限。1962—1966年,中国从西方国家进口成套设备仅二十多套,合同总额3亿美元,包括冶金、石化、电子、精密机械等(李岚清,2008)。

1966—1976年"文化大革命"时期,引进国外技术、进口国外产品往往被抵制,中国的国际贸易未能得到发展。根据《中国统计年鉴1981》,1976年中国的进出口总额仅为134亿美元,外汇储备仅5.8亿美元。

3.2 第一阶段:计划经济破冰阶段(1978—1991年)

1978年中国再次迈出了了解外部世界实际情况、学习发展经验的步伐。1978年中国密集派出代表团访问发达国家考察各国的经济和技术。当年5月,时任国务院副总理谷牧带领政府经济代表团访问法国、联邦德国、瑞士、丹麦、比利时五国。10月，邓小平访问日本，参观日产汽车公司、新日本制铁公司、松下电器公司，并专门乘坐了时速210公里的新干线列车。11月，邓小平访问新加坡，了解新加坡引进外资、发展经济的经验。邓小平在《关于经济工作的几点意见》讲话中提道："外国人在新加坡设厂，新加坡得到几个好处，一个是外资企业利润的35%要用来交税，这一部分国家得了；一个是劳务收入，工人得了；还有一个是带动了它的服务行业，这些都是收入……我认为，现在研究财经问题，有一个立足点要放在充分利用、善于利用外资上。"（邓小平，1994：第194—202页）所有这些改善对外关系、学习了解国外经验、认识外资作用的努力都成为中国对外开放的前奏。

1978年12月，党的十一届三中全会做出从"以阶级斗争为纲"转到"以发展生产力为中心"，从封闭转到开放，从固守成规转到各方面改革的重大决策，中国改革开放的大幕徐徐拉开，对外贸易改革作为经济改革的一个组成部分启动。党的十一届三中全会提出了"在自力更生的基础上积极发展同世界各国平等互利的经济合作，努力采用世界先进技术和先进设备"的对外经济工作指导方针。

第一阶段改革的具体铺开可以总结为以下几个方面。

3.2.1 特区试验思路

以特殊经济区域试验改革是中国改革实践的一个重要特点。这一特点的形成来自改革实践中的逐步摸索。特殊经济区域建设迈出的第一步是蛇口工业区的建设。1978年，当时隶属交通部的香港招商局注意到该局的船只可以不经过任何检查、不用办理任何手续就直接进出香港码头，从而提议在内地沿海建立一个出口加工基地。这一提议的本意是由驻港企业按香港的方式来经营，吸引外资开发工业，特别是外向型工业。国家为此批准在广东省宝安县（今深圳市）的蛇口镇建设2平方公里的工业区。这一工业区试验性地采用了完全不同于计划经济体制的一些管理方式，如500万美元以下的工业项目自主审批、引进外商投资、向外资银行贷款、企业自主经营自负盈亏、干部职工招聘制打破"铁饭碗"等，首次突破了计划经济体制壁垒，从此开启了中国以经济特区的形式进行政策试验的先例。

同年4月，国家计委、外贸部组成的港澳经济贸易考察组考察了香港、澳门的经济，形成了《港澳经济考察报告》，报告认为香港、澳门经济发展较快的原因在于：有充裕的资金来源，都是自由港，购进原材料和技术设备比较方便，大力发展对外加工业，利用外来资金和当地劳动力，进口设备、原材料和半成品，大搞加工装配，增加出口。为了学习香港、澳门的这种生产形式，1979年7月国家决定将广东省宝安县改为深圳市（毗邻香港），珠海县改为珠海市（毗邻澳门），先在两地试办出口加工区，待取得经验后再在广东的汕头市和福建的厦门市（两地都是著名的侨乡，有利于利用华侨的资本）设立出口加工区。1980年5月，四个出口加工区开始正式建设。这些区域的主要建设目标是出口加工区，但同时也发展商业、住宅、旅游等事业。这就是所谓的"经济特区"①。

经济特区以及后期中国其他特殊经济区域的特点是初期从较小的规模建设起步。例如,深圳经济特区共327平方公里,但实际使用面积为98平方公里;珠海市区划为654平方公里,经济特区规划为6.8平方公里;厦门本岛120平方公里,经济特区实际规划为2.5平方公里;汕头经济特区实际规划也仅1.6平方公里。

经济特区的另外一个特点是相较于计划经济体制,特区实行"特殊的政策"和"灵活的措施",主要表现在四个方面:一是特区以利用外资为主,不同于内地以国有经济为主;二是特区内的经济活动以市场调节为主,区别于内地以计划指导为主;三是对投资商给予特殊的政策优惠和出入境方便,如出口加工进口货物免征关税、企业所得税税率仅为15%、企业和个人获取的外汇可以较方便地汇出等;四是特区所在省份广东和福建被授权制定有关经济特区的单行法规,这一条可以说是经济特区所有特殊政策的根本。

由于四个经济特区建设的成功,1984年国家决定将经济特区建设的经验进一步铺开,开放14个沿海港口城市,包括天津、上海、大连、秦皇岛、烟台、青岛、连云港、南通、宁波、温州、福州、广州、湛江和北海。这些港口城市再加上四个经济特区形成了中国沿海由南到北的对外开放前沿。1990年4月,中国公布了开发开放浦东的重大决策,要把浦东建设成为现代化上海的象征,把上海建设成为国际金融、贸易、经济中心。

除了类似经济特区获得在外资、外汇、加工出口等方面的优惠政策,这些沿海开放城市还被鼓励兴办"经济技术开发区"。经济技术开发区的提出代表着发展思路从简单的加工出口到引进先进技术的转变。经济技术开发区需要举办中外合资、中外合作、外商独资企业以及中外合作科研机构,发展合作生产、合作研究设计,开发新技术,研制高档产品,提供新型材料和关键零部件,传播新工艺、新技术和科学的管理经验等。为了有利于新技术的引进和发展,利用外资项目的审批权限在这些沿海开放城市被进一步放宽。14个沿海港口城市的开放和第一批经济技术开发区的建设,标志着中国全方位对外开放格局的形成。

3.2.2 出口加工生产形式

改革开放初期,中国的对外贸易起飞可以说是从出口加工(又称加工贸易,Processing Trade)起步的。采用这种贸易形式的原因,一是开放初期中国境内缺少国际贸易经验,主要是向香港和澳门的企业学习它们的生产模式;二是这一时期需要争取香港和澳门资本的投资与技术,而加工贸易是最容易与香港和澳门资本结合的方式。

由于中国自开放初期就重视加工贸易,中国的贸易管理形成了以加工贸易和一般贸易(Ordinary Trade)两种贸易形式为主的体系。其中,一般贸易指的是中国境内有进出口经营权的企业单边进口或单边出口的贸易。图3.1(a)、图3.1(b)分别展示了1981—2019年中国一般贸易和加工贸易的出口额与出口年增长率。由图可见,改革

---

① 采用"经济特区"而非"出口加工区"作为名称是因为后者是当时台湾地区采用的名称,而其他名称如自由贸易区、自由港等包含"自由"两字,在当时容易将其同主权联系起来(李岚清,2008)。

开放初期主要的贸易增长来自加工贸易。经过一段时间的发展，1992年左右，加工贸易出口额超过一般贸易出口额，此后加工贸易出口额占中国出口总额的比重持续保持在50%左右，直到2010年左右才开始下降。

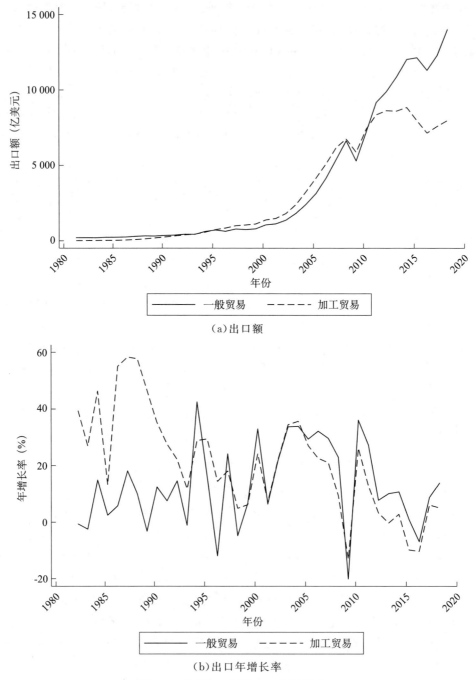

图3.1　中国加工贸易与一般贸易出口

资料来源：《中国贸易外经统计年鉴(2019)》。

改革开放初期,加工贸易包括"三来一补"等贸易方式,即来料加工、来件装配、来样加工和补偿贸易。来料加工(Processing and Assembly,或 Pure-assembly)指的是外商提供原材料,委托中方工厂加工为成品,产品归外商所有,中方按合同规定收取工缴费。来料加工规定制成率,用料定额包干。如果外商同时提供了生产设备,则其价款从工缴费中扣除。来件装配指的是外商提供零部件和元器件,并提供生产必需的机器设备、仪器、工具和有关技术,由中方工厂组装为成品。来样加工指的是由外商提供样品、图纸,间或派出技术人员,由中方工厂按照对方质量、样式、款式、花色、规格、数量等要求,用中方工厂自己的原材料生产,产品由外商销售,中方工厂按合同规定的外汇价格收取货款。补偿贸易指的是境内企业从境外厂商处进口机器、设备、技术,以及部分原材料,但境外厂商的这部分投入相当于信贷,境内企业需要在之后的一段时间内用一定量的产品对这些投入进行偿还。设备经出口补偿后归中方所有。1978年,"三来一补"企业最早在珠三角地区兴起,广东顺德的大进制衣厂、东莞的太平手袋厂、珠海的香洲毛纺厂是最早的"三来一补"企业。

出口加工贸易形式有多方面的优势。首先,出口加工使中国在极度缺乏技术和外汇的时期,能够在发展中国家中较早地加入生产全球化。这主要是因为这种贸易形式能够将中国最丰富的生产要素——劳动力——与外资拥有的生产要素(如市场、资本、知识和技术)结合起来。换句话说,这种贸易形式解决了中国所缺乏的市场、资本、知识和技术等难题。

其次,出口加工贸易形式为中国后来高新技术产业的形成和壮大奠定了基础。在改革开放早期,"三来一补"的贸易形式使香港的企业得到了实惠,它们对改革开放的政策由疑虑、观望转为相信,于是开始兴建和租借厂房,完善生产设施,增加投资,从而带来了90年代中外合资、中外合作和外商独资等"三资企业"的大量设立,如康佳公司、华强三洋等大型企业都是从"三来一补"企业转型而来。而这些外商投资企业也成为中国后来高新技术产业的核心来源。

最后,在出口加工的基础上,生产的过程也逐渐使中国积累了更多的知识,实现了资金的积累和劳动力的培训,带来了更多的创新思想与设计、更多的人力资本,以及更好的生产组织能力。例如,加工贸易中稍晚出现的进料加工(Processing with Imported Materials,或 Import-and-Assembly)相较于来料加工就对境内企业的要求更高一些。进料加工需要企业用自有外汇在国际市场上购买原材料、元器件或零部件,按自己的设计加工装配为成品再行出口销往境外市场。

3.2.3 引进外资

补偿贸易可以引进一些外部资本,但在这种形式下资本是以信贷的方式进入的。真正引入外资合营在1979年之前属于经济领域的"禁区"。1979年1月,邓小平提出"吸收外资可以采取补偿贸易的方法,也可以搞合营"(邓小平,1994:第156页)。这第一次打破了引入外资进行生产经营的禁区,而吸收境外投资,其意义不仅在于资金,更在于引进先进的技术和管理、培训人才、开发国内外市场等。

中国第一批共三家中外合资企业于1980年4月获批,分别是北京航空食品公司(与香港合资生产民航飞机配餐)、北京建国饭店(与美国华侨陈宣远合资)、北京长城饭店(与美国伊沈建设发展有限公司合资)。在这三家合资企业之外,随后批准成立的合资企业还有与瑞士迅达集团合资的迅达(中国)电梯有限公司,与香港港华电子企业有限公司合资的光明华侨电子工业有限公司,与日本大冢制药株式会社合资的中国大冢制药有限公司,与法国雷米马丁财团合资的中法合营王朝葡萄酿酒有限公司,与美国奥的斯电梯有限公司合资的中国天津奥的斯电梯有限公司,与德国大众汽车合资的上海大众汽车有限公司,等等。

早期的中外合资企业规模小、投资少、数量少。到1982年年底,全国也才批准了48家企业。合作方企业多数来自香港或华侨、华裔。在这48家企业中,来自中国香港的有22家,美国11家,日本、菲律宾各4家,联邦德国、瑞士、瑞典、法国、澳大利亚、泰国和挪威各1家。

为了更好地引进外资,中国于1979年7月颁布《中华人民共和国中外合资经营企业法》(以下简称《中外合资经营企业法》)。这是中国第一部关于外资的法律,奠定了中国吸引外商直接投资、举办中外合资经营企业的法律基础。由于《中外合资经营企业法》相对比较简单,对一些问题只做了原则性规定,中国又于1983年发布该法的实施条例。条例对"合资法"中的一些原则给出执行细则规定,如合营企业采取董事会制度,管理实行总经理负责制,中国政府对合营企业中外国合营者的资产不没收、不征用,合营企业有雇用员工的自主权,合营企业为生产出口产品而进口的原材料、零部件等免征关税,等等。

在1984年中国开放14个沿海港口城市后,为了进一步调动外商来华投资的积极性,国务院于1986年10月颁发了《关于鼓励外商投资的规定》(即"二十二条"),特别对产品出口和技术先进的外商投资企业给出更为优惠的待遇。如这些企业的外国投资者将其分得的利润汇出境外时,可以免缴汇出额的所得税;产品出口企业按照国家规定减免企业所得税期满后,凡当年企业出口产品产值达到当年企业产品产值70%以上的,可以按照现行税率减半缴纳企业所得税;经济特区、经济技术开发区以及其他已经按15%的税率缴纳企业所得税的出口企业,符合前款条件的,减按10%的税率缴纳企业所得税。规定将有关外商投资企业的优惠政策以行政法规的形式予以明确,改善了外商投资环境。

类似于针对合资经营企业(Equity Joint Ventures)的法律,中国针对其他类型的外资企业的法律体系也逐步建立起来。1986年中国颁布《中华人民共和国外资企业法》,该法特别针对外商独资企业(Wholly-Foreign Owned)。1988年颁布《中华人民共和国中外合作经营企业法》,特别针对中外合作企业(Contractual Joint

Ventures)。①

中外合作企业不像合资企业以双方投资额计算股份和分配利润,而是以合同规定的方式和比例分取收益,合作双方的权利、义务和责任由合作双方通过签订协议、合同的方式加以规定。一般情况下,中方合作者提供土地、场地、厂房设施等,而外方合作者提供资金、技术、设备等。例如,1979年中国与英、法、美、日等13个国家的48家石油公司签订合作协议进行海上石油合作勘探,之后又以合作协议的形式进行开发和生产。

在引进外资的过程中,中国第一次出现了吸引和利用外资的专业金融中介机构。1979年10月,由荣毅仁筹办的中国国际信托投资公司(中信公司)成立。中信公司率先对外发行债券,开辟了多种融资方式。如1982年中信公司为江苏仪征化纤工程有限公司在日本发行100亿元私募债券,日本的三十多家金融机构认购了该债券。中信公司也最早开展了融资租赁、海外投资、国际经济咨询等业务,积极开展中外经济技术交流与合作,在许多方面起到了重要的示范作用。

3.2.4 打破外贸垄断体制

从1950年到改革开放以前,中国一直实行国家统制对外贸易的政策,进出口贸易由外贸部所属各专业进出口公司统一经营。这种体制的问题在于,一年制订一次外贸计划,但是往往现实情况有很多变化而不能及时调整计划。另外,由于外贸专业进出口公司首先在国内收购产品再往外出口,这就造成生产者和外部市场间的隔离,产生所谓"产销不见面,工贸不结合"的问题。

从1979年起,国家开始打破外贸垄断体制。首先是打破外贸部所属专业进出口公司的垄断,将部分商品外贸经营权交由地方管理,放权省、自治区、直辖市成立专业贸易公司,办理地方商品外贸业务。又由国务院批准冶金、机械、兵器、航空、船舶等部门成立外贸公司(所谓的"工贸公司"),这些外贸公司独立于外贸部,可进行各自部门内企业生产产品的进出口管理。

其次是逐步将外贸公司从原来所属的行政部门独立出来,政企分开,独立核算,自负盈亏。例如,1988年将外贸总公司与其所属各省市分支外贸公司脱钩,赋予省市外贸公司外贸经营权。外贸经营权进一步扩大到原来只管收购的市、县外贸公司,以及部分生产企业和科研院所。取消各外贸公司的专业经营范围限制,鼓励外贸公司从事多种经营,发展出口加工,组织代理生产,等等。

由于这些改革,进出口贸易公司从1978年的12家增加到1986年的1 200家左右,1988年达到5 075家。

---

① 2019年3月《中华人民共和国外商投资法》正式颁布并于2020年1月1日起施行,长期构成中国外商投资法规支柱的《中华人民共和国中外合资经营企业法》《中华人民共和国外资企业法》《中华人民共和国中外合作经营企业法》同时废止。

3.2.5 汇率双轨制

改革开放之初,人民币被高估,1980年1美元可以兑换1.5元人民币。高估的汇率不利于出口,而人民币又不能一次性大幅贬值,因此中国于1981年开始实行双重汇率制度,即官方汇率与外贸体系内部结算价并存的双重汇率模式。前者适用于非贸易部门结算,对应美元兑换人民币汇率维持在1.5左右;而后者适用于外贸部门结算,汇率根据市场实情调整至2.8左右。由此,外贸企业的盈利大幅上升,带动外汇储备增至1983年的89亿元。但与此同时,未被纳入外贸体系的企业出口面临的亏损日益严重。

1985年,中国取消了外贸体系内部结算价的设置,开始实施外汇留成制度。一般省市外贸企业可保留10%左右的外汇,广东、福建外贸企业可保留25%的外汇。在允许外汇留成的基础上,国家建立外汇调剂市场,企业或个人可以在该市场上将自己留成的外汇进行交易,价格由交易双方商定,由此便形成了一种新的"官方汇率+调剂市场汇率"两轨并行的双重汇率制度。这一双轨制汇率体系一直持续至1993年。图3.2展示了人民币汇率历史变化。从图中可以看到,1985—1993年人民币逐步贬值。

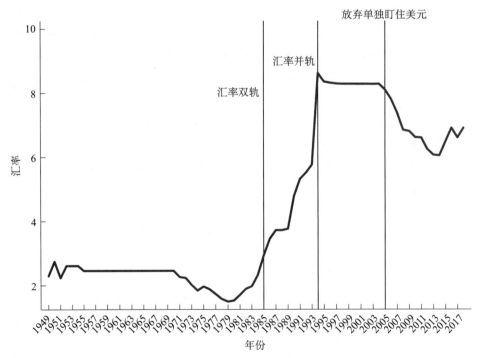

图 3.2 人民币汇率历史变化

3.2.6 海关管理体制改革

上述几个方面改革的主要目的在于促进出口,而对进口体系的改革在改革开放的第一阶段尚属次要。在这一时期,进口体系改革的目标主要在于构建贸易壁垒以保护国内生产和获取关税收入。

改革开放前,中国外贸实行国家统制,进出口企业都是外贸部下属的专业进出口公司,海关也隶属于外贸部。由于外贸部下属专业进出口公司的利润和海关征税都上交国家,从1967年7月起,中国海关停征进口关税,税款由外贸公司并入利润统一交库,海关职能弱化到仅进行货物监管和计征个人进口物品行邮税。

1980年,停征13年的海关关税恢复单独计征。同年2月,国务院做出《关于改革海关管理体制的决定》,成立海关总署,直属国务院。1985年,国务院审议通过《中华人民共和国进出口关税条例》,海关开始按照关税条例确定的《中华人民共和国海关进出口税则》计征关税。由于海关管理体制改革的目标是保护国内生产不受进口冲击和收取关税,因此这一套新的关税税率较高,简单平均关税达43%,加权平均关税为32%。按国际标准衡量,这一关税水平相对较高,关税水平超过中国的仅有印度和巴基斯坦等南亚国家(见第2章图2.3)。这一套新的关税税率一直维持到20世纪90年代。

尽管此时关税体系逐渐建立,但其并不作为调节进口的主要工具。和出口一样,进口也面临外贸垄断体制。国有外贸公司控制着国外市场和国内市场的通道,制造业企业无法自主进口,只有在它们生产所需且生产产品主要用于出口时才可能被批准或鼓励进口。需要注意的是,这一垄断体制与本书第2章中讨论到的非关税壁垒有所区别。它的存在主要来自改革开放前中国行政性的外贸体制,而非政府特殊设计、实施的非关税壁垒。

除了关税体系的建立,海关管理体制的其他方面也开始逐步改革。1987年,《中华人民共和国海关法》颁布实施。以海关法和关税条例为依据,一系列配套规章也相继出台,如《中华人民共和国海关进出口货物征税管理办法》《中华人民共和国海关关于进口货物原产地的暂行规定》《中华人民共和国海关审定进出口货物完税价格办法》《中华人民共和国出口货物原产地规则》《中华人民共和国进出口货物海关化验管理办法》等。

3.2.7 改革开放第一阶段小结

改革开放初期,中国迫切希望促进生产的发展,这需要打破原有的计划经济体制。在这一目标下,改革开放的第一阶段迈出了多方面的破冰步骤,尽管这些步骤相比后期的改革相对较小,但它们为后来很多方面的改革奠定了基础。另外,由于各个阶段的改革需要遵循和借鉴前一阶段的经验,第一阶段改革的摸索直接影响了中国经济发展中的多种特殊发展形式,如重视利用外资、重视出口加工、采用特殊经济区域进行试验性改革等。不过,尽管有了这些破冰步骤,截至第一阶段结束,中国整体经济体制仍然以计划经济为主,贸易体制还是一个向外寻求出口、向内高度保护的体系。

3.3 第二阶段：市场经济建设阶段(1992—2000年)

伴随着改革的推进，旧的计划经济体制逐渐解体，新的市场经济体制因素迅速成长。基于两种不同体制因素的新旧利益格局的摩擦日益加剧，经济运行出现了严重的失序。1988年中国发生了比较严重的通货膨胀，中央决定对国民经济实行3年"治理整顿"。到1991年年底，领导层在有关经济发展的战略上形成了两种观点：一种观点认为需要保持稳健的政策，对市场的发展进行严格的控制。这种观点在一定程度上把计划和市场对立起来，甚至把市场的发展说成是资本主义。另一种观点认为经济需要更快的发展，否则经济停滞可能带来政治问题。这种观点认为计划和市场只是利用资源的两种方式，不是社会主义和资本主义的标志。

1992年1月，邓小平在武汉、长沙、广州、深圳、珠海和上海进行了为期约一个月的考察，并发表了一系列重要谈话。这就是著名的邓小平南方谈话。邓小平肯定了经济特区的成就，表扬了当地干部利用市场推动社会发展取得的成就，并鼓励地方大胆试验，敢于冒险。他指出，计划不等于社会主义，市场也不等于资本主义。资本主义也有计划，社会主义也有市场。贫穷不是社会主义。社会主义的本质，是解放生产力，发展生产力，消灭剥削，消除两极分化，最终达到共同富裕。这些讲话摆脱了计划与市场问题的纠缠，坚定了中国推进改革、发展市场经济的决心。

当年10月，中国共产党第十四次全国代表大会正式提出中国未来五年的指导路线——建设"社会主义市场经济"。这是中国首次将市场经济提升至建设目标的高度。1993年，中国共产党十四届三中全会正式做出《关于建立社会主义市场经济体制若干问题的决定》(以下简称《决定》)。《决定》提出"整体推进和重点突破相结合"的改革战略，要求在市场体系、企业制度、财政税收体系、银行体系、社会保障制度和宏观经济管理等方面进行系统性的改革，以期在20世纪末初步建立社会主义市场经济体制。《决定》要求发挥市场机制在资源配置中的基础性作用，放开竞争性商品和服务的价格；不但要扩大商品市场，还要发展资本、技术、劳动力、信息和住房市场等。在接下来的近十年间，中国在多个方面进行了大踏步的改革。在这一阶段，中国逐步建立起以市场配置资源为主的经济体系，为中国经济的腾飞做好了准备。

3.3.1 复关与入世准备

与中国当时自身经济发展对市场经济体系建设的需求相呼应，扩大国际贸易、融入世界经济也从外部带来了建设市场经济体系的要求。

1948年，中国签署GATT临时适用议定书，并于同年5月正式成为GATT的创始缔约国。1950年，台湾当局以中国名义宣布退出GATT。随着中国对外经济贸易活动日益增多，对外经济贸易工作在国民经济中的作用不断增强，中国迫切需要一个稳定的国际环境，中国政府也开始重视GATT的作用，尝试加入GATT。为了避免同主要缔约国就"加入条件"进行漫长的谈判,中国依照在联合国和其他国际组织恢复席位的经验,希望恢复在GATT中的缔约国地位。1986年中国正式照会GATT,提出恢复中国在GATT中的缔约国地位("复关"),并要求享受发展中国家的待遇。

然而,直至1995年WTO成立,中国也未能完成"复关谈判",也就无法成为WTO的当然成员。随着GATT为WTO所取代,中国"复关"也就转变为了申请加入WTO("入世")。正如第2章中所介绍的,WTO相比GATT的内容与范围更广,中国入世所需达到的要求变得更高,中国也需要做更多的准备。入世的主要条件包括三个方面:

第一,WTO建立在市场经济基础之上,而中国过去一直实行计划经济体制,与国际市场经济基础格格不入。因此,中国需要建设以市场经济为基础的经济体系。这一点在1992年中国明确提出建立社会主义市场经济体制之后才有可能。

第二,中国需要逐步建立起市场经济条件下与国际通行规则相适应的外贸管理体制。管理上需要减少指令性计划,外贸商品放开定价,减少进出口贸易的行政管理措施,发挥关税、汇率、税收、信贷等经济杠杆在进出口贸易方面的作用。同时,外贸管理法规也应与国际通行规则相适应。

第三,中国需要进行大幅的关税减让。为了加入WTO,中国需要完成两个方面的谈判,一个是双边谈判,另一个是多边谈判。双边谈判重点解决市场准入问题,涉及关税逐步降低、进口限制逐步取消、服务贸易逐步开放等内容。根据WTO的规定,任何一个WTO成员如果要求与中国进行双边谈判,中国必须与之达成协议后才能加入。因此,每一个成员提出的关税减免要求,中国都需要通过谈判与之达成协议。当时WTO的成员一共130多个,陆续提出要和中国进行双边谈判的一共有37个,其中最重要的谈判对象是美国。美国提出了在4 000多个税号产品,以及农业、银行、保险、电信、分销、汽车、电影进口等方面的谈判要求。为了在这些产品上达成共识,中国需要进行大幅的关税减让。

3.3.2 市场经济建设

商品市场

在计划经济体制下,商品(包括劳动力)的价格并不能由市场供求决定。在计划经济体制下,物资分配体制以行政区划为界,以行政指令为手段,在此基础上有组织、有限制地订货,价格完全由国家有关部门控制。从1981年开始,国家允许在完成计划的前提下企业自销部分产品,其价格由市场决定。这样就产生了国家指令性计划内的产品按国家规定价格统一调拨与企业自行销售产品的价格由市场决定的双轨制。1984年,国务院颁布《关于进一步扩大国营工业企业自主权的暂行规定》,明确工业生产资料属于企业自销的和完成国家计划后的超产部分,一般在不高于或低于国家定价的20%的幅度内,企业有权自定价格,或由供求双方在规定幅度内协商定价。1985年,国务院废除对计划外生产资料价格的控制,由此正式形成"生产资料价格双轨制"。由于当时许多生产资料短缺,"计划外"价格一般高于"计划内"价格。

生产资料价格双轨制促进了计划外生产资料数量的增加,使得计划内的产品比重逐步下降。在全国零售商品总额中,政府定价、政府指导价、市场调节价三种价格形式的比重,1985年分别是47%、19%、34%,1988年分别是28.9%、21.8%、49.3%。同在1988年,生产资料由国家计划分配的品种由过去的256种减少到20种,在这20种中属于中央统一分配的数量在全部销量中所占的比重大幅下降,其余均由地方调配或企业自销。

1989年,中国共产党十三届五中全会通过《中共中央关于进一步治理整顿和深化改革的决定》,提出:"逐步解决生产资料价格'双轨制'问题","变'双轨'为'单轨'",确立了市场导向的价格改革思路。双轨并轨的进程在1992年之后提速。此后的近十年间,绝大部分双轨价格在价格放开的基础上由市场调节。1992年,市场调节价在零售商品价格中占93%,在农副产品收购价格中占82%,在生产资料价格中占74%。到2000年,市场调节价在零售商品价格中占96%,在农副产品收购价格中占93%,在生产资料价格中占87%。2001年,中央修订定价目录,进一步将中央管理的定价项目由1992年定价目录规定的121种压缩为13种。在此期间,1997年12月通过《中华人民共和国价格法》,中国正式明确规定了"宏观经济调控下主要由市场形成价格的机制"。

外汇市场

1994年1月1日,根据稍早之前国务院颁布的《关于进一步改革外汇管理体制的通知》,中国正式建立起外汇市场。人民币官方汇率与外汇调剂市场汇率并轨,国家实行以市场供求为基础、单一的、有管理的浮动汇率制。银行进入银行间外汇市场进行交易,形成市场汇率,企业和个人按规定向银行买卖外汇。中央银行只在汇率波动超过一定幅度时才通过入市买卖外汇来保持人民币汇率的稳定。同时,实行18个月内的经常账户可兑换,这意味着任何商品进口商只要出示有关贸易的证据就可以购买外汇。在这一汇率体制下,人民币大致被固定在1美元兑换8.3元人民币的水平上,直至2005年进一步汇率改革。

国有企业改革

随着市场经济的发展,民营经济在国民经济中的地位日显重要,国有经济的比重逐步下降。一些人开始将"国有"和"民营"、"社会主义"和"资本主义"联系起来,批评市场化改革使"私有经济的比重超过了一定的度",背离了社会主义。

对于这样的批评,1997年9月中国共产党第十五次代表大会给出了回答。大会将"公有制为主体、多种所有制经济共同发展"确定为中国的"基本经济制度";"非公有制经济"被确定为中国"社会主义市场经济的重要组成部分";"国家保护个体经济、私营经济的合法的权利和利益"。这些决定于1999年被写入《中华人民共和国宪法修正案》。党的十五大报告要求按照"三个有利于"的判断标准,对中国经济的所有制结构进行调整,国有资本逐步收缩到"关系国民经济命脉的重要行业和关键领域"。1999年

9月中国共产党十五届四中全会进一步把所谓"关系国民经济命脉的重要行业和关键领域"限制在"涉及国家安全的行业,自然垄断的行业,提供重要公共产品和服务的行业,以及支柱产业和高新技术产业"等。

根据党的十五大精神,1999年中国实施了大规模的所有制结构调整。稍早之前,从1995年开始,国务院在全国工业企业中选择了100家进行建立现代企业制度的试点。各省市政府也结合自身情况,先后选择了2343家企业进行类似的试点。1996年国家确定了300家重点企业,并对这些企业的现代企业制度建设和行业发展进行规划。现代企业制度的建设目标是使部分国有企业成为"自主经营、自负盈亏、自我发展、自我约束"的法人实体和市场竞争主体。

1999年中国共产党十五届四中全会后,国有企业改革开始加速。截至2000年中央确定的及各地选择的建立现代企业制度的试点企业达2700家,这些企业多数都进行了公司制、股份制改革;列入国家重点企业的国有及国有控股企业达520家,其中有430家进行了公司制改革。此外,绝大多数原来掌握在地方政府手中的数以百万计的乡镇企业几乎悉数转制成民营企业。这样,中国经济从国有经济一家独大的结构转变为多种所有制经济共同发展的格局。除少数垄断行业外,民营经济一般居于主要地位;在就业方面,民营企业成为吸纳就业的主体。

3.3.3 关税减让

1985年中国设立进出口税则时简单平均关税达43%,这一关税水平一直保持到1992年。在这一年,中国首次采用《协调制度》(Harmonized System,HS)①目录制定税则,但这次调整仅是进行商品分类目录的转换,基本不涉及税率调整。

1992—1994年,中国进行了一些关税减让,如1992年1月1日,225种商品的进口平均关税从45%减至30%。1992年4月,中国取消了14种商品20%至80%的进口附加费。同年12月,中国又对3371种商品平均降低了7.3%的关税。自1994年1月1日起,中国对2818种商品平均降低8.8%的关税,对200多种工农业产品平均降低50%的关税。然而,这些关税减让力度仍然有限。1994年,中国简单平均关税约为35%,仍处在较高的水平。

自主减让关税的突破发生在1996年。时任国家主席江泽民在1995年大阪举行的亚太经济合作组织首脑会议上宣布,中国将于1996年采取新一轮关税削减措施,将

---

① 《协调制度》全称为《商品名称及编码协调制度的国际公约》(International Convention for Harmonized Commodity Description and Coding Systems),是全球绝大多数国家和地区通用的关于商品的分类系统。该系统于1988年首次设立,分别于1996年、2002年、2007年、2012年及2017年进行修改和调整。这一系统使用6位数字来编码产品,前2位数字定义产品所在的"章"(Chapter),如"09"代表"咖啡、茶、香料",第3—4位数字定义产品在该章下的"组"(groupings),如"09.02"代表"茶",第5—6位数字则代表该产品更细的分类,如"09.02.10"代表"绿茶"。当前系统(2017年版)共包含约5300个HS 6位产品,共99章。在全球通用的6位产品代码之下,各国可以进一步引入8位或10位更细的产品分类,但这些更细的分类在不同的国家可以有所不同。

4 000种商品的简单平均关税从35.9%降至23%左右。此后,中国又连续两次宣布自主降低关税,到2000年时平均关税降至15%左右。图3.3展示了1992—2020年中国进口简单平均关税水平的变化。

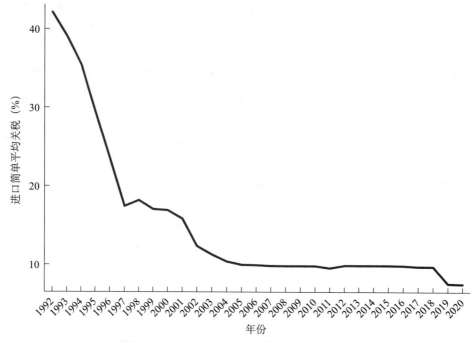

图 3.3 1992—2020 年中国进口简单平均关税

资料来源:WTO 关税数据库。

3.3.4 自营进出口权

尽管中国在改革开放第一阶段中一直试图打破外贸垄断体制,但对外贸经营权的管理一直比较严格。例如,没有获得某种商品贸易许可证的公司不能直接出口该类商品,而必须通过拥有许可证的公司来出口。这种政策限制了可以直接出口的企业群体,也将生产企业与国际市场隔绝开来,影响了企业因应市场变化而进行调整的能力。当然,这些限制仅限于非外资企业。根据1994年通过的《中华人民共和国对外贸易法》,外商投资企业可免除外贸经营的许可要求。

从1997年起,中国开始较大幅度地放开大型、国有生产企业的自营进出口权。1997年,对五个经济特区内的生产企业自营进出口权试行备案登记制。1999年,对120家大型试点企业集团、国家确定的1 000家重点企业、全国大型工业企业以及上述企业所属生产性成员企业申请自营进出口权实行备案登记制;同年稍晚,在全国范围内对所有国有、集体生产企业自营进出口权实行备案登记制,进一步扩大自营进出口权登记制的适用范围。

对于民营企业和非重点企业,中国仍然采取较严格的申请审核制。首先,进出口经营资格实行审批制,由各省市外经贸委(局)负责办理进出口经营资格登记并核发《进出口企业资格证书》。其次,申请的主体必须为企业,自然人不能从事对外贸易经营活动。同时,申请的企业必须在注册资本、销售额和出口额等方面满足一定的条件。1999年之前,只有极少数民营企业能够获得自营进出口权。从1999年开始,注册资本在850万元以上,销售额在5 000万元以上,连续两年出口100万美元的民营企业才有资格申请自营进出口权。2001年,这些条件得到放松,申请自营进出口权的民营生产企业注册资本应不少于500万元,高新技术企业和机电产品生产企业的注册资本应不少于200万元,且审核时不再考核企业的销售额和出口额等条件。民营企业注册资本要求在2001年7月进一步被降到300万元,2003年8月降到50万元。

由此,在改革开放的第二阶段,全国大型工业企业基本全面实行自营进出口权备案登记制,部分民营企业也能够通过申请审核程序获得自营进出口权,原来由国有外贸公司垄断对外贸易经营的局面基本被打破。

3.3.5 贸易中介企业(外贸公司)管理

专业的外贸公司是国际贸易中重要的参与者。一个生产企业可以通过专业的外贸公司或者自行设立专业的外贸子公司进行进出口。

从1999年开始,政府放宽了成立国有或私营外贸公司的要求。省属外贸公司的数量与所在省份的出口价值或GDP水平挂钩。例如,每增加3 000万美元的出口额,一个东部沿海省份就可以多成立一个由省政府管理的外贸公司。同样地,市属外贸公司的数量也与所在地市的经济总量挂钩。例如,按照GDP,沿海地区每增加10亿元GDP、中西部地区每增加3亿元GDP,该地市就可以批准成立一个市属外贸公司。更重要的是,只要生产企业在上一年出口了价值1 000万美元的商品,它们也可以成立私营的专业外贸公司。这些外贸公司可以为本公司或其他公司进出口货物。此外,非国有的非生产企业也被允许进行国际贸易。但是,这种政策的放宽仅适用于经济特区,而且此类外贸公司的总数仍然受到严格的限制。

2000年,国内企业成立外贸公司的限制被进一步放开。2001年,对于国内的生产企业,只要其注册资本超过300万元,就被允许申请成立外贸公司;对于国内的非生产企业,只要其注册资本超过500万元,就被允许申请成立外贸公司。因此,从2001年开始,国内企业成立外贸公司的限制已基本完全放开。

放松对外贸公司准入的管制,对国内私营企业相对有利,也改变了外贸公司的构成。2000—2006年,私营外贸公司在全部外贸公司中所占的份额不断增加,而国有外贸公司所占的份额不断减少。

3.3.6 外资政策

在改革开放的第二阶段,外商投资迅速增长,外资的来源地持续增加,越来越多西方国家的大型跨国公司进入中国。在此期间,资金、技术密集的大型项目和基础设施项目增加较多,平均单项外商投资规模水平不断提升。在沿海地区外商投资迅速增长的同时,中西部地区吸收外资也有了较快的发展。

图 3.4 展示了 1979—2013 年中国新增外商投资企业数量情况。由图可见,外商投资的第一次大幅增长发生在 1992 年左右,这次增长以制造业的外商投资为主,服务业的外商投资增长有限。外商投资的第二次大幅增长发生在 2000 年中国加入 WTO 前后。此次增长制造业和服务业都有显著的贡献,不过制造业初期增长较快,而服务业的增长稍慢但一直持续至 2013 年。2008 年之后的外商投资增长主要依赖于服务业的投资。

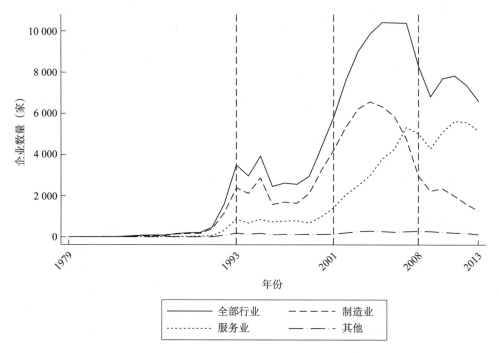

图 3.4　1979—2013 年中国新增外商投资企业数量

注:图中外商投资企业剔除了外资分支机构和来自"避税天堂"的企业。其他行业包括农林牧渔业,采矿业,电力、热力、燃气、水生产和供应业以及建筑业。

资料来源:作者整理资料所得。

1992 年左右的外商投资增长得益于这一阶段中国加大了吸引外资的政策力度和制度化建设。1991 年中国颁布《中华人民共和国外商投资企业和外国企业所得税法》(现已废止),对外资企业的所得税做出一些优惠的规定。其中明确提出外商投资企业的企业所得税税率为 30%,地方所得税税率为 3%;设在经济特区的外商投资企业和设在经济技术开发区的生产性外商投资企业,减按 15% 的税率征收企业所得税。此外,该法提出针对外商投资企业的"两免三减半"政策,即外商投资企业可享受自开始获利的年度起,2 年免征、3 年减半征收企业所得税的待遇。对此法律的后续修订规定外商投资设立的先进技术企业,可享受3年免税、6年减半征收企业所得税的待遇。对出口型企业,除享受上述两免三减半所得税优惠外,只要企业年出口额占企业总销售额的70%以上,均可享受减半征收企业所得税的优惠等。①

2000年左右,为了配合中国加入WTO,使中国的外商投资法律与WTO协定的要求相一致,中国于2000年修订了《中华人民共和国外资企业法》《中华人民共和国中外合作经营企业法》,并于2001年修订了《中华人民共和国中外合资经营企业法》。根据《与贸易有关的投资措施协议》,当地成分的要求、贸易平衡的要求、外汇平衡的要求等与贸易有关的投资措施应被禁止。相应地,这三部法律的修订放松了对外资企业的这些约束。首先,原先要求外资企业必须采用先进的技术和设备,或者产品全部出口或者大部分出口,修订后不再将此作为强制性要求,而改为鼓励性要求。其次,原先要求外资企业需要的原材料、燃料等物资在同等条件下应尽量先在中国购买,外资企业的生产经营计划应报其主管部门备案,且外资企业需要自行解决外汇收支平衡等,修订后这些都不再要求。

在对外商投资给予较大优惠的同时,政府对外商投资领域的管理较为严格。1995年中国首次通过《指导外商投资方向暂行规定》并开始颁行《外商投资产业指导目录》(Catalogue of Industries for Guiding Foreign Investment,以下简称《指导目录》)。在中国针对外商投资的所有政策中,《指导目录》是中国政府管理外资的主要依据。外国投资者在中国成立任何形式的公司(无论其规模、投资额或行业)、所投资的公司发生任何重大的变化(包括但不限于变更营业执照、增加或减少注册资本、股权转让及清算)都需要经过中国政府的审批。这样广泛的、一事一审的审批体系的基本规尺即为《指导目录》。

具体而言,《指导目录》规定了针对各个行业的外商投资政策,明确指出了外商投资在某行业的某类产品中是否被鼓励、限制或禁止,未做明确规定的行业则视为被允许。《指导目录》中对行业条目的描述非常详尽、细致。在某些条目中,《指导目录》也特别注明该产品不允许外商独资经营,或者要求必须中外合资合作经营,或者要求外资占股不能超过50%等。

相关部门考虑是否审批通过外商投资项目和外商投资企业时,主要依据的就是该项目与企业是否属于《指导目录》中鼓励、限制或禁止的类别。特定项目所处行业是否属于鼓励类、限制类或禁止类行业将影响到监管部门对该项目的审批程序,还可能影响到投资者能否享受到有关税费优惠或其他奖励措施。例如,限制类行业的外商投资所受到的政府审查比鼓励类和允许类行业更加严格。就审批机构的层级而言,对于限制类行业的项目,一旦其总投资额达到5 000万美元或以上,就需要中央政府审批;而

---

① 见1986年发布的《国务院关于鼓励外商投资的规定》(国发〔1986〕95号)。

对于鼓励类或允许类行业的项目,如果其总投资额低于3亿美元,则只需报省级主管部门审批即可。1995年首版《指导目录》将较少的行业列入鼓励类,对外商投资的行业限定较为严格。这一状况直到2002年中国加入WTO后修订《指导目录》才得以改变。

3.3.7 法规调整

为了使中国的对外贸易管理法规适应国际通行规则,1994年中国制定了首部《中华人民共和国对外贸易法》(以下简称《对外贸易法》),并通过编发《中国对外经济贸易文告》等措施提高对外贸易政策的透明度。《中国对外经济贸易文告》为我国政府的官方刊物,汇集刊登我国已公布的所有有关或影响货物贸易、服务贸易、与贸易有关的知识产权或外汇管理制度的法律、法规及其他措施。此外,中国按照国际通行规则,在1999年年底至2002年清理了各项法律法规和部门规章2 300多件,对原有货物进出口法律法规体系进行"废立改",废止了830件,修订了325件,并先后出台了《中华人民共和国货物进出口管理条例》和与之配套的10个部门规章,涵盖了中国进出口管理体制的各个方面。地方各级政府也按照法制统一、非歧视和公开透明的原则,对19万多件地方性法规、规章和政策措施予以全面清理。

3.3.8 特殊经济区

1992年6月,中国决定开放长江沿岸的芜湖、九江、岳阳、武汉和重庆5个城市。沿江开放第一次将特殊经济区实践从沿海向内地扩散,这对于带动整个长江流域地区经济的迅速发展,以及中国全方位对外开放新格局的形成起到了巨大的推动作用。同年不久,中国又批准了合肥、南昌、长沙、成都、郑州、太原、西安、兰州、银川、西宁、乌鲁木齐、贵阳、昆明、南宁、哈尔滨、长春、呼和浩特共17个省会城市为内陆开放城市。至此,中国的对外开放城市已遍布全国所有省份。同时,中国还逐步开放内陆边境的沿边城市,从东北、西北到西南地区,有黑河、绥芬河、珲春、满洲里、二连浩特、伊宁、博乐、塔城、普兰、樟木、瑞丽、畹町、河口、凭祥、东兴等。沿江、内陆和沿边城市的开放,加快了内陆省份对外开放的步伐,形成了中国多层次、多渠道、全方位开放的格局。

3.3.9 改革开放第二阶段小结

改革开放的第二阶段打下了中国全面发展的制度和思想基础。这一阶段,中国面对很多关键的方向性问题,例如是否以市场经济为资源配置的主要方式,是否允许私营企业与国有企业拥有同样的市场地位,等等。在这些方向性问题得到解决的同时,中国也积极拥抱国际经济体系,为加入WTO在法律法规、管理方式等方面做了很多重要的调整。这些调整减少了中国与国际通行规则之间的抵触,从而为加入WTO之后中国经济的腾飞做好了准备。

3.4 第三阶段:国际体系融入阶段(2001年至今)

2001年12月中国加入WTO,是中国改革开放史上的里程碑。这标志着国际社会对中国市场化改革的认可以及国际标准和规则在中国市场的延伸。在2001年至今的这段时间,中国享受了入世的福利,例如作为成员享受其他成员给予的永久最惠国待遇、完全取消贸易配额等。同时,中国也以各种方式履行了承诺,以更开放的姿态走向国际舞台。例如,中国主动降低进口关税,放开对进出口权和贸易中介的管制,简化进口许可程序、提高透明度等。中国也进一步发展特殊政策区,新建出口加工区,为利用中国的生产优势、大力发展加工贸易提供了有利的环境。入世后,中国进入了改革开放的鼎盛阶段,实现了对外贸易的飞速发展。

3.4.1 法律修订

入世之后,为了履行入世承诺,运用WTO规则促进中国对外贸易发展,中国于2004年修订了《对外贸易法》。这次修订主要包括两方面的内容:一是对1994年《对外贸易法》与中国入世承诺和WTO规则不符的内容进行修改;二是对中国享受WTO成员权利的实施机制和程序做了规定。这次修订将入世承诺与WTO规则转化为国内法,使得中国的对外贸易实践与WTO规则相一致。

具体而言,在履行入世承诺方面,《对外贸易法》有三个重要的修改:一是扩大了对外贸易经营者的范围,将从事对外贸易经营活动的主体范围扩展至所有中国与外国的自然人、法人和其他组织。二是将过去由对外经济贸易主管部门许可才能从事对外贸易经营的规定放开,取消对外贸易经营权的审批,对外贸易经营者只需依法登记就可以从事进出口活动,只有少数国家垄断的产品除外,如粮食、棉花和其他农产品、煤炭、金属矿产、原油和成品油等。这两个修改基本上废止了所有对自营进出口权的限制。三是增加符合WTO透明度原则要求的条款。在过去的对外贸易工作中,政府往往采取内部文件(亦称红头文件)的形式进行管理,此外对外贸易公共信息服务体系建设滞后,服务意识薄弱,对外贸易公共信息往往不能及时向对外贸易经营者和其他社会公众提供。新修订的《对外贸易法》强调了对外公告义务,还规定了国家对外经济贸易主管部门必须建立对外贸易公共信息服务体系,有向对外贸易经营者和其他社会公众提供信息服务的义务。这些规定使得政府对外贸易工作中凡是执行的政策,必须是公开的法律法规、规章制度和政策。通过公告,一方面提高了透明度,另一方面通过将扰乱对外贸易秩序的行为公开的举措,确保了国民的知情权,使中国的经济环境更具稳定性和可预见性。

在WTO成员权利的实施机制和程序方面,此次修订加入了有关知识产权保护的规定。这些规定一方面防止侵权产品进出口和知识产权权利人滥用权利,有利于保护外商的合法权益;另一方面对于未能对来源于中国的货物、技术或服务提供有效知识产权保护的国家和地区,中国可以采取必要的措施,有利于促进中国知识产权在国外的保护。稍早之前,中国也于2001年修正了著作权法、商标法,以确保在知识产权方面对外商的国民待遇和最惠国待遇与《与贸易有关的知识产权协定》保持一致。另外,由于WTO允许类似反倾销、反补贴和保障措施等,此次修订也加入了与对外贸易调查相关的规定,使得中国可以利用WTO的这些规定形成相应的贸易政策工具。

3.4.2 关税减让

为了履行入世承诺,中国于2002年1月1日起全面下调关税,分10年逐步实施。其中,对绝大部分进口产品的降税承诺在2005年1月1日执行到位;到2010年1月1日,所有产品的降税承诺履行完毕。如图3.3所示,中国平均关税水平从入世前的15%降到2005年的10%。其中,消费品从2001年的25%降到2005年的15%,中间品和资本品从2001年的15%降到2005年的8%。关税降幅超过了一半。2005年之后,中国的关税水平一直保持稳定,直到2019年中国又进行了较大幅度的关税下调。

关税减让对于中国而言并不仅仅意味着对外国企业开放本国市场,其对中国企业增强国际竞争力也有很大的贡献。中国近一半的出口是加工贸易出口,加工贸易需要进口大量的中间品。即使是一般贸易出口,生产过程也需要用到大量进口中间品。因此,获得更多、更高质量的中间品和资本品对中国生产企业极其重要。例如,冯、李和斯文森(Feng, Li and Swenson, 2016)的研究发现,中间品进口增加的企业会相应地扩大其出口产品的数量与范围。进口中间品对于提升出口的作用在私营企业或没有贸易经验的企业中特别显著。而如果中间品自发达国家进口,则更能促进企业向发达国家的出口。究其本质,进口中间品所蕴含的技术和质量有效地促进了中国生产企业的产品升级,提升了企业出口参与的深度与广度。

3.4.3 贸易中介企业(外贸公司)管理

尽管截至2001年中国基本放开了对内资外贸公司的限制,但对外商投资的外贸公司的管理一直比较严格。

从1996年开始,香港和澳门的企业可以成立外贸公司,但是外贸公司必须与内地企业合资成立,且合资双方必须符合一些很高的标准。这些标准包括:在过去三年中,港澳企业每年与内地的贸易额应超过3 000万美元,在内地的投资额应超过3 000万美元,上一年在内地的销售额应超过50亿美元;内地合作企业必须具有贸易许可证,必须连续三年每年进口2亿美元、出口1亿美元,并且必须拥有三个以上的海外子公司;合资外贸公司的注册资本必须超过人民币1亿元。对于来自其他国家和地区的外资,其成立外贸公司的要求相似。

2003年,外商投资的外贸公司要求稍稍放宽。如果是港澳企业,其新成立的外贸公司可以是合资公司,也可以由港澳企业全资拥有。此外,在过去三年中,港澳企业每年与内地的贸易额要求降低至1 000万美元,并且该外贸公司的注册资本必须超过人民币2 000万元。与以前的要求相比,这些要求降低很多。但是如果外资来自其他国家和地区,则其必须与中国内地企业合作设立外贸公司。由于对外资外贸公司相对严格的管理,外资在所有外贸公司中所占的份额一直很小。

需要注意的是,尽管当前对国际贸易的研究主要关注制造业企业,但外贸公司在国际贸易中发挥着非常重要的作用。表3.1展示了2000—2006年中国对美国出口中贸易中介所占的比重。在此期间,贸易中介在出口总额中的份额在2000年为38.50%,到2006年其份额仍旧达到22.99%。特别地,贸易中介对一般贸易尤其重要。表3.1显示,贸易中介在一般出口总额中的份额在2000年高达62.10%,2006年占比稍低,但也达到44.91%。

表3.1 2000—2006年中国对美国出口中贸易中介所占的比重

项目	2000年	2001年	2002年	2003年	2004年	2005年	2006年
出口总额(十亿美元)	49.68	52.02	67.25	89.23	120.41	156.40	193.68
由贸易中介出口的金额(十亿美元)	19.13	19.13	22.40	25.90	31.77	38.44	44.53
由贸易中介出口的份额(%)	38.50	36.77	33.31	29.03	26.38	24.58	22.99
一般出口总额(十亿美元)	14.96	16.12	20.87	27.20	37.14	51.25	67.28
由贸易中介出口的金额(十亿美元)	9.29	9.33	11.29	13.81	17.80	23.85	30.22
由贸易中介出口的份额(%)	62.10	57.90	54.13	50.78	47.94	46.54	44.91
加工出口总额(十亿美元)	34.72	35.90	46.38	62.03	83.28	105.15	126.40
由贸易中介出口的金额(十亿美元)	9.84	9.80	11.11	12.09	13.97	14.58	14.31
由贸易中介出口的份额(%)	28.33	27.28	23.95	19.49	16.77	13.87	11.32

资料来源:Chen and Li(2014)。

3.4.4 外资政策

继2000年和2001年分别修订三部针对外商投资的法律《外资企业法》《中外合作经营企业法》和《中外合资经营企业法》,在加入WTO后,中国出台了一系列法规放开对外商投资的限制。

2002年中国重新修订《指导目录》,此后又于2004年、2007年、2011年、2015年、2017年、2020年、2022年多次修订《指导目录》。李志远、刘丹和方枕宇(2022)整理了1995—2015年《指导目录》鼓励、限制、禁止外资进入的行业数量,以及要求外资合资的行业数量。由图3.5可见,对外商投资行业的放松主要发生在2002年。该年鼓励外资进入的行业大幅增加,限制和要求外资合资的行业数量大幅减少,禁止外资进入的行业数量基本不变。此后,鼓励外资进入的行业数量在2007年与2011年的修订中又有进一步的增加,但限制、禁止与要求外资合资的行业数量基本没有变化。

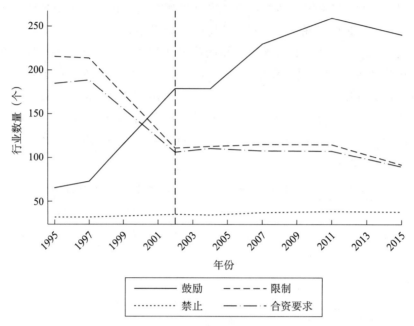

图3.5　1995—2015年《指导目录》外商投资政策

资料来源:作者根据历年《指导目录》整理。

由于外资的进入需要进行审核,2004年国务院出台《关于投资体制改革的决定》,并据此制定了《外商投资项目核准暂行管理办法》。对外资进入审核制度的变化发生在2013年,当年中国共产党十八届三中全会提出"探索对外商投资实行准入前国民待遇加负面清单的管理模式"。所谓"准入前国民待遇"主要指放开对外资准入的行政审批。同年10月,中国上海自由贸易试验区暂停实施部分法定的外资准入行政审批制度。

在放开对外商投资准入方面的一些限制的同时,中国也在逐步取消一些对外资的优惠政策,因为这些优惠政策与WTO的非歧视原则相冲突。2007年3月,中国通过《中华人民共和国企业所得税法》,规定国内外企业的新税率均为25%。该法于2008年1月1日生效,统一了国内企业和外商投资企业的税率。原《外商投资企业和外国企业所得税法》中许多针对外国投资者的税收优惠和免税期被改变或取消。

3.4.5　特殊政策区和出口加工区

在改革开放的第一阶段,中国开始在沿海开放城市兴办经济技术开发区和高新技术产业开发区,1990年中国开始建设保税区。在改革开放的第二阶段,中国开放了沿边城市后,又开始在这些沿边城市建设边境经济合作区。进入改革开放的第三阶段,中国开始建设出口加工区。表3.2展示了这几种特殊政策区的初始设立年份,以及截至 2018 年的数量。

表 3.2　中国特殊政策区

名称	开始设立年份	截至 2018 年数量(个)
经济特区	1980	4
经济技术开发区	1984	219
高新技术产业开发区	1988	156
保税区	1990	108
边境经济合作区	2002	27
出口加工区	1992	19

资料来源:《中国开发区审核公告目录》(2018 年版)。

尽管这几种特殊政策区有着不同的政策侧重点,但它们主要的目标还是通过各种优惠政策来吸引外来投资(很大一部分是外商直接投资)。特殊政策区给予区域内的企业很多优惠政策,能够帮助外资企业降低在中国生产经营的成本。特别地,出口加工区有一些其他类型特殊政策区所不具备的特点,可以进一步降低外资企业在中国离岸生产(出口加工)的成本。

首先,特殊政策区提供一些税收优惠和降低离岸生产成本的特殊管理政策。例如,外资企业所得税通常完全免除或是减半征收。出口加工区内的企业可进一步享受有关加工贸易的特殊政策,如免除进出口配额、许可证、银行台账和登记手册管理,免除增值税,以及免除所有进口和出口相关的关税等。此外,出口加工区内的企业还可以优先报关、报检,享受更简化的通关手续和海关 24 小时服务支持等。

其次,特殊政策区往往比城市其他区域拥有更现代化的设施和服务。特殊政策区通常在交通运输、信息技术、水、电、煤气和蒸汽供应等方面拥有更好的基础设施。大多数特殊政策区设有一站式服务中心,帮助企业免于冗长、复杂的审批过程。一些特殊政策区甚至可以为大型企业提供"一企一策"服务。威海经济技术开发区在 2006 年进行的一项调查表明,政府高效率、交通便利和政策长期性是决定特殊政策区吸引投资的最重要因素。

最后,特殊政策区可能引发产业集群,而集群的形成反过来又会降低企业生产的成本。大型外资企业入驻特殊政策区,会吸引上下游相关企业搬入这些特殊区域或相邻的地区。产业集群能为企业及时供应中间品,有助于企业减少库存,提升生产效率。例如,在江苏省昆山经济技术开发区有约 24 家企业生产电脑和网络设备,有 300 家本地的上游企业位于这些企业的附近。

虽然特殊政策区数量较少,面积也小,但它们在中国的对外贸易,尤其是加工贸易中的作用非常重要。表 3.3 展示了 1998—2008 年外商独资企业的加工贸易增长和各种特殊政策区对加工贸易增长的贡献。之所以特别展示外商独资企业的加工贸易,是因为外商独资企业是中国加工贸易的主力军。2002—2012 年,外商独资企业的加工

表 3.3 1998—2008 年外商独资企业的加工贸易与特殊政策区

年份	加工贸易出口增长(十亿美元)	各种特殊政策区占出口增长的份额				非特殊政策区	加工贸易进口增长(十亿美元)	各种特殊政策区占进口增长的份额				非特殊政策区
		经济特区	经济技术开发区	高新技术产业开发区	保税区	出口加工区			经济特区	经济技术开发区	高新技术产业开发区	保税区	出口加工区	
1998	4.89	−0.005	0.077	0.179	0.130		0.619	2.67	−0.012	0.174	0.290	0.185		0.363
1999	5.94	0.030	0.142	0.060	0.208		0.560	4.53	0.017	0.226	0.037	0.182		0.538
2000	12.60	0.093	0.121	0.107	0.067		0.612	10.20	0.087	0.179	0.138	0.071		0.525
2001	7.72	0.192	0.072	0.099	0.027		0.610	3.51	0.316	−0.031	0.085	0.014		0.616
2002	22.90	0.002	0.119	0.156	0.073	0.077	0.573	19.50	−0.001	0.076	0.154	0.130	0.089	0.552
2003	42.60	0.017	0.119	0.173	0.059	0.181	0.451	30.70	0.003	0.152	0.147	0.068	0.164	0.466
2004	57.20	0.021	0.187	0.100	0.050	0.184	0.458	40.90	0.025	0.227	0.083	0.029	0.142	0.494
2005	64.80	0.034	0.155	0.077	0.046	0.206	0.482	41.70	0.029	0.158	0.075	0.042	0.167	0.529
2006	71.70	0.044	0.091	0.021	0.081	0.262	0.501	37.60	0.026	0.122	0.000	0.062	0.201	0.589
2007	72.80	0.032	0.066	0.087	0.025	0.275	0.515	34.80	0.032	0.153	−0.008	0.001	0.171	0.651
2008	42.20	0.012	0.099	−0.253	−0.081	0.585	0.638	5.68	0.028	0.528	−0.812	−0.208	0.881	0.583

资料来源：中国海关数据库。

贸易占中国加工贸易总额的80%以上。根据表3.3,外商独资企业的加工贸易增长约有一半来自特殊政策区。相较于其他类型的特殊政策区,出口加工区对加工贸易增长贡献的份额不断增加,其中对加工贸易出口增长的贡献从2002年的7.7%增加到2008年的58.5%,对加工贸易进口增长的贡献从2002年的8.9%增加到2008年的88.1%。

3.4.6 贸易政策不确定性的降低

加入WTO后,中国作为成员享受了诸多福利,大大促进了中国对外贸易和整体经济的发展。WTO对中国在出口市场上面对的关税的影响并不是很大,这是因为中国早在1990年左右在主要的出口市场就已经享受最惠国待遇,因此中国出口面对的关税水平并不是很高。但是,中国加入WTO大大降低了中国企业在出口市场上面对的贸易政策不确定性(Trade Policy Uncertainty),而贸易政策不确定性的降低也大大促进了中国对外贸易的发展。

具体而言,在中国入世以前,以中国最大的出口市场——美国为例,虽然美国允许中国享受最惠国待遇,但这种优惠是有条件的。每年美国国会会审议决定来年是否继续给予中国最惠国待遇,而是否给予中国最惠国待遇在美国国内极具争议。一旦中国失去最惠国待遇,中国企业将面对非最惠国待遇关税。这些关税最初由1930年的《斯姆特-霍利法案》制定,其税率极高。图3.6展示了非最惠国待遇关税的核密度分布。可以发现,美国非最惠国待遇关税税率很高,平均税率达到32%。

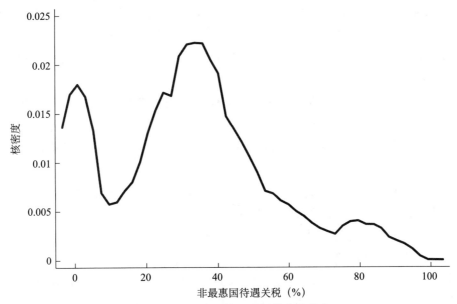

图 3.6 非最惠国待遇关税核密度分布

资料来源:Feng,Li and Swenson(2017)。

因此,一旦美国决定撤销中国的最惠国待遇,那么中国所有的出口行业都将遭受高额关税的威胁。在中国加入WTO之前,由于最惠国待遇是否能够延续无法得到保障,中国出口企业必须考虑到最惠国待遇取消的可能性,中国出口随时可能会受到冲击,此时贸易政策的不确定性较大。加入WTO之后,各成员必须给予中国永久最惠国待遇。这使得中国企业在出口市场上面对的贸易政策不确定性大大降低。

贸易政策不确定性的降低对中国出口而言意义重大。冯、李和斯文森(Feng, Li and Swenson, 2017)的研究发现,贸易政策不确定性的降低大大增强了中国出口企业的动态变化,即贸易政策不确定性下降越大的行业,新进的出口企业越多,同时原来在位企业从出口市场中退出的也越多。由于新进企业往往比退出企业具有更高的生产率,因此出口企业的这种动态变化显著提升了中国企业在出口市场上的竞争力。

3.4.7 纺织品配额取消与中国纺织业的发展

在第2章中我们介绍过,GATT下国际上最大的一个配额系统是1973年签署的《多种纤维协定》。1995年乌拉圭回合谈判达成了《纺织品与服装协议》,这一协议的目标在于废除《多种纤维协定》的配额系统,用十年的时间过渡,分四次逐渐缩减配额,到2005年最终完全取消纺织品进口配额。

中国是纺织品和服装出口大国,是受限于该配额协议的发展中国家之一。特别地,直至2001年,由于中国还未正式加入WTO,因此中国没能享受《纺织品与服装协议》前两个阶段配额取消的好处。2002年年初,中国作为WTO成员,自动享受了该协议前三个阶段配额取消的好处。到2005年1月1日,第四阶段配额按计划取消,至此全球纺织品进口全面放开。

2000年左右,纺织品和服装业在中国整体经济中占有相当大的比重。2004年中国经济普查统计显示,纺织品和服装业雇用了1 290万名工人,占制造业总就业人数的13%;中国的纺织品和服装出口占全国总出口的15%,占全球纺织品和服装出口的23%。

因此,对纺织品和服装配额的放开极大地促进了中国的出口。表3.4展示了中国加入WTO初期到2005年配额全面取消期间,不受配额限制与受到配额限制的纺织品和服装各自的出口情况。从表中可以看出,2000—2005年,受到配额限制的纺织品和服装出口额增长了307%。相比之下,不受配额限制的纺织品和服装出口额增长率为248%。二者增长幅度的不同主要源于2005年取消的配额使得之前受到配额限制的纺织品和服装出口额猛增了119%,而其在之前几年的年均增长率仅为17%。这说明在2005年配额完全取消之前,配额对中国纺织品和服装的出口构成相当的约束。配额制度取消后,中国相关产品的出口激增。

表 3.4 《纺织品与服装协议》配额与中国纺织品和服装出口

	出口额(10亿美元)		出口企业数量(家)	
	不受配额限制	受到配额限制	不受配额限制	受到配额限制
2000 年	2.4	4.8	3 525	3 536
2001 年	3.2	6.2	4 518	4 253
2002 年	3.8	6.5	6 469	5 911
2003 年	5.3	7.9	8 501	7 793
2004 年	6.3	8.9	10 718	9 523
2005 年	8.2	19.6	15 756	18 628
2000—2005 年年均增长率(%)	248	307	347	427
2000—2004 年年均增长率(%)	28	17	32	28
2004—2005 年年均增长率(%)	29	119	47	96

资料来源：Khandelwal,Schott and Wei(2013)。

3.4.8 汇率改革

2005年7月21日,中国对人民币汇率形成机制进行改革。人民币汇率不再盯住单一美元,而是选择若干主要货币组成一个货币篮子,同时参考一篮子货币计算人民币多边汇率指数的变化。中国开始实行以市场供求为基础、参考一篮子货币进行调节、有管理的浮动汇率制度。

人民币汇率形成机制改革后,中国人民银行于每个工作日闭市后公布当日银行间外汇市场美元等交易货币对人民币汇率的收盘价,作为下一个工作日该货币对人民币交易的中间价。自2006年1月4日起,中国人民银行授权中国外汇交易中心对外公布当日人民币对美元、欧元、日元和港币汇率中间价,作为当日银行间即期外汇市场以及银行柜台交易汇率的中间价。

2005年7月到2008年7月,人民币对美元升值21%。2008年,中国适当收窄人民币波动幅度以应对国际金融危机,在国际金融危机最严重的时候,许多国家的货币对美元大幅贬值,而人民币汇率保持了基本稳定。

3.4.9 改革开放第三阶段小结

改革开放的第三阶段是中国经济向国际体系融入阶段。在这一阶段,中国的国际贸易与GDP全面起飞。中国受益于为加入WTO而进行的一些制度和政策调整。例如,进口关税的下降促进了中国企业从国外进口中间品,提升了中国企业的国际竞争力;对外商投资政策的放开和知识产权保护的增强吸引了大量的外商投资,为中国的经济体系带来了资本、技术和市场;放开自营进出口权和放松外贸公司管理便利了更多的企业向国际发展,在国际市场上积累经验与知识,同时也通过优胜劣汰的方式增强了出口企业的竞争能力。中国同样受益于WTO给予成员的一些优惠。例如,作为成员享受了较低的贸易政策不确定性,而这种不确定性的降低特别有助于新企业进入出口市场,同时在新企业的竞争下,原有生产率较低的在位企业退出市场;WTO关于纺织品和服装配额制度的取消也推动了中国纺织品和服装的出口;等等。

3.5 本章小结

1980年,中国GDP占全球GDP的2%。2022年,按购买力平价(PPP)计算,中国是世界上最大的经济体;按美元汇率计算,中国是世界第二大经济体,占全球GDP的15%。1980年至今中国取得的快速增长可以说在全球也是一个奇迹。追寻中国奇迹的发生过程,本章回顾了中国改革开放的三个主要阶段,以及每一个阶段中的主要政策和制度变化。从中我们可以大致总结出两个发展的主线:第一个主线是内部改革,从计划经济向市场经济转变。这一主线中最关键的发展发生在中国改革开放的第二阶段。第二个主线是外部开放,也即融入国际体系,参与生产全球化。这个主线以中国2001年加入WTO为关键步骤。

对过去的回顾有助于我们思考中国未来的发展方向。当中国逐渐成为全球最大的经济体时,我们应该选择怎样的发展路径?中国是否应该继续改革推动资源更有效地配置?是否应该进一步开放,加深与全球生产系统之间的融合?如果选择这样的发展方向的话,怎样做才能实现这些目标?这些都是值得每一位国际贸易研究者深入思考的问题。

参 考 文 献

Chen, B. and Z. Li(2014),"An anatomy of intermediaries in China's export market", *China Economic Journal*, 7(2), 187 – 213.

Feng, L., Z. Li and D. L. Swenson(2016),"The connection between imported intermediate inputs and exports:evidence from Chinese firms", *Journal of International Economics*, 101(C), 86 – 101.

Feng, L., Z. Li and D. L. Swenson(2017),"Trade policy uncertainty and exports:evidence from China's WTO accession", *Journal of International Economics*, 106(May), 20 – 36.

Khandelwal, A. K., P. Schott and S. -J. Wei(2013),"Trade liberalization and embedded institutional reform", *The American Economic Review*, 103(6), 2169 – 2195.

邓小平(1994),《邓小平文选》(第二卷),北京:人民出版社。

海闻、林德特、王新奎(2003),《国际贸易》,上海:上海人民出版社。

李岚清(2008),《突围——国门初开的岁月》,北京:中央文献出版社。

李志远、刘丹、方枕宇(2022),"外资准入政策和外商直接投资的流入——一个准自然实验的证据",《中国经济问题》,(1):45 – 60。

余淼杰(2012),《国际贸易学——理论、政策与实证》,北京:北京大学出版社。

习 题

3-1 请下载美国或欧盟在《纺织品与服装协议》下各种产品的配额数据。在世界银行网站(http://tariffdata.wto.org)下载中国 2000—2010 年纺织品类产品的出口数据。请研究中国在此期间的纺织品/服装出口与《纺织品与服装协议》下产品配额的取消之间的相关关系。

3-2 请在世界银行网站(http://tariffdata.wto.org)下载中国和美国进口关税数据,计算 2000 年、2010 年、2020 年两国各 HS 2 位码产品平均关税,比较各年两国关税水平,列出各年中国关税水平相对美国最高和最低的 10 个 HS 2 位码产品。

3-3 请在联合国网站(https://comtradeplus.un.org)下载中国从美国进口和美国从中国进口的数据,分别计算并给出 2016—2019 年和 2020—2023 年两国贸易数据中增速最大(或降速最小)与增速最小(或降速最大)的 HS 2 位码产品。

3-4 请在美国国际贸易委员会网站(https://dataweb.usitc.gov)下载 2018—2023 年美国从世界各国月度进口数据,给出在此期间美国进口增速最快的前 5 个国家。比较美国从中国的进口数据,考察这些国家增长最快的前 10 个产品在此期间从中国进口的增长率,讨论从这些数据中可以得到怎样的信息。

第 4 章　李嘉图模型

在了解了国际贸易、国际贸易相关政策与制度的一些基本事实之后，本章开始介绍国际贸易理论。国际贸易理论一般要回答什么问题？首先，是怎样的动机驱使一国主动地与他国贸易（贸易驱动）？其次，贸易时，一国应该出口怎样的产品，又应该进口怎样的产品（贸易模式）？再次，贸易什么时候达到均衡，均衡时各种产品与要素的价格如何决定（贸易均衡）？最后，贸易后国家和个体的福利相比非贸易状态（或更多贸易相比更少贸易状态）发生怎样的变化（贸易福利）？

如导言中所述，李嘉图模型、赫克歇尔-俄林模型以及克鲁格曼的垄断竞争模型可以被称作国际贸易理论的经典三模型。它们可以从不同的角度来回答上述几个问题。在经典三模型之后，随着梅里兹、伊顿和科特姆等人对国际贸易理论的突破，国际贸易理论模型开始回答更多、更细节的问题。

本章首先从国际贸易的奠基理论——李嘉图模型开始介绍。我们将介绍李嘉图模型的基本设定，了解模型对上述几个问题的回答。在此基础上，我们将使用李嘉图模型来研究几个在当前经济背景下大家仍然十分关心的问题。之所以进行这些讨论，是因为我们希望展示李嘉图模型对于国际贸易理论而言，不仅仅像"传家宝"一样可以拿来摆设，更是一个在当前仍有极强解释力的模型。

在进入李嘉图模型学习之前，大家可以先考虑一个对现实世界的极端简化设定。假设这个世界上只存在两个国家：本国与外国，两个国家都使用一种生产要素：劳动力，生产两种产品：产品 A 和产品 B。考虑这样的情况：

（1）本国单位劳动力的价格，即工资 $w^H=10$ 元。在本国生产一个单位的产品 A 和产品 B 需要使用的劳动力数量分别为 $C_A^H=8, C_B^H=20$。因此，本国两种产品的价格分别为 $p_A^H=80$ 元，$p_B^H=200$ 元。

（2）与本国类似，外国单位劳动力的价格为 $w^F=100$ 元，在外国生产一个单位的产品 A 和产品 B 需要使用的劳动力数量分别为 $C_A^F=3, C_B^F=4$。因此，外国两种产品的价格分别为 $p_A^F=300$ 元，$p_B^F=400$ 元。

请问，诉诸直觉，在这种情况下两个国家会进行贸易吗？外国会进口本国的产品吗？会两种产品都进口吗？本国会进口外国的产品吗？会一种产品都不进口吗？大家可以带着这些问题，开始对李嘉图模型的学习。学完李嘉图模型以后，再研究一下这个例子，看看是否可以找到正确的答案，并思考上述例子中有没有哪个设定是错误的。

4.1 基本设定

李嘉图模型的基本设定与上述对现实世界的简化设定类似,这个世界上只存在两个国家:本国和外国(外国的变量使用"*"表明),任何一个国家都可以生产两种产品:$i=1,2$,生产这两种产品时只需投入一种生产要素,即劳动力。对于产品 i,生产一个单位的产品所需的劳动力是一个固定值 a_i。类似地,在外国生产一个单位的产品 i 则需要劳动力 a_i^*。这样的生产技术我们称之为规模报酬不变型生产技术(Constant Return to Scale)。与规模报酬不变型生产技术对应的是规模报酬递增(或递减)型生产技术,即生产最后一个单位的产品所需的生产要素(即边际成本)随着已经生产的产品总量的增加而减少(或增加)。

每个国家拥有的劳动力数量外生给定,分别是 L 和 L^*。劳动力可以自由选择其所在的行业,但是不能在国家间流动。由于劳动力可以自由选择行业,因此如果一国生产两种产品,则这两个行业劳动力的工资在均衡时必须相等;否则,劳动力就会流向工资较高的行业,造成该行业劳动力供给的增加,从而拉低该行业工资。

最后,我们假设市场完全竞争。在这一假设下,均衡时产品的价格应等于生产产品的成本,而要素(劳动力)的价格也应等于要素的边际产出。

每个劳动力也是一个消费者。假设消费者完全相同,我们就可以用一个代表性偏好来表示消费者偏好。消费者对两种产品的需求可以用无差异曲线来表示。无差异曲线指的是给定同一效用水平时所有不同消费组合的集合。一般情况下,当消费者少消费一个单位的产品1时,就需要多消费一定单位的产品2,才能使其得到的效用水平不变。这样的无差异曲线会凸向原点,并随着曲线向右上方移动而代表更高的效用水平。这样的无差异曲线属于凸(convex)曲线,其代表的消费者偏好也是凸的(Convex Preference),如图 4.1 中的曲线所示。

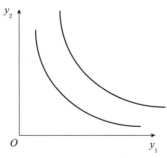

图 4.1 无差异曲线

4.1.1 封闭经济均衡

首先考虑各国自给自足(Autarky,无贸易)时其经济均衡。由于一国生产要素有限,劳动力要么用来生产产品 1,要么用来生产产品 2。给定生产要素禀赋,一国最大可以生产的产品组合的集合构成该国生产可能性边界(Production Possibility Frontier,PPF)。

基于前述基本设定,我们可以得到两国的生产可能性边界,如图 4.2 所示。如果本国所有的劳动力都去生产产品 i,那么可以生产的 i 产品总量为 $\frac{L}{a_i}(i=1,2)$。这两个值分别体现为生产可能性边界与 y_1 和 y_2 两轴的交点。在两点之间,给定产品 1 的产量,我们可以得出本国最多可以生产的产品 2 的数量。由于生产技术规模报酬不变,生产可能性边界就是连接 $(L/a_1,0)$ 和 $(0,L/a_2)$ 两点的直线。同理,我们可以画出外国的生产可能性边界。

各个国家可以选择在生产可能性边界上或者边界内的任意一点来生产,但对资源有效使用的要求使得该国应该在边界上的点来生产。

在这些可以选择的生产组合中,一国需要最大化本国消费者的效用。给定生产可能性边界,又给定消费者偏好(以无差异曲线来表示),最优的生产(和消费)组合就是生产可能性边界与一条无差异曲线的切点。因此,本国封闭经济均衡时的生产与消费如图 4.2 中 A 点所示。为了实现效用的最大化,两种产品的消费量必须都大于零。也就是说,在自给自足情况下,一国必须同时生产两种产品。

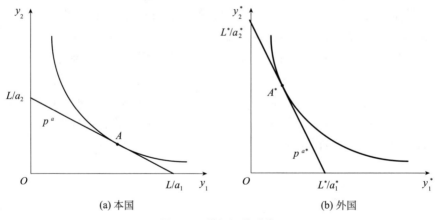

图 4.2 封闭经济均衡

由于本国必须生产两种产品,而劳动力又可以在两个行业间自由流动,那么两个行业的工资必然相等。工资又是如何决定的呢?在我们的基本设定中不存在货币,因此工资(以及任何产品的价格)不能使用货币来表示。我们必须使用某种产品与所有其他产品以及生产要素之间交换的比率来度量这些产品和要素的价格。这样一个用来给别的产品度量价格的产品,我们称之为计价物(Numeraire Good)。计价物自身的价格永远为 1。在一个经济系统中,有且只有一个计价物,而且任何一个产品(或生产要素)原则上都可以用来作为计价物。使用货币度量的价格我们称之为名义价格,而使用计价物度量的价格我们称之为实际价格。

在一个行业内,由于劳动力市场完全竞争,则行业 i 工人的工资如果使用产品 i 来度量的话应等于他们所生产的边际产品数 $1/a_i$。当然,行业 i 工人的工资也可以使用另一种产品来度量。假设 p 是使用产品 2 度量的产品 1 的价格,即以产品 2 为计价物,则行业 1 工人的工资为 $1/a_1$ 个单位的产品 1 或者 p/a_1 个单位的产品 2。

在均衡条件下,两行业间的工资相等,因此可得:

$$\frac{p}{a_1}=\frac{1}{a_2} \quad \text{或} \quad p=\frac{a_1}{a_2} \tag{4.1}$$

这个式子表明,在封闭经济条件下,一国产品的价格(p,以产品 2 度量的产品 1 的价格)等于多生产一个单位的产品 1 所需放弃生产的产品 2 的数量 a_1/a_2。这也被称为产品 1 的机会成本(Opportunity Cost)。因此,在封闭经济条件下,产品 1 的价格与需求偏好无关,等于它的机会成本,也与 PPF 的斜率相同。

4.1.2 开放经济模型

现在考虑两个国家自由贸易的情形。如图 4.2 所示,在封闭经济条件下,两国产品 1 的价格分别为 p^a 和 p^{a*},且 $p^a < p^{a*}$。这表明如果突然给本国生产商与外国进行贸易的机会,同样的产品 1,在本国可以交换的产品 2 数量为 p^a 个,而在外国可以交换 p^{a*} 个产品 2,那么本国产品 1 的生产商自然更乐意将产品 1 卖到外国,以交换外国生产的产品 2。这就实现了产品 1 的出口和产品 2 的进口。对于外国而言,同理,外国产品 2 的生产商也更乐意将产品 2 卖至本国,以交换本国生产的产品 1。这就是两国贸易的动机。

由此可见,真正引起国际贸易的,是同种产品在不同国家间相对价格的不同。无论是在两产品设定下,还是在多产品设定下,同一产品在不同国家间相对价格的不同,是国际贸易(除由品类偏好引起的贸易)的本质。这一点,我们将其总结为**国际贸易的相对价格本质**。

理解了这一本质,我们进一步追溯封闭经济均衡时相对价格的来源,并为其赋予一个概念。在本模型中,封闭经济均衡时的相对价格来源于一国国内的机会成本。根据两国间相对价格的比较(也即机会成本的比较),我们可以说如果一国在某个产品上拥有相对于外国较低的机会成本,则该国在这个产品上具有**比较优势**(Comparative Advantage)。在本章基本设定中,本国生产产品 1 的机会成本比外国小,也即 $\frac{a_1}{a_2} < \frac{a_1^*}{a_2^*}$,则我们称本国对产品 1 具有比较优势。

需要注意的是,比较优势比的是封闭经济均衡时的相对价格而不是名义价格,其背后又是生产产品的机会成本。大家可以回想本章开头给出的设定。在这个设定中,首先我们不能根据产品 A 和产品 B 当前的价格来判断是否外国应该进口本国的产品。实质上,当世界上只存在前面设定中的这两个国家,且这两个国家可以自由贸易时,该设定中的一个条件是不可能实现的,那就是本国工资为10元,外国工资为100元。事实上,两国的工资需要由各国封闭经济均衡来内生决定。

当两国存在贸易动机,且开始贸易时,两国贸易到什么程度会停止进一步增加呢?这需要我们找到两国自由贸易的均衡。为了确定自由贸易的均衡,我们需要首先推导世界相对供给曲线和相对需求曲线。

世界相对供给曲线

世界相对供给曲线如图4.3中的阶梯形曲线所示。其中,横轴表示世界范围内产品1数量与产品2数量的比值(产品1的相对供给),纵轴表示产品1的价格(以产品2的数量表示)。曲线呈现四个阶段:当产品1价格小于p^a时,相对供给曲线与纵轴重合;当产品1价格等于p^a时,相对供给曲线为台阶的第一级;当产品1价格在p^a和p^{a*}之间时,相对供给曲线为台阶第一级向第二级提升的竖线;当产品1价格等于p^{a*}时,相对供给曲线为台阶的第二级;当产品1价格稍高于p^{a*}时,相对供给趋向于无穷。

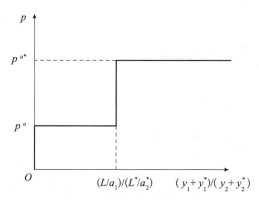

图4.3 世界相对供给曲线

这一曲线是如何得到的呢?我们先不考虑世界上只存在两个国家这一基本设定,而假设产品1的世界价格可以随意设定。

(1)情形一:假设价格满足$p<p^a=\frac{a_1}{a_2}<p^{a*}=\frac{a_1^*}{a_2^*}$,那么两个国家都会专业化生产产品2。这是因为此时行业2的工资高于行业1的工资,$\frac{w_1}{w_2}=p\frac{a_2}{a_1}<p^a\frac{a_2}{a_1}=1$,本国工人不会选择在行业1生产,外国也类似。所以世界上产品1数量与产品2数量的比值为零。

(2)情形二:假设价格$p=p^a$,这时外国会专业化生产产品2,产量为L^*/a_2^*。本国此时有多种选择:如果本国专业化生产产品2,那么产品1的世界相对供给就为0;如果本国生产$[0,L/a_1]$区间上任一水平的产品1,那么产品1的世界相对供给就在$\left[0,\frac{L/a_1}{L^*/a_2^*}\right]$的范围之内。

(3)情形三:假设价格满足$p^a<p<p^{a*}$,分析两国的工资情况可以发现,本国行业

1的工资高于行业2的工资,因此本国会专业化生产产品1:

$$p^a \frac{a_2}{a_1} = 1 < \frac{w_1}{w_2} = p \frac{a_2}{a_1} \tag{4.2}$$

外国行业2的工资高于行业1的工资,因此外国会专业化生产产品2:

$$\frac{w_1^*}{w_2^*} = p \frac{a_2^*}{a_1^*} < p^{a*} \frac{a_2^*}{a_1^*} = 1 \tag{4.3}$$

所以世界上产品1数量与产品2数量的比值为 $\frac{L/a_1}{L^*/a_2^*}$。

(4)情形四:假设价格 $p = p^{a*}$,这时本国会专业化生产产品1,产量为 L/a_1。外国此时有多种选择:如果外国专业化生产产品1,那么产品1的世界相对供给就为无穷大;如果外国生产 $[0, L^*/a_2^*]$ 区间上任一水平的产品2,那么产品1的世界相对供给就在 $\left[\frac{L/a_1}{L^*/a_2^*}, \infty\right]$ 的范围之内。

(5)情形五:假设价格满足 $p^a < p^{a*} < p$,那么两个国家都会专业化生产产品1。这是因为此时行业1的工资高于行业2的工资,两国工人都不会选择在行业2生产,所以世界上产品1数量与产品2数量的比值为正无穷。

世界相对需求曲线

接下来考虑世界相对需求曲线,即在不同的价格水平下,世界对产品1需求量与对产品2需求量的比值。为了得到相对需求曲线,需要我们给出消费者的具体偏好。一般我们假设不同国家的人都有完全相同的偏好。如果我们进一步假设偏好位似(Homothetic),那么我们可以很方便地求得世界相对需求曲线。"位似偏好"指的是给定产品价格,消费者效用最大化时对产品消费的价值占总支出的份额不随收入变化而变化。如图4.4所示,两条斜率为负的平行直线代表消费者面对同样的产品价格而总收入不同的预算约束线。在产品价格(平行线的斜率)给定的情况下,对两种产品的需求是两条无差异曲线与预算约束线的切点。给定价格不变,工资由 I_1 提升到 I_2 时,新的需求点和旧的需求点连接起来的直线穿过原点,这就代表消费者对产品消费的价值占总支出的份额不随收入的变化而变化,消费者偏好也就是位似的。

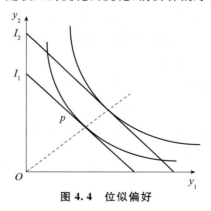

图 4.4 位似偏好

位似偏好下,经定产品价格相对需求与总收入在两个国家间的分布无关。外国消费者对这两种产品的需求比例与本国消费者完全相同,最优消费组合均位于由原点出发的同一条射线上。由于两种产品之间存在替代效应,产品 1 价格的提升会导致消费者将更大份额的支出花在产品 2 上,由此,两国的相对需求 d_1/d_2 是相对价格 p 的减函数。

不妨以柯布-道格拉斯(Cobb-Douglas)型需求函数(一种典型的位似偏好需求函数)为例:

$$\max U = x_1^\alpha x_2^\beta \quad p x_1 + x_2 \leqslant I, \alpha + \beta = 1 \quad (4.4)$$

其中,I 代表消费者总支出,x_1、x_2 代表消费者对产品 1 和产品 2 的消费数量。通过对此最大化问题求解,我们得到:$\frac{p x_1}{x_2} = \frac{\alpha}{\beta}$ 或者 $\frac{x_1}{x_2} = \frac{\alpha}{\beta} \frac{1}{p}$。消费者对产品 1 的相对需求是相对价格 p 的减函数,如图 4.5 所示。

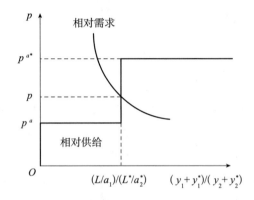

图 4.5　开放经济均衡

当然,世界相对需求曲线并非必须在位似偏好下才能得到(参见本章习题)。事实上,李嘉图模型的主要结论并不依赖于偏好的具体形式,只要是凸形偏好即可。

开放经济均衡

当自由贸易达到均衡时,必须有世界相对需求等于世界相对供给,也即均衡将取在两条曲线的交点,如图 4.5 所示。存在两种情形的均衡:

(1)情形 A:相对需求曲线与相对供给曲线的交点价格 p 位于本国封闭经济均衡价格与外国封闭经济均衡价格之间。

(2)情形 B:相对需求曲线与相对供给曲线相交于图 4.5 中的某一平面段,使均衡价格等于一国的封闭经济均衡价格。这种情形发生在一国相对另一国经济规模较大(如本国劳动力规模 L 较大,而外国劳动力规模 L^* 较小)时。这时世界开放经济均衡价格等于该国封闭经济均衡价格。

为什么均衡价格 p 会满足 $p^a \leqslant p \leqslant p^{a*}$ 呢?根据前面的讨论,两国贸易的动机在于封闭经济均衡价格的不同。本国产品 1 均衡价格较低,本国生产商将产品 1 出口至外国,这就增加了产品 1 在外国的供给而减少了在本国的供给。这种供给的改变会拉高产品 1 在本国的价格,拉低其在外国的价格。这是上述情形 A。当然,如果某国经济规模特别大,那么国际贸易可能不足以改变该国的均衡价格,这就会出现情形 B。

我们首先来讨论情形 A:开放经济均衡价格 p 满足 $p^a < p < p^{a*}$。我们不妨把价格 p 放回两个国家考虑,图 4.6 给出了本国和外国在封闭经济和开放经济下均衡点的变化。

如图 4.6(a)所示,在开放经济均衡价格下,本国专业化于产品 1 的生产,其生产点在图中 B 点。本国与外国以均衡价格 p 进行贸易,由此我们可以得到新的预算约束线,也就是图中连接 B 点与 C 点的虚线,它与无差异曲线相切在 C 点,这是本国自由贸易情况下的消费点。类似地,如图 4.6(b)所示,外国专业化于产品 2 的生产(B^* 点)。其与本国以均衡价格 p 进行贸易,由此我们可以得到新的预算约束线(连接 B^* 点与 C^* 点的虚线),它与无差异曲线相切在达到均衡时的消费点 C^*。无论对于本国还是对于外国而言,新的消费点所在的无差异曲线比封闭经济均衡时的效用要高,表明两国同时在贸易中获益。

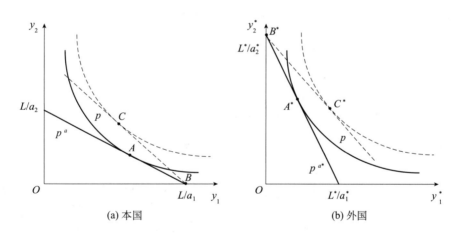

图 4.6 封闭经济均衡与开放经济均衡对比

自由贸易均衡下两国的工资如何决定呢?由于本国专业化于产品 1 的生产,本国工人以产品 1 表示的实际工资为 $1/a_1$,而以计价物产品 2 表示的工资则为 p/a_1。类似地,由于外国专业化于产品 2 的生产,外国工人以产品 2 表示的实际工资为 $1/a_2^*$,而以计价物产品 1 表示的工资则为 $1/(pa_2^*)$。

稍作总结,在允许两国自由贸易时,贸易模式由两个国家的比较优势$\left(\text{如 } \dfrac{a_1}{a_2} < \dfrac{a_1^*}{a_2^*}\right)$决定,而不是由两个国家的绝对优势(如 $a_1 > a_1^*, a_2 > a_2^*$)决定。有关情形 B 下的均衡,我们将在下一节中讨论外国技术进步时(相当于外国经济规模的提升)进行介绍。

4.1.3 国际贸易福利来源

根据前面的讨论,我们发现,只要封闭经济条件下两国封闭经济均衡价格不同,则开放经济(自由贸易)条件下无论本国还是外国都将取得高于封闭经济均衡状态下的福利。在从封闭经济到开放经济的过程中,两国的技术、劳动力等都没有发生改变,只需要两国初始价格不同即可由贸易机制同时提升福利。那么贸易福利的来源究竟是什么?让我们仔细探究一下这个问题。

为了真正理解国际贸易福利来源,我们将进行自由贸易的本国和外国看作一个经济体内的两个生产者。我们可以得到这一合并经济体的生产可能性边界,如图4.7所示。在这个经济体内,给定产品2的生产数量为0,则这一经济体产品1的最大生产数量是 $L/a_1+L^*/a_1^*$;类似地,给定产品1的生产数量为0,则这一经济体产品2的最大生产数量是 $L/a_2+L^*/a_2^*$。由于经济体内两个生产者(本国和外国)的技术不同,如果特别要求本国生产产品1,或者特别要求外国生产产品1,则生产可能性边界分别可以是图4.7中的 MBN 也可以是 MDN。其中,B 点为当本国所有生产要素投入生产产品1时世界经济体的生产点,而 D 点为外国所有生产要素投入生产产品1时世界经济体的生产点。

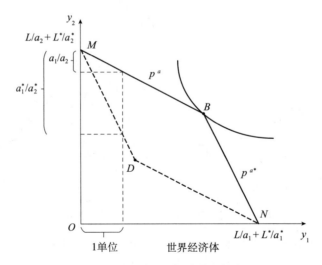

图 4.7 国际贸易福利来源:李氏图

为了理解这两条边界,我们可以从 M 点出发,考虑世界经济体为了多生产产品1,可以生产产品2的最大数量。如果安排本国生产1单位产品1则会使整个世界经济体少生产 a_1/a_2 单位的产品2,而如果安排外国生产则会使整个世界经济体少生产 a_1^*/a_2^* 单位的产品2。显然,由于安排本国生产产品1所需放弃的产品2数量更少,则一开始安排本国生产产品1可以使整个世界经济体在给定产品1的生产数量的情况下,生产出尽可能多的产品2。这样,世界经济体的生产可能性边界得到最大扩展。

因此，边界 MBN 相对于 MDN 更有效率，故而应该是合并经济体的生产可能性边界。

我们可以借助图 4.7 来分析自由贸易福利的来源：在生产产品 1 时，本国相较于外国需要放弃的其他产品数量更少，机会成本更低，因此世界经济体在贸易时可以通过优先安排本国生产产品 1，节省尽可能多的劳动力从而生产相对更多的产品 2。在生产产品 2 时，外国相较于本国需要放弃的其他产品数量更少，机会成本更低，因此自由贸易优先安排外国生产产品 2，从而节省尽可能多的劳动力以生产相对更多的产品 1。图 4.7 表明了李嘉图思想下国际贸易福利的来源，本书中我们将此图称作"李氏图"。

我们可以用图 4.8 来比较封闭经济均衡与开放经济均衡。封闭经济均衡下，两国按照封闭经济条件下的生产模式进行生产。从 M 点出发，当本国以较低的成本生产产品 1 到达 A 点时，由于封闭经济约束，更多的产品 1 不能由本国生产，而必须由外国生产。外国开始被迫以较高的成本生产产品 1，直到生产了外国封闭均衡下需要消费的产品 1 数量，到达 A^* 点。或者我们可以从 N 点出发，外国以较低的成本生产产品 2 到达 B 点，由于不能实现自由贸易，剩余的产品 2 需要由本国以较高的成本生产，这一部分生产就是图中的 A^*B 段。封闭经济条件下两国加总的生产点 A^* 显然居于生产可能性边界之内，资源并未得到有效的利用。

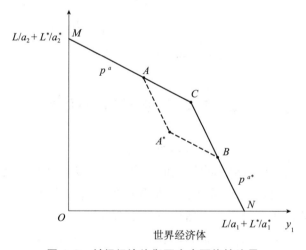

图 4.8　封闭经济均衡下生产可能性边界

所以，相较于封闭经济条件下两国都需要同时生产两种产品的情形，自由贸易使得从世界经济体的角度来看，各个国家都能专业化生产成本相对更低的产品，用有限的资源生产出最多可能的产品，实现了资源配置效率的提升。这也就是在两国的技术和劳动力都没有发生改变的情况下自由贸易提升福利的根本原因。

最后，我们可以利用李氏图来解释在给定世界生产可能性边界后，世界经济体如何选择世界消费点。如图 4.7 所示，在生产可能性边界上有一个转折点 B。在凸型偏好下，世界最优消费点应该也在这一转折点上。也就是说，世界消费者的无差异曲线应该与生产可能性边界在 B 点相接触。当然，最优消费点并不是任何时候都取在这个转折点上，这取决于消费者偏好（和无差异曲线）。如图 4.9 所示，如果本国经济规模扩大，表现为本国劳动力规模增加，这时世界经济体的生产可能性边界整体外扩，而无差异曲线与生产可能性边界的切点将可能移至 Q 点，而这一点并不是生产可能性边界的转折点。此时，两国完全专业化的生产点 B^* 并不是福利最大点。自由贸易情况下，本国将会同时生产两种产品，而外国将会专业化生产产品 2。此时的世界均衡价格等于本国封闭经济均衡下的价格 p^a。

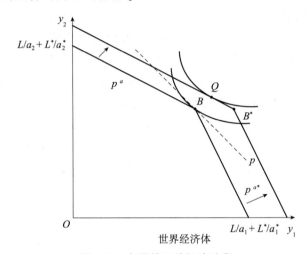

图 4.9 大国的开放经济均衡

4.2 李嘉图模型与全球化

上面的介绍是通常教科书中对李嘉图模型的讨论。这些讨论回答了国家间贸易的动机、贸易的模式以及各国的贸易福利。然而，除此以外，似乎李嘉图模型就不再能用于其他贸易问题的讨论，特别是无法帮助我们理解当前的经济问题了。真的是这样吗？本节将把李嘉图模型与生产全球化结合起来，讨论比如在中美贸易背景下，一些现实的发展对国际贸易以及两国福利的影响。

在生产全球化背景下，发达国家（如美国）与发展中国家（如中国）之间进行大量的贸易。很多人担心由于中国的实际工资水平相对较低，随着离岸生产的发展，美国的工作岗位会大量向中国转移，从而给美国带来福利损失。如何使用李嘉图模型来解释这一关切呢？

一般情况下，很多经济学家会引用前一节中我们得到的结论（相较于封闭经济，自由贸易将使参与贸易的两国都获得收益）来证明这些关切属于杞人忧天。譬如以下论断：

> 短期内这可能造成一部分美国人失业。但从长期来看，美国净国民生产总值

仍然会提高(中国也是如此)，这是由比较优势的经济规律决定的。一国之内，从贸易中获利的赢家所获得的好处将远远高于从贸易中损失的输家所产生的损失。自由贸易永远比封闭经济要好。

然而，萨缪尔森(Samuelson,2004)却指出："自由贸易带来的收益永远大于损失，这样的看法是完全错误的。"为什么会这样？这里需要注意一点，那就是我们在进行比较时，是拿自由贸易和封闭经济进行比较，还是拿一个新的状态下的自由贸易和另外一个旧的状态下的自由贸易进行比较。如果是前者，则自由贸易总会带来净收益。但如果是后者，比如当贸易条件改变后，自由贸易模式发生变化，则新的自由贸易均衡相比旧的自由贸易均衡可能会有净损失。本节使用李嘉图模型来解释这些问题。特别地，我们讨论在两国自由贸易均衡后，如果外国发生了技术进步，那么新的自由贸易均衡下哪个国家会受益、哪个国家会受损。

4.2.1 封闭经济均衡

为了更直观地讨论这个问题，我们假设偏好位似，特别地，假设需求函数是柯布-道格拉斯形式：$U=x_1^\alpha x_2^\beta, \alpha+\beta=1$。与基本设定中一样，本国两种产品的边际成本分别为 a_1 和 a_2，外国为 a_1^* 和 a_2^*。因此，本国的生产可能性边界是连接 $(0,L/a_1)$ 和 $(L/a_2,0)$ 的直线。封闭经济均衡可以由无差异曲线和生产可能性边界的切点给出：

$$\max U = x_1^\alpha x_2^\beta \quad a_1 x_1 + a_2 x_2 \leqslant L \tag{4.5}$$

求解可得 $\dfrac{a_1 x_1}{a_2 x_2} = \dfrac{\alpha}{\beta}$，并且有 $x_1 = \alpha L/a_1$ 以及 $x_2 = \beta L/a_2$。

由于两种产品同时被生产，两行业的工资相等。把产品 2 作为计价物，则工资水平 w 为 $1/a_2$。根据封闭经济条件下两行业的工资相等，我们可以得到均衡价格：

$$p = p^a = a_1/a_2 \tag{4.6}$$

由于偏好位似，则个体消费者效用最大化求解与式(4.5)相同，只是将约束条件换为 $px_1 + px_2 \leqslant w$。我们可以得到两种产品的消费为：

$$x_1 = \frac{\alpha w}{p} = \frac{\alpha}{p a_2} = \frac{\alpha}{a_1} \tag{4.7}$$

$$x_2 = \frac{\beta w}{1} = \frac{\beta}{a_2} \tag{4.8}$$

个体以产品 1 和产品 2 分别度量的实际工资为：

$$\frac{w}{p} = \frac{1}{a_1}, \quad \frac{w}{1} = \frac{1}{a_2}$$

由此，我们总结封闭经济条件下的均衡工资、价格和效用分别为：

$$w^A = \frac{1}{a_1}, \quad w^{A^*} = \frac{1}{a_2^*}$$

$$p^a = \frac{a_1}{a_2}, \quad p^{a^*} = \frac{a_1^*}{a_2^*}$$

$$U^A = \left(\frac{\alpha}{a_1}\right)^\alpha \left(\frac{\beta}{a_2}\right)^\beta$$

$$U^{A*} = \left(\frac{\alpha}{a_1^*}\right)^\alpha \left(\frac{\beta}{a_2^*}\right)^\beta$$

4.2.2 开放经济均衡

为了讨论方便,我们假设两国在不同的产品上有比较优势,且两国间生产率差别很大,但经济规模相似。我们先用个体效用水平来度量一国的生产率,即本国和外国的生产率分别为 $a_1^{-\alpha} a_2^{-\beta}$ 和 $a_1^{*-\alpha} a_2^{*-\beta}$。例如,假设 $\alpha=\beta=0.5$,如果 $a_1=\frac{1}{2}$,$a_2=2$,$a_1^*=20$,$a_2^*=5$,则我们可以认为本国的生产率是外国的 10 倍。设本国和外国的劳动力规模分别为 L 和 L^*,使得 $La_1^{-\alpha} a_2^{-\beta} = L^* a_1^{*-\alpha} a_2^{*-\beta}$,则两国经济规模相等。

允许两国间自由贸易。我们可以得到此设定下的世界相对供给曲线和相对需求曲线。如图 4.10 所示,相对供给曲线呈阶梯形,两个阶梯正好在 $p^a = \frac{a_1}{a_2}$ 和 $p^{a*} = \frac{a_1^*}{a_2^*}$ 的水平。阶梯转折点在相对供给为 $\frac{L/a_1}{L^*/a_2^*}$ 的位置。

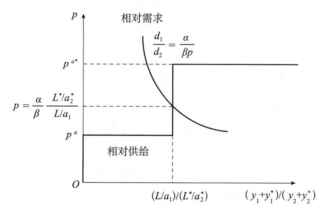

图 4.10 开放经济均衡下的结果

相对需求曲线在柯布-道格拉斯型需求函数下为 $\frac{d_1}{d_2} = \frac{\alpha}{\beta p}$。求解可得相对供给曲线和相对需求曲线的交点处均衡价格为 $p = \frac{\alpha}{\beta} \frac{L^*/a_2^*}{L/a_1}$。在这种情况下,本国专业化生产产品 1,外国专业化生产产品 2。两国的工资水平分别为:

$$w^T = \frac{pL/a_1}{L} = \frac{\alpha}{\beta} \frac{L^*}{L} \frac{1}{a_2^*} = \frac{p}{p^a} w^A$$

$$w^{T*} = \frac{L^*/a_2^*}{L^*} = \frac{1}{a_2^*} = w^{A*}$$

在柯布-道格拉斯型需求函数下,效用值为:

$$U=\left(\frac{\alpha w}{p}\right)^{\alpha}\left(\frac{\beta w}{1}\right)^{\beta}=\alpha^{\alpha}\beta^{\beta}wp^{-\alpha} \tag{4.9}$$

将两国的工资水平和自由贸易时的价格代入式(4.9)后,我们可以计算出开放经济条件下本国和外国的效用水平与封闭经济条件下的效用水平的关系如下:

$$U^{T}=\alpha^{\alpha}\beta^{\beta}\left(\frac{p}{p^{a}}w^{A}\right)\left(\frac{p}{p^{a}}p^{a}\right)^{-\alpha}=\left(\frac{p}{p^{a}}\right)^{\beta}U^{A}$$

$$U^{T^*}=\alpha^{\alpha}\beta^{\beta}w^{A^*}\left(\frac{p}{p^{a^*}}p^{a^*}\right)^{-\alpha}=\left(\frac{p^{a^*}}{p}\right)^{\alpha}U^{A^*}$$

由于 $p^a<p<p^{a^*}$,所以在开放经济条件下 $U^A<U^T$,$U^{A^*}<U^{T^*}$,两国相比封闭经济条件下的效用水平都提升了,两国都能从贸易中获益。

4.2.3 李嘉图模型与技术进步

接下来,我们在这个实例上探讨,是否会出现萨缪尔森提到的情况,即在自由贸易情况下,假如外国继续发展,本国会不会从中受损呢?我们将外国的技术进步分为三种情况——出口行业技术进步,进口行业技术进步,进口行业和出口行业技术同步进步——基于这三种情况来考虑本国的福利变化。

外国的出口行业技术进步

假设外国在其出口行业实现了技术进步,即外国在产品 2 所在的行业发生了技术进步。具体考虑产品 2 的生产成本从 a_2^* 降到了 a_2^*/k,其中 $k>1$,我们将其记作 $\hat{a}_2^*$。因此我们可以得到如图 4.11 所示的结果。

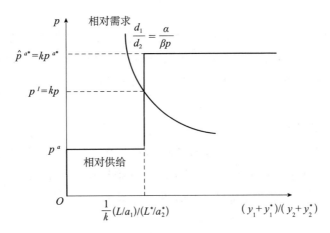

图 4.11 出口行业技术进步

相比之前的情况,一方面,相对供给曲线的垂直部分会从 $(L/a_1)/(L^*/a_2^*)$ 向左平移至 $\frac{1}{k}(L/a_1)/(L^*/a_2^*)$;另一方面,第二级相对供给曲线的水平部分也从 p^{a^*} 向上平移至 kp^{a^*},因为外国在封闭经济条件下的相对价格提升了 k 倍。我们将新的外国封闭经济条件下的均衡价格记为 $\hat{p}^{a*}$。由于相对需求曲线不变,所以均衡价格也上升 k 倍,得到新的世界均衡价格 $p^I = kp$。

我们可以算出两国工资水平 w^I 和 w^{I*}:

$$w^I = \frac{p^I L/a_1}{L} = kw^T$$

$$w^{I*} = \frac{L^*/a_2^*}{L^*} = kw^{T*}$$

通过将工资水平和价格水平代入式(4.9),我们可以求得外国出口行业技术进步前后的效用关系为:

$$U^I = \left(\frac{\alpha w^I}{p^I}\right)^\alpha \left(\frac{\beta w^I}{1}\right)^\beta = k^\beta \left(\frac{\alpha w^T}{p}\right)^\alpha \left(\frac{\beta w^T}{1}\right)^\beta = k^\beta U^T > U^T$$

$$U^{I*} = \left(\frac{\alpha w^{I*}}{p^I}\right)^\alpha \left(\frac{\beta w^{I*}}{1}\right)^\beta = k^\beta \left(\frac{\alpha w^{T*}}{p}\right)^\alpha \left(\frac{\beta w^{T*}}{1}\right)^\beta = k^\beta U^{T*} > U^{T*}$$

由于外国出口行业的技术进步表现为 $k>1$,因此两国的效用水平都提升了,贸易使双方获益。贸易双方得以获益主要有两方面的原因:

(1)贸易条件改善。贸易条件(Terms of Trade)为出口价格除以进口价格,比值越大说明单位出口可以获得更多单位的进口,即贸易条件越好。在本例中,外国技术进步使得本国出口产品(产品1)的相对价格提升,本国贸易条件改善,福利提升。

(2)工资水平提高。虽然外国的贸易条件恶化了(p_2/p_1 下降),但是由于外国出口行业生产率的上升,外国工资得到提高,因此外国能够从出口行业技术进步的过程中获益。

需要注意的是,在本例中,我们假设的柯布-道格拉斯型需求函数是一种特殊的需求函数,即两种产品间存在替代关系。如果两种产品间缺乏替代性,则外国可能会因自身的技术进步而遭受损失,这被称为"贫困化增长"(Immiserizing Growth),我们会在稍后对此进行讨论。

外国的进口行业技术进步

假设外国在其进口行业实现了技术进步,即外国在产品1所在的行业发生了技术进步。这种情况在实践中类似于发展中国家在发达国家具有比较优势行业的赶超(Catching Up)。具体考虑产品1的生产率提高了 η 倍,即生产成本从 a_1^* 变为 a_1^*/η,其中 $\eta>1$,我们将其记作 $\hat{a}_1^*$。

情形一:当 η 大到足以削减两国的比较优势时,即 $\eta = \frac{a_1^*/a_2^*}{a_1/a_2}$,我们可以得到图 4.12 所示的结果,世界相对供给曲线变成了一条水平线。由于相对需求曲线 $\frac{d_1}{d_2} = \frac{\alpha}{\beta p}$ 没有变化,这时两个国家的封闭经济均衡价格和世界均衡价格相等 $p^a = \hat{p}^{a*} = p^{II}$。两国间没有任何动机进行贸易,此时贸易停止。

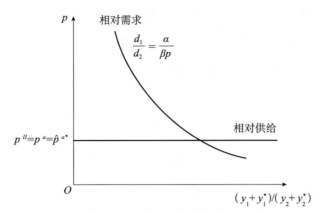

图 4.12　进口行业技术进步

我们可以得出本国的工资水平和外国的工资水平分别为：

$$w^{II} = \frac{p^{II}L/a_1}{L} = w^A$$

$$w^{II*} = \frac{L^*/a_2^*}{L^*} = w^{A*}$$

由此可得本国和外国的效用水平相较于技术进步前与封闭经济条件下的变动情况：

$$U^{II} = \left(\frac{\alpha w^{II}}{p^{II}}\right)^\alpha \left(\frac{\beta w^{II}}{1}\right)^\beta = \left(\frac{\alpha w^A}{p^a}\right)^\alpha \left(\frac{\beta w^A}{1}\right)^\beta = U^A < U^T$$

$$U^{II*} = \left(\frac{\alpha w^{T*}}{p^a \cdot p}\right)^\alpha \left(\frac{\beta w^{T*}}{1}\right)^\beta = \left(\frac{p}{p^a}\right)^\alpha U^{T*} > U^{T*} > U^{A*}$$

由于外国在其进口行业的技术进步，本国出口领域的优势被外国追赶，效用水平较技术进步前下降，且回到了封闭经济条件下的水平，本国从自由贸易中获得的任何收益都被外国的技术进步侵蚀。与此同时，外国的效用水平等同于技术进步后封闭经济条件下的水平，但是相较于技术进步前无论是封闭经济还是开放经济，效用水平都得到了提升。情形二：当然本国的效用水平并不是从 U^T 骤降到 U^{II} 的。因为在外国提升产品 1 的生产率，使得 a_1^* 逐渐下降到 a_1^*/η 的过程中，本国的效用水平最开始是保持不变的。

当外国技术进步较小，即 $1 < \eta < \frac{1}{p}\frac{a_1^*}{a_2^*} = \frac{\beta}{\alpha}\frac{L/a_1}{L^*/a_2^*}\frac{a_1^*}{a_2^*}$ 时，其中 p 为技术进步前自由贸易均衡价格，我们可以得到图 4.13 所示的结果：在 p^{a*} 下降到 $\hat{p}^{a*} = \frac{\alpha}{\beta}\frac{L^*/a_2^*}{L/a_1}$ 之前，贸易模式没有发生改变，相对需求曲线仍然是 $\frac{d_1}{d_2} = \frac{\alpha}{\beta p}$，均衡相对供给也仍然是 $\frac{L/a_1}{L^*/a_2^*}$，本国的效用保持不变，世界均衡价格、各国的工资水平和效用水平全部与技

术进步之前的自由贸易均衡一致。因此,当外国在进口行业的技术进步还很微小时,两国都会按照原来的模式开展贸易,并不会对贸易模式产生冲击。

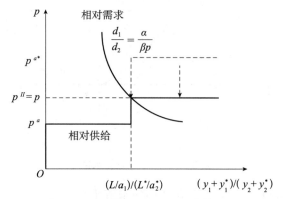

图 4.13 外国进口行业技术进步较小

情形三:当外国技术进步较大,即 $\frac{1}{p}\frac{a_1^*}{a_2^*} < \eta < \frac{a_1^*/a_2^*}{a_1/a_2}$ 时,如图 4.14 所示,第二级相对供给曲线的水平部分向下移动到技术进步前的世界均衡价格 $p = \frac{\alpha}{\beta}\frac{L^*/a_2^*}{L/a_1}$ 以下,越来越朝着本国封闭经济均衡价格 p^a 靠近。这时,本国会专业化生产产品 1,但是外国两种产品都会生产,也即外国开始侵蚀本国具有比较优势的行业。

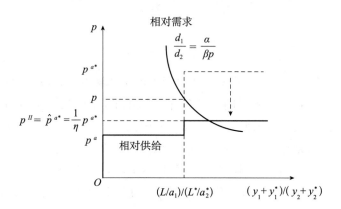

图 4.14 外国进口行业技术进步较大

我们可以得出此时的世界均衡价格、各国的工资水平分别为:

$$p^{II} = \frac{1}{\eta}p^{a*} = \frac{1}{\eta}\frac{p^{a*}}{p}p < p, \quad 因为 \frac{1}{\eta}\frac{p^{a*}}{p} < 1$$

$$w^{II} = \frac{p^{II}L/a_1}{L} < \frac{pL/a_1}{L} = w^T$$

$$w^{II*} = \frac{L^*/a_2^*}{L^*} = w^{T*}$$

基于此，我们可以得到本国和外国的效用水平相较于技术进步前的变动情况：

$$U^{II} = \left(\alpha \frac{p^{II}}{p} w^T\right)^\alpha \left(\beta \frac{p^{II}}{p} w^T\right)^\beta = \left(\frac{p^{II}}{p}\right)^\beta U^T < U^T$$

$$U^{II*} = \left(\frac{\alpha w^{T*}}{\frac{1}{\eta} \frac{p^{a*}}{p}}\right)^\alpha \left(\frac{\beta w^{T*}}{1}\right)^\beta = \left(\frac{1}{\eta} \frac{p^{a*}}{p}\right)^{-\alpha} U^{T*} > U^{T*}$$

从中我们可以发现，相较于技术进步前，本国贸易利得有所下降。但是由于本国的效用水平大于技术进步后封闭经济条件下的效用水平[1]，两国还会开展贸易。与此同时，外国在技术进步的过程中效用逐渐提升。

外国的进口行业和出口行业技术同步进步

假设外国在其进口行业和出口行业同步发生了技术进步。具体考虑外国的产品 1 和产品 2 的生产成本分别降至 $a_1^* = a_1^*/k$ 和 $a_2^* = a_2^*/k$。此时相对供给曲线的转折点变为 $\frac{1}{k} \frac{L/a_1}{L^*/a_2^*}$，因此其垂直部分向左平移。由于技术进步幅度相同，外国封闭经济均衡时的相对价格不变，仍为 $p^{a*} = \frac{a_1^*}{a_2^*}$，因此第二级相对供给曲线的水平部分保持不变。发生自由贸易时，相对需求曲线不变，仍为 $\frac{d_1}{d_2} = \frac{\alpha}{\beta p}$。在相对供给曲线的垂直部分向左平移的过程中，世界均衡价格会经历以下两个过程：

情形一：在技术同步进步逐渐变大，即 $1 < k \leq \frac{1}{p} \frac{a_1^*}{a_2^*}$ 的过程中，世界均衡价格逐渐靠近外国封闭经济均衡价格，直至相等。如图 4.15 所示，我们可以得到世界均衡价格、各国工资水平分别为：

$$p^{III} = kp$$

$$w^{III} = \frac{p^{III} L/a_1}{L} = kw^T$$

$$w^{III*} = k \frac{L^*/a_2^*}{L^*} = kw^{T*}$$

两国效用水平的变化为：

$$U^{III} = \left(\frac{\alpha w^{III}}{p^{III}}\right)^\alpha \left(\frac{\beta w^{III}}{1}\right)^\beta = k^\beta U^T > U^T$$

$$U^{III*} = \left(\frac{\alpha w^{III*}}{p^{III}}\right)^\alpha \left(\frac{\beta w^{III*}}{1}\right)^\beta = k^\beta U^{T*} > U^{T*}$$

---

[1] $\frac{\tilde{U}^A}{U^{II}} = \frac{\left(\frac{\alpha w^A}{p^a}\right)^\alpha \left(\frac{\beta w^A}{1}\right)^\beta}{\left(\frac{\alpha w^{II}}{p^{II}}\right)^\alpha \left(\frac{\beta w^{II}}{1}\right)^\beta} = \left(\frac{p^a}{p^{II}}\right)^\beta < 1$ 以及 $\frac{\tilde{U}^{A*}}{U^{II*}} = \frac{\left(\frac{\alpha w^{a*}}{\tilde{p}^{a*}}\right)^\alpha \left(\frac{\beta w^{a*}}{1}\right)^\beta}{\left(\frac{\alpha w^{T*}}{p^{II*}}\right)^\alpha \left(\frac{\beta w^{T*}}{1}\right)^\beta} = 1$，其中 $\tilde{U}^A$、$\tilde{U}^{A*}$ 分别为技术进步后（封闭经济时）本国和外国的效用水平。

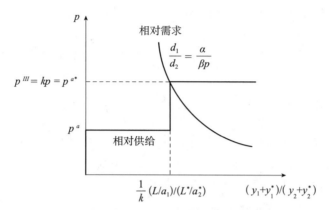

图 4.15　出口行业和进口行业技术同步进步较小

此时，两国的贸易福利都会提升。其中，本国福利提升的来源是贸易条件改善（本国生产产品价格提升），而外国福利提升的来源是生产（出口）行业生产率提升带来的收入提升。因此，两国贸易福利的变化本质上来自外国出口行业的技术进步。

情形二：当技术同步进步很大时，$k > \frac{1}{p}\frac{a_1^*}{a_2^*}$。定义 $m = \frac{1}{p}\frac{a_1^*}{a_2^*} > 1$，我们可以得到如图 4.16 所示的结果。此时相对供给曲线的垂直段相较于情形一来说将继续向左平移，此时外国封闭经济条件下的相对价格保持不变，为 $p^{a*} = \frac{a_1^*}{a_2^*}$，因此第二级相对供给曲线的水平部分保持不变。相对需求曲线不变，仍为 $\frac{d_1}{d_2} = \frac{\alpha}{\beta p}$。

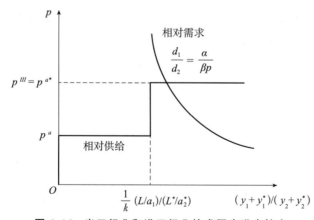

图 4.16　出口行业和进口行业技术同步进步较大

此时，世界均衡价格等于外国的封闭经济均衡价格，$p^{III} = p^{a*} = \frac{a_1^*}{a_2^*} = mp > p$。可得两国的工资水平和效用水平分别为：

$$w^{III} = \frac{p^{III} L/a_1}{L} = mw^T > w^T$$

$$w^{III*} = k\frac{L^*/a_2^*}{L^*} = kw^{T*} > w^{T*}$$

$$U^{III} = \left(\frac{\alpha w^{III}}{p^{III}}\right)^\alpha \left(\frac{\beta w^{III}}{1}\right)^\beta = m^\beta U^T > U^T$$

$$U^{III*} = \left(\frac{\alpha w^{III*}}{p^{III}}\right)^\alpha \left(\frac{\beta w^{III*}}{1}\right)^\beta = \frac{k}{m^\alpha} U^{T*} > U^{T*}$$

相较于情形一中本国能够通过贸易条件改善从外国技术进步中获益,在情形二中外国进一步的技术进步不再能够通过贸易条件传导提升本国福利。本国工资(mw^T)和贸易条件(mp)都不再发生变化,本国的效用水平也不会随着外国进一步的技术进步而改变。

但是,对于外国而言,进一步的技术进步仍然能够带来实际工资水平的提升,并进一步带来效用水平的提升。因此,从 $k = \frac{1}{p}\frac{a_1^*}{a_2^*}$ 开始,k 进一步提升(进一步的技术进步)的收益全部由外国获得,而不再会外溢至本国。

对本小节稍作总结,自由贸易相较于封闭经济必然带来福利增加,但是相较于其他自由贸易均衡并不必然带来福利增加。因此,对于一国而言,如果选择是在自由贸易与自我封闭之间进行,则必然选择自由贸易。然而,如果选择是在某个自由贸易均衡与另外一个自由贸易均衡之间进行,则一国完全可能选择某一个均衡而非另外一个,尽管另外一个均衡相较于初始均衡生产成本更低或者贸易成本更低,就像前面讨论的外国的进口行业技术进步情形中本国的情况一样。在实践中,很多时候,公众(或者经济学家)可能把这两种情况混淆在了一起,把本来是后一种选择当成了前一种选择,并给出了过于简单化的回答。

4.2.4 技术进步与替代弹性

前一小节我们提到,柯布-道格拉斯型效用函数是一种特殊的效用函数。在这种效用函数下,两个产品之间是具有替代性的。如果两个产品之间替代性较弱,则技术进步引起的福利增加在两个国家间的分布会与上一小节中讨论的结果不同。

为什么我们关心产品间替代性的影响呢?回忆本书第1章中我们介绍的国际贸易发展的历史阶段。在不同的历史阶段,国际贸易有不同的形态。在旧全球化下,贸易形态体现为产成品之间的交换,而产成品之间有较大的替代性。在新全球化下,贸易形态体现为生产环节间的交换(一国生产环节 A,另一国生产环节 B,两国生产的两个环节组装在一起成为消费品)。在同一产品的不同生产环节之间体现出的不是替代性,而是互补性。如果替代性的大小对福利的影响很大,那么我们有必要讨论生产全球化背景下(替代性弱的情况下),外国技术进步对两国福利的影响。

如何度量产品间的替代性?给定任意效用函数 $U(x_1, x_2)$,两产品之间的替代弹性为:

$$e_{21} = \frac{\mathrm{d}\ln(x_2/x_1)}{\mathrm{d}\ln(U_{x_1}/U_{x_2})} = \frac{\dfrac{\mathrm{d}(x_2/x_1)}{x_2/x_1}}{\dfrac{\mathrm{d}(U_{x_1}/U_{x_2})}{U_{x_1}/U_{x_2}}} = -\frac{\dfrac{\mathrm{d}(x_1/x_2)}{x_1/x_2}}{\dfrac{\mathrm{d}(U_{x_1}/U_{x_2})}{U_{x_1}/U_{x_2}}}$$

从这个定义中我们可以看出，替代弹性代表的是给定一个产品（如产品2）的数量，而减少另一个产品（如产品1）的数量时，这两个产品边际效用比值的变化。如果产品1数量的减少带来了该产品边际效用相对较大的增加，则表明个体对产品1的需求更加强烈，也就表示产品2并不能很好地替代产品1，两种产品之间替代性较弱。

换一种方式来理解，消费者效用最大化需要求解：

$$\max U(x_1, x_2),\ p_1 x_1 + p_2 x_2 \leqslant I$$

最优解时，$U_{x_1} = p_1$，$U_{x_2} = p_2$，则替代弹性可写作：

$$e_{21} = \frac{\dfrac{\mathrm{d}(x_2/x_1)}{x_2/x_1}}{\dfrac{\mathrm{d}(U_{x_1}/U_{x_2})}{U_{x_1}/U_{x_2}}} = \frac{\dfrac{\mathrm{d}(x_2/x_1)}{x_2/x_1}}{\dfrac{\mathrm{d}(p_1/p_2)}{p_1/p_2}}$$

较大的替代弹性表明，给定产品1相对产品2价格的提升幅度，消费者会倾向于购买更多的产品2以替代产品1。这体现了两种产品间较强的替代性。

考虑如下效用函数：

$$U = (b_1 x_1^{\frac{\sigma-1}{\sigma}} + b_2 x_2^{\frac{\sigma-1}{\sigma}})^{\frac{\sigma}{\sigma-1}}$$

此处参数 b_i 表示消费者对产品 i 的偏爱程度。在该效用函数下，产品间的替代弹性为参数 σ。由于参数 σ 给定，这种效用函数被称为固定替代弹性（Constant Elasticity of Substitution，CES）效用函数。以产品2为计价物，p 为产品1的价格时，效用最大化下产品需求满足 $\dfrac{x_1}{x_2} = \left(\dfrac{b_2}{b_1} p\right)^{-\sigma}$。假设消费者收入为 I，消费者最大化效用为（求解过程可参看本章附录）：

$$U = I(p^{1-\sigma} b_1^\sigma + b_2^\sigma)^{\frac{1}{\sigma-1}} = I b_2^{\frac{\sigma}{\sigma-1}} \left(p\left(p \frac{b_2}{b_1}\right)^{-\sigma} + 1\right)^{\frac{1}{\sigma-1}} \tag{4.10}$$

在这一效用函数下，我们重新考虑前述技术进步时贸易国的福利影响问题。首先考虑开放经济均衡，如图4.17所示。

此时世界相对需求曲线为 $\dfrac{x_1 + x_1^*}{x_2 + x_2^*} = \left(\dfrac{b_2 p}{b_1}\right)^{-\sigma}$，相对供给曲线的垂直段依旧在 $\dfrac{L/a_1}{L^*/a_2^*}$ 处。二者联立可以求出世界均衡价格和两国的工资水平分别是：

$$p = \frac{b_1}{b_2} \left(\frac{L^*/a_2^*}{L/a_1}\right)^{\frac{1}{\sigma}} \tag{4.11}$$

$$w = \frac{pL/a_1}{L},\ w^* = \frac{L^*/a_2^*}{L^*} \tag{4.12}$$

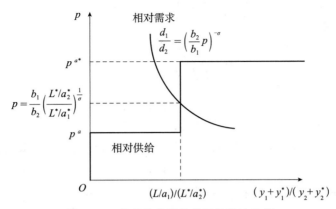

图 4.17　考虑替代弹性的开放经济均衡

将工资与产品价格代入式(4.10)，可得两国的效用水平分别为：

$$U = w b_2^{\frac{\sigma}{\sigma-1}} \left(p \left(p \frac{b_2}{b_1} \right)^{-\sigma} + 1 \right)^{\frac{1}{\sigma-1}}$$

$$U^* = w^* b_2^{\frac{\sigma}{\sigma-1}} \left(p \left(p \frac{b_2}{b_1} \right)^{-\sigma} + 1 \right)^{\frac{1}{\sigma-1}}$$

接着考虑外国技术进步对贸易均衡的影响。为说明问题，我们特别考察外国出口行业技术进步的影响。原因在于，我们关心进一步的生产全球化（体现为发展中国家生产成本的进一步下降，或者离岸成本的下降）对发达国家和发展中国家福利的影响。具体而言，考虑外国产品 2 的单位劳动成本从 a_2^* 降到了 a_2^*/k，其中 $k>1$，我们将其记作 $\hat{a}_2^*$。

这一变化对世界相对需求曲线和相对供给曲线的影响如图 4.18 所示。相对需求曲线不变，仍为 $\frac{d_1}{d_2} = \left(\frac{b_2 p}{b_1} \right)^{-\sigma}$，相对供给曲线的垂直段向左平移至 $\frac{1}{k} \frac{L/a_1}{L^*/a_2^*}$ 处。同时，第二级相对供给曲线的水平部分向上平移。

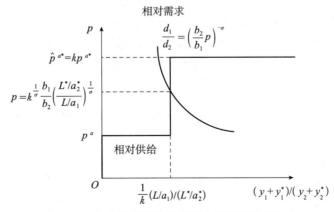

图 4.18　考虑替代弹性的外国出口行业技术进步

技术进步后重新达到均衡,世界相对供给等于相对需求,可得世界均衡价格和两国的工资水平分别为:

$$\hat{p} = k^{\frac{1}{\sigma}} p$$

$$\hat{w} = \frac{\hat{p} L/a_1}{L} = k^{\frac{1}{\sigma}} w$$

$$\hat{w}^* = \frac{L^*/\hat{a}_2^*}{L^*} = k w^*$$

外国的技术进步使得外国出口产品(产品2)的相对价格下降,本国贸易条件 p(产品1的相对价格)得到改善。同时,贸易条件的改善带来了本国工人工资的提升。给定同样的技术进步 k,产品间替代弹性越小,本国工资提升和贸易条件改善的程度越大。

将新的工资和价格代入效用函数,我们可以考察技术进步前后两国效用水平的变化。

$$\frac{\hat{U}}{U} = \frac{k^{\frac{1}{\sigma}} w b_2^{\frac{\sigma}{\sigma-1}} \left(k^{\frac{1-\sigma}{\sigma}} p \left(p \frac{b_2}{b_1} \right)^{-\sigma} + 1 \right)^{\frac{1}{\sigma-1}}}{w b_2^{\frac{\sigma}{\sigma-1}} \left(p \left(p \frac{b_2}{b_1} \right)^{-\sigma} + 1 \right)^{\frac{1}{\sigma-1}}} = \left(\frac{p \left(p \frac{b_2}{b_1} \right)^{-\sigma} + k^{\frac{\sigma-1}{\sigma}}}{p \left(p \frac{b_2}{b_1} \right)^{-\sigma} + 1} \right)^{\frac{1}{\sigma-1}}$$

$$\frac{\hat{U}^*}{U^*} = \frac{k w^* b_2^{\frac{\sigma}{\sigma-1}} \left(k^{\frac{1-\sigma}{\sigma}} p \left(p \frac{b_2}{b_1} \right)^{-\sigma} + 1 \right)^{\frac{1}{\sigma-1}}}{w^* b_2^{\frac{\sigma}{\sigma-1}} \left(p \left(p \frac{b_2}{b_1} \right)^{-\sigma} + 1 \right)^{\frac{1}{\sigma-1}}} = \left(\frac{k^{\frac{(\sigma-1)^2}{\sigma}} p \left(p \frac{b_2}{b_1} \right)^{-\sigma} + k^{\sigma-1}}{p \left(p \frac{b_2}{b_1} \right)^{-\sigma} + 1} \right)^{\frac{1}{\sigma-1}} \quad (4.13)$$

无论替代弹性取值如何(如替代弹性较大 $\sigma > 1$,或者替代弹性较小 $0 < \sigma < 1$),本国效用水平均有提升,$\hat{U}/U > 1$。本国效用水平提升的来源有两个,一个是本国工人工资的提升,另一个是本国贸易条件的改善。

这对外国而言则不然,外国的工资确实得到了提升(k 倍),但是外国的贸易条件有所恶化(外国进口的产品1价格提升)。外国的效用水平变化取决于这两种相反方向的效应哪个更大一些。如果替代弹性较大($\sigma > 1$),则工资提升效应必然超过贸易条件恶化效应,外国效用水平必然上升($\hat{U}^*/U^* > 1$)。如果替代弹性小于1($0 < \sigma < 1$),则外国效用水平可能上升,也可能下降,具体取决于替代弹性 σ 的大小。这是因为替代弹性越小,外国贸易条件恶化越严重,而外国工资效应与替代弹性无关。为了看清楚这一点,我们可以观察式(4.13)的右侧。在 $0 < \sigma < 1$ 时,为使 $\hat{U}^*/U^* > 1$,我们需要

$$\left(\frac{k^{\frac{(\sigma-1)^2}{\sigma}} p \left(p \frac{b_2}{b_1} \right)^{-\sigma} + k^{\sigma-1}}{p \left(p \frac{b_2}{b_1} \right)^{-\sigma} + 1} \right) < 1 \Leftrightarrow \frac{k^{\frac{(\sigma-1)^2}{\sigma}} - 1}{1 - k^{\sigma-1}} < p^{\sigma-1} \left(\frac{b_2}{b_1} \right)^{\sigma}$$

注意到 $\sigma \to 1^-$ 时 $\frac{k^{\frac{(\sigma-1)^2}{\sigma}} - 1}{1 - k^{\sigma-1}} \to 0$,而 $\sigma \to 0^+$ 时 $\frac{k^{\frac{(\sigma-1)^2}{\sigma}} - 1}{1 - k^{\sigma-1}} \to \infty$;又注意到 $p^{\sigma-1} \left(\frac{b_2}{b_1} \right)^{\sigma}$ 是一个永远大于0的数字。则可得 $\sigma \to 1^-$ 时 $\hat{U}^*/U^* > 1$,外国从技术进步中获益;而 $\sigma \to 0^+$ 时 $\hat{U}^*/U^* < 1$,外国从技术进步中受损(见本章习题)。

由此,我们可以得出结论,如果产品间替代性较弱,则外国在出口行业的技术进步能够提升本国的效用水平,而外国的效用水平有所下降。其原理在于,外国在出口行业的技术进步使其出口产品的成本下降,由于替代程度不高,这种成本的下降会使外国出口产品的相对价格大幅降低,造成外国贸易条件严重恶化。这一效应强于外国工资水平因技术进步而得到的提升,这就造成外国效用水平的下降。一国的技术进步带来该国福利的降低,而技术进步的收益被更多地分配至贸易伙伴,这就是贫困化增长的一种表现。因此,在生产全球化的贸易形态下,发展中国家在擅长领域的技术进步并不总是带来正向的福利增长。

4.3 本章小结

李嘉图模型基于比较优势的概念在国家层面上讨论了两国为什么会开展贸易。模型表明只有当本国封闭经济均衡条件下的产品价格低于外国封闭经济均衡条件下的产品价格时,本国才会专业化生产并出口该产品,从中获得福利的增长。除此之外,这一理论模型也可以帮助我们更好地理解生产全球化过程中,自由贸易形态发生变化后各国福利与技术进步之间的关系。如在发达国家和发展中国家的贸易往来中,发展中国家的技术进步对发达国家的贸易福利有何影响等。

如果发展中国家的技术进步发生在出口行业,那么发达国家和发展中国家的贸易福利都会有所增加。但是如果发展中国家出口的贸易品与进口品间缺乏替代弹性,那么这类技术进步将会产生"贫困化增长",使发展中国家受损,而技术进步的收益被更多地分配至发达国家。

如果发展中国家的技术进步发生在进口行业,那么根据技术进步程度的不同,对各国福利的影响也将不同。如果技术进步程度较小,那么贸易模式和福利都不会发生改变。如果技术进步程度足够大,那么发达国家的出口优势将被发展中国家追赶,发达国家的福利降低,而发展中国家的福利提高。

如果发展中国家在进口行业和出口行业实现技术同步进步,那么发达国家和发展中国家的贸易福利都会有所增加,且随着技术进步程度的增大,发达国家得到的外溢效应将消失,技术进步的收益被更多地分配至发展中国家。

李嘉图模型是国际贸易理论的经典模型。除了本章所展示的其对当前贸易实践问题的指导能力,国际贸易学界对其进行了更多的发展,使其对国际贸易模式的解释能力更强。

参 考 文 献

Samuelson, P. (2004), "Where Ricardo and Mill rebut and confirm arguments of mainstream economists supporting globalization", *Journal of Economic Perspective*,

18(3),135-146.

习　题

4-1　假设给定非柯布-道格拉斯型需求函数,描述求解相对需求曲线的步骤。

4-2　定义函数 $y(x)=\dfrac{k^{\frac{(x-1)^2}{x}}-1}{1-k^{x-1}},k>1,x\in(0,1)$。证明函数单调递减,且当 $x\to 1^-$ 时 $y\to 0$;$x\to 0^+$ 时 $y\to\infty$。

4-3　考虑我们想要实证检验李嘉图模型的结论。我们将遇到一个问题,那就是李嘉图模型预测一国将进口该国不具有比较优势的产品,但如何知道该国在进口的产品上不具有比较优势呢?毕竟想要判断一国在某产品上是否具有比较优势,需要知道该国在该产品上的生产成本与价格,但如果在均衡状态下该国根本不生产这种产品,该产品的生产成本与价格的观测就无从谈起。请思考有没有什么办法可以克服或解决这个问题。

4-4　图4.4展示了给定两种产品的相对价格,当消费者偏好为位似偏好时,消费者在不同收入水平下的最优消费点。试讨论如果消费者偏好为非位似偏好,例如具有如下效用函数,则消费者在不同收入水平下的最优消费点曲线呈现怎样的形状。

$$U=(b_1 x_1^{\frac{\sigma-1}{\sigma}}+b_2\,(x_2^\eta)^{\frac{\sigma-1}{\sigma}})^{\frac{\sigma}{\sigma-1}},\eta>1,\sigma>1$$

4-5　国家间的经贸关系会影响国际贸易水平。考虑中国在减少与美国和欧盟等发达经济体的贸易量的同时提升与非洲、中亚地区国家的贸易量,请分析这种情况下中国的福利水平将发生怎样的变化。

附　录

4-1A　CES效用函数求解

CES效用函数是国际贸易学中应用非常普遍的函数。熟练了解、掌握CES效用函数的求解与性质对于理解很多国际贸易理论模型非常重要。本部分介绍CES效用函数下的求解与性质,未来我们将运用这些基础知识来研究国际贸易问题。

当消费者效用函数是CES形式时,消费者基于预算约束做出效用最大化决策:

$$\max_{y_j} U=\Big(\sum_j b_j y_j^{\frac{\sigma-1}{\sigma}}\Big)^{\frac{\sigma}{\sigma-1}},\sum_j p_j y_j\leqslant I$$

建立拉格朗日函数以求解上述问题:

$$\mathcal{L}=\Big(\sum_j b_j y_j^{\frac{\sigma-1}{\sigma}}\Big)^{\frac{\sigma}{\sigma-1}}-\lambda\Big(\sum_j p_j y_j-I\Big)$$

对任意 y_j 写出一阶条件得到:

$$b_j \left(\sum_i b_i y_i^{\frac{\sigma-1}{\sigma}} \right)^{\frac{\sigma}{\sigma-1}-1} y_j^{\frac{\sigma-1}{\sigma}-1} = \lambda p_j$$

基于一阶条件，选取产品种类 i 和 j，并求一阶条件比值，可得：

$$\frac{b_i}{b_j} \left(\frac{y_i}{y_j} \right)^{-\frac{1}{\sigma}} = \frac{p_i}{p_j} \Leftrightarrow \frac{y_i}{y_j} = \left(\frac{b_j p_i}{b_i p_j} \right)^{-\sigma} \tag{4.14}$$

式子两边同时乘以 p_i，并对所有 i 进行加总可以得到：

$$\frac{\sum_i p_i y_i}{y_j} = \frac{\sum_i b_i^\sigma p_i^{1-\sigma}}{b_j^\sigma (p_j)^{-\sigma}}$$

将 $\sum_i p_i y_i = I$ 代入式(4.14)可得每一种产品的需求为：

$$y_j = I \frac{b_j^\sigma p_j^{-\sigma}}{\sum_i b_i^\sigma p_i^{1-\sigma}} \tag{4.15}$$

如果消费者给予所有产品同等偏好，即任意产品 i，$b_i = 1$，则需求函数简化为：

$$y_j = I \frac{(p_j)^{-\sigma}}{\sum_i p_i^{1-\sigma}} = I \frac{p_j^{-\sigma}}{P^{1-\sigma}} \tag{4.16}$$

其中 $P = \left(\sum_i p_i^{1-\sigma} \right)^{1/(1-\sigma)}$。定义消费者在产品 j 上的支出为 $r_j = y_j p_j$，则：

$$r_j = y_j p_j = I \left(\frac{p_j}{P} \right)^{1-\sigma} \tag{4.17}$$

CES 特征 1：替代弹性与需求弹性

首先，我们求解产品间的替代弹性。通过对式(4.14)两边都取对数并进行全微分，我们可以得到产品 i 和产品 j 的替代弹性为：

$$e_{ij} = \frac{\mathrm{d}\ln(y_i/y_j)}{\mathrm{d}\ln(p_j/p_i)} = \sigma \tag{4.18}$$

因此，在 CES 偏好下，产品间的替代弹性为固定值 σ，这是此类函数被称作固定替代弹性效用函数的原因。

其次，我们求解产品的需求弹性。我们可以对式(4.15)关于 p_j 求导，并且不妨假设 p_j 的微小变化并不会影响分母的变化[①]：

$$\frac{\mathrm{d}y_j}{\mathrm{d}p_j} = -\sigma \frac{y_j}{p_j}$$

因此我们可以得到产品 j 的需求弹性也是替代弹性：

$$-\frac{\mathrm{d}y_j}{\mathrm{d}p_j} \frac{p_j}{y_j} = \sigma \tag{4.19}$$

CES 特征 2：加总产品和加总价格

需求函数(4.15)中的分母将市场中所有产品的价格做了一个加总。这样一个加

---

① 这一假设可以理解为，市场中有很多产品，每个产品自身的价格变化都不能对市场整体价格产生显著影响。

总直觉上可以被认为是体现市场总价格水平的一个指标。于是我们定义这样一个价格指数 P：

$$P = \left(\sum_i b_i^\sigma p_i^{1-\sigma}\right)^{\frac{1}{1-\sigma}} \tag{4.20}$$

将需求函数(4.15)求解代入 CES 效用函数，可以得到：

$$U = \left(\sum_j b_j \left(I \frac{b_j^\sigma (p_j)^{-\sigma}}{\sum_i b_i^\sigma p_i^{1-\sigma}}\right)^{\frac{\sigma-1}{\sigma}}\right)^{\frac{\sigma}{\sigma-1}} = IP^{-1} \tag{4.21}$$

将式中左、右项调整位置可得 $PU=I$。结合 P 的含义（市场加总价格），我们可以将效用函数 U 看成是对市场中所有产品需求进行的一个加总，换句话说，我们可以认为效用函数为一种加总产品的生产函数。并且，这个加总产品的价格恰好为市场加总价格 P。给定一个个体总消费水平为 I，市场加总价格为 P，则个体购买的加总产品数量为 $Q=\dfrac{I}{P}=U$。

CES 特征 3：位似偏好

基于求解出的需求函数(4.15)，可得消费者在产品 j 上的支出份额 s_j：

$$s_j = \frac{p_j y_j}{I} = \frac{I \dfrac{b_j^\sigma (p_j)^{1-\sigma}}{\sum_i b_i^\sigma p_i^{1-\sigma}}}{I} = b_j^\sigma \left(\frac{p_j}{P}\right)^{1-\sigma}$$

可见消费者在特定产品上的支出占总支出的比重 s_j 与总支出（消费）水平 I 无关，仅取决于该产品相对于其他产品的价格。由此，CES 效用函数体现的是一种位似偏好。

4-2A CES 效用函数的特殊形式

CES 效用函数在微观经济学理论中应用广泛，很多我们熟知的效用函数都是 CES 效用函数的特殊形式，如里昂惕夫函数、柯布-道格拉斯函数以及线性函数等。本部分展示这些特殊形式及其含义。为此，我们先定义一个参数 ρ，令 $\sigma = \dfrac{1}{1+\rho}$，则 CES 效用函数可改写为：

$$U = \sum_j (b_j x_j^{-\rho})^{-\frac{1}{\rho}}$$

特殊形式 1：里昂惕夫函数

令 $\sigma \to 0$，即 $\rho \to \infty$。此时产品间替代弹性趋近于零，表明产品间没有替代性，而是接近完全互补。为便于分析，我们考虑两种产品的情形，即 $U = (b_1 x_1^{-\rho} + b_2 x_2^{-\rho})^{-\frac{1}{\rho}}$。不失一般性，令 $0 \leqslant x_1 \leqslant x_2$：

$$(b_1 x_1^{-\rho} + b_2 x_1^{-\rho})^{-\frac{1}{\rho}} \leqslant (b_1 x_1^{-\rho} + b_2 x_2^{-\rho})^{-\frac{1}{\rho}} \leqslant (b_1 x_1^{-\rho})^{-\frac{1}{\rho}}$$

不等式中各项取极限，可得 $\lim\limits_{\rho \to \infty}(b_1 x_1^{-\rho} + b_2 x_1^{-\rho})^{-\frac{1}{\rho}} = \lim\limits_{\rho \to \infty}(b_1 x_1^{-\rho})^{-\frac{1}{\rho}} = x_1$。由于不

等式两边极限为同一个值,则必须有:
$$\lim_{\rho\to\infty}(b_1x_1^{-\rho}+b_2x_2^{-\rho})^{-\frac{1}{\rho}}=x_1, 0\leqslant x_1\leqslant x_2$$

同样地,当 $0\leqslant x_2\leqslant x_1$ 时,$\lim_{\rho\to 0}U=x_2$。

因此,当 $\sigma\to 0$ 时,产品间没有替代性,总效用水平等于所有产品中的最小量,非最小量产品多出来的数量不会带来效用的增加。故 CES 效用函数变为里昂惕夫函数:
$$U=\min\{x_1,x_2,\cdots,x_j\}$$

特殊形式 2:柯布-道格拉斯函数

令 $\sigma\to 1$,即 $\rho\to 0$。对效用函数取对数:
$$\ln U=\left(\frac{1}{-\rho}\right)\ln\left(\sum b_j x_j^{-\rho}\right)$$

采用洛必达法则(L'Hopital's Rule,分子、分母同时对 ρ 求导)可以得到:
$$\lim_{\rho\to 0}\ln U=\lim_{\rho\to 0}\frac{\sum b_j x_j^{-\rho}\ln x_j}{\sum b_j x_j^{-\rho}}=\frac{\sum b_j \ln x_j}{\sum b_j}=\frac{\ln\left(\prod_j x_j^{b_j}\right)}{\sum b_j}$$

则原效用函数等价于柯布-道格拉斯函数:
$$U=\prod_j x_j^{b_j}$$

如果 $\sum b_j=1$,求解效用函数最大化问题,可知参数 b_j 代表消费者在产品 j 上的支出占总支出的比重,也即消费者对产品的偏好程度决定了该产品支出在总支出中所占的份额。

特殊形式 3:线性函数

令 $\sigma=\infty$,即 $\rho\to -1$。此时产品间完全替代,即产品 j 消费减少造成的效用水平降低可以由固定量的产品 i 消费来弥补。此时的效用函数为线性函数:
$$U=\sum_j b_j x_j$$

第 5 章 李嘉图模型扩展:两国多产品模型

第 4 章讨论了李嘉图模型在两种产品、两个国家层面的应用。这一模型可以帮助我们理解两个国家之间进行贸易的原因、贸易所带来的收益以及技术进步如何影响两个国家的福利。虽然该模型设定中只包含两国两产品,但是其思想具有一般性,可以与现实经济生产过程进一步结合。突破李嘉图模型中两国两产品的设定,这就是多恩布什、费希尔和萨缪尔森(Dornbusch,Fischer and Samuelson,1977)的贡献。这一研究构建了两国多产品的均衡模型,在后文中,我们将这一模型简称为 DFS(1977) 模型。

假设世界上仅存在两个国家:本国和外国,两国生产多种产品。那么,我们可以想象在均衡时应该一部分产品由本国生产,另一部分产品由外国生产。但均衡时的分工是怎样的状态?这种分工如何实现?

首先我们从直觉上设想一下,在这种设定下经济体如何达到均衡。在产品较多的情况下,各国进行生产分配时会变得混乱。因此,我们可以将这些产品映射到一个连续的区间[0,1]内,并将产品按照两国相对生产率的高低进行排序,就可以得到一组有序的产品。本国生产率相对较高的产品排在前面,生产率相对较低的产品排在后面。假如所有产品都在本国进行生产,这意味着外国没有生产,也就没有收入。但是外国仍然需要消费,因此不可能存在所有产品的生产都集中在某一国的情况。两国之间因此必然存在分工,各国生产各自具有比较优势的产品。进一步地,由于所有产品按照两国相对生产率的高低进行排序,那么两国分工之后必然存在一个边界产品。在这个边界产品上,两个国家的生产成本应该相等。将以上直觉模型化,就是 DFS(1977) 模型。

我们可以利用 DFS(1977) 模型讨论技术进步对两国福利的影响。有关技术进步的讨论有助于我们理解实践中发达国家向发展中国家进行离岸生产的影响。例如,美国为了节省成本将产业转移至中国进行生产,如果中国的生产技术提升、生产成本降低,这将如何影响两国的福利?

DFS(1977)模型也可以帮助我们理解贸易不平衡对两国福利的影响。在第 4 章的李嘉图模型中,我们要求两国的贸易必须达到平衡。但在实践中,贸易不平衡才是普遍观察到的状态,那么贸易不平衡状态下世界经济能否达到均衡?贸易不平衡的进一步发展对顺差国和逆差国会分别产生怎样的影响?这些问题都可以使用 DFS(1977)模型进行初步的研究。

5.1 DFS(1977)模型

5.1.1 模型设定

DFS(1977)模型对国家的设定和李嘉图模型一致,世界上只存在两个国家(本国和外国,外国的变量用"*"表示),并且两国仅使用劳动力进行生产。两国生产无数种产品,每一种产品由连续区间[0,1]上的点 $z\in[0,1]$ 来指代。假设本国每生产一个单位的产品 z 所需的劳动力为 $a(z)$(外国为 $a^*(z)$),生产技术规模报酬不变。

每个国家拥有的劳动力数量外生给定,分别是 L 和 L^*。劳动力可以自由选择其所在的行业,但是不能在国家间流动。因此,国家间劳动力工资可能不同,但同一个国家内部生产不同产品的劳动力工资在均衡时必须相等。

假设市场完全竞争,且没有贸易成本。在这一假设下,两国产品价格等于其生产成本。我们将本国工资记为 w,外国工资记为 w^*。在自由贸易条件下对于某一产品 z,其世界均衡价格应为 $p(z)=p^*(z)=\min\{wa(z),w^*a^*(z)\}$,其中 $p(z)$、$p^*(z)$ 分别代表产品 z 在本国和外国的价格。对于某一产品 z,两国中只有生产成本相对较低的国家才会生产,两国将出现专业化分工。

由于现在两国会生产无数种产品,多种产品混乱排列会使均衡分析变得困难。为了简化分析,我们将产品 z 按照两国生产成本的比值进行重新排序,即

$$A(z)=\frac{a^*(z)}{a(z)}, \quad A(z)\leqslant 0$$

z 从 0 到 1,本国相对生产率逐渐下降,外国相对生产率逐渐上升。因此,z 越接近 0,本国生产该产品相对越有优势。注意,此处不要求 $A(z)$ 严格单调递减,只要求其不递增即可。$A(z)$ 曲线如图 5.1 所示。

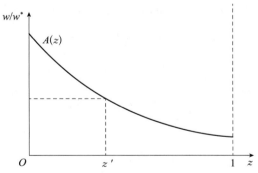

图 5.1 两国多产品情况下 $A(z)$ 曲线

5.1.2 开放经济均衡

根据相对生产率 $A(z)$ 的大小将产品在[0,1]之间进行排序之后,我们可以讨论两

国如何分工。首先,我们设想一种情况,即外国所有产品的生产成本都高于本国,$w^*a^* > wa$。此时,全部产品应在本国生产,外国没有生产也没有收入。但外国消费者仍需消费,而他们的收入(为零)无法支付他们的需求,因此所有产品全部在一国生产的情况不可能是开放经济均衡状态。此时,外国的劳动力供给(L^*)大于需求(零),那么外国的劳动力工资 w^* 必然下降。达到均衡时,w^* 必须降到使得某些产品的外国生产成本低于本国生产成本的程度,即对某些产品 $z,w^*a^*(z) < wa(z)$。

既然两国必然存在分工,那么在决定哪些产品在本国生产、哪些产品在外国生产之后,系统中必然存在一个边界产品。在这个边界产品上,两国的生产成本相等。

边界产品

边界产品是指在达到均衡完成生产分工之后,两国生产成本相等的产品。由于市场完全竞争,任意产品 z 的价格满足 $p(z) = p^*(z) = \min\{wa(z), w^*a^*(z)\}$。对边界产品 z' 而言,该产品的生产成本在两国必须相等。因此,我们可以得到达到均衡时,两国的相对工资水平与边界产品相对生产率之间的关系为:

$$\frac{w}{w^*} = A(z') = \frac{a^*(z')}{a(z')} \tag{5.1}$$

如图5.1所示,产品 z' 为边界产品。如果产品 $z \in [0, z')$,$wa(z) < w^*a^*(z)$,那么 $[0, z')$ 的产品将只由本国生产;同理,$(z', 1]$ 的产品只由外国生产。产品 z 的世界均衡价格为:

$$p(z) = p^*(z) = wa(z), \quad z \in [0, z']$$
$$p(z) = p^*(z) = w^*a^*(z), \quad z \in [z', 1]$$

由式(5.1)可见,生产边界点为我们提供了一个均衡条件。该均衡条件通过相对生产率将两国工资水平联系起来。我们将生产边界点所对应的产品称为边界产品。

为了更好地理解边界产品,我们可以看一种特殊情况。将 $[0,1]$ 之间的连续产品划分为三种类型:$z \in [0, a_1]$ 为复合产品 1,$z \in [a_1, a_1 + a_2]$ 为复合产品 3,$z \in (a_1 + a_2, 1]$ 为复合产品 2。两国在三类产品上的相对生产率关系为 $\frac{a_1^*}{a_1} > \frac{a_3^*}{a_3} > \frac{a_2^*}{a_2}$,即本国在复合产品 1 上相对生产率最高,外国在复合产品 2 上相对生产率最高。此时,$A(z)$ 曲线如图5.2所示,如果边界产品落在复合产品 3 处,则本国专业化生产复合产品 1,外国专业化生产复合产品 2。复合产品 3 为边界产品,两国都会生产。

均衡条件

回到一般化的设定下,在构建生产端的 $A(z)$ 曲线之后,我们再分析两国的需求端。假设两国偏好完全相同,均为柯布-道格拉斯函数形式:

$$U = \int_0^1 \ln(c(z)) dz$$
$$U^* = \int_0^1 \ln(c^*(z)) dz$$

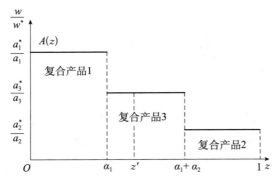

图 5.2 DFS(1977)模型设定的特殊形式:两国三产品

其中,$c(z)$、$c^*(z)$ 分别代表本国和外国对产品 z 的消费量。在柯布-道格拉斯函数设定下,消费者在每种产品上的支出占总支出的比重相等(参见第 4 章附录)。

由于本国和外国的劳动力分别为 L 和 L^*,世界总收入为 $(wL+w^*L^*)$。z' 为边界产品,由于消费者在各产品上的偏好一致,且在每种产品上的支出占总支出的比重相等,因此 z' 也是两国总支出中花在本国生产产品上的比重。两国在本国生产产品上的总支出为 $z'(wL+w^*L^*)$,本国的总收入为 wL,两者相等得到本国收支平衡条件:

$$\frac{w}{w^*}=B(z')\equiv\frac{z'}{1-z'}\frac{L^*}{L}$$

易证 $B(z)$ 单调递增。这一均衡条件的经济学直觉为,世界对本国生产产品的需求越高,支出比重越大时,对本国生产产品的需求会提升本国的工资水平。

我们得到了 $A(z)$ 和 $B(z)$ 两条曲线。两者都成立时经济达到均衡。因此,均衡点为图 5.3 中 $A(z)$ 曲线和 $B(z)$ 曲线的交点。由于 $B(z)$ 的取值范围为 $(0,\infty)$ 且单调递增,而 $A(z)$ 的取值为有限实数且单调递减,因此 $A(z)$ 曲线和 $B(z)$ 曲线必然存在一个交点 E。两条曲线的交点决定了均衡时的相对工资水平 w/w^* 以及两国专业化分工后的边界产品 z'。

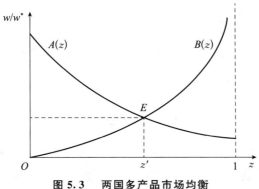

图 5.3 两国多产品市场均衡

回想第 4 章中的两国两产品李嘉图模型,我们可以发现它是 DFS(1977)模型的一种特殊形式。类似于刚刚介绍过的三产品设定,假设现在只有两种复合产品:$z\in[0,\alpha)$为复合产品 1,$z\in(\alpha,1]$为复合产品 2,并且$\frac{a_1^*}{a_1}>\frac{a_2^*}{a_2}$。

消费者效用函数仍为柯布-道格拉斯函数形式:$U=\int_0^1 \ln(c(z))\mathrm{d}z$,则 $B(z)$ 曲线仍为 $B(z)\equiv\frac{z}{1-z}\frac{L^*}{L}$。由于消费者对所有产品 z 的偏好相同,因此复合产品中包含的产品 z 的种类数量占总产品种类数量的比重就是消费者总支出中花在该复合产品上的比重。复合产品 1 包含的产品 z 种类数量占总产品种类数量的比重为 α,故可将消费者效用函数写作 $U=\alpha\ln c_1+(1-\alpha)\ln c_2$,其中 c_i 是消费者对复合产品 i 的消费量。这样,我们就回到了李嘉图模型下的设定:两国两产品,各国在一个产品上有比较优势。

如果两国 $\frac{L^*}{L}$ 恰好使得 $B(z)$ 曲线处在如图 5.4 所示的位置,则两国自由贸易达到均衡时,本国专业化生产复合产品 1,外国专业化生产复合产品 2。两国在本国生产的产品(复合产品 1)上的消费比重为 α,相对均衡工资由 $B(\alpha)$ 决定:

$$\frac{w}{w^*}=\frac{\alpha}{1-\alpha}\left(\frac{L^*}{L}\right)=B(\alpha)$$

变形可得:

$$\frac{wa_1}{w^*a_2^*}=\frac{\alpha L^*/a_2^*}{(1-\alpha)L/a_1}$$

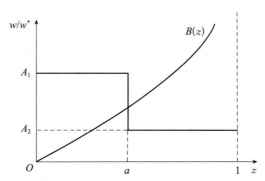

图 5.4　DFS(1977)模型设定的特殊形式:李嘉图模型

这恰好是第 4 章李嘉图模型下均衡时两种产品的相对价格 $p=p_1/p_2$。

5.1.3　开放经济均衡和封闭经济均衡比较

本小节分析开放经济均衡相较于封闭经济均衡时的贸易利得。假设消费者收入为 w,每一种产品在消费篮子中所占的比重相同,则消费者的总收入 w 需要平均分配在从 0 到 1 的所有产品上,每个产品分到的消费额为 $\frac{w}{1}=w$。若产品 z 的价格为 $p(z)$,

那么消费者在该产品上的消费量为 $c(z)=\dfrac{w}{p(z)}$。

封闭经济福利水平

封闭经济条件下,两国各自生产所有产品 $z\in[0,1]$。完全竞争情况下,本国产品价格等于其生产成本,即 $p(z)=wa(z)$。又因为 $c(z)=\dfrac{w}{p(z)}$,则本国消费者效用(外国同理)为:

$$U_A=-\int_0^1 \ln(a(z))\mathrm{d}z \tag{5.2}$$

$$U_A^*=-\int_0^1 \ln(a^*(z))\mathrm{d}z \tag{5.3}$$

开放经济福利水平

开放经济条件下,$[0,z']$ 的产品由本国生产,$(z',1]$ 的产品由外国生产。每一个国家的消费者既消费本国产品又消费外国产品,因此我们可以得到开放经济条件下本国与外国的消费者效用分别为:

$$U_T=-\int_0^{z'} \ln(a(z))\mathrm{d}z+\int_{z'}^1 \ln\left(\frac{w}{w^* a^*(z)}\right)\mathrm{d}z \tag{5.4}$$

$$U_T^*=\int_0^{z'} \ln\left(\frac{w^*}{wa(z)}\right)\mathrm{d}z-\int_{z'}^1 \ln(a^*(z))\mathrm{d}z \tag{5.5}$$

其中,本国对外国产品 z 的消费量 $c(z)=\dfrac{w}{p^*(z)}=\dfrac{w}{w^* a^*(z)},z\in(z',1]$,外国对本国产品 z 的消费量 $c(z)=\dfrac{w^*}{p(z)}=\dfrac{w^*}{wa(z)},z\in[0,z']$。

开放经济的贸易利得

贸易利得等于开放经济条件下和封闭经济条件下消费者效用之差,若贸易利得为正,则意味着自由贸易将带来消费者福利的提升。结合式(5.2)和式(5.4)可得本国消费者的贸易利得为:

$$U_T-U_A=\int_{z'}^1 \ln\left(\frac{wa(z)}{w^* a^*(z)}\right)\mathrm{d}z=\int_{z'}^1 \ln\left(\frac{A(z')}{A(z)}\right)\mathrm{d}z$$

其中,$\dfrac{w}{w^*}=A(z'),\dfrac{a^*(z)}{a(z)}=A(z)$。同理,结合式(5.3)和式(5.5)可得外国消费者的贸易利得为:

$$U_T^*-U_A^*=\int_0^{z'} \ln\left(\frac{w^* a^*(z)}{wa(z)}\right)\mathrm{d}z=\int_0^{z'} \ln\left(\frac{A(z)}{A(z')}\right)\mathrm{d}z$$

由于 $A(z)$ 单调递减,当 $z>z'$ 时,$A(z)<A(z')$,则 $\dfrac{A(z')}{A(z)}>1$,即 $\ln\left(\dfrac{A(z')}{A(z)}\right)>0$。所以,$U_T-U_A>0$,自由贸易使得本国消费者的福利提升。当 $z\in(0,z')$ 时,$A(z)>A(z')$,则 $\dfrac{A(z)}{A(z')}>1$,即 $\ln\left(\dfrac{A(z)}{A(z')}\right)>0$。所以,$U_T^*-U_A^*>0$,自由贸易使得外国消费者

的福利提升。自由贸易使两国的福利都得到了提升。

5.2 开放经济均衡的讨论:技术进步

在李嘉图模型中,我们讨论了技术进步对自由贸易两国福利的影响。在 DFS (1977)模型中,如果发生技术进步,则两国的福利又将如何变化呢?本节将讨论这一问题。

由于假定两国在生产中仅使用一种生产要素,因此本节讨论的技术进步仅指生产率的提升。例如,原本生产 1 个单位的产品需要 1 个单位的劳动力,现在由于外生的技术进步,生产 1 个单位的产品仅需 0.5 个单位的劳动力。技术进步与经济规模扩大有相似之处。比如,如果外国的经济规模为 L^* 且仅生产一种产品,则外国在原来的技术条件下可以生产 L^* 个产品。如果外国的生产率提高一倍,新技术条件下外国就可以生产 $2L^*$ 个产品。再如,如果技术不变而外国经济规模翻倍,那么外国生产的产品总量也可以从 L^* 上升至 $2L^*$。这两种情形看起来有相似之处,其对经济体福利的影响是否相同?为了更好地理解技术进步对福利的影响,我们不妨先从经济规模扩大对福利的影响开始讨论。

5.2.1 经济规模扩大

假设外国经济规模(劳动力总量)从 L^* 扩大至 $L^{*\prime}$。如图 5.5 所示,由于两国生产技术(生产单位产品所需的劳动力)并未发生改变,$A(z)$ 曲线不会移动。而根据 $B(z') = \dfrac{z'}{1-z'} \dfrac{L^*}{L}$ 可知 $B(z)$ 曲线将会向上移至 $B'(z)$。均衡点从 z' 移至 $z''(z''<z')$,本国相对工资 w/w^* 上升。

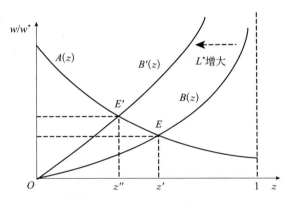

图 5.5 外国经济规模扩大

为了得到本国和外国福利受到的影响,我们可以对本国消费者效用函数 U_T (式(5.4))进行全微分,可得:

$$\begin{aligned}
\mathrm{d}U_T &= -\ln(a(z')) - \ln\left(\frac{w}{w^* a^*(z')}\right) + \int_{z'}^{1} \mathrm{d}\left(\ln\left(\frac{w}{w^* a^*(z)}\right)\right)\mathrm{d}z \\
&= \int_{z'}^{1} \mathrm{d}(\ln w - \ln w^* - \ln a^*(z))\mathrm{d}z \\
&= \int_{z'}^{1} \left(\frac{\mathrm{d}w}{w} - \frac{\mathrm{d}w^*}{w^*}\right)\mathrm{d}z = (1-z')\left(\frac{\mathrm{d}w}{w} - \frac{\mathrm{d}w^*}{w^*}\right) > 0
\end{aligned} \tag{5.6}$$

上式中,第二个等号成立是由于 $\dfrac{a(z')w}{a^*(z')w^*} = 1$。

同理,对外国消费者效用函数(式(5.5))进行全微分可得:

$$\mathrm{d}U_T^* = \int_{0}^{z'} \left(\frac{\mathrm{d}w^*}{w^*} - \frac{\mathrm{d}w}{w}\right)\mathrm{d}z = z'\left(\frac{\mathrm{d}w^*}{w^*} - \frac{\mathrm{d}w}{w}\right) < 0$$

由此,本国(外国)福利是否提升取决于本国相对外国工资的变化。当外国经济规模扩大时,本国相对工资上升,本国出口产品的价格提升,贸易条件改善,从而本国福利得以提升。同时,外国相对工资下降,外国出口产品的价格相对下降,贸易条件恶化,从而外国福利下降。

由于相对工资与贸易条件紧密联系,在本章中,我们将 $\mathrm{dTOT} \equiv \mathrm{d}(\ln w - \ln w^*)$ 称为贸易条件的变化。若 $\mathrm{d}(\ln w - \ln w^*) > 0$,则意味着本国贸易条件改善,本国福利会受到贸易条件的正向影响。

5.2.2 技术进步

接下来我们讨论技术进步带来的福利变化。技术进步时,对某一特定产品 z,单位产出的劳动力需求 $a(z)$ 或 $a^*(z)$ 会发生变化。换句话说,我们可以将 $a(z)$ 或 $a^*(z)$ 也看作时间 t 的函数,记作 $a(t,z)$ 和 $a^*(t,z)$。技术进步代表着给定 z,单位产出的劳动力需求 $a(t,z)$ 和 $a^*(t,z)$ 发生了变化,如 $\dfrac{\partial a(t,z)}{\partial t} \neq 0$。因此,$a(t,z)$ 或 $a^*(t,z)$ 的取值会受到 t 和 z 两个变量的影响,将这些影响表达为:

$$\mathrm{d}\ln(a(t,z)) = \frac{\partial a(t,z)/\partial t}{a(t,z)}\mathrm{d}t + \frac{\partial a(t,z)/\partial z}{a(t,z)}\mathrm{d}z$$

$$\mathrm{d}\ln(a^*(t,z)) = \frac{\partial a^*(t,z)/\partial t}{a^*(t,z)}\mathrm{d}t + \frac{\partial a^*(t,z)/\partial z}{a^*(t,z)}\mathrm{d}z$$

假定各国技术变化率不随时间变化,定义本国和外国技术变化率为:

$$g(z) \equiv -\frac{\partial a(t,z)/\partial t}{a(t,z)}\mathrm{d}t \geq 0$$

$$g^*(z) \equiv -\frac{\partial a^*(t,z)/\partial t}{a^*(t,z)}\mathrm{d}t \geq 0$$

当产品 z 发生技术进步时,$g(z)$ 和 $g^*(z)$ 的值为正;若未发生技术进步,则 $g(z)$ 和 $g^*(z)$ 的值为 0。

简单起见,我们假设技术进步不会改变产品按照相对生产率的排序。如果产品的排序发生变化,那么在分析两国福利变化时会变得困难。

接下来我们讨论如此定义的技术进步如何影响两国消费者的福利。类似前面的做法,我们将式(5.4)进行全微分,可以得到效用水平和技术进步之间的关系:

$$\begin{aligned}\mathrm{d}U_T &= -\mathrm{d}\left(\int_0^{z'}\ln(a(t,z))\mathrm{d}z - \int_{z'}^1\ln\left(\frac{w}{w^* a^*(t,z)}\right)\mathrm{d}z\right) \\ &= \int_0^{z'}g(z)\mathrm{d}z + \int_{z'}^1 g^*(z)\mathrm{d}z + (1-z')\left(\frac{\mathrm{d}w}{w} - \frac{\mathrm{d}w^*}{w^*}\right) \\ &= G + G^* + (1-z')\mathrm{dTOT} \end{aligned} \quad (5.7)$$

其中,$G \equiv \int_0^{z'}g(z)\mathrm{d}z$ 代表本国技术进步带来的本国专业化生产产品成本(成本中与单位产出劳动力需求有关而与工资无关的部分)和价格的降低,从而带来了福利的提升。$G^* \equiv \int_{z'}^1 g^*(z)\mathrm{d}z$ 代表外国技术进步带来的外国专业化生产产品成本(同样指成本中与单位产出劳动力需求有关而与工资无关的部分)和价格的降低,从而带来了福利的提升。如果存在技术进步,则这两项必定大于等于零。式(5.7)中的第三项 dTOT 为贸易条件变化对福利的影响,其符号可正可负,取决于相对工资的变化方向。

同样地,我们对外国的效用函数进行全微分可得:

$$\mathrm{d}U_T^* = G + G^* - z'\mathrm{dTOT} \quad (5.8)$$

技术进步带来的生产成本和价格变化对外国福利的影响(G 和 G^*)与其对本国福利的影响一样,只有贸易条件变化(dTOT)对福利的影响恰好相反。这反映了当一国贸易条件改善时,必然带来另一国贸易条件的恶化。

贸易条件变化

为了判断技术进步如何影响两国福利,我们需要首先求解技术进步时贸易条件发生了怎样的变化。

贸易条件在本模型中体现为相对工资,而相对工资在均衡时由 $A(z')=B(z')$ 决定。由于引入技术进步后,给定 z',$A(z')$ 会随着时间 t 而变化,而 $B(z')$ 不会变化,则这一均衡条件应该写作 $A(t,z')=B(z')$。我们将等式进行对数化处理得到 $\ln A(t,z') = \ln B(z')$,进一步对等式两边进行全微分可得:

$$\mathrm{d}\ln\left(\frac{a^*(t,z')}{a(t,z')}\right) = \mathrm{d}\ln\left(\frac{z'}{1-z'}\frac{L^*}{L}\right) \quad (5.9)$$

对式(5.9)左右两边分别做展开,我们可以解出边界产品 z' 的变化。右边有关 $B(z')$ 的展开较为简单。由于本国和外国的经济规模 L 和 L^* 外生给定,即 $\mathrm{d}\ln\frac{L^*}{L}=0$,可得:

$$\mathrm{d}\ln B(z') = \mathrm{d}\ln\left(\frac{z'}{1-z'}\right) = \frac{1}{z'(1-z')}\mathrm{d}z' \quad (5.10)$$

对式(5.9)左边做展开稍微复杂一点,本章附录中给出了详细过程。我们可以得到：

$$\mathrm{d}\ln A(t,z') = \mathrm{d}\ln\left(\frac{a^*(t,z')}{a(t,z')}\right) = g(z') - g^*(z') - \eta(z')\mathrm{d}z' \quad (5.11)$$

其中，$g(z')$ 和 $g^*(z')$ 分别为本国和外国在边界产品（z'）处的技术进步，第三项中 $\eta(z') \equiv -\partial\ln[A(t,z')]/\partial z'$，体现了 $A(t,z')$ 曲线在 z' 点随着 z' 的变化而发生的变化。如果我们假设 $A(t,z')$ 随着 z' 严格单调递减，则 $\eta(z') > 0$。

令式（5.10）和（5.11）相等，并进行化简我们可以得到：

$$g(z') - g^*(z') = \left(\eta(z') + \frac{1}{z'(1-z')}\right)\mathrm{d}z' \quad (5.12)$$

给定技术进步，我们可以使用式（5.12）求解出均衡边界产品 z' 的变化。特别地，我们发现，在技术发生微小进步时，只有边界产品 z' 处的技术进步会影响均衡。也就是说，即使整段 $A(z)$ 曲线除了 z' 点都因技术进步而发生了变化，整个系统的均衡也不会发生改变，因为曲线在 z' 点没有发生变化。① 式（5.12）也告诉我们，当外国在 z' 点发生相对技术进步时，即 $g^*(z') > g(z')$，可得 $\mathrm{d}z' < 0$，也即外国生产的产品范围将扩大。

由式（5.12）解出 $\mathrm{d}z'$ 后，将解代入式（5.11），可得两国相对工资的变化（或贸易条件的变化 dTOT）：

$$\mathrm{dTOT} = \frac{\mathrm{d}w}{w} - \frac{\mathrm{d}w^*}{w^*} = \mathrm{d}\ln(A(t,z')) = \frac{g(z') - g^*(z')}{z'(1-z')\eta(z') + 1} \quad (5.13)$$

如果 $A(t,z')$ 是 z' 的单调递减函数，则 $1/(z'(1-z')\eta(z')+1) < 1$，$|\mathrm{dTOT}| < |g(z') - g^*(z')|$。如果某种技术进步不改变产品排序，且在 z' 点外国有相对本国较大的技术进步，即 $g^*(z') > g(z')$，则均衡边界产品的 z' 值减小而本国相对工资下降，$\mathrm{dTOT} < 0$。

福利变化

我们现在可以研究技术进步如何影响两国的福利。回看式（5.7）、式（5.8），两国福利变化主要受两个因素的影响：技术进步带来的两国专业化生产产品成本变化和均衡改变带来的贸易条件变化。

前面已经讨论过，无论技术进步发生在哪个国家，只要该技术进步能降低该国均衡时专业化生产的产品成本，即 $G \geq 0$ 或 $G^* \geq 0$，则该技术进步通过产品成本渠道会同等地惠及两国。

技术进步福利在两国间的分配则受到贸易条件的影响，因为 dTOT 对两国的福利贡献方向正好相反。如果技术进步使得在 z' 点本国相对技术进步，即 $g(z') >$

---

① 这一结论依赖于我们之前所做的一个假设，即消费者效用函数为柯布-道格拉斯函数形式，且所有产品以对称的形式进入效用函数。如果不同产品对消费者而言不对称，则这一结论不成立。

$g^*(z')$,则 dTOT>0,本国相对工资上升,贸易条件改善,而外国贸易条件恶化;相反,如果技术进步使得在 z' 点外国有相对技术进步,即 $g(z')<g^*(z')$,则 dTOT<0,本国相对工资下降,贸易条件恶化,而外国贸易条件改善。

对本国而言,由于 dTOT 可以是负值,则本国整体的福利变化 dU_T 可正可负。我们希望知道外国怎样的技术进步会使本国福利提升,怎样的技术进步又可能使本国福利降低。回答这一问题需要我们给出技术进步的具体形式。假设本国技术不发生变化而只有外国技术进步,我们讨论以下三种技术进步情形。

情形一:仅在边界产品上发生技术进步

假设外国仅在边界产品上发生技术进步,非边界产品的技术不发生变化。为了更直观地考察这种情形,我们回到前面介绍过的两国三产品模型。

当外国在边界产品 3 上发生技术进步时,考虑图 5.6 中所示的相对生产率从 A_3^1 下降至 A_3^2 的情形。$A(z)$ 曲线和 $B(z)$ 曲线的交点从 E_1 下降至 E_2。两国对本国产品的需求范围从 z' 下降为 α_1,本国相对工资下降。

由于本国相对工资下降,其贸易条件恶化,福利下降,即本国效用变化式(5.7)中 dTOT 为负,而前两项福利收益 G 和 G^* 为 0。① 因此本国福利一定下降,$dU_T<0$。相应地,式(5.8)中外国贸易条件改善,外国福利提升。

当外国在边界产品上进一步发生技术进步(仍不改变产品排序),A_3^2 进一步下降至图 5.6 中粗实线位置时,均衡点 E_2 不发生变化,$B(z)$ 曲线将与 α_1 对应的垂直虚线相交。本国相对工资不再发生变化,两国贸易条件不再变化,本国福利也不会进一步恶化。

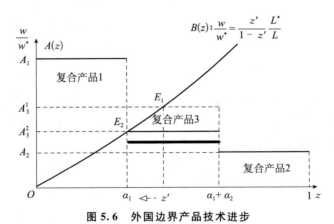

图 5.6 外国边界产品技术进步

情形二:在所有产品上发生均等技术进步

假设外国在所有产品上发生均等技术进步,即 $g^*(z)=g^*$,g^* 为常数。将其代入

---

① 积分形式下,仅在边界产品上发生技术进步,可以理解为图 5.6 中 α_2 很小,故 (α_1,z') 的范围很小。

式(5.7)，本国效用变为：

$$dU_T = (1-z')g^* + (1-z')dTOT$$

由于外国在所有产品上都发生了技术进步，因此上式中 $G^* = (1-z')g^* > 0$。又由于外国在边界产品上也发生了技术进步，因此本国的贸易条件恶化，即 $dTOT < 0$。前面已经论过，$|dTOT| < |-g^*|$，因此 $g^* + dTOT > 0$，$dU_T > 0$，本国福利整体仍然提升。

图 5.7 展示了这种情形。外国所有产品的生产率提升，$a^*(z)$ 下降，$A(z)$ 曲线下移至 $A'(z)$，而 $B(z)$ 曲线不发生变化。均衡边界产品的 z' 值下降，本国生产范围缩小，同时本国相对工资 $\frac{w}{w^*}$ 下降，贸易条件恶化。

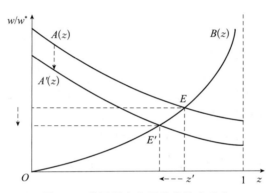

图 5.7 外国所有产品均等技术进步

情形三：外国对本国优势产品的技术追赶

考虑本国相对于外国技术领先，但外国的技术进步使得外国实现对本国优势产品技术追赶的情形。在这种情形下，外国在不同产品上的技术进步不等，本国越有优势的产品，外国的技术进步幅度越大。

为了描述这种技术进步情形，我们假设本国在任何产品 z 上的单位劳动力需求 $a(z)=1$，外国单位劳动力需求为 $a^*(z)=A(z)=\delta^{1-z}$，$\delta > 1$。其中，δ 是外国技术滞后参数。δ 越大，两国技术差距越大。如图 5.8 所示，当 δ 下降时，$A(z)$ 曲线下降靠近水平虚线，两国技术差距逐渐缩小。特别地，越接近 0 点的产品，本国相对优势越大，但外国技术进步幅度也越大。当外国技术进步到 $\delta=1$ 时，$A(z)$ 曲线变为图中的水平虚线，此时本国与外国在任何产品上的生产率都相等。我们研究外国对本国优势产品的技术追赶，即 δ 下降时本国的福利变化。①

将 $A(z)=\delta^{1-z}$ 代入式(5.4)和式(5.5)，我们可以得到本国和外国的消费者效用与外国技术滞后参数之间的关系（推导参见本章附录）：

---

① 什么样的情况下，两国相对生产率曲线能够呈现 $A(z)=\delta^{1-z}$ 的形式？请完成本章习题 5-1。

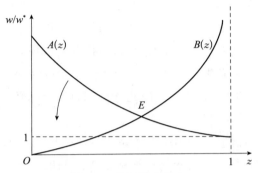

图 5.8　外国技术追赶

$$U_T = \frac{(1-z')^2}{2}\ln\delta \tag{5.14}$$

$$U_T^* = -\frac{1-z'^2}{2}\ln\delta \tag{5.15}$$

从式(5.14)和式(5.15)中我们可以发现,本国消费者效用与外国技术滞后参数 δ 正相关,而外国消费者效用与外国技术滞后参数 δ 负相关。也就是说,给定 z' 不变,随着 δ 的下降,本国福利下降而外国福利上升。

当然,δ 下降时 z' 也会变化。判断两国福利整体变化方向需要我们求解出 dz'。对均衡条件 $A(z')=B(z')$ $\left(\text{即}\dfrac{z'}{1-z'}\dfrac{L^*}{L}=\delta^{1-z'}\right)$ 取对数并进行全微分,可以得到 $\mathrm{d}\ln\delta$ 与 $\mathrm{d}z'$ 之间的关系 $\dfrac{\mathrm{d}z'}{z'(1-z')}=-\mathrm{d}z'\ln\delta+(1-z')\mathrm{d}\ln\delta$,或者

$$\frac{1}{(1-z')}\left(\frac{1}{z'(1-z')}+\ln\delta\right)=\frac{\mathrm{d}\ln\delta}{\mathrm{d}z'}$$

由于上式左边为正,故 $\dfrac{\mathrm{d}\ln\delta}{\mathrm{d}z'}>0$,表明外国技术追赶($\delta$ 下降)将使本国生产越来越小范围的产品(z' 下降),而外国生产越来越大范围的产品。

进一步地,将上式代入全微分后的式(5.14),我们可以得到本国消费者效用变化与外国技术进步之间的关系:

$$\mathrm{d}U_T = \frac{1}{2}((1-z')^2\mathrm{d}\ln\delta - 2(1-z')\ln\delta\,\mathrm{d}z')$$

$$= \frac{1}{2}(1-z')^2\mathrm{d}\ln\delta\left(1-\frac{2\ln\delta}{\ln\delta+\dfrac{1}{z'(1-z')}}\right)$$

对任意 $z'\in(0,1)$,$\dfrac{1}{z'(1-z')}\geq 4$。考虑外国发生技术进步前 δ 值小于 e^4,则必有 $\ln\delta<\dfrac{1}{z'(1-z')}$。这也意味着 $1-\dfrac{2\ln\delta}{\ln\delta+\dfrac{1}{z'(1-z')}}>0$,或者 $\mathrm{d}U_T/\mathrm{d}\ln\delta>0$。因此,当 δ 初始值不是特别大时,外国的技术追赶($\ln\delta$ 下降)将使本国福利下降。也即,当 δ 下降

时,外国缩小与本国的技术差距,本国福利降低。随着两国技术差距的不断缩小,外国与本国变得越来越相似,本国开放贸易为本国带来的福利也越来越少。当 $\delta=1$ 时,本国和外国变得完全一致,本国将损失所有的贸易利得。

5.3 贸易不平衡的福利影响

上一节中我们利用 DFS(1977) 模型讨论了技术进步如何影响两国福利。我们也可以利用这一模型研究贸易不平衡如何影响两国福利。

一般地,在国际贸易模型中我们假定均衡时两国贸易平衡,即一国进口额等于出口额。若贸易不平衡,如一国有贸易盈余,即该国出口额大于进口额,则可以认为该国在向进口国赠予一笔款项(赠予数额等于贸易差额,即出口额减去进口额的值),而不需要进口国偿付(至少在贸易盈余存续期间)。换句话说,如果存在贸易不平衡,那么我们可以将贸易不平衡的部分在模型中表达为一国向另一国的单方面转移支付,即一国单方面无偿给予另一国部分财富。赠予方会存在贸易盈余,而接受方会存在贸易赤字。

了解了贸易不平衡和转移支付之间的关系,我们可以探讨国际贸易模型均衡条件中是否必须包含贸易平衡条件。如果我们认为均衡时两国间一方不可能单方面赠予另一方财富而不要求偿付,那么均衡时贸易必须平衡。相反,如果我们认为均衡时两国间一方可能单方面赠予另一方一定量的财富,那么均衡时的贸易差额水平就应该等于赠予财富的价值。也就是说,这取决于我们怎样理解两国间的贸易差额,我们可以外生给定均衡时两国间贸易不平衡的程度,并以此为均衡条件。

假设本国贸易差额为负,也即外国向本国有一定量的转移支付。这时的贸易不平衡一定会影响两国均衡吗?考虑在 DFS(1977) 模型设定下,由于消费者偏好是位似偏好(柯布-道格拉斯函数形式),无论财富在本国和外国间如何分配,全球对任意一种产品的总消费不受影响。因此,对于每种产品的需求和生产不变,均衡状态也不会发生改变。

什么情况下贸易不平衡可能对两国均衡产生影响?如果对产品的需求与财富在两国间的分配有关,那么本国拥有财富的多少将会增加对某些产品的需求,而减少对另外一些产品的需求。例如,如果我们在 DFS(1977) 模型框架中引入非贸易品部门,则一国向另一国的转移支付显然会减少对该国非贸易品部门产品的需求,而增加对另一国非贸易品部门产品的需求,开放经济均衡状态也将发生变化。接下来我们讨论存在非贸易品部门时,贸易不平衡对两国福利的影响。

5.3.1 模型设定

在前面介绍的 DFS(1977) 模型设定下引入非贸易品部门。假设非贸易品的消费占总支出的比重为 $(1-k)$,则可贸易品(也就是所有 $z\in[0,1]$ 行业)的消费占总支出

的比重为 $k(k<1)$。我们稍微更一般化地假设每个可贸易品 z 的消费占总支出的比重为 $b(z)$,因此可以得到可贸易品的消费占总支出的比重为:

$$k = \int_0^1 b(z) \mathrm{d}z$$

在贸易平衡的情况下,开放经济均衡条件为:

$$(k-\theta(z'))wL = \theta(z')w^*L^*$$

其中,$\theta(z')$ 表示消费者在本国生产的可贸易品上的支出占总支出的比重,即 $\theta(z') = \int_0^{z'} b(z)\mathrm{d}z$。$k-\theta(z')$ 表示消费者在外国生产的可贸易品上的支出占总支出的比重,即 $k-\theta(z') = \int_{z'}^1 b(z)\mathrm{d}z$。式(5.16)表明,均衡时本国的进口值(等式左边)应等于本国的出口值(等式右边)。移项后我们可以得到新的 $B(z')$ 曲线函数形式:

$$\frac{w}{w^*} = B(z') \equiv \frac{\theta(z')}{k-\theta(z')} \frac{L^*}{L} \tag{5.16}$$

经济体中生产端与前面介绍的基准模型设定一样,即 $A(z)$ 曲线不变,则两国分工生产边界产品 z' 与 $A(z)$ 的关系仍然为:

$$\frac{w}{w^*} = A(z') \equiv \frac{a^*(z')}{a(z')}$$

观察两个均衡条件可以发现,在引入非贸易品部门的情况下,可贸易品部门的生产分配状态和工资水平都不会发生改变。

5.3.2 贸易不平衡

接下来引入贸易不平衡。假设本国接受来自外国的无偿转移支付,该部分收入价值为 w^*T。本国通过生产获得的收入 wL 包括三个来源,即本国购买国内生产的可贸易品 $\theta(z')(wL+w^*T)$、本国购买国内生产的非贸易品 $(1-k)(wL+w^*T)$ 和外国购买本国生产的可贸易品 $\theta(z')(w^*L^*-w^*T)$。三者加上外国向本国的转移支付 w^*T 构成本国的总收入:

$$wL + w^*T = \theta(z')(wL+w^*T) + (1-k)(wL+w^*T) + \\ \theta(z')(w^*L^*-w^*T) + w^*T \tag{5.17}$$

式(5.17)两边同时减去不产生跨境资金流动的交易额(本国消费者购买的本国生产的产品价值,包括可贸易品和非贸易品),我们得到如下条件:

$$(k-\theta(z'))(wL+w^*T) = \theta(z')w^*(L^*-T) + w^*T$$

这一条件说明,均衡时一国的国际收支平衡,即本国向外国的资金流出总额等于外国向本国的资金流入总额。

对上式稍作整理,我们可以得到存在贸易不平衡时的 $B(z')$ 曲线,其表达式如下:

$$\frac{w}{w^*} = B(z') \equiv \frac{1-k}{k-\theta(z')} \frac{T}{L} + \frac{\theta(z')}{k-\theta(z')} \frac{L^*}{L} \tag{5.18}$$

比较式(5.16)和式(5.18)我们可以发现,由于转移支付使本国总收入增加 w^*T,而这部分增加的收入中有 $1-k$ 部分花在了本国生产的非贸易品上。新增收入带来的对本国产品的更多需求提升了对本国劳动力的需求,从而本国均衡工资(相对于外国工资)得到提升。

换句话说,两国拥有的非贸易品部门造成两国消费偏向各自生产的产品(Home Bias),也即非贸易品部门($1-k$)越大,一国的消费中花在本国产品上的比重就越大。由于这种消费向本国产品的偏向,提升本国的收入水平会带来对本国产品的更大需求。这种对本国产品的需求会进一步传递到对本国劳动力的需求,从而提升本国的工资。

这一点我们可以通过将式(5.18)中的 k 设为 1 来观察。$k=1$ 表示不存在非贸易品部门,则式(5.16)和式(5.18)完全相同,在这种情况下无论有没有转移支付,都不会影响两国的均衡。

图 5.9 展示了转移支付对均衡的影响。外国向本国的转移支付使 $B(z)$ 曲线上移至 $B'(z)$ 处,均衡点从 E 点左上移至 E' 点,本国相对工资 w/w^* 提升,而生产可贸易品的范围从 $[0,z']$ 缩小至 $[0,z'']$。

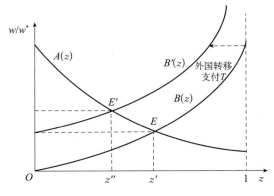

图 5.9 外国转移支付时的均衡

5.4 本章小结

DFS(1977)模型回答了两国多产品情况下自由贸易时的分工与贸易模式。利用这一模型,我们还研究了技术进步对两国福利的影响,回答了如果外国在生产技术上有进步时两国的福利变化。本章讨论了三种技术进步的情形,其对两国福利的影响各有不同。特别地,我们发现,如果外国实现对本国的技术追赶,则本国因自由贸易而带来的贸易利得将会随着外国技术的追赶而逐渐消失。本章也利用 DFS(1977)模型特别讨论了贸易不平衡对两国福利的影响。如果两国存在非贸易品部门,则本国的贸易赤字将改善本国贸易条件,而贸易盈余将恶化本国贸易条件。

DFS(1977)模型继承了李嘉图技术差异带来比较优势的思想,发现自由贸易和专业化生产可以提升所有参与贸易国家的福利。当然,该模型需要一些较强的假设,如世界上只存在两个国家,所有产品能够按照比较优势有序排列,且技术进步不能改变产品的排列顺序,等等。下一章中,我们将两国多产品设定拓展到多国多产品环境,这就是当前最前沿的伊顿和科特姆模型。这一模型是当前国际贸易领域最重要的工作模型(Work-horse Model)。

参 考 文 献

Dornbusch, R., S. Fischer and P. A. Samuelson (1977), "Comparative advantage, trade, and payments in a Ricardian model with a continuum of goods", *The American Economic Review*, 67(5), 823-839.

Matsuyama, K. (2008), "Ricardian trade theory", In S. N. Durlauf and L. E. Blume (Eds.), *The New Palgrave Dictionary of Economics*, 2nd ed, New York and London: Palgrave Macmillan, pp. 1-12.

习 题

5-1 假设为生产任意产品 z,两国均需完成两种任务:简单任务和复杂任务。产品 z 的生产函数为 $F^z(x_1, x_2) = \left(\dfrac{x_1}{z}\right)^z \left(\dfrac{x_2}{1-z}\right)^{1-z}$,其中 $F^z(x_1, x_2)$ 是产品 z 的产量,x_1 是生产产品 z 投入的简单任务数量,x_2 是相应的复杂任务数量。由生产函数形式可知,z 越小,产品就越"复杂任务密集"。假设任务的生产技术为:完成 1 单位的简单任务,两国均需 1 单位劳动力;完成 1 单位的复杂任务,本国需要 1 单位劳动力,而外国需要 δ 单位劳动力(其中 $\delta > 1$)。求两国相对生产率 $A(z)$ 的函数形式。

5-2 令本国和外国的消费者均具有以下效用函数:
$$U = \int_0^1 b(z) \ln(c(z)) \mathrm{d}z, \quad \int_0^1 b(z) \mathrm{d}z = 1$$

请写出 DFS(1977)模型设定下两国自由贸易均衡条件,讨论这种新的设定是否从根本上影响均衡的特征。

附 录

5-1A 求解 $\mathrm{d}\ln A(t, z')$

展开 $\mathrm{d}\ln A(t, z')$ 可得:

$$\mathrm{d}\ln A(t, z') = \mathrm{d}\ln\left(\frac{a^*(t, z')}{a(t, z')}\right) = \mathrm{d}\ln(a^*(t, z')) - \mathrm{d}\ln(a(t, z')) \tag{5.18}$$

技术进步时,$A(t, z')$ 中的 a 和 a^* 除了受 t 的影响还受 z' 的影响,因为技术进步会改变均衡时的边界产品 z'。因此:

$$d\ln(a(t,z')) = \frac{\partial \ln(a(t,z'))}{\partial t}dt + \frac{\partial \ln(a(t,z'))}{\partial z'}dz'$$

$$= -g(z') + \frac{\partial \ln(a(t,z'))}{\partial z'}dz' \qquad (5.19)$$

同理可得：

$$d\ln(a^*(t,z')) = \frac{\partial \ln(a^*(t,z'))}{\partial t}dt + \frac{\partial \ln(a^*(t,z'))}{\partial z'}dz'$$

$$= -g^*(z') + \frac{\partial \ln(a^*(t,z'))}{\partial z'}dz' \qquad (5.20)$$

注意到：

$$\eta(z) \equiv -\partial \ln(A(t,z'))/\partial z = \frac{\partial \ln(a(t,z'))}{\partial z'} - \frac{\partial \ln(a^*(t,z'))}{\partial z'}$$

将式(5.19)和式(5.20)代入式(5.18)可得：

$$d\ln(A(t,z')) = g(z') - g^*(z') - \eta(z')dz'$$

5-2A 技术追赶情形下两国的效用

这里给出两国消费者效用与外国技术滞后参数 δ 之间的关系。本国效用水平为：

$$U_T = -\int_0^{z'} \ln(a(z))dz + \int_{z'}^1 \ln\left(\frac{w}{w^* a^*(z)}\right)dz$$

$$= \int_{z'}^1 \ln\left(\frac{w}{w^* a^*(z)}\right)dz = \int_{z'}^1 \ln\left(\frac{\delta^{1-z'}}{\delta^{1-z}}\right)dz$$

$$= (1-z')^2 \ln\delta - \ln\delta \int_{z'}^1 (1-z)dz = \frac{(1-z')^2}{2}\ln\delta$$

其中，第二个等式成立是由于 $a(z)=1$，第三个等式成立是由于均衡时 $w/w^* = A(z') = a^*(z') = \delta^{1-z'}$。

类似地，外国效用水平为：

$$U_T^* = \int_0^{z'} \ln\left(\frac{w^*}{wa(z)}\right)dz - \int_{z'}^1 \ln(a^*(z))dz$$

$$= -\int_0^{z'} \ln(a^*(z'))dz - \int_{z'}^1 \ln(\delta^{1-z})dz$$

$$= -z'(1-z')\ln\delta - \ln\delta \int_{z'}^1 (1-z)dz = -\frac{1-z'^2}{2}\ln\delta$$

第6章 李嘉图模型扩展:多国多产品模型

李嘉图模型讨论了两个国家、两种产品情形下,各国因技术差异带来的比较优势而进行贸易。DFS(1977)模型在李嘉图模型的基础上,将产品数量从两个扩展到多个。将这些产品按照相对生产率单调排序之后,DFS(1977)模型描述了两国间自由贸易均衡。

在现实世界中,贸易发生在多国之间,涉及多种产品。当存在三个及以上国家时,我们就无法使用李嘉图模型或DFS(1977)模型对各国产品的相对生产率进行两两对比。例如,表6.1给出了一个假想的四个国家、十种产品的世界经济体系。表中的数字表示单位产品的要素需求。此时,如果一个国家只与某个特定国家贸易,我们还能按照DFS(1977)模型的方法,将产品按照这两个国家的相对生产率进行排序。但事实上,四个国家会在同一种产品上竞争,排序的方法就不再适用。那么,在这样一个相对复杂的体系中,世界经济将怎样达到自由贸易均衡呢?这就是本章将要解决的问题,解决的方法由伊顿和科特姆(Eaton and Kortum,2002)首次提出,这就是伊顿-科特姆模型,后文中我们将它简称为 EK 模型。

表 6.1 一个假想的多国多产品世界经济体系

产品	中国	美国	德国	日本
衣服	4	3	3	3
袜子	5	4	3	4
帽子	5	4	5	5
苹果	3	4	4	1
橙子	6	1	6	6
面粉	7	1	4	6
自行车	4	6	3	6
汽车	8	4	1	1
手机	8	1	3	2
电脑	8	1	3	1

EK 模型将一国现实中在各种产品上的生产率理解成从一个概率分布中随机抽取的结果。不同的国家有不同的概率分布参数,从而能够使得一些国家有更高的概率抽到较高的生产率,而另一些国家有更高的概率抽到较低的生产率。当然,由于生产

率的抽取完全随机,在某一具体产品上,任何一个国家都有可能抽取到比其他国家更高的生产率。对世界经济体系的这样一个理解虽然抽象,但较好地刻画了各国在各种产品上生产率的差别。例如,表 6.1 中给出的生产率数值就是从概率分布中随机抽取的结果。如对电脑这种产品生产时的要素需求,中国抽到的是 8,德国抽到的是 3,而美国抽到的是 1。

一旦对世界经济体系采用这种方法进行抽象,我们就不再需要关心各国各产品具体的生产率数值,而只需根据各国生产率的概率分布就可以求出自由贸易均衡。相对于关注各国在各产品上的具体生产率数值,将实际的生产率数值理解为从概率分布中随机抽取的一组实现值使得我们仅需要关注概率分布的有限几个参数即可,这就大大降低了描述世界经济体系的难度,也大大简化了对自由贸易均衡的求解。

6.1 生　　产

6.1.1 生产率的概率分布

EK 模型需要将一国现实中在各种产品上的生产率理解成从一个概率分布中随机抽取的结果。但怎样的分布不仅能够较好地描述现实中生产率的分布,还能够帮助我们得到整个经济体均衡的解析解呢?满足条件的分布应该具有以下四个特性:

(1) 该分布能够较好地描述一国生产率水平决定的经济学过程。

(2) 由于产品的生产率是一个变量,因此产品的生产成本自然也应该是一个变量。这两个变量对应的概率分布属于同一个分布族。

(3) 对某种产品 j,消费国 n 会比较从不同国家进口的价格,并选择价格最低的来源国作为该产品的进口来源国,即

$$p_n(j) = \min\{p_{n1}(j), p_{n2}(j), \cdots, p_{ni}(j)\} \tag{6.1}$$

其中,$p_{ni}(j)$ 表示 i 国出口给 n 国的产品 j 的价格,$p_n(j)$ 表示 n 国市场产品 j 的价格。由于各国的产品价格 $p_{ni}(j)$ 来自一个概率分布,则市场价格 $p_n(j)$ 也应该来自一个概率分布。这两个概率分布应该属于同一个分布族。

(4) 使用该生产率分布后,我们得到的消费国 n 选择出口国 i 作为进口来源国的概率能有一个简单的表达式。

科特姆(Kortum,1997)以及伊顿和科特姆(Eaton and Kortum,1999)为找到满足以上特性的分布提供了思路。假设一国生产产品 j 的技术来自该国很多人进行的很多次创新和发明,每一次发明决定了单位生产要素能够生产的产品数量,或者生产一个单位产品消耗的生产要素数量(单位产品要素需求),则该国该产品最终胜出的技术将是所有发明中单位产品要素消耗量最少的那种技术,也即所有发明对应的单位产品要素需求的最小值可以代表该国该产品的生产技术。这样取到的最小值应该使用哪种分布描述比较合适呢?

大家通常比较熟悉中心极限定理。该定理表明，如果一个样本中的个体来自一个独立同分布并且具有有限数学期望和方差的分布，则该样本的均值满足正态分布。与中心极限定理相似，来自独立同分布随机变量的样本的最大值或最小值往往也满足某些特殊的分布。这一定理被称为极值定理，也称 Fisher-Tippett-Gnedenko 定理。

例如，如果运动员参加跑步比赛完成的时间来自对数正态分布（Log Normal Distribution），则大量运动员完成的时间中的最小值就满足一种极值分布——韦布尔分布（Weibull Distribution），或称三型极值分布（Type-III Extreme-value Distribution）。如果每次发明得到的技术中单位要素的产出服从帕累托分布（Pareto Distribution），那么最优的技术，即单位要素产出的最大值服从弗雷歇分布（Fréchet Distribution），或称二型极值分布（Type-II Extreme-value Distribution），该技术对应的单位产品要素需求服从韦布尔分布。本章附录介绍了极值定理与极值可能服从的三个类型的极值分布，也简单介绍了经济学中经常用到的帕累托分布。

根据上述经济学直觉和极值定理，我们假设一国生产产品的技术，即单位产品要素需求服从韦布尔分布。如果产品的价格等于单位产品要素需求乘以一个常数（要素价格），则根据韦布尔分布的特性，产品的价格 $p_{ni}(j)$ 也服从韦布尔分布。进一步地，n 国市场产品 j 的价格 $p_n(j)$ 也服从韦布尔分布。由此，前面描述的生产率分布应该具有的特性都得到了满足。

6.1.2 生产的设定

假定经济体中只有一种生产要素（劳动力），存在 N 个国家和由 $[0,1]$ 连续区间代表的无限种产品。消费者效用函数符合 CES 形式：

$$U = \left(\int_0^1 Q(j)^{(\sigma-1)/\sigma} \mathrm{d}j\right)^{\sigma/(\sigma-1)} \tag{6.2}$$

其中，$Q(j)$ 代表产品 j 的消费量，σ 代表替代弹性。

i 国单位产品 j 的劳动力需求为 $a_i(j)$，则 i 国产品 j 的生产成本为：

$$c_i(j) = a_i(j) w_i \tag{6.3}$$

其中，w_i 代表 i 国工资水平。假设单位产品劳动力需求 $a_i(j)$ 来自一个韦布尔分布，其概率累积分布函数形式为：

$$\Pr(a_i(j) \leqslant x) = 1 - \mathrm{e}^{-(A_i x)^\theta} \tag{6.4}$$

其中，A_i 代表技术参数，度量了国家 i 生产技术绝对优势的大小。A_i 越大，i 国越有可能抽到较小的单位产品劳动力需求，也即拥有越高的生产率。绝对优势 A_i 概括了体制、经济体量等原因造成的国家层面生产率的不同。

参数 θ 概括了单位产品劳动力需求分布的离散程度。θ 越大，分布越集中，一个国家越有可能抽到均值附近的技术。图 6.1 展示了韦布尔分布的概率密度函数，当 $\theta=5$ 时，分布的取值较为集中于均值；当 $\theta=2$ 时，分布的取值相对更为分散一些。

参数 θ 具有一定的经济学含义，它可以反映各国技术上比较优势的强弱。举例来

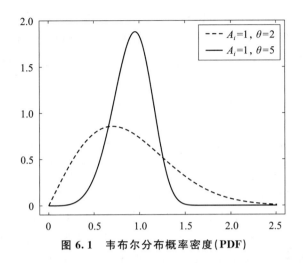

图 6.1 韦布尔分布概率密度(PDF)

说,假设在李嘉图模型设定下,A 国的技术水平高于 B 国,当 θ 较小时,A、B 两国单位产品劳动力需求的分布比较离散。例如,A 国生产单位产品 1 需要 10 个工人,生产单位产品 2 需要 20 个工人,B 国分别需要 30 个工人和 90 个工人,A、B 之间存在较为明显的比较优势,相互贸易的动机强烈。当 θ 较大时,各国单位产品劳动力需求的分布集中于均值。例如,A 国生产单位产品 1 需要 15 个工人,生产单位产品 2 需要 16 个工人,B 国分别需要 60 个工人和 61 个工人,则 A 国生产产品 1 或产品 2 的机会成本与 B 国差不多,各国之间比较优势不显著,相互贸易的动机不再强烈。

6.2 贸易与均衡

6.2.1 贸易成本

国家之间进行贸易存在贸易成本。我们假设这样一种贸易成本:i 国生产 d_{ni} 单位的产品运送到消费国 n。在运送过程中,由于存在运输成本、关税等因素,产品中 $d_{ni}-1$ 单位的产品就像冰山一样融化了,到 n 国只剩下 1 单位的产品,我们称这样理解的贸易成本为"冰山成本"(Iceberg Trade Cost)。在模型中引入贸易成本,可以使模型刻画出两个基本事实:保持其他条件不变,①贸易量随着距离的增加而下降;②一国生产的同一种产品在不同的国家存在不同的价格,消费国与生产国的距离越远,消费国购买的价格越高。

6.2.2 价格

由于存在贸易成本,从 i 国向 n 国出口 1 单位的产品 j,需要在 i 国生产 d_{ni} 单位的产品,总生产成本为:

$$c_{ni}(j) = a_i(j) w_i d_{ni} \tag{6.5}$$

假设市场完全竞争,生产成本等于销售价格:$p_{ni}(j)=c_{ni}(j)$,经济利润为0。

w_i和d_{ni}对于i国出口至n国的所有产品相同,可以视为常数。$p_{ni}(j)$等于服从韦布尔分布的变量$a_i(j)$乘以常数,因此其也服从韦布尔分布,累积分布函数为(请读者完成习题6-1):

$$\Pr(p_{ni}(j) \leqslant p) = 1 - e^{-(A_{ni}p)^\theta} \tag{6.6}$$

其中,$A_{ni} = A_i/(w_i d_{ni})$。

在n国市场,消费者会比较所有国家向该国出口的产品j的价格,并选择从价格最低的国家进口。已知生产国i在n国市场的报价$p_{ni}(j)$的分布,我们可以计算出n国市场上产品j的价格$p_n(j)$也是一个服从韦布尔分布的随机变量。

用$G_n(p)$表示$p_n(j)$的累积分布函数,$G_n(p) \equiv \Pr(p_n(j) \leqslant p)$,即产品$j$在$n$国的价格小于等于$p$的概率。根据式(6.1),这一概率等于1减去来自所有国家产品j的价格都大于p的概率。一个国家产品j的价格大于p的概率是$\Pr(p_{ni}(j) > p)$,那么所有国家产品j的价格都大于p的概率是:

$$\prod_i \Pr(p_{ni}(j) > p) = \prod_i (e^{-(A_{ni}p)^\theta}) = e^{-\sum_{i=1}^I A_{ni}^\theta (p)^\theta} \tag{6.7}$$

因此,n国产品j的价格小于等于p的概率为:

$$G_n(p) \equiv 1 - \prod_i \Pr(c_{ni}(j) > p) \equiv 1 - \exp(-(\bar{A}_n p)^\theta) \tag{6.8}$$

其中,$\bar{A}_n^\theta \equiv \Phi_n \equiv \sum_{i=1}^N A_i^\theta (w_i d_{ni})^{-\theta} = \sum_{i=1}^N A_{ni}^\theta$。

6.2.3 进口国选择

我们可以进一步得出n国消费的产品j中来自i国的概率π_{ni}。

第一步,假设i国产品j的报价是一个固定值p,那么i国产品j是n国市场中价格最低的概率,即其他国家产品j的价格均大于p的概率为:

$$\prod_{s \neq i} \Pr(p_{ns}(j) > p | p) = \prod_{s \neq i} (e^{-(A_{ns}p)^\theta}) = e^{-\sum_{s \neq i} A_{ns}^\theta (p)^\theta} \tag{6.9}$$

第二步,由于i国的报价可以是$p \in (0, +\infty)$的任意值,而p本身的概率分布函数已知,我们可以计算出n国选择i国产品j的无条件概率。这一无条件概率为式(6.9)对所有可能的p的积分:

$$\begin{aligned}\pi_{ni} &= \int_0^\infty \exp\left(-\sum_{s \neq i} A_{ns}^\theta (p)^\theta\right) d(1 - e^{-(A_{ni}p)^\theta}) \\ &= \frac{A_{ni}^\theta}{\bar{A}_n^\theta} \int_0^\infty \theta \bar{A}_n^\theta \exp(-(\bar{A}_n p)^\theta) p^{\theta-1} dp = \frac{A_{ni}^\theta}{\bar{A}_n^\theta}\end{aligned} \tag{6.10}$$

其中,$\exp\left(-\sum_{s \neq i} A_{ns}^\theta (p)^\theta\right)$来自式(6.9),是其他国家产品$j$的价格均大于$p$的概率。$(1 - e^{-(A_{ni}p)^\theta})$是$i$国产品$j$在$n$国价格的累积分布函数。

根据式(6.10),n国选择i国作为产品j进口来源国的概率π_{ni}有一个非常简单的

表达式 $\pi_{ni} = A_{ni}^{\theta} / \overline{A}_n^{\theta}$。其中，$A_{ni} = A_i/(w_i d_{ni})$，代表 i 国经过工资和贸易成本调整后的生产率。$\overline{A}_n = \left(\sum_{i=1}^{N} A_{ni}^{\theta}\right)^{1/\theta}$，代表所有可能的进口来源国经过工资和贸易成本调整后的总体生产率水平，反映了 n 国市场的竞争态势。因此，n 国选择 i 国作为产品 j 进口来源国的概率，取决于这两种调整后的生产率的比值。

我们也可以计算出 n 国实际购买的来自 i 国的产品的价格分布。如果 n 实际从 i 国采购某产品，这意味着 i 国一定是 n 国市场上该产品供给价格最低的国家。将 i 国供给该产品的价格记为 q，则 i 国是 n 国市场上该产品供给价格最低国家的概率为：

$$\prod_{s \neq i} \Pr(p_{ns}(j) > q | q) = \prod_{s \neq i} (e^{-(A_{ns}q)^{\theta}}) = e^{-\sum_{s \neq i} A_{ns}^{\theta}(q)^{\theta}}$$

则 i 国供给 n 国价格为 q，且该价格恰好为 n 国市场该产品供给最低价格的概率为：

$$e^{-\sum_{s \neq i} A_{ns}^{\theta}(q)^{\theta}} \Pr(p_{ni}(j) = q)$$

我们可以将这一概率在 $q \in [0, p]$ 积分，获得 n 国从 i 国实际采购产品价格小于或等于 p 的概率：

$$\int_0^p \exp\left(-\sum_{s \neq i} A_{ns}^{\theta}(p)^{\theta}\right) d(1 - e^{-(A_{ni}p)^{\theta}})$$

$$= \frac{A_{ni}^{\theta}}{\overline{A}_n^{\theta}} \int_0^p \theta \overline{A}_n^{\theta} \exp(-(\overline{A}_n p)^{\theta}) p^{\theta-1} dp$$

$$= \frac{A_{ni}^{\theta}}{\overline{A}_n^{\theta}} G_n(p) = \pi_{ni} G_n(p)$$

注意这一积分与式（6.9）的唯一区别在于其积分区间从 $[0, \infty]$ 改为了 $[0, p]$，故积分计算基本相同。

这一概率，$\pi_{ni} G_n(p)$，给出了 n 国从 i 国实际采购产品价格的无条件概率。考虑到 n 国从 i 国采购产品的概率为 π_{ni}，则给定 n 国从 i 国采购产品这一前提条件，这些产品的价格分布由 $\frac{\pi_{ni} G_n(p)}{\pi_{ni}} = G_n(p)$ 给出。这一价格分布恰好是 n 国市场来自任一国家产品的价格分布，也是 n 国市场上所有产品价格的分布。

这一结果表明，国家间距离的远近，国家的均衡工资高低或技术水平高低完全决定了一国实际供应特定国家市场的无条件概率。例如，n 国从 i 国实际采购产品价格的无条件概率为 $\pi_{ni} G_n(p)$，而从 j 国实际采购产品价格的无条件概率为 $\pi_{nj} G_n(p)$。这种无条件概率的差距进一步表明各国在该特定市场上所占份额的大小，即 i 国的份额为 π_{ni}，j 国的份额为 π_{nj}。同时，这些先天条件也仅仅影响该国向该特定市场出口产品的范围，而不会影响该国向该特定市场实际出口产品的价格分布。各国实际销售至该特定市场的产品价格分布完全相同，没有差异。

给定所有产品在抽取生产率上的对称性（Symmetric，从同一分布中随机抽取生产率），由此我们得到 π_{ni} 既是 n 国从 i 国购买任何产品的概率，又是 i 国产品在 n 国市场上所有产品的范围比例,还是 n 国消费者在 i 国来源产品上支出的比例。令 X_{ni} 为 n 国在 i 国产品上的支出,$X_n = \sum_i X_{ni}$ 为 n 国的总支出,则 n 国在 i 国产品上的支出占 n 国总支出的份额为:

$$\frac{X_{ni}}{X_n} = \pi_{ni} = \frac{A_{ni}^{\theta}}{A_n^{\theta}} \tag{6.11}$$

注意,假如不同国家在 n 国市场上实际销售产品的价格分布不同,则 π_{ni} 可能不同于 n 国在各国产品上的支出占 n 国总支出的份额 $\left(\frac{X_{ni}}{X_n}\right)$。

6.2.4 市场均衡

至此,我们已得到生产成本、价格分布、各国间的贸易值等。这些变量的具体大小取决于各国的工资水平。工资是经济体均衡时的内生变量,我们需要利用均衡条件才能将其求出。

经济体均衡时产品市场和要素市场均应出清(Market Clear)。对产品市场,一国的总消费等于从所有国家购买的产品(包括从自己国家购买)的价值:$X_n = \sum_i X_{ni}$;一国的总收入等于卖给所有国家的产品的价值:$Y_i = \sum_n X_{ni}$。均衡时,一国的总消费 X_m 等于该国的总收入 Y_m:

$$\sum_i X_{mi} = X_m = Y_m = \sum_n X_{nm} \tag{6.12}$$

这个式子也代表一国的总出口等于该国的总进口,因此可以被称作贸易平衡条件。

对要素市场,假设完全就业,一国的总收入等于劳动力数量乘以工资水平:

$$Y_i = \sum_n X_{ni} = w_i L_i \tag{6.13}$$

联立式(6.11)、式(6.12)、式(6.13),可以得到均衡条件:

$$\sum_n \frac{A_{ni}^{\theta}}{A_n^{\theta}} w_n L_n = w_i L_i \tag{6.14}$$

在式(6.14)中,有 $w_1, w_2, \cdots, w_n$ 共 n 个未知数,而世界上共有 n 个国家,因此共有 n 个均衡条件。设定某国劳动力为计价物,即令其工资水平为1,可以求出所有其他国家的均衡工资。由此,我们可以求出经济体系中所有变量的均衡解。当然,由于 A_{ni} 中也包含着 w_i,式(6.14)实际上是一个高度非线性的方程组,我们无法得到简单的解析解。

图6.2展示了由式(6.14)代表的经济体系是如何达到均衡的。图中实线代表整个经济体系对一国产品的需求(式(6.14)的左边),虚线代表该国产品的供给(式(6.14)的右边)。从一个均衡点出发,令所有其他国家的工资保持在均衡工资水平不变而使 i 国工资偏离均衡工资水平。假设这一工资水平低于均衡工资水平 w_i,由于工资 w_i 与产品的价格线性相关,$p_{ni}(j) = a_i(j) w_i d_{ni}$,这一较低的工资水平会使该国产品

价格偏低,各国对该国产品的需求增加。但是较低的工资水平使该国的总产值降低,造成总需求大于总供给。这种额外的需求会带来拉升该国工资水平的压力,该国工资应该向均衡工资水平提升。反之,如果工资水平高于均衡工资水平,则该国产品价格偏高,各国对该国产品的需求减少,而该国总产值得到提升,造成总需求小于总供给,在这种情况下,该国只有降低工资,提升产品需求,才能再次实现均衡。

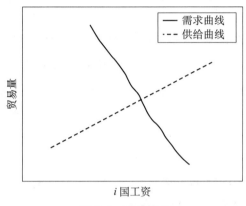

图 6.2 市场均衡

6.3 贸易均衡的讨论

6.3.1 贸易的福利

接下来我们计算贸易对福利的影响。消费者的效用函数是 CES 形式,在第 4 章的附录中我们已经给出这一效用函数下的一些性质。CES 效用函数下,市场的加总价格为:

$$p_n \equiv \left(\int_0^1 p_n(j)^{1-\sigma} dj\right)^{\frac{1}{1-\sigma}} \tag{6.15}$$

其中,$p_n(j)$ 是产品 j 在 n 国市场的价格,p_n 是 n 国市场的加总价格(或称价格指数)。

虽然我们不知道每一种具体产品的价格 $p_n(j)$,但这些价格均服从 $G_n(p)$ 分布。因此,我们将 $G_n(p)$ 代入式(6.15),可以得到 n 国市场的加总价格:

$$p_n^{1-\sigma} = \int_0^\infty p^{1-\sigma} dG_n(p) = \int_0^\infty p^{1-\sigma} \theta \overline{A}_n^\theta \exp(-\overline{A}_n^\theta p^\theta) p^{\theta-1} dp \tag{6.16}$$

式(6.15)和式(6.16)形式上稍有不同,两者分别在产品空间和价格空间两个维度上对同一个对象进行积分。但两者的含义相同,都是穷尽 n 国市场上所有产品进行的加总。从产品空间来看,产品类型 j 在一个连续区间,每种产品对效用的贡献相同,每种产品价格在加总价格中的权重也相同。从价格空间来看,价格取值从 0 至 ∞,每个可能取值 p 的概率为 $g_n(p)$,其中 $dG_n(p) = g_n(p)dp$。

为继续对式(6.16)进行化简,我们定义 $x = \overline{A}_n^\theta p^\theta$,则 $p^{1-\sigma} = (x/\overline{A}_n^\theta)^{(1-\sigma)/\theta}$,且 $dx = $

$\theta \overline{A}_n^\theta p^{\theta-1} \mathrm{d}p$。把 $x, \mathrm{d}x, p^{1-\sigma}$ 代入式(6.16)得到：

$$\begin{aligned} p_n^{1-\sigma} &= \int_0^\infty (x/\overline{A}_n^\theta)^{(1-\sigma)/\theta} \mathrm{e}^{-x} \mathrm{d}x \\ &= \overline{A}_n^{-(1-\sigma)} \int_0^\infty (x)^{(1-\sigma)/\theta} \mathrm{e}^{-x} \mathrm{d}x \\ &= \overline{A}_n^{-(1-\sigma)} \Gamma\left(\frac{1-\sigma}{\theta} + 1\right) \end{aligned} \qquad (6.17)$$

其中，$\Gamma(y) \equiv \int_0^\infty (x)^{y-1} e^{-x} \mathrm{d}x$，即伽马函数(Gamma Function)。伽马函数的取值只与参数 y 的大小有关(式(6.17)中的 σ 和 θ)，因此我们可以把它看成一个常数。令 $\gamma = \left(\Gamma\left(\frac{1-\sigma}{\theta}+1\right)\right)^{1/(1-\sigma)}$，再对式(6.17)进行化简，我们发现 p_n 和 $\overline{A}_n$ 之间存在一个简单的关系式：

$$p_n = \frac{\gamma}{\overline{A}_n} \qquad (6.18)$$

由此，我们得到一个国家的价格水平与这个国家所有进口来源国的生产率水平(经过工资和贸易成本调整后)呈反比关系。

有了加总价格 p_n，我们就能得到 n 国的福利为 $U = I_n/p_n$，其中 I_n 为 n 国的总收入(推导参见第4章附录)。个人的福利可以用实际工资 ω_n 表达：

$$\omega_n \equiv w_n/p_n \qquad (6.19)$$

由于在 n 国市场上来自 n 国自身生产的产品比重为 π_{nn}，根据式(6.11)、式(6.18)和 $d_{nn} = 1$，我们可以得到：

$$\pi_{nn} = \frac{A_{nn}^\theta}{\overline{A}_n^\theta} = \frac{A_n^\theta w_n^{-\theta}}{\overline{A}_n^\theta} = \gamma^{-\theta} A_n^\theta (w_n/p_n)^{-\theta} \qquad (6.20)$$

由式(6.20)求解实际工资可以得到：

$$\omega_n \equiv w_n/p_n = \gamma^{-1} A_n \pi_{nn}^{-1/\theta} \qquad (6.21)$$

我们得到一国实际工资(也是该国福利)的简单表达式。给定参数 θ，一国福利水平与两个因素有关——n 国的技术参数 A_n 以及 n 国消费的产品中由本国生产的比重 π_{nn}。生产率越高，福利越高；消费篮子中由本国生产的比重越低，福利越高。这说明国家自给自足程度越高(π_{nn} 越大)，福利实际越低。当一国完全"自给自足"时，$\pi_{nn} = 1$，经济体系变为封闭经济，福利最小。

这一结论的经济学直觉是什么呢？一国如果在自由贸易均衡下更多地消费其他国家的产品，实际上该国是在更多地利用其他国家在进口产品上拥有的"相对"更好的生产技术来替代本国"相对"劣势的生产技术。在自给自足情况下，一国在生产技术劣势产品上消耗的资源，在自由贸易条件下就可以被腾出来用于生产该国具有技术优势的产品，从而该国可以在国际市场上通过出口换回本国"不适合"生产的产品，由此国家整体福利提升了。这一经济学直觉本质上即是李嘉图模型中自由贸易福利的来源。

我们最后比较一下一国自由贸易条件下相对于封闭经济条件下的福利变化。封闭经济条件下，$\pi_{nn}=1$，因此 $\omega_n^A=\gamma^{-1}A_n$。自由贸易条件下，实际工资如式(6.21)所示。我们将两个实际工资相除，得到贸易利得 GT_n 为：

$$GT_n=\omega_n/\omega_n^A=\pi_{nn}^{-1/\theta} \tag{6.22}$$

一国从自由贸易中获得的福利提升与该国消费的产品中由本国生产的比重 π_{nn} 及参数 θ 有关，且都是负向关系。如前文所述，θ 可以反映各国技术上比较优势的强弱。θ 越小，意味着各国在同种产品上的生产率差别越大，比较优势越明显，因此贸易利得就越大。

6.3.2 存在解析解的特殊情况

式(6.14)给出的自由贸易均衡条件由一系列非线性方程组成，一般情况下我们无法求出均衡的解析解。但在一种特殊的情况下我们可以求出解析解。

假设经济体系中不存在贸易成本，即对所有的 n 和 i，$d_{ni}=1$。因此，我们有 $A_{ni}^\theta=(A_i/w_i)^\theta$ 和 $\overline{A}_n^\theta=\sum_j(A_j/w_j)^\theta$。

把 A_{ni}^θ 和 $\overline{A}_n^\theta$ 代入式(6.14)，解得：

$$w_i^{1+\theta}=\frac{A_i^\theta}{L_i}\frac{\sum_n w_n L_n}{\sum_j A_j^\theta w_j^{-\theta}} \tag{6.23}$$

其中，$\sum_n w_n L_n$ 和 $\sum_j A_j^\theta w_j^{-\theta}$ 对所有国家都是相同的，因此我们也同样可以写出 w_j 的表达式并得到：

$$\frac{w_i}{w_j}=\left(\frac{A_i^\theta/L_i}{A_j^\theta/L_j}\right)^{1/(1+\theta)} \tag{6.24}$$

式(6.24)表明，当不存在贸易成本时，一国的均衡工资由生产率和国家经济规模决定。生产率越高，工资水平越高；国家经济规模越小，工资水平越高。这一结论和两国两产品设定下李嘉图模型的结论完全相同。

根据式(6.24)，保持 i 国和 j 国劳动力数量不变，我们可以得到相对工资 w_i/w_j 与相对技术参数 A_i/A_j 的弹性为 $\theta/(1+\theta)<1$。该弹性小于1，表明一国生产率的提升不会完全转化为该国工资水平的提升。也就是说，在开放经济条件下，一国的技术进步会通过贸易将其带来的福利收益部分转移给其他国家。原因在于，一国技术进步会使本国生产产品的价格降低，由于这些产品也为其他国家的消费者所消费，因此其价格的降低会提升其他国家消费者的福利水平。即使没有技术的跨国传播，国际贸易也可以使各国从贸易伙伴的技术进步中受益。

另外，保持 i 国和 j 国技术参数 A_i，A_j 不变，我们可以得到相对工资 w_i/w_j 与相对人口禀赋 L_i/L_j 的弹性为 $-1/(1+\theta)$。该弹性小于0，即一国相对劳动力增加，其相对工资会下降。这是因为新增人口需要就业，该国因此会生产更多的产品。生产的增加要求需求相应地增加，只有这样才能消费掉多生产出来的产品。为了增加对该国产品的需求,该国需要降低产品的价格,提升该国产品相对于其他国家产品的竞争力。而降低产品的价格只能通过降低本国的工资来实现,因此该国的工资必须降低。

这一点可以从均衡条件式(6.14)和图 6.2 看出来。假设其他变量不变,仅 L_i 增大。我们会发现,式(6.14)左右两边都会增大,因为它们都包含 L_i。但是等式右边 L_i 的系数是 w_i,而等式左边 L_i 的系数是 $(A_{ni}^\theta/\overline{A}_n^\theta)\cdot w_i < w_i$,因此等式右边增大的更多,即总供给的增长比总需求的增长要大。为了保持等式继续成立,w_i 必须减小。反映在图 6.2 中,供给曲线和需求曲线都会向上移动,但供给曲线移动的幅度更大。新的均衡下工资水平降低。

工资水平降低之后,该国将在两个维度上进行生产扩张:一是生产更多本来已经在其他国家销售的产品(集约边际,Intensive Margin),二是生产一些原本并不具有比较优势的产品(扩展边际,Extensive Margin)。例如,对某些产品,人口增长之前,该国产品在某特定国市场上的价格相对其他国家要高;人口增长之后,工资降低带来价格降低,该国产品的价格可能低于所有其他国家同种产品在该特定国市场上的价格。由此,人口增长之后,一国生产的产品种类也会得到扩大。

6.3.3 引力方程

EK 模型描述了多国多产品经济体系的自由贸易均衡。这一模型相较于李嘉图模型和 DFS(1977)模型更接近现实的经济体系,能够给出与现实经济结果更为吻合的理论推测。国际贸易研究中,我们往往可以观察到各国间的贸易量,因此将实际的贸易量与国际贸易理论推测的贸易量之间进行比照,我们可以检验国际贸易理论对现实的解释能力。

使用国际贸易理论推测贸易量,这就是我们在第 1 章中曾提到的"引力模型"。该模型提出之初,人们并不理解该模型成立的机制。随着国际贸易理论的发展,经济学家逐渐发现,我们可以从国际贸易模型出发推导出引力模型,因此也可以就此理解引力模型中各变量的经济学含义。

接下来我们在 EK 模型下推导引力方程。由式(6.11)可以得到两国间的贸易量为:

$$X_{ni} = \frac{A_{ni}^\theta}{\overline{A}_n^\theta} X_n = \left(\frac{A_i}{d_{ni}w_i}\right)^\theta \frac{X_n}{\overline{A}_n^\theta} \tag{6.25}$$

由于式(6.25)中包含不可观测的内生变量 w_i,我们需要对该式进行调整,将不可观测变量 w_i 替换为可以观测变量的表达式,如 i 国的总产出 Y_i。i 国的总产出 Y_i 由式(6.13)给出:

$$Y_i = \sum_n X_{ni} = \sum_n \left(\frac{A_i}{d_{ni}w_i}\right)^\theta \frac{X_n}{\overline{A}_n^\theta} = \left(\frac{A_i}{w_i}\right)^\theta \Omega_i^\theta$$

其中,$\Omega_i^\theta \equiv \sum_n (d_{ni}\overline{A}_n)^{-\theta} X_n$。由此式将 w_i 使用总产出 Y_i 表达为:

$$\left(\frac{A_i}{w_i}\right)^\theta = Y_i \Omega_i^{-\theta} \qquad (6.26)$$

将式(6.26)代入式(6.25),且注意到 $X_n = Y_n$(总消费等于总产出),可得:

$$X_{ni} = \frac{Y_n Y_i}{d_{ni}^\theta}(\overline{A}_n \Omega_i)^{-\theta} \qquad (6.27)$$

式(6.27)给出了 EK 模型下的引力方程。出口国 i 在进口国 n 市场上的产品销量 X_{ni} 与两个国家的产出 Y_i 和 Y_n 成正比,与两国间的距离 d_{ni} 成反比。

方程中还有两个一般均衡项 $\overline{A}_n$ 和 Ω_i,分别代表进口国 n 和出口国 i 在均衡时的特性。这两项可以大致理解为进口国 n 和出口国 i 与国际市场联系的紧密程度,被称为"多边贸易阻力"(Multilateral Resistance)。$\overline{A}_n$ 反映 n 国作为进口国的市场竞争态势,是 n 国市场上所有进口来源国经过工资和贸易成本调整后的总体生产率水平。$\overline{A}_n$ 越小(如 d_{ni} 越大),代表进口国 n 与其他出口国相对隔绝,从而有利于 i 国的产品向 n 国市场渗透。类似地,Ω_i 反映 i 国作为出口国面对的全球市场大小,是其每一个出口目的国的市场 X_n 经市场竞争态势 $\overline{A}_n$ 和贸易成本 d_{ni} 调整后的和。Ω_i 越小,代表出口国 i 与他国市场相对隔绝,因此进口国 n 对 i 国的重要性就越高。

多边贸易阻力最早于 2003 年被安德森和范温库普(Anderson and Van Wincoop, 2003)发现。这一发现是国际贸易学界对引力模型理解的一大突破。由于多边贸易阻力的存在,我们往往需要在有关引力模型的实证研究中引入专门的变量以控制多边贸易阻力对贸易量的影响。譬如,在一些应用中,我们需要分别控制一国作为出口国的固定效应和其作为进口国的固定效应。换句话说,对于一个国家,其作为进口国对国际贸易的影响和它作为出口国对国际贸易的影响并不相同。

如何判断国际贸易理论对贸易实践的解释力呢?我们在实践中可以观察到式(6.27)中的 X_{ni}、Y_n、Y_i 和 d_{ni}。$\overline{A}_n$ 和 Ω_i 则可以使用进口国固定效应、出口国固定效应或安德森和范温库普(Anderson and Van Wincoop, 2003)给出的递归方法进行控制。由此,我们就可以将贸易实践中的数据用式(6.27)来拟合,数据与该式的吻合程度反映了国际贸易理论对贸易实践的解释力。

为进一步理解上述引力方程,根据式(6.18),我们可以得到:

$$(\overline{A}_n \Omega_i)^{-\theta} = p_n^\theta \Big/ \Big(\sum_m \Big(\frac{p_m}{d_{mi}}\Big)^\theta X_m\Big)$$

将其代入式(6.27)可得 EK 模型下引力方程的另一种形式:

$$X_{ni} = \frac{(p_n/d_{ni})^\theta X_n}{\sum_m (p_m/d_{mi})^\theta X_m} Y_i \qquad (6.28)$$

式(6.28)中,p_n 反映 n 国市场的竞争激烈程度,p_n 越小,代表市场竞争激烈程度越高,i 国企业卖往 n 国越困难。d_{ni} 反映 i 国企业卖往 n 国的贸易成本,d_{ni} 越大,代表贸易成本越高,贸易量越小。因此,$(p_n/d_{ni})^\theta X_n$ 反映 i 国企业所感受到的 n 国"有效"市场规模(对实际市场规模 X_n 用竞争激烈程度和贸易成本进行调整后的市场规模)。进一步地，$\sum_m (p_m/d_{mi})^\theta X_m$ 反映 i 国企业所感受到的全球有效市场规模。式(6.28)因此表明 i 国在 n 国市场上的销量占 i 国总产量的比重等于 i 国企业所感受到的 n 国有效市场规模占(i 国企业所感受到的)全球有效市场规模的比重。

6.3.4 比较静态分析

使用以 EK 模型为基础推导出的引力方程，我们可以判断国际贸易理论对贸易实践的解释力。如果国际贸易理论对贸易实践有较强的解释力，那么下一步我们希望使用国际贸易理论就一些假想的情况对国际贸易的影响进行预测。

现实世界中，常常会存在贸易成本、生产率等外生冲击，比如 2008 年全球金融危机、2018 年中美贸易摩擦等。如何使用国际贸易模型来预测这些外生冲击对国际经济产生的影响呢？接下来我们介绍在 EK 模型下进行预测的方法，这种方法最早由德克尔、伊顿和科特姆(Dekle, Eaton and Kortum, 2007)提出，后文中我们将其简称为 DEK 模型。

假设某种冲击发生在国家 i，其他国家的外生变量如技术、人口等均保持不变。我们希望观察该冲击对冲击前后贸易均衡时的各内生变量产生了怎样的影响。对于任意一个变量 X，标记其在冲击前均衡数值为 x，冲击后均衡数值为 x'，二者的比例标记为 $\hat{x} = x'/x$。考察冲击对各内生变量产生的影响可以认为是将内生变量的变化量 $\hat{x}$ 使用外生变量的变化量解出来。

在冲击发生前的均衡点，i 国产品在 n 国市场的占比由式(6.11)给出：

$$X_{ni}/X_n = \pi_{ni} = \frac{A_i^\theta}{A_n^\theta} = \frac{A_i^\theta (w_i d_{ni})^{-\theta}}{\sum_k A_k^\theta (w_k d_{nk})^{-\theta}}$$

在冲击发生后的均衡点，i 国产品在 n 国市场的占比变为：

$$\pi'_{ni} = \frac{(A'_i)^\theta (w'_i d'_{ni})^{-\theta}}{\sum_k (A'_k)^\theta (w'_k d'_{nk})^{-\theta}}$$

由此可以计算出 i 国产品在 n 国市场占比的变化率为：

$$\begin{aligned}
\hat{\pi}_{ni} &= \frac{(\hat{A}_i)^\theta (\hat{w}_i \hat{d}_{ni})^{-\theta}}{\left(\sum_k (A'_k)^\theta (w'_k d'_{nk})^{-\theta}\right) / \left(\sum_j A_j^\theta (w_j d_{nj})^{-\theta}\right)} \\
&= \frac{(\hat{A}_i)^\theta (\hat{w}_i \hat{d}_{ni})^{-\theta}}{\left(\sum_k (\hat{A}_k)^\theta (\hat{w}_k \hat{d}_{nk})^{-\theta} (A_k)^\theta (w_k d_{nk})^{-\theta}\right) / \left(\sum_j (A_j)^\theta (w_j d_{nj})^{-\theta}\right)} \\
&= \frac{(\hat{A}_i)^\theta (\hat{w}_i \hat{d}_{ni})^{-\theta}}{\sum_k \pi_{nk} (\hat{A}_k)^\theta (\hat{w}_k \hat{d}_{nk})^{-\theta}}
\end{aligned} \tag{6.29}$$

另外，根据冲击后的均衡条件(式(6.12)、式(6.13))，我们可以得到：

$$w'_i L'_i = \sum_n \pi'_{ni} X'_n = \sum_n \pi'_{ni} w'_n L'_n = \sum_n \hat{\pi}_{ni} \pi_{ni} w'_n L'_n \tag{6.30}$$

由于 $Y_i = w_i L_i$，可得 $w'_i L'_i = \hat{w}_i \hat{L}_i Y_i$，则式(6.30)可以改写为：

$$\hat{w}_i \hat{L}_i Y_i = \sum_n \hat{\pi}_{ni} \pi_{ni} \hat{w}_n \hat{L}_n Y_n \qquad (6.31)$$

将式(6.29)代入式(6.31),可得:

$$\sum_n \frac{\pi_{ni}(\hat{A}_i)^\theta (\hat{w}_i \hat{d}_{ni})^{-\theta}}{\sum_k \pi_{nk}(\hat{A}_k)^\theta (\hat{w}_k \hat{d}_{nk})^{-\theta}} \hat{w}_n \hat{L}_n Y_n = \hat{w}_i \hat{L}_i Y_i \qquad (6.32)$$

式(6.32)实际上是一个方程组。其中,$\hat{d}_{ni}, \hat{A}_i, \hat{L}_i$ 为外生变量的变化,可以由冲击的性质判断各自是否为零以及不为零时具体的大小。θ 为系统参数,可以使用前面小节中介绍的引力模型估计出来。式(6.32)中的内生变量包括 π_{ni}, Y_i 和 $\hat{w}_i$,但前两者是可以实际观测的数据,未知的内生变量就只有各国的工资变化 $\hat{w}_i$。世界上一共有 N 个国家,式(6.32)有 N 个方程,这些方程中只有 N 个未知数,理论上我们可以求出这一方程组的解。工资的变化计算出来以后,我们可以进一步计算出其他内生变量的变化,如 $\hat{p}_i, \hat{\pi}_{ni}$ 和 $\hat{\omega}_i$。

例如我们可以计算出冲击引发的各国福利变化。由式(6.21)可知,冲击发生前福利水平为 $\omega_n = \gamma^{-1} A_n \pi_{nn}^{-1/\theta}$。假设冲击来自 i 国,则 $\hat{L}_n = \hat{A}_n = 1$。即使我们不知道冲击前后 L_n 和 A_n 的具体数值,也无法解出冲击前后各内生变量的具体数值,但仍然可以得出各国福利的变化为:

$$\hat{\omega}_n = \hat{A}_n \hat{\pi}_{nn}^{-1/\theta} = \hat{\pi}_{nn}^{-1/\theta}$$

6.4 本章小结

李嘉图模型奠定了比较优势理论的基础,在一个极简的两国两产品框架下讨论了贸易的动机及其对福利的影响。DFS(1977)模型则在李嘉图模型的基础上拓展至两国多产品设定。后者虽然在一定程度上拓展了李嘉图思想的适用情境,但是距离多国多产品的贸易实践还很远,也就限制了我们研究更接近贸易实践的均衡和福利的能力。EK 模型将现实中各个国家在各种产品上的生产率抽象为从概率分布中随机抽取的一种结果,大大简化了多国多产品自由贸易情形的求解,从而增强了国际贸易理论对国际贸易实践的解释力和预测力。

由于 EK 模型对国际贸易实践较强的解释力和预测力,这一模型奠定了国际贸易理论在拟合国际贸易宏观表现上的突破。在 EK 模型的框架下,后续发展出一系列论文,这些论文将更为复杂的现实因素加入这个框架,进一步增强了理论模型对现实的解释力。例如,本章介绍的 EK 模型中可以认为只有一个行业,而现实中存在很多行业,各行业之间又有不同的投入产出关系。卡利恩多和帕罗(Caliendo and Parro,2015)将不同的行业、各行业间的投入产出关系以及可贸易品部门和非贸易品部门等加入 EK 模型框架。类似地,唐纳森(Donaldson,2018)将区域地理因素引入 EK 模型框架,菲勒(Fieler,2011)将不同收入水平对产品需求弹性的不同(非位似需求)引入 EK 模型框架等。国际贸易理论在 EK 模型框架下发展出来的这一支文献被称为"数量贸易理论"(Quantitative Trade Theory)。

参 考 文 献

Anderson,J. E. and E. Van Wincoop(2003),"Gravity with gravitas:a solution to the border puzzle",*The American Economic Review*,93(1),170–192.

Caliendo,L. and F. Parro(2015),"Estimates of the trade and welfare effects of NAFTA",*The Review of Economic Studies*,82(1),1–44.

Dekle,R.,J. Eaton and S. Kortum(2007),"Unbalanced trade",*The American Economic Review*,97(2),351–355.

Donaldson,D. (2018),"Railroads of the Raj:estimating the impact of transportation infrastructure",*The American Economic Review*,108(4–5),899–934.

Dornbusch,R.,S. Fischer and P. A. Samuelson(1977),"Comparative advantage,trade,and payments in a Ricardian model with a continuum of goods",*The American Economic Review*,67(5),823–839.

Eaton,J. and S. Kortum(1999),"International technology diffusion:theory and measurement",*International Economic Review*,40(3),537–570.

Eaton,J. and S. Kortum(2002),"Technology,geography,and trade",*Econometrica*,70(5),1741–1779.

Eaton,J. and S. Kortum(2012),"Putting Ricardo to work",*Journal of Economic Perspectives*,26(2),65–90.

Fieler,A. C. (2011),"Nonhomotheticity and bilateral trade:evidence and a quantitative explanation",*Econometrica*,79(4),1069–1101.

Kortum,S. S. (1997),"Research,patenting,and technological change",*Econometrica:Journal of the Econometric Society*,65(6),1389–1419.

习 题

6-1 生产国 i 生产 1 单位产品 j 需要劳动力 $a_i(j)$,$a_i(j)$ 服从韦布尔分布,其累积分布函数为:

$$\Pr(a_i(j) \leqslant x) = 1 - e^{-(A_i x)^\theta}$$

i 国产品卖到 n 国市场上的价格 $p_{ni}(j) = a_i(j) w_i d_{ni}$,请说明价格 $p_{ni}(j)$ 服从什么分布,并给出其累积分布函数。

6-2 令 EK 模型中产品的集合为 M,消费者效用函数为:

$$U = \left(\int_{j \in M} Q(j)^{\frac{\sigma-1}{\sigma}} \mathrm{d}j \right)^{\frac{\sigma}{\sigma-1}}$$

请给出这种情况下的本国封闭经济均衡福利和开放经济均衡下各国的福利表达式。

6-3 请思考怎样的因素可以决定或影响参数 θ 的大小，描述这些因素影响参数 θ 的原理或机制，尝试写出数学模型来说明这些机制。

6-4 国际贸易模型中往往假设贸易成本为冰山贸易成本，这种假设将贸易成本理解为运输途中一部分产品会像冰山一样融化而消失。现实中，贸易成本支付给了贸易商、银行、保险公司和运输公司等，这些贸易成本似乎并未从经济体系中消失。请讨论冰山贸易成本假设与现实中贸易成本一致或冲突的地方，以及如何理解这些一致或冲突的方面对模型描述现实的能力的影响。

6-5 考虑 EK 模型下的完全自由贸易情形。根据式(6.24)，一国经济规模(L_i)缩小会提升该国的工资水平(w_i)，其直觉是经济规模扩大会增加该国生产产品的供给从而降低该国生产产品的相对价格，带来贸易条件恶化。但是考虑这样一种情形，从某个 EK 模型经济体系完全自由贸易均衡出发，假定将某特定国家如 N 拆分为完全相同的两个国家(N_1 和 N_2)，其各自的经济规模分别为原经济规模的一半 $\left(\dfrac{L_N}{2}\right)$，拆分后经济体系达到新的均衡。请讨论新的均衡是否与初始均衡完全等价，拆分后小国 N_1 和 N_2 的工资是否得到提升。如果不等价，请证明和阐述不等价的原因。

附　录

6-1A　极值定理与极值分布

极值定理：取独立同分布(Independent Identically Distribution)随机变量样本的最大值(或最小值)组成一个统计总体(Population)，如果该统计总体分布收敛，则该统计总体的分布只能收敛为三个可能的分布之一，即冈贝尔分布(Gumbel Distribution)、弗雷歇分布(Fréchet Distribution)或韦布尔分布(Weibull Distribution)。

极值定理与中心极限定理非常相似，不同之处在于中心极限定理适用于任何具有有限方差分布的样本的平均值，而极值定理仅说明如果极值组成的统计总体分布收敛，则必然会收敛到三类分布中的一个。当然统计总体的分布并不一定会收敛。

极值分布主要有三种类型，冈贝尔分布、弗雷歇分布和韦布尔分布。它们的累积分布函数分别为：

(1)冈贝尔分布（也称一型极值分布，Type-Ⅰ Extreme-value Distribution）
$$G_1(x) = \Pr(X \leqslant x) = \exp(-e^{-x}), \quad -\infty < x < \infty$$

(2)弗雷歇分布（也称二型极值分布，Type-Ⅱ Extreme-value Distribution）
$$G_2(x) = \Pr(X \leqslant x) = \exp(-x^{-\alpha}), \quad x > 0, \alpha > 0$$

(3)韦布尔分布（也称三型极值分布，Type-Ⅲ Extreme-value Distribution）
$$G_3 = \Pr(X \leqslant x) = 1 - \exp(-x^a), \quad x > 0, a > 0$$

如果独立同分布随机变量的分布为指数尾分布，如正态分布，则由随机变量样本的最大值组成的统计总体收敛到冈贝尔分布。如果独立同分布随机变量的分布是重尾(Heavy Tail)分布，如帕累托分布、对数正态分布、韦布尔分布、弗雷歇分布，则由随机变量样本的最大值组成的统计总体收敛到弗雷歇分布。如果独立同分布随机变量的分布是轻尾(Light Tail)分布，如冈贝尔分布，则由随机变量样本的最大值组成的统计总体收敛到韦布尔分布。

这些极值分布存在如下性质：

(1)如果随机变量 $1/X$ 服从弗雷歇分布，那么 X 服从韦布尔分布。例如，如果 $Z=1/X$ 是生产率，那么 X 就是单位产品要素需求。如果生产率服从弗雷歇分布，那么单位产品要素需求就服从韦布尔分布。证明如下：

$$\Pr(X \leqslant x) = \exp(-x^{-a}) \text{ 和 } Z = \frac{1}{X}$$
$$\Rightarrow \Pr(Z \leqslant z) = \Pr\left(\frac{1}{X} \leqslant z\right) = \Pr(X \geqslant z^{-1})$$
$$= 1 - \Pr(X \leqslant z^{-1}) = 1 - \exp(-(z^{-1})^{-a})$$
$$= 1 - \exp(-z^a)$$

(2)如果随机变量 X 服从弗雷歇分布，那么 $Z = X^{-a}$ 服从指数分布(Exponential Distribution)。证明如下：

$$\Pr(X \leqslant x) = \exp(-x^{-a}) \text{ 和 } Z = X^{-a}$$
$$\Rightarrow \Pr(Z \leqslant z) = \Pr(X^{-a} \leqslant z) = \Pr(X \geqslant z^{-\frac{1}{a}})$$
$$= 1 - \Pr(X \leqslant z^{-\frac{1}{a}}) = 1 - \exp(-(z^{-\frac{1}{a}})^{-a})$$
$$= 1 - \exp(-z)$$

6-2A 帕累托分布

帕累托分布(Pareto Distribution)是经济学中一个经常用到的分布。我们往往假设生产率、财富等的分布服从帕累托分布(例如帕累托分布能够体现出现实社会中绝大部分的财富流向少数人的特点)。帕累托分布的累积分布函数如下：

$$\Pr(X \leqslant x) = 1 - \left(\frac{x}{x_{\min}}\right)^{-k}$$

其中，$x_{\min} > 0$，表示这个分布允许的 x 能取的最小值，k 为参数。

第 7 章 赫克歇尔-俄林模型

在李嘉图模型的框架下,如李嘉图模型、DFS(1977)模型和 EK 模型,都只假设了一种生产要素。这样的假设是对现实经济体系的一种抽象,它将现实中所有用于生产的要素假设为采用特定形式组合而成的假想的"合成要素"(Composite Factor),并将这种合成要素作为唯一的要素进行产品的生产。这种抽象简化了模型,突出了模型中国家间生产率差异带来的贸易驱动。

当然,这种抽象也有相应的成本。它忽略了不同产品在生产过程中对不同要素需求的不同。因此,李嘉图模型就无法展示产品在要素投入上的差别对国际贸易、福利等均衡结果可能产生的影响。

实践中,我们有充分的理由关心不同产品在要素投入上的不同对国际贸易产生的影响。一些产品在生产过程中需要使用较多的劳动力、较少的资本,例如纺织品和皮革制品;而另一些产品则需要较多的资本、较少的劳动力,例如机械和电子设备。在贸易活动中,不同的国家往往会出口不同要素密集度的产品,例如发展中国家往往出口纺织品、进口电子设备,而发达国家往往出口电子设备、进口纺织品。显然,这种贸易模式的形成与这些产品在要素需求上的不同有关。

如果不同的产品对要素的需求不同,且各国间存在要素禀赋差异,那么国际贸易将呈现怎样的模式?不同要素的收益将受到贸易自由化怎样的影响?为了回答这些问题,我们需要构建一个允许产品的生产不只使用一种"合成要素"而使用至少两种不同要素的模型。在这样的模型下,我们可以讨论具有不同要素禀赋的两个国家之间为什么进行贸易、如何分工,以及分工将产生怎样的福利影响等问题。这就是本章要介绍的赫克歇尔-俄林模型(Heckscher-Ohlin Model,简称 HO 模型或要素禀赋模型)。

允许产品的生产使用两种不同的要素且不同产品的要素需求不同,在贸易均衡时可能出现两种情况:第一种是两国间具有要素禀赋差异但差异不大的情况。在这种情况下,我们会发现两国在自由贸易均衡时不会完全分工(如果模型中有两种产品,那么每个国家在自由贸易均衡时会同时生产两种产品,但对不同产品的生产有所侧重),且两国的要素价格相等。这就是经典的 HO 模型。我们将在本章第一节中介绍该模型的一些经典结论。

第二种是两国间的要素禀赋差异巨大,大到使得两国在自由贸易均衡时完全分工(在自由贸易均衡时任何一种产品都将只由一个国家来生产),且各国拥有不同水平的要素价格的情况。在这种情况下，经典 HO 模型的许多结论不再适用，我们进入多恩布什、费希尔和萨缪尔森(Dornbush, Fischer and Samuelson, 1980)模型(后文中简写为 DFS(1980)模型)的设定中。这一模型将在本章第二节中介绍。

稍作总结，本章将讨论各国间要素禀赋不同且生产不同的产品要素需求不同时的国际贸易。在这样的设定下，将可能产生两种自由贸易均衡。这两种均衡分别由 HO 模型以及 DFS(1980)模型所刻画。通过本章的学习，我们将初步理解要素禀赋对国际贸易模式的影响，以及贸易自由化对要素收益的影响等问题。

7.1 不完全分工：HO 模型

假设存在两个国家：本国和外国，外国的变量用"*"表示；两个国家都有两个部门(行业)，生产两种产品(记为部门 1 和部门 2，其对应的产品分别为产品 1 和产品 2)；每种产品的生产都需要使用两种要素(假设为劳动力 L 和资本 K)。这样一个设定可以被概括为"$2\times2\times2$"的设定，即两国、两部门、两要素设定。

假设不同产品的生产函数不同，即产品 $i(i=1,2)$ 的生产函数为 $y_i = f_i(L_i, K_i)$。不同产品生产函数 f_i 的形式不同，但对于同一种产品，其生产函数在本国和外国都是一样的。同时我们假设 f_i 满足一次齐次，故产品生产规模报酬不变。[①] 又假设生产函数对任意一个生产要素是单调递增的凹函数，即 $\partial f_i/\partial L > 0$，$\partial^2 f_i/\partial L^2 < 0$(对资本而言也类似)，故给定一个要素的投入水平，另一个要素的规模报酬递减。

7.1.1 封闭经济

生产可能性边界

先考虑一个国家，如本国。两种产品的生产中都需要使用两种要素，而一国的要素禀赋有限。给定本国两种要素的禀赋水平分别为 L 和 K，那么本国最多能够生产多少产品？回答这一问题，相当于求解这样一系列问题：

$$\max_{L_1, K_1, L_2, K_2} y_2 = f_2(L_2, K_2), \quad L_1 + L_2 \leq L, K_1 + K_2 \leq K, f_1(L_1, K_1) \geq y_1 \tag{7.1}$$

其中，y_1 是给定参数，表示从零到其最大可能取值间的任意值。

这一最大化问题表示，给定要素禀赋水平 L 和 K，保证本国至少生产 y_1 数量产品 1 的条件下，本国最多能够生产多少数量的产品 2。令 y_1 分别取不同的数值，在每一个 y_1 水平下我们都可以求出其对应最大可能生产的产品 2 数量，也即 y_2 可以认为是 y_1 和要素禀赋水平的一个函数：$y_2 = h(y_1, L, K)$。这一系列的最优解给出了本国在给定要素禀赋水平下最大可能生产的产品数量集合。这样一个集合组成的曲线就是第 4 章中提到的生产可能性边界，如图 7.1 所示。

[①] 齐次函数是指满足 $f(ty_1, \cdots, ty_n) = t^k f(y_1, \cdots, y_n)$ 特征的函数。当 $k=1$ 时，f 就是一次齐次函数。

第 7 章 赫克歇尔-俄林模型

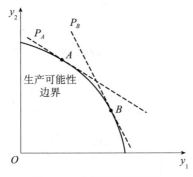

图 7.1 生产可能性边界

与第 4 章中向右下方倾斜且为直线的生产可能性边界不同,在当前的设定下,生产可能性边界是一个向右下方倾斜并凹向原点的曲线。生产可能性边界上任意一点的切线斜率(绝对值)[①]代表增加一个单位的产品 1 的产量需要放弃的产品 2 的产量(也即生产产品 1 的机会成本)。边界向右下方倾斜是因为在要素禀赋给定的情况下,增加一种产品的产量必须减少另一种产品的产量。

生产可能性边界凹向原点的原因则稍微复杂一点。首先看生产可能性边界上的点需要满足怎样的条件。根据求解生产可能性边界的问题(式(7.1)),我们可以得到如下拉格朗日函数:

$$\mathcal{L} = f_2(L_2, K_2) - \lambda(y_1 - f_1(L - L_2, K - K_2))$$

将拉格朗日函数分别对 L_2, K_2 和 y_1 求一阶偏导,得到如下一阶条件:

$$\frac{\partial y_2}{\partial y_1} = \lambda = \frac{f_{2L}}{f_{1L}} = \frac{f_{2K}}{f_{1K}} \tag{7.2}$$

式(7.2)表明,生产可能性边界上任意一点的切线斜率,即生产产品 1 的机会成本,是劳动力在行业 2 的边际产出与其在行业 1 的边际产出的比值,也是资本在两个行业间边际产出的比值。这一等式的第三个等号也说明,在生产可能性边界上,生产要素在两个行业间的分布应当使两种要素在两个行业间的边际生产率比值相同,即 $f_{1L}/f_{1K} = f_{2L}/f_{2K}$。由于 L_2 和 K_2 可以分别用 $L-L_1$ 和 $K-K_1$ 来替代,式(7.2)实际上给出了生产可能性边界上一个行业中劳动力与资本投入之间的关系。

生产可能性边界是否凹向原点取决于生产可能性边界切线斜率 $\partial y_2/\partial y_1$ 如何随着 y_1 的变化而变化。假设本国的生产从图 7.1 所示的 A 点向 B 点移动。增加产品 1 产量的同时需要减少产品 2 的产量。减少产品 2 的产量意味着原来用于生产"放弃"掉的产品 2 的劳动力和资本被打包释放在经济体中。但是,增加产品 1 产量需要的劳动力和资本的组合一般情况下又不同于被释放出来的劳动力和资本的组合。例如,假设产品 1 相对劳动密集(在本章后文中我们将一直保持这个假设),则减少产品 2 生产释

[①] 除非特殊说明,本章后文中所有讨论到生产可能性边界切线的斜率均指其绝对值。

放出来的劳动力与资本的比值比增加产品 1 生产需要的劳动力与资本的比值要低。这会造成整个经济体中资本相对较多的供给,拉低资本的相对价格。两个行业都会使用更多的资本以替代相对变贵的劳动力。因此,相对于 A 点,B 点两个行业生产中投入的劳动力与资本的比值都会降低。

这个过程也可以用图 7.2 表示。图中 D_1 曲线和 D_2 曲线分别是产品 1 和产品 2 的劳动力相对需求曲线,纵轴是劳动力价格与资本租金的比值。两条曲线都向下倾斜,表示劳动力价格相对下降会使企业更多地使用劳动力以代替资本,从而使 L_i/K_i 值变大。同时,D_1 曲线相对 D_2 曲线靠右,表示给定劳动力相对价格 w/r,产品 1 使用相对更多的劳动力,即该行业是相对劳动密集行业。整个经济体总的劳动力相对需求由两个行业的劳动力相对需求加权平均决定,其中权重为行业产出 y_1 和 y_2 占两个行业总产出的比重。y_1 越大(如图 7.1 中沿生产可能性边界由 A 点移向 B 点),经济体总劳动力相对需求曲线就越靠近产品 1 的劳动力相对需求曲线。反之,经济体总劳动力相对需求曲线就越靠近产品 2 的劳动力相对需求曲线。经济体总劳动力相对供给 L/K 由要素禀赋决定,在图 7.2 中表现为一条垂直于横轴的直线。

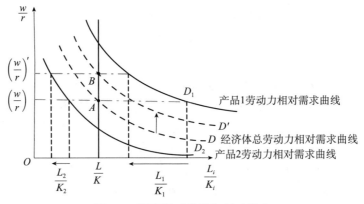

图 7.2 要素相对供给与相对需求

沿着生产可能性边界从图 7.1 所示的 A 点向 B 点移动时,y_1 增加,经济体总劳动力相对需求曲线从图 7.2 中的 D 曲线向右移至 D' 曲线。由总劳动力相对需求曲线与总劳动力相对供给曲线交点决定的劳动力相对价格 w/r 提升。两个行业都倾向于使用更多的资本替代相对变贵的劳动力,两个行业生产中投入的劳动力与资本的比值 L_i/K_i 都会降低,且如图 7.2 所示,在劳动密集行业,L_i/K_i 的下降幅度更大,或者说资本与劳动力的比值 K_i/L_i 在资本密集行业相对上升幅度更大。

根据式(7.2),生产可能性边界的切线斜率是要素在行业 2 的边际产出与其在行业 1 的边际产出的比值。边际产出又取决于生产中投入的劳动力与资本的比值。资本相对劳动力投入的增加在两个行业中都会增加劳动力的边际产出,减少资本的边际产出。但由于在资本密集行业资本相对劳动力投入增加的幅度更大,因此劳动力边际产出增加在资本密集行业(行业 2)中比在劳动密集行业(行业 1)中幅度也更大。因此,随着生产中投入的劳动力与资本比值的升高,增加一个单位的产品1的产量需要放弃的产品2的产量逐渐增加,生产可能性边界越来越陡,由此形成一个向右下方倾斜并凹向原点的曲线。[①]

注意,如图7.2所示,由于总劳动力相对需求曲线向右最远达到产品1的劳动力相对需求曲线,向左最远达到产品2的劳动力相对需求曲线,故劳动力相对价格 w/r 有一个取值范围,对应的两个行业中投入的劳动力与资本的比值也有一个范围。在这个范围内,两个行业中投入的劳动力与资本的比值既不为零,又不为无限值,故两个行业劳动力(或资本)的边际产出都有限。由于生产可能性边界的切线斜率是两个行业同一要素的边际产出比值,故该切线斜率最小值大于零,而最大值也不为无穷,也即图7.1中生产可能性边界与纵轴的交点的切线斜率不为零,与横轴的交点的切线斜率也不为无穷值。

给定要素禀赋和生产函数,一国便有一个确定的生产可能性边界。经济体将在生产可能性边界上生产,因为它要将所有的生产要素都用于生产。

封闭经济均衡

封闭经济条件下,一国将在生产可能性边界上的哪一点生产呢?为了确定封闭经济均衡点,我们必须引入需求信息。假设消费者偏好为位似偏好。[②] 当无差异曲线与生产可能性边界相切时,封闭经济实现整体效用最大化,达到均衡。切点对应的产出就是封闭经济的均衡产出水平,如图7.3中的 A 点所示。

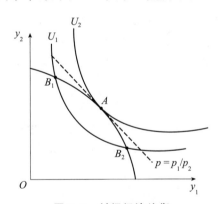

图7.3 封闭经济均衡

为什么生产可能性边界上的其他点,即生产可能性边界与无差异曲线的交点,如 B_1 点不是均衡点呢?假定在这个点上,生产可能性边界的斜率小于无差异曲线的斜率。这意味着生产者增加一个单位产品1的产量需要放弃的产品2的产量(生产产品1的机会成本),比消费者多消费一个单位的产品1愿意放弃的产品2的数量(消费者心目中用产品2表达的产品1价格)要少。这时,消费者愿意支付比生产者生产产品

---

① 参见本章习题7-1中柯布-道格拉斯生产函数设定下生产可能性边界为凹函数的证明。
② 见第4章中位似偏好的介绍。

1的机会成本更高的价格来购买产品1,经济体对产品1的需求超过了对它的供给。生产者会去满足这种需求,即增加产品1的生产而减少产品2的生产。体现在图7.3上,即从B_1点向A点的移动。消费者支付的产品1的相对价格也将提升,而消费者心目中的产品1的相对价格逐渐下降。

到达A点之后,生产可能性边界与无差异曲线相切。生产产品1的机会成本等于消费者心目中产品1的相对价格。生产刚好满足需求,整个经济体达到均衡。均衡时的机会成本(或相对价格)即为均衡状态下产品1的相对价格(本章后文中我们将其简称为封闭经济均衡价格),$p=p_1/p_2$。因此,封闭经济均衡点由生产可能性边界与无差异曲线相切的点决定,而封闭经济均衡价格由该切点切线的斜率决定。

封闭经济均衡要素价格

给定封闭经济均衡生产点(消费点)与封闭经济均衡条件下产品的价格,则封闭经济均衡条件下要素的价格如何决定呢?

我们首先看给定要素价格时企业如何生产。对企业而言,生产函数与要素价格外生给定,企业需要最大化其利润(同时也是最小化其成本)。由于生产函数规模报酬不变,故企业最小化成本的问题等价于最小化单位产品生产成本。企业最小化单位产品生产成本的问题表达为:

$$c_i(w,r)=\min_{L_i,K_i\geqslant 0}\{wL_i+rK_i\mid f_i(L_i,K_i)=1\} \quad (7.3)$$

其中,$c_i(w,r)$表示生产单位产品i所需的最小成本,w,r分别表示劳动力价格(工资)和资本租金。企业在成本最小化问题中将工资和租金作为外生参数看待。给定生产函数f_i的具体形式,该问题可以求出最优解。我们将解得的生产单位产品所需的劳动力和资本分别记为a_{iL}和a_{iK}。

只要给定生产函数f_i的具体形式,求解过程就非常简单。首先构建拉格朗日函数,即$\mathcal{L}=wa_{iL}+ra_{iK}-\lambda(f_i(a_{iL},a_{iK})-1)$。分别对$a_{iL}$和$a_{iK}$求偏导得到如下一阶条件:

$$\begin{aligned}\frac{\partial\mathcal{L}}{\partial a_{iL}}&=w-\lambda\frac{\partial f_i(a_{iL},a_{iK})}{\partial a_{iL}}=0\\ \frac{\partial\mathcal{L}}{\partial a_{iK}}&=r-\lambda\frac{\partial f_i(a_{iL},a_{iK})}{\partial a_{iK}}=0\\ f_i(a_{iL},a_{iK})&=1\end{aligned} \quad (7.4)$$

一阶条件中有三个方程,三个未知数a_{iL},a_{iK},λ,我们可以解出这些未知数。最优解a_{iL}和a_{iK}可以看作要素价格参数的函数,记为$a_{iL}=a_{iL}(w,r)$和$a_{iK}=a_{iK}(w,r)$。因此,给定要素价格(w,r),单位产品的生产成本也就确定了:

$$c_i=wa_{iL}(w,r)+ra_{iK}(w,r),\quad i=1,2$$

当两种产品的单位产品生产要素需求都解出来以后,我们就可以判断哪种产品使用哪种要素更为密集。当产品1和产品2满足以下关系时:

$$\frac{a_{1L}}{a_{1K}}>\frac{a_{2L}}{a_{2K}} \quad (7.5)$$

我们称产品 1 为劳动密集型产品,产品 2 为资本密集型产品。当然,产品的要素密集度主要取决于生产函数 f_i 的具体形式。

值得注意的一点是,将单位产品生产成本函数对工资求偏导可得:

$$\frac{\partial c_i}{\partial w} = a_{iL} + \left(w \frac{\partial a_{iL}}{\partial w} + r \frac{\partial a_{iK}}{\partial w} \right) \tag{7.6}$$

由于 c_i 是单位产出 $f_i(a_{iL}, a_{iK})=1$ 时的成本,将单位产出条件对工资求偏导可得 $f_{iL}\frac{\partial a_{iL}}{\partial w}\mathrm{d}w + f_{iK}\frac{\partial a_{iK}}{\partial w}\mathrm{d}w = 0$,其中 $f_{iL} = \frac{\partial f_i}{\partial L_i}, f_{iK} = \frac{\partial f_i}{\partial K_i}$。式子两边同乘以 p_i,并且注意到要素市场完全竞争使得 $p_i f_{iL} = w, p_i f_{iK} = r$,即单位要素投入的边际收益等于其边际成本,该式可以改写为 $w\frac{\partial a_{iL}}{\partial w} + r\frac{\partial a_{iK}}{\partial w} = 0$。将其代入式(7.6)可得:

$$\frac{\partial c_i}{\partial w} = a_{iL} \tag{7.7}$$

同理可得 $\frac{\partial c_i}{\partial r} = a_{iK}$。这表明,劳动力工资增加 1 个单位将使产品单位生产成本增加 a_{iL},而资本租金增加 1 个单位将使产品单位生产成本增加 a_{iK}。[①]

得到单位产品生产成本后,我们可以用其求解均衡要素价格。生产要素在一国的两部门间可以自由流动,但不能跨国流动。封闭经济均衡时一国必须同时生产两种产品,则这两个部门的要素价格(工资和租金)必须相等,否则生产要素会流向价格更高的部门。进一步假设产品市场完全竞争,则在均衡时产品的价格等于生产产品的成本,企业均衡利润为零:

$$p_i = c_i = wa_{iL}(w,r) + ra_{iK}(w,r), \quad i=1,2 \tag{7.8}$$

式(7.8)中,产品的均衡价格已由封闭经济均衡给出(令产品 1 为计价物,$p_1 = 1$,产品 2 均衡价格为均衡点切线斜率的绝对值),a_{iL} 和 a_{iK} 也已由企业成本最小化问题解出(式(7.4)),则根据式(7.8),可以解出两种要素的均衡价格 w 和 r,如图 7.4 所示。

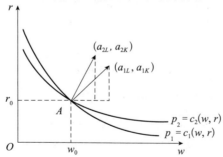

图 7.4 封闭经济均衡要素价格

[①] 事实上,数学中的包络定理(The Envelope Theorem)告诉我们,求解最大化或最小化问题时,最优解随着外生参数的变化可以由目标函数对该外生参数直接求偏导得到。根据包络定理,式(7.7)中可以直接将拉格朗日函数对工资求偏导得到 $\frac{\mathrm{d}c_i}{\mathrm{d}w} = \frac{\partial \mathcal{L}}{\partial w} = a_{iL}$。

图7.4中的一条曲线代表一个行业的零利润条件(式(7.8)),即在给定产品价格和生产函数的情况下,为保持产品价格不变,要素价格必须满足式(7.8)。该曲线给出了满足该条件时的劳动力工资w与资本租金r的关系。为保持产品i的价格不变,工资的增加必须伴随着租金的下降。另外,由于$\frac{\partial c_i}{\partial w}=a_{iL}$,$\frac{\partial c_i}{\partial r}=a_{iK}$,曲线上任意一点的梯度向量为$(a_{iL}(w,r),a_{iK}(w,r))$,代表当要素价格为该点工资和租金水平时,该行业单位劳动力需求和单位资本需求组成的向量。图7.4中两个行业的单位成本曲线相交于一点,该交点即为封闭经济均衡时的要素价格。而行业1的梯度向量斜率相对行业2的梯度向量斜率要小,说明行业1相对更为劳动密集,也即行业2相对更为资本密集。

但是,式(7.8)给出的两个式子并不一定只有唯一解。行业的生产函数可能恰好使单位成本曲线呈现如图7.5所示的情况。两条曲线存在两个交点A和B,对应的均衡要素价格存在两个均衡解。在均衡点A,两个行业单位成本曲线的梯度向量分别为(a_{1L},a_{1K})和(a_{2L},a_{2K})。行业2的梯度向量斜率更大,说明当要素价格为A点对应的价格时,产品1相对于产品2劳动密集,产品2相对资本密集。在均衡点B则刚好相反。行业1的单位成本曲线梯度向量(b_{1L},b_{1K})的斜率要小于行业2的梯度向量(b_{2L},b_{2K})的斜率,即当要素价格为B点对应的价格时,产品2相对于产品1劳动密集。

在不同的要素价格下,两种产品相对要素密集度发生改变,这种情形被称作要素密集度逆转(Factor Intensity Reversals,FIR)。

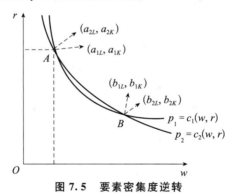

图7.5 要素密集度逆转

尽管直觉上要素密集度逆转的情况不太容易发生,但现实中的确存在这种可能。例如美国的制鞋企业可能使用大量的机械(资本)进行高度自动化生产,而中国的制鞋企业可能使用大量廉价的劳动力进行手工生产。相对于另外某个行业,制鞋业在美国可能就是资本相对密集行业(如图7.5中B点的行业1),而在中国是劳动相对密集行业(如图7.5中A点的行业1)。

那么当生产函数恰好使得要素密集度逆转成为可能时,一国究竟应该在哪个均衡点生产?为回答这个问题,我们需要依赖于一国的要素禀赋来判断。在回答这个问题之前,我们首先研究一下,当要素密集度不发生逆转时,一国均衡时两个行业的产量。

封闭经济均衡行业产量

封闭经济均衡时的行业产量 y_1 和 y_2 可以由图 7.3 中的均衡点 A 给出。要求解两者的具体数值,我们需要知道效用函数和无差异曲线的具体形式。假设我们不知道无差异曲线的具体形式,但是知道封闭经济均衡时的产品价格,我们也可以根据产品的均衡价格求出封闭经济均衡时的行业产量。

我们先看没有要素密集度逆转的情况。在如图 7.3 所示的情况下,一国效用最大化必然要求同时生产两种产品。给定均衡产品价格 p,我们可以得到均衡要素价格,以及由均衡要素价格决定的两个行业单位产品要素需求 (a_{1L}, a_{1K}) 和 (a_{2L}, a_{2K})。两个行业生产所需的要素加总必须为该国总要素供给,因此我们得到要素市场出清条件:

$$\begin{bmatrix} a_{1L} \\ a_{1K} \end{bmatrix} y_1 + \begin{bmatrix} a_{2L} \\ a_{2K} \end{bmatrix} y_2 = \begin{bmatrix} L \\ K \end{bmatrix} \tag{7.9}$$

式(7.9)可以由图 7.6 表示。向量 (L, K) 代表一国要素禀赋总量。由于该国在封闭经济均衡时必然生产两种产品,则向量 (L, K) 必须落在两个单位产品要素需求向量 (a_{1L}, a_{1K}) 和 (a_{2L}, a_{2K}) 组成的半开放锥形区域内。将向量 (L, K) 沿着 (a_{1L}, a_{1K}) 和 (a_{2L}, a_{2K}) 两个向量方向进行分解,得到两个分向量。两个分向量的模长即为式(7.9)的解,也即均衡时的行业产量 y_1 和 y_2。由于当要素禀赋向量落在这个锥形区域内时,该国会同时生产两种产品,因此这个锥形也被称为"多样化锥"(Cone of Diversification)。

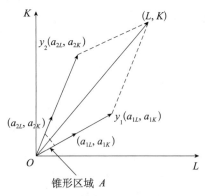

图 7.6 封闭经济均衡行业产量

接下来我们可以考虑存在要素密集度逆转的情况。给定均衡产品价格 p,我们现在有两个多样化锥,锥 A 和锥 B,如图 7.7 所示。首先可以确定的是这两个锥不会重叠,因为如图 7.5 所示,锥 B 的下边向量 (b_{2L}, b_{2K}) 一定比锥 A 的上边向量 (a_{2L}, a_{2K}) 要陡。一国究竟在图 7.5 中的哪个均衡点生产取决于该国的要素禀赋向量。

如果一国要素禀赋中劳动力丰裕,即劳动力与资本比值较大,如图 7.7 所示的 L^A/K^A,则该要素禀赋向量落在锥 A 中,该国将依据锥 A 定义的单位产品要素需求向量,由式(7.9)决定两个行业的均衡产量。由于该国在图 7.5 中的 A 点生产,则该国

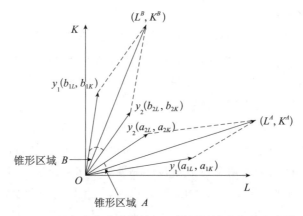

图 7.7 要素密集度逆转情况下封闭经济均衡行业产量

劳动力价格 w 相对较低。类似地,如果一国要素禀赋中资本丰裕,即劳动力与资本比值较小,如图 7.7 所示的 L^B/K^B,则该要素禀赋向量落在锥 B 中,该国将依据锥 B 定义的单位产品要素需求向量决定两个行业的均衡产量。由于该国在图 7.5 中的 B 点生产,则该国劳动力价格 w 相对较高。因此,我们可以得出结论:当存在要素密集度逆转时,劳动力丰裕的国家会选择单位产品劳动力需求相对较高的生产方式,且均衡时劳动力价格较低;资本丰裕的国家会选择单位产品资本需求相对较高的生产方式,均衡时资本价格相对较低。

这里有一个问题是,要素禀赋向量是否有可能不落在任何一个多样化锥里?换句话说,在不存在要素密集度逆转的情况下,是否可能在封闭经济均衡时一国要素禀赋向量落在如图 7.6 所示的锥 A 之外?答案很简单,这种情况不可能发生,因为这时定义锥 A 的价格 p 就不应该是均衡价格。由真正均衡价格定义的多样化锥一定会包含该国要素禀赋向量,否则该国就不会同时生产两种产品。

当然,我们还有一个问题,那就是假设产品价格 p 外生给定(例如产品价格在自由贸易情况下由世界总需求和总供给决定),同时仍然假设不存在要素密集度逆转情况况,则根据式(7.8),该外生价格在一国同时生产两种产品的情况下可以决定该国的要素价格 (w,r),如果该国的要素禀赋向量 (L,K) 不落在由要素价格 (w,r) 定义的多样化锥内,该国将如何生产?在这种情况下,一国将不再同时生产两种产品,而是专业化生产某一种产品。例如,假设本国的要素禀赋向量落在图 7.6 中锥 A 向量 (a_{1L},a_{1K}) 的下方,则本国将只生产产品 1。① 这时,本国需要满足的单位成本曲线只剩下行业 1 的单位成本曲线,如图 7.8 A' 点所示。

本国由于只生产产品 1,要素市场出清条件为 $a_{iL}y_i=L, a_{iK}y_i=K$。因此,专业化生产时单位产品要素需求比值必须等于要素禀赋比值,即 $\dfrac{a_{iL}}{a_{iK}}=\dfrac{L}{K}$。行业 1 的单位产

---

① 本章稍后将介绍随着要素禀赋向量的变化,一国从多样化生产向专业化生产的转变过程。

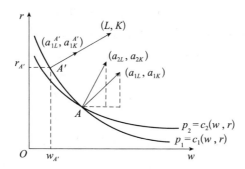

图 7.8　专业化生产时单位要素需求与要素价格

品要素需求向量(a_{1L},a_{1K})将不再是图 7.8 中 A 点单位成本曲线的梯度向量，而变为 A' 点单位成本曲线的梯度向量$(a_{1L}^{A'},a_{1K}^{A'})$。本国的要素价格也将不再是 A 点的要素价格，而变为 A' 点的要素价格，$(w_{A'},r_{A'})$。

为了后文讨论的简洁，接下来我们将假设要素密集度不存在逆转情况。在这一条件下，我们可以得到封闭经济均衡时的所有内生变量，包括封闭经济均衡时的产品价格 p_1 和 p_2、要素价格 w 和 r、单位产品要素需求 a_{iL} 和 a_{iK} 以及产品的产量 y_1 和 y_2。

7.1.2　自由贸易

我们已经了解封闭经济条件下一国均衡时的产品产量、价格以及要素价格。接下来，我们假设存在两个国家，两国具有相同的生产技术和消费者偏好，但是要素禀赋不同。当这两个国家自由贸易时将呈现怎样的贸易模式，两国的生产将发生怎样的变化，两国的要素价格又将发生怎样的变化？

要素禀赋与生产可能性边界

为了研究两个国家自由贸易的情况，我们需要先研究两国间要素禀赋的不同将对两国封闭经济均衡带来怎样的影响。由于要素禀赋影响产品的供给而不是需求，因此我们首先研究要素禀赋差异对生产可能性边界的影响。为了不失一般性，我们假设两国资本禀赋相同，而外国的劳动力比本国更为丰裕，则上述问题转化为本国劳动力供给增加时，该国生产可能性边界将发生怎样的变化。

假设我们从图 7.3 中的 A 点出发，并保持两种产品的相对价格 p 不变。本国劳动力供给增加后两种产品新的产量水平就定义了该价格下新的生产可能性边界点。由于产品的相对价格 p 不变，且我们已经假设要素密集度逆转情况不会发生，故根据式(7.8)，该价格下的要素价格 w 和 r 也不变。该要素价格又唯一决定两种产品的单位产品要素需求 a_{iL} 和 a_{iK}，因此本国劳动力供给增加后两种产品新的产量水平可以使用要素市场出清条件（式(7.9)）求出。

对要素市场出清条件求全微分可得：

$$a_{1L}\mathrm{d}y_1 + a_{2L}\mathrm{d}y_2 = \mathrm{d}L$$

$$a_{1K}\mathrm{d}y_1 + a_{2K}\mathrm{d}y_2 = \mathrm{d}K$$

两式分别除以劳动力 L 和资本 K 并稍作整理可得：

$$\frac{y_1 a_{1L}}{L}\frac{\mathrm{d}y_1}{y_1} + \frac{y_2 a_{2L}}{L}\frac{\mathrm{d}y_2}{y_2} = \frac{\mathrm{d}L}{L}$$

$$\frac{y_1 a_{1K}}{K}\frac{\mathrm{d}y_1}{y_1} + \frac{y_2 a_{2K}}{K}\frac{\mathrm{d}y_2}{y_2} = \frac{\mathrm{d}K}{K}$$

其中，令 $\hat{L} \equiv \frac{\mathrm{d}L}{L}$ 和 $\hat{K} \equiv \frac{\mathrm{d}K}{K}$ 分别表示劳动力和资本变动的百分比，$\hat{y}_i \equiv \frac{\mathrm{d}y_i}{y_i}$ 表示产量变动的百分比。注意到 $\lambda_{iL} \equiv (y_i a_{iL})/L$ 衡量了本国产品 i 生产所需的劳动力占本国总劳动禀赋的比重。类似地，λ_{iK} 衡量了本国产品 i 生产所需的资本占本国总资本禀赋的比重。根据要素市场出清条件必有 $\lambda_{1L} + \lambda_{2L} = 1$ 和 $\lambda_{1K} + \lambda_{2K} = 1$。上述等式可以简化为：

$$\lambda_{1L}\hat{y}_1 + \lambda_{2L}\hat{y}_2 = \hat{L}$$

$$\lambda_{1K}\hat{y}_1 + \lambda_{2K}y_2 = \hat{K}$$

将其改写为矩阵形式得到：

$$\begin{bmatrix} \hat{L} \\ \hat{K} \end{bmatrix} = \begin{bmatrix} \lambda_{1L} & \lambda_{2L} \\ \lambda_{1K} & \lambda_{2K} \end{bmatrix} \begin{bmatrix} \hat{y}_1 \\ \hat{y}_2 \end{bmatrix} \tag{7.10}$$

由于不同产品的要素密集度不同，故 $\frac{\lambda_{1L}}{\lambda_{1K}} \neq \frac{\lambda_{2L}}{\lambda_{2K}}$，所以式(7.10)中行业要素占比组成的矩阵满秩，方程组(7.10)存在唯一解。已经假设产品 1 劳动密集，这意味着生产产品 1 所雇用的劳动力占总劳动禀赋的比重超过该产品使用的资本占总资本禀赋的比重，即 $\lambda_{1L} - \lambda_{1K} > 0$。相似地，产品 2 资本密集，有 $\lambda_{2L} - \lambda_{2K} < 0$（参见本章习题 7-2）。

由于假设本国资本禀赋保持不变，而劳动力供给增加，因此 $\hat{L} > 0, \hat{K} = 0$。则由式(7.10)可求出两种产品产量变动的百分比 $\hat{y}_1$ 和 $\hat{y}_2$ 为：

$$\hat{y}_1 = \frac{\lambda_{2K}\hat{L}}{(\lambda_{2K} - \lambda_{2L})} > \hat{L} > 0, \quad \hat{y}_2 = \frac{-\lambda_{1K}\hat{L}}{(\lambda_{1L} - \lambda_{1K})} < 0 \tag{7.11}$$

即 $\hat{y}_2 < 0 = \hat{K} < \hat{L} < \hat{y}_1$。劳动力供给的相对增加会导致劳动密集产品 1 的产量增加，而资本密集产品 2 的产量减少。并且，要素禀赋的变动对产品产量的影响具有放大效应，即劳动密集产品产量增加的比例要大于劳动力供给增加的比例。

通过以上分析，我们得到雷布津斯基定理(Rybczynski,1955)。

定理 7.1 给定两种产品的相对价格，一种要素禀赋的增加会增加密集使用该要素产品的产量，而减少另一种产品的产量。

我们可以通过图 7.9(a)来理解这一结果。在两种产品相对价格保持不变的情况下，两行业单位产品要素需求不变，故多样化锥不变。劳动力供给增加而资本保持不变会使得本国要素禀赋向量 (L,K) 向右移动至 (L',K)。这使得要素禀赋向量在两行业单位产品要素需求向量上分解的结果为 y_1 增加而 y_2 减少。这是因为，劳动力供给增加时，为了保证要素市场出清，唯一可行的办法是增加劳动密集产品（产品 1）的生产用以吸收过多的劳动力。但是，由于生产产品 1 的过程中劳动力和资本的投入比例不变(因为要素价格不变),这就需要从产品 2 的生产中吸收一部分资本,附带吸收部分劳动力,导致资本密集产品(产品 2)的产量下降。

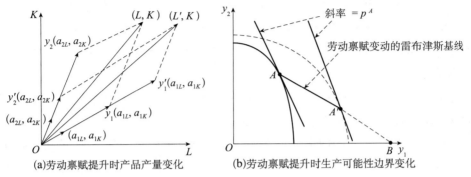

图 7.9 雷布津斯基定理图形解释

我们可以由此观察劳动禀赋的提升对生产可能性边界的影响,如图 7.9(b)所示。劳动力供给增加时,与 A 点具有相同价格水平的生产可能性边界点变为 A 点右下方的 A' 点。从 A 点向 A' 点移动的过程中,随着劳动力供给的逐步增加,产品 1 的产量 y_1 逐渐增加,产品 2 的产量 y_2 逐渐减少。将这个过程中所有的点连接起来,我们得到反映劳动禀赋变动的生产可能性边界点的变化线,我们将其称为反映劳动禀赋变动的雷布津斯基线。

雷布津斯基线是否应该是如图 7.9(b)所示的直线呢?在上述过程中,两种产品的相对价格保持不变,故两种要素价格及单位产品要素需求也不变,且由于本国资本禀赋保持不变,故式 $a_{1K}y_1 + a_{2K}y_2 = K$ 始终成立。对此式求全微分可得:

$$a_{1K}\mathrm{d}y_1 + a_{2K}\mathrm{d}y_2 = 0 \Rightarrow \frac{\mathrm{d}y_2}{\mathrm{d}y_1} = -\frac{a_{1K}}{a_{2K}} \tag{7.12}$$

由于 a_{1K}/a_{2K} 保持不变,因此反映劳动禀赋变动的雷布津斯基线为向右下方倾斜的直线。

如果我们继续增加劳动力供给,直到该雷布津斯基线与横轴交于图 7.9(b)中的 B 点。此时该国将专业化生产产品 1。在图 7.9(a)中反映为要素禀赋向量 (L,K) 与产品 1 的单位产品要素需求向量 (a_{1L},a_{1K}) 具有相同的方向。在此基础上继续增加劳动力供给,则图 7.9(b)中雷布津斯基线变为沿着横轴向右延伸的线。该国将继续专业化于产品 1 的生产,在图 7.9(a)中对应于由向量 (a_{1L},a_{1K}) 和 (a_{2L},a_{2K}) 组成的多样化锥右下方的要素禀赋向量。此时该国要素价格将开始变化,由如图 7.8 中类似 A' 点的情况决定。

注意,图 7.9(b)中新旧两条生产可能性边界上的点并非一一对应。新边界(图中虚线)靠近纵轴处的点在旧边界(图中实线)上就没有对应点,即新边界上这些点的切线斜率小于旧边界上所有点的切线斜率。同理,旧边界靠近横轴处的点在新边界上也没有对应点,即旧边界上这些点的切线斜率大于新边界上所有点的切线斜率。

由此，我们可以得出结论，如果外国与本国资本禀赋相同，而外国劳动禀赋更高，则外国的生产可能性边界相对于本国有不均匀的向外扩张。产品 1 劳动密集，生产可能性边界与产品 1 所在横轴的交点向右移动较大。产品 2 资本密集，生产可能性边界与产品 2 所在纵轴的交点向上移动较小。对两国生产可能性边界上具有相同 y_2 值的点的切线斜率进行比较，外国边界的斜率总是比本国边界的斜率要小。

要素禀赋与封闭经济均衡价格

在了解了两国要素禀赋不同对两国生产可能性边界的影响之后，我们可以进一步研究这些不同如何影响两国封闭经济均衡价格。

两国消费者偏好完全相同，故而无差异曲线也完全相同。两国封闭经济均衡价格的差别将完全来自两国生产可能性边界的不同。为了了解两国封闭经济均衡时的价格应有怎样的不同，我们先假设两国具有相同的封闭经济均衡价格，然后看看在这样一个假设下会有怎样的结论。

如图 7.10 所示，假设本国在 A 点达到均衡，即此时本国的生产可能性边界与无差异曲线在 A 点相切，切线斜率是本国封闭经济均衡时两种产品的相对价格 $p^A = p_1/p_2$。

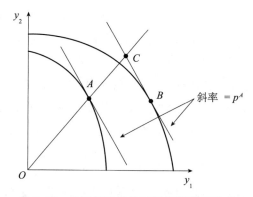

图 7.10　本国与外国的封闭经济均衡价格

现在假设外国的封闭经济均衡价格与本国相同，也是 p^A。根据前面的讨论，外国比本国拥有更多的劳动力，在 p^A 价格下，外国要实现要素市场出清必须比本国生产更多的劳动密集产品 1，而生产更少的资本密集产品 2，即外国在 A 点右下方的 B 点进行生产。

但是，我们前面假设消费者偏好相同，即收入变动而产品价格不变时，消费者对两种产品的消费量会同比例变动。也就是说，给定均衡价格 p^A，外国消费者的消费组合必然位于从原点出发经过 A 点的射线上，同时也要位于经过 B 点且斜率为 p^A 的预算线上。所以，外国的消费点位于两者的交点 C。可以看出，在本国的均衡价格 p^A 下，外国对产品的需求和供给不相等，即 B 点和 C 点不重合。这表明本国的均衡价格 p^A 不可能是外国的均衡价格。

继续观察可以看出，在本国的均衡价格 p^A 下，外国实际上对产品 2 有超额需求，而对产品 1 有超额供给。需求与供给这样的差别将导致产品 1 价格下降,而产品 2 价格上升。因此,在外国封闭经济均衡时,其产品 1 的相对价格必须低于本国产品 1 的相对价格,即 $p^{A*}<p^A$。

因此我们得出结论,封闭经济条件下,当两国的要素禀赋不同时,两国各自达到的封闭经济均衡价格不同。劳动力丰裕的国家其劳动密集产品的价格相对更低。在前面的设定下,本国和外国的封闭经济均衡价格分别为 p^A 和 p^{A*},且 $p^A>p^{A*}$。

自由贸易均衡

当两国间允许自由贸易时,本国生产 1 个单位的产品 2 在本国可以交换 $1/p^A$ 个单位的产品 1,而出口到外国可以交换 $1/p^{A*}$ 个单位的产品 1。由于 $1/p^{A*}>1/p^A$,故本国产品 2 的生产商更乐意将产品 2 出口到外国,以换取更多的产品 1。对于外国而言,1 个单位的产品 1 在外国国内可以交换 p^{A*} 个单位的产品 2,而出口到本国时可以交换 p^A 个单位的产品 2。由于 $p^{A*}<p^A$,故外国产品 1 的生产商更乐意将产品 1 出口到本国,以换取更多的产品 2。可以看出,两国间存在相对价格的不同,两国就有进行贸易的动机。因此,与李嘉图模型机制相同,在 HO 模型设定下,真正引起国际贸易的仍然是同种产品在不同国家间相对价格的不同。这一点我们称之为国际贸易的相对价格本质。

允许自由贸易后,新的均衡价格如何确定?假设达到自由贸易均衡时,两国都同时生产两种产品,则两国两种产品的价格必须相等。定义函数 $z(p)$ 和 $z^*(p)$ 分别表示本国和外国在相对价格 p 下对产品 1 的超额需求,即一国在相对价格 p 下产品 1 的需求量减去该国产品 1 的生产量。$z(p)+z^*(p)$ 表示世界在相对价格 p 下对产品 1 的超额需求。如果 $z(p)+z^*(p)>0$,世界对产品 1 存在超额需求,则相对价格 p 不可能是自由贸易均衡价格。只有当 $z(p)+z^*(p)=0$ 时,世界对产品 1 的超额需求等于 0,世界才达到了自由贸易均衡。

假设世界均衡价格等于本国在封闭经济条件下的均衡价格 p^A。本国对产品 1 的超额需求为零,$z(p^A)=0$。前面分析得到,外国在价格 p^A 下对产品 1 存在超额供给,即 $z^*(p^A)<0$,因此有 $z(p^A)+z^*(p^A)<0$。类似地,假设世界均衡价格等于外国在其封闭经济条件下的均衡价格 p^{A*},外国对产品 1 的超额需求满足 $z^*(p^{A*})=0$。我们分析得知本国对产品 1 的超额需求大于零,即 $z(p^{A*})>0$。因此,$z(p^{A*})+z^*(p^{A*})>0$。由于超额需求函数具有连续性,所以一定存在一个价格 p 满足 $p^{A*}<p<p^A$,使得 $z(p)+z^*(p)=0$ 成立。由此,我们得到自由贸易均衡价格 p。对本国而言,自由贸易均衡价格小于本国封闭经济均衡价格 p^A,本国将出口产品 2 给外国。对外国而言,自由贸易均衡价格 p 大于外国封闭经济均衡价格 p^{A*},则外国将出口产品 1 给本国。两国在自由贸易均衡价格 p 下贸易达到平衡。

自由贸易均衡如图 7.11 所示。在封闭经济均衡下,本国的生产可能性边界与无差异曲线 U_1 相切于 A 点,产品 1 的相对价格为 p^A。自由贸易后,产品 1 的相对价格

由 p^A 下降为 p。在这一相对价格下,本国为实现效用最大化,需要最大限度地放松本国的预算约束,也即在新的价格水平下,本国需要最大化其 GDP 水平。本国效用最大化的生产点选择等价于求解以下问题:

$$G(p_1,p_2,L,K) = \max_{y_1,y_2} p_1 y_1 + p_2 y_2, \quad y_2 = h(y_1,L,K)$$

其中,p_i 是自由贸易均衡时产品 i 的价格,且 $p = p_1/p_2$,$h(y_1,L,K)$ 是本国的生产可能性边界。将约束条件代入目标方程,该问题转化为选择 y_1 以最大化 $p_1 y_1 + p_2 h(y_1,L,K)$。这个问题的一阶条件为 $p_1 + p_2(\partial h/\partial y_1) = 0$,或者:

$$p = -(\partial h/\partial y_1) = -(\partial y_2/\partial y_1)$$

因此,本国将在生产可能性边界切线斜率为自由贸易均衡价格 p 的点处生产,即图 7.11(a) 中的 B 点。

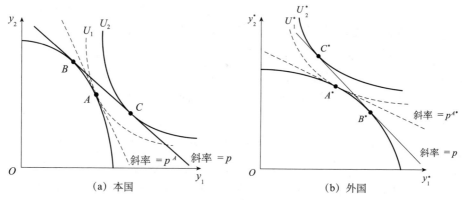

图 7.11 自由贸易均衡

B 点的切线代表本国的预算约束线,本国可以消费此预算约束线上任意点的产品组合。当预算约束线与无差异曲线 U_2 相切于 C 点时,本国消费者效用最大。通过对比自由贸易时本国的生产组合 B 点与效用最大的消费组合 C 点,可以看出本国将出口产品 2 而进口产品 1。外国则刚好相反,自由贸易时外国产品 1 与产品 2 的相对价格由 p^{A*} 提高到 p,生产组合由 A^* 变为 B^*,效用最大的消费组合在 C^*,外国将出口产品 1 而进口产品 2。至此,我们可以得到赫克歇尔-俄林定理(H-O 定理)。

定理 7.2 自由贸易时,一国更多生产并出口密集使用该国丰裕要素的产品,而进口密集使用该国稀缺要素的产品。

需要注意的是,为了讨论的方便,图 7.11 展示了世界均衡价格 p 使得本国新的生产点 B 没有到达纵轴,外国新的生产点 B^* 也没有到达横轴的情况。在这种情况下,两个国家都同时生产两种产品。如果这个条件没有满足,那么将有一国专业化生产某种产品,前述自由贸易均衡解将不再是均衡解。针对这种情况下自由贸易均衡的求解,我们将在本章第二节进行介绍。

自由贸易均衡下的要素价格

我们已经求得两国自由贸易均衡时的产品价格和产品产量。我们关心在这一均衡下，两国的要素价格有什么差异。与封闭经济均衡时的要素价格相比，自由贸易均衡时的要素价格又有什么不同？

我们已经知道，在自由贸易均衡时，世界经济达到一个均衡价格 p。为了研究两国的要素价格有何差异，我们求解在这个均衡价格下两国各自的要素价格。由于两国具有相同的生产函数，给定相同的要素价格，两国同一个行业将具有相同的单位成本函数 $c_i(w,r)$。对任意一国，该国在自由贸易均衡时的要素价格将由"零利润条件"（式(7.8)）决定，即

$$p_i = c_i = wa_{iL}(w,r) + ra_{iK}(w,r), \quad i=1,2$$

在不存在要素密集度逆转的情况下，式(7.8)将给出唯一的要素价格解 (w,r)。对两国而言，自由贸易均衡时两国面对的产品价格 p_i 相同，两国单位成本函数又由于生产函数相同而相同，那么两国自由贸易均衡时要素价格相等。这就是要素价格均等化定理（Factor Price Equalization）：

定理 7.3 只要一国同时生产两种产品，且不存在要素密集度逆转情况，则每一个价格向量 (p_1, p_2) 唯一决定一组要素价格 (w,r)。如果两国拥有相同的生产函数，自由贸易均衡时各自都同时生产两种产品且不存在要素密集度逆转情况，由于两国面对相同的价格向量，则两国的要素价格也相等。

这一定理的成立要满足两个条件，即两国同时生产两种产品且不存在要素密集度逆转情况。如果存在要素密集度逆转情况，则即使两国产品的价格相等，要素价格也可能存在不同的解，导致本国和外国可能具有不同的要素价格。另外，如果本国或外国只生产一种产品，那么式(7.8)中的两个等式在该国就不需要同时成立，两国间也不一定具有相同的要素价格。

在定理成立的前提条件下，要素价格均等化定理告诉我们：尽管我们不允许生产要素的跨国流动，但是产品的自由流动相当于替代了要素的流动，从而实现了生产要素在世界范围内的价格均等化。自由贸易帮助我们得到的是类似允许要素自由流动时的"世界整体均衡"。

在怎样的条件下，自由贸易均衡与要素自由流动时的世界整体均衡之间能画等号呢？我们先看一下世界整体均衡应该是怎样的情况。仍然假设不存在要素密集度逆转情况，并且假设生产要素能够直接跨国流动。由于要素能够跨国流动，两国两要素的价格必然相等。因此，我们可以把两个国家合为一体，视为一个"整体世界"。该整体世界可以被看作一个封闭经济，其总要素禀赋等于本国和外国要素禀赋之和。与一国封闭经济条件下均衡状态的讨论类似，我们可以解出整体世界的均衡产品价格和均衡要素价格。均衡产品价格与自由贸易均衡时相同，都为 p。由于两国的生产技术相同，因此在整体世界均衡价格下单位产品要素需求 a_{iL} 和 a_{iK} 也与自由贸易均衡时相同。整体世界均衡要素价格由此也与自由贸易均衡时相同。根据这些条件，我们可以构造出如图 7.12 所示的一个平行四边形 $OA_1O^*A_2$ 集合。

图中，横轴和纵轴分别表示两国加总的劳动禀赋和资本禀赋。本国的要素禀赋由

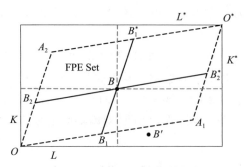

图 7.12 要素价格均等化集合

O 点出发的横纵坐标表示,而外国的要素禀赋由 O^* 点出发的横纵坐标表示。向量 OA_1 与 O^*A_2 平行,且分别与从 O 点和 O^* 点出发的向量 (a_{1L}, a_{1K}) 方向相同。向量 OA_2 与 O^*A_1 平行,且分别与从 O 点和 O^* 点出发的向量 (a_{2L}, a_{2K}) 方向相同。

如果我们将世界总要素禀赋在两国之间进行分配,并且只允许产品跨国流动而不允许要素跨国流动,那么怎样的要素分配能够使自由贸易均衡与整体世界均衡一致呢?假设要素禀赋分配点位于 $OA_1O^*A_2$ 集合内,如图 7.12 中 B 点所示。在整体世界均衡价格下,本国如果同时生产两种产品,则其生产单位产品 i 使用的劳动力和资本 (a_{iL}, a_{iK}) 与整体世界均衡时一样。由于 OB 向量位于由 (a_{1L}, a_{1K}) 和 (a_{2L}, a_{2K}) 组成的多样化锥内,因此本国确实将生产两种产品,并将 OB_1 的资源用于生产产品 1, OB_2 的资源用于生产产品 2,而保持与整体世界均衡时相同的要素价格。同理,外国会将 $O^*B_1^*$ 的资源用于生产产品 1, $O^*B_2^*$ 的资源用于生产产品 2。此时的世界产出等于整体世界均衡时的世界产出,且两国拥有与整体世界均衡时相同的要素价格。因此,只要整体世界的总要素禀赋在两国之间的分配位于 $OA_1O^*A_2$ 集合内,自由贸易均衡与要素自由流动时的世界整体均衡之间就能画等号,且两国要素价格相等。$OA_1O^*A_2$ 这个集合因此被称为"等要素价格集合"(Factor Price Equalization Set, FPE Set)。

如果两国的要素禀赋分配位于等要素价格集合外,例如图 7.12 中的 B' 点,由前面的分析可知,此时本国将专业化生产产品 1,两国的要素价格不再相等。这种情况下的自由贸易均衡求解我们将在下一节讨论。

接下来我们研究当两国的要素禀赋分配点位于等要素价格集合内时,自由贸易均衡下要素的价格相较于封闭经济均衡下的价格发生了怎样的变化。我们特别关心,从封闭经济到自由贸易会导致一国哪些要素的拥有者从自由贸易中获益,哪些要素的拥有者从自由贸易中受损。要回答这一问题,我们需要研究产品价格从封闭经济均衡价格变到自由贸易均衡价格时,一国要素价格发生了怎样的变化。

通过前面的分析我们已经知道,要素价格由式(7.8)决定。对该式求全微分,可以得到 $\mathrm{d}p_i = \frac{\partial c_i}{\partial w}\mathrm{d}w + \frac{\partial c_i}{\partial r}\mathrm{d}r$。根据式(7.7),即 $\frac{\partial c_i}{\partial w} = a_{iL}$ 和 $\frac{\partial c_i}{\partial r} = a_{iK}$,可得:

$$\mathrm{d}p_i = a_{iL}\mathrm{d}w + a_{iK}\mathrm{d}r$$

第 7 章 赫克歇尔-俄林模型

根据"零利润条件"$p_i = c_i$，将上式左边除以 p_i，右边除以 c_i，稍作整理可得：

$$\frac{\mathrm{d}p_i}{p_i} = \frac{wa_{iL}}{c_i}\frac{\mathrm{d}w}{w} + \frac{ra_{iK}}{c_i}\frac{\mathrm{d}r}{r}$$

其中，$\frac{\mathrm{d}p_i}{p_i}$ 代表价格变动的百分比，记作 $\hat{p}_i$（同样地，在等式右边我们可以得到 $\hat{w}$ 和 $\hat{r}$），而 $\frac{wa_{iL}}{c_i}$ 表示劳动力工资占生产产品总成本的比重，记作 θ_{iL}。相应地，$\frac{ra_{iK}}{c_i}$ 表示资本租金占生产产品总成本的比重，记作 θ_{iK}。我们可以用矩阵的形式给出 $\hat{p}_1, \hat{p}_2, \hat{w}$ 和 $\hat{r}$ 的关系：

$$\begin{pmatrix} \hat{p}_1 \\ \hat{p}_2 \end{pmatrix} = \begin{pmatrix} \theta_{1L} & \theta_{1K} \\ \theta_{2L} & \theta_{2K} \end{pmatrix} \begin{pmatrix} \hat{w} \\ \hat{r} \end{pmatrix} \quad (7.13)$$

由于我们已经假定产品 1 和产品 2 的要素密集度不同，因此有 $\theta_{1L}/\theta_{1K} \neq \theta_{2L}/\theta_{2K}$。各要素在总成本中所占比重构成的矩阵满秩，因此矩阵可逆。对式(7.13)进行逆变换可得：

$$\begin{pmatrix} \hat{w} \\ \hat{r} \end{pmatrix} = \frac{1}{|\theta|} \begin{pmatrix} \theta_{2K} & -\theta_{1K} \\ -\theta_{2L} & \theta_{1L} \end{pmatrix} \begin{pmatrix} \hat{p}_1 \\ \hat{p}_2 \end{pmatrix} \quad (7.14)$$

其中，$|\theta| = \theta_{1L}\theta_{2K} - \theta_{1K}\theta_{2L} = \theta_{1L} - \theta_{2L} = \theta_{2K} - \theta_{1K}$。①

我们假定产品 1 劳动密集，这意味着产品 1 中劳动力成本的比重要超过产品 2，应有 $|\theta| = \theta_{1L} - \theta_{2L} > 0$（参见本章习题 7-2）。假定从封闭经济均衡到自由贸易均衡，产品 1 的价格相对上升（例如前面讨论中的外国），亦即 $\hat{p} = \hat{p}_1 - \hat{p}_2 > 0$，根据式(7.14)可得：

$$\hat{w} = \frac{\theta_{2K}\hat{p}_1 - \theta_{1K}\hat{p}_2}{|\theta|} = \frac{(\theta_{2K} - \theta_{1K})\hat{p}_1 + \theta_{1K}(\hat{p}_1 - \hat{p}_2)}{(\theta_{2K} - \theta_{1K})} > \hat{p}_1$$

$$\hat{r} = \frac{\theta_{1L}\hat{p}_2 - \theta_{2L}\hat{p}_1}{|\theta|} = \frac{(\theta_{1L} - \theta_{2L})\hat{p}_2 - \theta_{2L}(\hat{p}_1 - \hat{p}_2)}{(\theta_{1L} - \theta_{2L})} < \hat{p}_2$$

则我们得到产品价格变化和要素价格变化之间的关系为：

$$\hat{w} > \hat{p}_1 > \hat{p}_2 > \hat{r}$$

当产品 1 价格相对上升时，劳动力工资上升的幅度大于产品 1 价格上升的幅度，这意味着劳动者能够购买的产品 1 的数量变多了。由于 $\hat{p}_1 > \hat{p}_2$，因此劳动者能够购买的产品 2 的数量也变多了。劳动者能够购买的两种产品变多，整体而言，意味着劳动者的实际报酬提升。同理，资本租金上升的幅度小于产品 1 和产品 2 价格上升的幅度，因此资本拥有者能够购买的产品 1 和产品 2 的数量变少了，资本的实际报酬下降。我们得到斯托尔珀-萨缪尔森定理（Stolper-Samuelson Theorem，Stolper and Samuelson，1941）：

定理 7.4 一种产品相对价格的上升将提高该产品密集使用要素的实际报酬，并

---

① $|\theta| = \theta_{1L}\theta_{2K} - \theta_{1K}\theta_{2L} = \theta_{1L}(1-\theta_{2L}) - (1-\theta_{1L})\theta_{2L} = \theta_{1L} - \theta_{2L}$，同理可得 $|\theta| = \theta_{2K} - \theta_{1K}$。

降低该产品不密集使用要素的实际报酬。

斯托尔珀-萨缪尔森定理也可以用图 7.13 进行说明。封闭经济条件下,外国在 A 点达到均衡。自由贸易均衡时产品 1 的价格提升,意味着其对应的单位成本曲线 p_1 相应地外移到 p_1',外国的均衡要素价格从 A 点变为 B 点,外国劳动力工资上升,而资本租金下降。

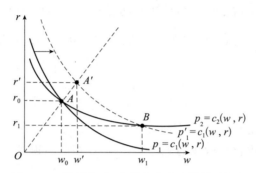

图 7.13　斯托尔珀-萨缪尔森定理的图形解释

但是如何看出工资上升的幅度超过了产品 1 价格提升的幅度呢?如果工资与租金同比例变动,则单位产品要素需求不变,即如果要素价格沿着从原点出发经过 A 点的射线变动,a_{iL} 和 a_{iK} 不会变化。根据 $p_i = wa_{iL} + ra_{iK}$,此时产品价格也会随着要素价格以相同的比例变动。也就是说,沿着 OA 射线从 A 点到 A' 点,产品 1 价格变化的幅度等于工资变化的幅度,即 $w'/w_0 = p_1'/p_1$。显然,从 w_0 到 w_1,工资变动的幅度超过了产品 1 价格变动的幅度,劳动力的实际报酬提升。

根据斯托尔珀-萨缪尔森定理我们得到,对资本相对丰裕的本国而言,自由贸易均衡提升了资本密集产品(产品 2)的价格,因此提升了资本的实际报酬,而降低了劳动力的实际报酬。与本国相反,对劳动力相对丰裕的外国而言,自由贸易均衡提升了劳动密集产品(产品 1)的价格,因此提升了丰裕要素劳动力的实际报酬,而降低了稀缺要素资本的实际报酬。

7.2　完全分工:DFS(1980)模型

在前面的讨论中,我们一直保持着一个假设,即生产要素在两个国家间的分配位于等要素价格集合内,两国不会专业化于某种产品的生产,造成两国在不同产品上的分工。如果这一条件不满足,那么不允许要素跨国流动的自由贸易均衡将不同于允许要素跨国流动的整体世界均衡。这种情况下的自由贸易均衡将是怎样的呢?更一般地,我们可以在模型中引入多个(三个及以上)产品。在存在多种产品的情况下,怎样的要素分配会使两国间出现完全分工,分工后的自由贸易均衡又与整体世界均衡之间如何不同?DFS(1980)模型对这些问题进行了回答,本节将对此进行详细的介绍。

7.2.1 多产品整体世界均衡

我们以两国两要素三产品为例来展示存在多种产品情况下整体世界的均衡。与本章第一节一样,我们假设两个国家拥有相同的生产函数,任一产品的生产函数满足一次齐次,同时对任一要素单调递增且规模报酬递减。我们首先假设将两个国家合并起来(允许要素跨国流动),考虑这样一个整体世界将达到怎样的均衡。

给定整体世界的总要素禀赋,我们首先可以得到整体世界生产三种产品的生产可能性曲面。该曲面应该呈现向外凸出的形状,如图 7.14 所示。

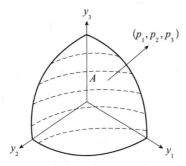

图 7.14 生产可能性曲面

消费者对三种产品偏好的无差异曲面(Indifference Surface)是凸函数(Convex)。生产可能性曲面必然与代表消费者效用的某个无差异曲面相切,假设该切点为图 7.14 中的 A 点。此时 A 点对应的三种产品的产量为整体世界均衡时的产品产量。切点的梯度向量给出了各产品的均衡价格 p_1, p_2 和 p_3。

得到均衡产品价格后,我们可以求解均衡要素价格。对每种产品,给定要素价格 (w,r),企业最小化生产成本可得该产品的单位成本 $c_i(w,r)$。由于均衡时同时生产三种产品,三种产品都需要满足零利润条件:

$$p_i = c_i(w,r), \quad i=1,2,3$$

可以看出,在两要素三产品的情况下,零利润条件包含三个等式,两个未知数 w 和 r。如果三种产品的价格随意给定,并以此求解零利润条件,则未必有解,如图 7.15(a) 所示。只有在图 7.15(b) 这种特殊情况下,即价格曲线 p_1, p_2 和 p_3 相交于一点,w 和 r 才有解。

但是,图 7.14 中均衡产品价格 p_1, p_2 和 p_3 并不是随意给定的。由于整体世界经济必然达到均衡,即图 7.14 中的 A 点,而均衡时必然有唯一要素价格解,因此在整体世界均衡给出的均衡产品价格下,三个产品的零利润条件必然在同一个要素价格下同时满足。图 7.15(b) 图所示的情况看起来偶然,却是必然的结果。

将三种产品继续拓展为 N 种产品,我们同样可以使用类似上面的分析得到整体世界均衡,即我们可以得到均衡时 N 种产品的价格向量 $p=(p_1, p_2, \cdots, p_N)$,各个产品 i 的产量 D_i^W,各个产品的单位产品要素需求 a_{iL} 和 a_{iK}, $i=1,\cdots,N$,以及均衡时两种

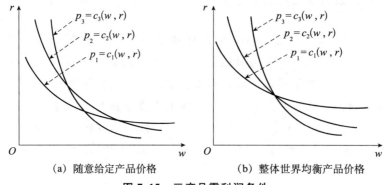

(a) 随意给定产品价格 (b) 整体世界均衡产品价格

图 7.15 三产品零利润条件

要素的价格。

接下来我们考虑如果两个国家间要素不能流动,则在两个国家间如何分配要素禀赋并通过产品的自由贸易能够产生与整体世界均衡一样的结果。与两种产品的情况类似(图 7.12),N 种产品情况下也存在一个等要素价格集合。我们首先依据整体世界均衡时得到的各产品单位产品要素需求比值 a_{iL}/a_{iK},对产品进行重新排序,令 $a_{1L}/a_{1K} > a_{2L}/a_{2K} > \cdots > a_{NL}/a_{NK}$。将每个产品 i 的单位产品要素需求向量乘以该产品的产量 D_i^W,得到整体世界用于生产该产品使用的要素向量 $(a_{iL}, a_{iK})D_i^W$。分别从 O 点和 O^* 点出发,依照 i 由小到大的顺序将这些向量相加,我们得到整体世界总要素禀赋,即

$$\sum_{i=1}^{N}(a_{iL}, a_{iK})D_i^W = (L^W, K^W)$$

将这些向量相加,可以得到如图 7.16 所示的一个近似橄榄的集合。这个集合就是 N 种产品情况下的等要素价格集合。

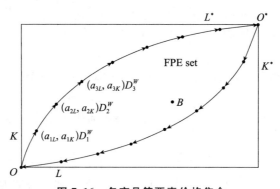

图 7.16 多产品等要素价格集合

考虑图 7.16 中等要素价格集合内任意一点 B 对应的生产要素分配。读者可以自行证明,存在 D_i^W 在两国间的某种分配使得 $D_i + D_i^* = D_i^W$,其中 D_i 和 D_i^* 分别为本国和外国生产的产品 i 的数量,并且以这些 D_i 和 D_i^* 将向量 (a_{iL}, a_{iK}) 进行线性组合,可以分别使从 O 点和 O^* 点出发的向量和到达 B 点。在这样的分配下,两国可以分别

保持与整体世界均衡时相同的产品价格、要素价格和单位产品要素需求向量(a_{iL}, a_{iK}),且全球各产品的总产出等于整体世界均衡时的总产出。因此,如果两国间的生产要素分配点位于等要素价格集合内,则不允许要素跨国流动的自由贸易均衡将等同于允许要素跨国流动的整体世界均衡。

当然,满足上述条件的产品产量在两国间的分配方式并不唯一确定。两国分别需要满足的条件为 $\sum_{i=1}^{N}(a_{iL}, a_{iK})D_i = (L, K)$, $\sum_{i=1}^{N}(a_{iL}, a_{iK})D_i^* = (L^*, K^*)$,且 $D_i + D_i^* = D_i^W$。对两个国家有四个方程,$2N$ 个未知数,矩阵的列数大于矩阵的秩,因此各个产品的产量在两国间的分配方式不唯一。

为了更直观地展示这种情况,我们以两国两要素三产品为例进行说明。在图 7.17 中,本国和外国使用两种要素,生产三种产品,阴影部分为等要素价格集合。我们首先观测 Q 点,可以发现,对本国而言,用尽 Q 点资源的方式不止一种:比如一种方式是 OD—DQ(本国只生产产品 3 和产品 2),另一种方式是 OE—EF—FQ(本国同时生产三种产品)。可以看出,如果生产要素分配点位于等要素价格集合内,则两国各个产品的产量不唯一确定。

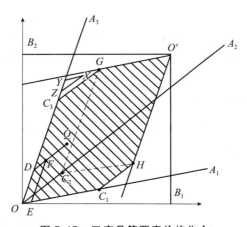

图 7.17 三产品等要素价格集合

我们已经说明,两国间的生产要素分配点如果位于等要素价格集合内,则自由贸易均衡等同于整体世界均衡。如果生产要素分配点不在等要素价格集合内,自由贸易均衡是否就不能等同于整体世界均衡呢?我们依然用图 7.17 来回答这个问题。假设生产要素分配点位于图 7.17 中的 X 点。为了达到 X 点,图中所有可能的生产组合包括 OY—YX(本国只生产产品 3 和产品 1)、OZ—ZX(本国只生产产品 3 和产品 2)和介于 OY 与 OZ 之间的 OY'—平行于 ZX 的 $Y'X'$—平行于 YX 的 $X'X$(Y' 为 YZ 之间的任意点,相应地 X' 为从 Y' 出发,平行于 ZX 的直线与 YX 的交点,此时本国同时生产三种产品)。所有三种组合都要求本国生产的产品 3 超过整体世界均衡时对产品 3 的需求。为了使整体世界的总生产量为 OC_3,外国必须生产负数量的产品 3,而这显然是不现实的。这说明当生产要素分配点位于等要素价格集合外时,有些产品不可能同时在两个国家生产,国家间必然存在专业化分工,而要素价格在两个国家也不再相等。因此,如果生产要素分配点位于等要素价格集合外,如图7.17中的X点,则两国间的自由贸易将不能使世界经济体达到如图7.14中A点所示的整体世界均衡。

7.2.2 完全分工时的均衡

接下来我们讨论生产要素分配点不在等要素价格集合内时的自由贸易均衡。此时我们不再假设市场上存在三种或N种产品,而是存在无数种产品。这些产品由$[0,1]$连续区间上的点来代表,即$z\in[0,1]$。任意一个产品z的生产函数$y(z)=f(L(z),K(z),z)$对任一生产要素为增函数且规模报酬递减(凹函数),并对生产要素组合$(L(z),K(z))$一次齐次。由于市场上存在无数种产品,等要素价格集合由原先图7.16所示的折线变成了图7.18所示的橄榄形光滑曲线。

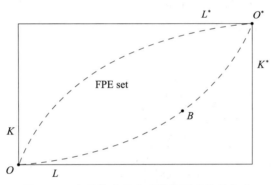

图7.18 产品数为无穷时的等要素价格集合

假设两国间的生产要素分配点位于等要素价格集合外,我们首先考虑这种情况下的封闭经济均衡,然后再引入两个国家求解自由贸易均衡。

封闭经济均衡

假设要素价格w,r给定,企业最小化生产成本的问题可以表达为:

$$c(w,r,z) = \min_{L(z),K(z)\geq 0}\{wL(z)+rK(z)\,|\,f(L(z),K(z),z)\geq 1\}$$

给定生产函数,企业可以求解产品z的单位生产成本为$c(z)=wa_L(w,r,z)+ra_K(w,r,z)$。其中,$a_L(w,r,z),a_K(w,r,z)$分别为生产单位产品$z$所需的劳动力与资本。令$A(z)\equiv a_K(w,r,z)/a_L(w,r,z)$,并且根据$A(z)$值大小对$z$进行排序,使得$A(z)$随着$z$的增大而增大(非递减),即$z$越大,生产1单位$z$所需的资本相较于劳动力而言越多,资本密集度越高。①

假设消费者对产品的偏好满足柯布-道格拉斯效用函数:

---

① 单位产品要素需求的具体数值取决于要素价格。但是,在不存在要素密集度逆转的情况下,无论要素价格的具体数值是什么,产品的排序都不会改变。

$$\ln U = \int_0^1 \alpha(z)\ln y(z)\mathrm{d}z, \quad \int_0^1 \alpha(z)\mathrm{d}z = 1$$

其中，$y(z)$ 为产品 z 的消费量。在柯布-道格拉斯效用函数下，效用最大化时产品 z 的支出占消费者总支出的比重为 $\alpha(z)$。封闭经济条件下，本国的总收入为 $wL+rK$，其中 L,K 分别为本国的劳动禀赋与资本禀赋。则本国在产品 z 上的花费为 $p(z)y(z) = \alpha(z)(wL+rK)$。假定市场完全竞争，则生产 1 单位 z 的成本等于产品价格，即 $p(z) = c(w,r,z)$。由此，本国对产品 z 的需求量为 $y(z) = \alpha(z)(wL+rK)/c(w,r,z)$。

接下来研究封闭经济均衡时的均衡条件。生产产品 z 总共需要的劳动力与资本分别为 $a_L(w,r,z)y(z)$ 和 $a_K(w,r,z)y(z)$。将这些要素需求对所有产品加总可以得到本国对生产要素的总需求。封闭经济条件下，本国的要素供给为本国要素禀赋，因此得到本国要素市场出清条件为：

$$\frac{L}{K} = \frac{\int_0^1 a_L(w,r,z)y(z)\mathrm{d}z}{\int_0^1 a_K(w,r,z)y(z)\mathrm{d}z} \quad (7.15)$$

式(7.15)的右边为本国相对劳动力需求，左边为本国相对劳动力供给。两者相等时本国要素市场出清。由于 $y(z)$ 是 w,r 的函数，基于式(7.15)，我们可以求出封闭经济均衡时两种要素的相对价格 w/r（我们需要以其中一种要素为计价物）。同理，我们也能用相同的方法求出外国封闭经济均衡时两种要素的相对价格 w^*/r^*。

自由贸易均衡

接下来我们考虑两国自由贸易时的均衡。由于我们假设两国的要素禀赋差异较大，导致生产要素分配点位于等要素价格集合外，此时两国间的要素价格不等。两国间的要素价格不等将导致要素密集度不同的产品 z 在两国的生产成本出现差异。将两国产品 z 的生产成本分别标记为 $c(w,r,z)$ 和 $c(w^*,r^*,z)$。自由贸易时市场完全竞争，则自由贸易均衡时产品 z 的价格由 $p(z) = \min\{c(w,r,z), c(w^*,r^*,z)\}$ 决定。

不失一般性，接下来我们假设本国相对劳动力丰裕，故而本国劳动力价格相对更低，$w/r < w^*/r^*$（如果这一条件不满足，我们就将外国视作本国来处理）。此时，本国在劳动密集型产品的生产上相对成本更低。由于我们已经对所有产品根据其劳动密集度由大到小进行排序，如果我们画出本国和外国生产所有产品的单位成本曲线 CC 和 C^*C^*，我们必然有 CC 曲线从下方穿过 C^*C^* 曲线，如图 7.19 所示。[①]

这是因为，z 越小，产品的劳动密集度就越高。因为本国的工资与租金的比值更低，所以对于劳动密集度高的产品，本国相对于外国具有更大的优势。相反地，对于资本密集度高的产品，本国相对于外国具有更大的劣势。随着 z 的增大，本国生产 z 的成本逐渐高于外国，在图 7.19 中体现为 CC 曲线从下方穿过 C^*C^* 曲线。

[①] 为了方便展示，图中 CC 曲线和 C^*C^* 曲线连续且向上倾斜。事实上，CC 曲线和 C^*C^* 曲线未必都是向上倾斜的，甚至可能是不连续的。

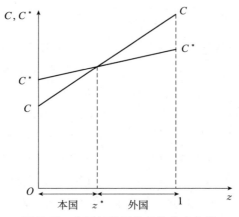

图 7.19 本国与外国的单位成本曲线

但是 CC 曲线和 C^*C^* 曲线必然存在交点吗？或者 CC 曲线是否可能在整个 $[0, 1]$ 区间上都位于 C^*C^* 曲线下方（或者上方）？答案是否定的。这是因为，如果假设 CC 曲线始终位于 C^*C^* 曲线下方，这将意味着自由贸易均衡时所有产品都将由本国生产，外国的劳动力和资本都将闲置。这种情况必然不可能是自由贸易均衡点。事实上，在这种情况下，由于外国的要素供给大于要素需求，外国的要素价格会下降，直到 C^*C^* 曲线与 CC 曲线相交。

令两国单位成本曲线的交点对应的产品种类为 z^*，两国生产该产品的成本相同，即 $c(w, r, z^*) = c(w^*, r^*, z^*)$。当 $z < z^*$ 时，与 z^* 相比，生产产品 z 投入的劳动力与资本的比值更大，而本国劳动力工资相对更低，因此本国生产 z 的成本更低 $c(w, r, z) < c(w^*, r^*, z)$，该产品将由本国生产。当 $z > z^*$ 时，与 z^* 相比，生产产品 z 投入的资本与劳动力的比值更大，而外国资本租金相对更低，因此外国生产 z 的成本更低 $c(w, r, z) > c(w^*, r^*, z)$，该产品将由外国生产。因此，两国单位成本曲线 CC 和 C^*C^* 必然相交且只相交一次。

因此，自由贸易均衡时两国间产生专业化分工。劳动力价格相对较低的本国专业化生产 $[0, z^*)$ 上的产品，劳动力价格相对较高的外国专业化生产 $(z^*, 1]$ 上的产品。那么 z^* 的取值如何决定呢？我们需要利用两国的要素市场出清条件。

首先看自由贸易均衡时对本国要素的需求。当产品 z 位于 $[0, z^*)$ 区间内时，该产品由本国生产。这些产品需要供给本国和外国消费者消费，且消费者在该产品上的支出占总支出的比重在两国都等于 $\alpha(z)$。将世界总收入（也是总支出）记作 $Y^W \equiv wL + rK + w^*L^* + r^*K^*$，则世界在产品 z 上的总支出为 $\alpha(z)Y^W$，产品 z 的总需求为 $y(z) = \alpha(z)Y^W/c(w, r, z)$。类似地，对外国专业化生产的产品 $z \in (z^*, 1]$，总需求为 $y^*(z) = \alpha(z)Y^W/c(w^*, r^*, z)$。

自由贸易均衡时要素市场出清，这意味着要素的相对需求等于相对供给。对本国和外国，我们分别可以得到：

$$\frac{L}{K} = \frac{\int_0^{z^*} a_L(w, r, z) y(z) \mathrm{d}z}{\int_0^{z^*} a_K(w, r, z) y(z) \mathrm{d}z} \tag{7.16}$$

$$\frac{L^*}{K^*} = \frac{\int_{z^*}^{1} a_L(w^*, r^*, z) y^*(z) \mathrm{d}z}{\int_{z^*}^{1} a_K(w^*, r^*, z) y^*(z) \mathrm{d}z} \qquad (7.17)$$

其中,式(7.16)的左边表示本国的相对劳动力供给,右边表示本国的相对劳动力需求。外国的要素市场出清条件类似,如式(7.17)所示。

图 7.20 展示了本国的相对劳动力供给曲线和相对劳动力需求曲线。本国的相对劳动力供给取决于要素禀赋,不受要素相对价格的影响,因此在图中体现为一条垂直于横轴的直线。相对劳动力需求曲线由 $D(z^*)$ 线表示。工资与租金的比值越大,一国在生产过程中就会增加资本而减少劳动力的使用,相对劳动力需求就越低,因此该曲线向下倾斜。相对劳动力需求曲线的位置取决于 z^* 的具体数值。相对劳动力需求曲线与相对劳动力供给曲线的交点决定均衡时本国的相对要素价格。

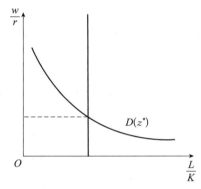

图 7.20 自由贸易均衡时要素价格变化

自由贸易均衡时一国的进口额应等于该国的出口额,由此我们可以写出贸易平衡等式:

$$\int_{z^*}^{1} \alpha(z)(wL + rK) \mathrm{d}z = \int_{0}^{z^*} \alpha(z)(w^*L^* + r^*K^*) \mathrm{d}z \qquad (7.18)$$

其中,式(7.18)的左边表示本国的进口总额,右边表示本国的出口总额。

将 $y(z)$ 和 $y^*(z)$ 代入式(7.16)和式(7.17)。我们可以得到四个方程:式(7.16)、式(7.17)、式(7.18)以及 $c(w, r, z^*) = c(w^*, r^*, z^*)$,需要求解五个未知数:$w, r, w^*, r^*$ 和 z^*。选取任意一种要素作为计价物,我们可以求出另外三种要素的价格以及两国分工的分界点 z^*。

综上所述,在两国多产品环境下,如果两国自由贸易均衡时要素价格不相等,则两国将各自专业化于两个互不重叠的产品子集的生产。另外,我们发现,要素禀赋相对丰裕度会影响一国分工生产产品的要素密集度。劳动力相对丰裕的本国生产劳动相对密集的产品,资本相对丰裕的外国生产资本相对密集的产品。劳动力相对丰裕国家生产的所有产品相较于资本相对丰裕国家生产的所有产品都更为劳动密集。自由贸易时,两国都将出口密集使用其丰裕要素的产品。

7.3 本章小结

本章将单要素国际贸易模型拓展至两要素模型,介绍了存在两种生产要素的情况下两国自由贸易的动机、结果与影响。根据两国要素禀赋是否差异较大,两国自由贸易均衡可能呈现两种结果:如果两国要素禀赋差异较小,则两国将实现不完全分工,即两国同时生产两种产品。在这种情况下,自由贸易均衡时两国将拥有相同的要素价格,某种要素相对丰裕的国家将出口密集使用该要素的产品,并且相较于封闭经济均衡,该要素的实际价格提升而相对稀缺要素的实际价格降低。而如果两国要素禀赋差异较大,则两国将出现专业化分工,一国会专业化生产自己具有比较优势的一系列产品,并且自由贸易均衡时两国的要素价格不再相等。

参考文献

Dornbusch, R., S. Fischer and P. A. Samuelson(1980),"Heckscher-Ohlin trade theory with a continuum of goods", *The Quarterly Journal of Economics*, 95(2), 203 – 224.

Heckscher, E F. (1919), "The Effect of foreign trade on the distribution of income", *Ekonomisk Tidskrift*, 497 – 512.

Ohlin B. (1935), *Interregional and International Trade*, Cambridge: Harvard University Press.

Rybczynski, T. M. (1955), "Factor endowment and relative commodity prices", *Economica*, 22(8), 331 – 341.

Samuelson, P. A. (1948), "International trade and the equalisation of factor prices", *The Economic Journal*, 58(230), 163 – 184.

Stolper, W. F. and P. A. Samuelson(1941), "Protection and real wages", *The Review of Economic Studies*, 9(1), 58 – 73.

习 题

7 – 1 假设本国两种产品的生产函数都是柯布-道格拉斯形式,且产品 1 劳动密集,产品 2 资本密集,给定一国总的要素禀赋,证明本国的生产可能性边界是凹函数(Concave Function)。

7 – 2 请证明产品 1 中劳动力的工资占生产总成本的比重 θ_{1L} 大于产品 2 中劳动力的工资占生产总成本的比重 θ_{2L},与生产产品 1 所需的劳动力占一国总劳动禀赋 L 的比重 λ_{1L} 大于生产产品 1 所需的资本占一国总资本禀赋 K 的比重 λ_{1K} 是等价的,即 $\theta_{1L} > \theta_{2L} \Leftrightarrow \lambda_{1L} > \lambda_{1K}$。

第 8 章 垄断竞争模型

前面的几章中，我们介绍了李嘉图模型和赫克歇尔-俄林模型。这些模型在国家和行业层面讨论国与国之间贸易的动机和影响。区别于前面几章，本章将讨论另外一种贸易动机，且关注的层面也从国家和行业层面进入企业层面。这就是由克鲁格曼（Krugman，1979，1980）提出的垄断竞争（Monopolistic Competition）模型。这一模型对贸易动机和贸易利得给出了新的解释：即使两个国家有着相同的生产技术和相同的要素禀赋，消费者的多样性偏好（Love of Variety）、企业的内部规模经济（Scale Economies）也可以驱动两国进行贸易，且两国消费者均能从贸易中得到福利提升。

我们可以通过一个例子来理解其中的逻辑。20 世纪 60 年代，学者普遍认为加拿大企业如果能不受限制地进入美国市场，那么这些企业将会极大地从贸易中获益。因为这些企业具有内部规模经济的特征，如果它们能够扩大生产规模，它们就能够降低平均成本、提升生产效率。然而加拿大本土市场太小，大规模的市场从哪里来呢？企业需要找到一个更大的市场才能实现规模经济，而通过国际贸易就可能获得更大的市场。这就是加拿大在 1989 年与美国达成自由贸易协定的原因。

当然，这样的贸易动机成立还有一个前提，那就是加拿大企业生产的产品和美国企业生产的产品不完全一样。如果产品完全一样，那么对于同种产品，消费者只可能选择一国生产的产品，我们进入前述李嘉图模型和赫克歇尔-俄林模型描述的情况，企业将没有意义，因为一个行业只需要一个代表性企业就可以概括了。如果产品不完全一样，比如是同类产品但不同品种，消费者可能对不同品种具有多样性偏好，这样一来，尽管两国都生产同类产品，美国消费者还是会购买加拿大的品种。加拿大企业扩大的产量最终能够被出口并消费掉。

进一步思考，我们会发现上述贸易过程隐含着一个问题：当加拿大和美国的企业都进入对方市场从而实现规模经济时，是不是所有企业都能扩大产量？如果不是，有多少企业能够扩张而又有多少企业需要收缩呢？回答这个问题需要我们建立经济学模型，研究一般均衡时的状态。垄断竞争模型就提供了这样的分析工具。在这个模型中，一方面是生产端，由于企业内部存在规模经济，企业倾向于扩大产量，也就有动机出口产品，借助贸易来扩大市场规模；另一方面是消费端，消费者具有多样性偏好，消费的品种种类越多，消费者效用就越大。不同国家不同企业生产的产品品种不同，消费者为了消费更多品种的产品就有动机进口。这样，在一个行业下，两国间将可能产生国际贸易，而行业内将存在生产不同品种产品的企业，企业的数量由经济体均衡决定。我们因此第一次将企业引入国际贸易模型。

克鲁格曼搭建了这一分析框架。他借用迪克西特-斯蒂格利茨(Dixit and Stiglitz,1977)的垄断竞争模型以及他们体现消费者多样性偏好的方法,将其应用在国际贸易情境当中。我们在微观经济学理论中学习过垄断竞争市场的概念。这是一个存在大量厂商的市场,每个厂商生产一种独特的差异化产品。由于生产品种的独特性,厂商在这个独特品种的市场上具有垄断地位。但是,所有厂商可以自由进出市场,一旦垄断利润为正,就会有更多厂商进入市场来瓜分市场份额,达到均衡时所有这些"垄断"厂商的利润必然被拉低至零。

本章基于克鲁格曼在1979年和1980年发表的两篇论文(以下简称克鲁格曼(1979)、克鲁格曼(1980))来介绍国际贸易垄断竞争模型。克鲁格曼(1979)给出了一个行业垄断竞争模型,这一模型能够清楚地解释自由贸易后消费者是如何实现贸易利得的。但是,这一模型只假设了一个行业,无法解释某国是否可能在垄断竞争行业上有净出口(或净进口)。克鲁格曼(1980)模型在1979年模型的基础上做出拓展,引入垄断竞争行业之外的第二个行业,从而讨论不同经济规模的国家在垄断竞争行业的非对称贸易。

8.1 贸易平衡垄断竞争模型:克鲁格曼(1979)

本节介绍克鲁格曼(1979)模型。在此模型中,克鲁格曼以最简单的方式对消费者的效用函数和企业的成本函数做出设定,在此基础上分析消费者的需求、企业的定价策略以求解封闭经济条件下的均衡,并研究开放经济条件下的均衡变化。

8.1.1 消费者:需求与效用最大化

效用函数

假设存在一个经济体(可以理解为本国),其有 L 个消费者,消费者具有相同的偏好;市场上只有一个行业,且该行业存在 N 个生产具有细微差异不同品种产品的企业。对这 N 个品种的产品,消费者的效用函数为[①]:

$$U = \sum_{i=1}^{N} v(c_i), v' > 0, v'' < 0$$

其中,i 表示某个品种,消费者对该品种的消费量是 c_i。消费者在品种 i 上获得的效用为 $v(c_i)$,消费 N 个品种的总效用等于各品种效用之和。假设品种效用函数 v 满足:$v'>0$,即对品种 i 的消费量 c_i 越多,效用 $v(c_i)$ 越高;$v''<0$,即效用 $v(c_i)$ 的增加速度逐渐减慢,消费越多边际效用越小。

这样的效用函数体现了消费者对品种的多样性偏好。直观的理解就是,当我们在一个品种上消费过多导致边际效用下降时,我们更倾向于消费另一个品种以获取更大

---

① 行业产品品种数 N 将由经济体均衡内生决定。

的边际效用。这种对偏好的假定符合经济现实。比如,当消费者面对可消费 10 个苹果或者 5 个苹果和 5 个梨这两种选择时,根据我们的经验,消费者往往会选择后者,因为第六个苹果的边际效用会比第一个梨的边际效用低。

我们也可以设定一个具体的效用函数形式来理解上述条件体现的多样性偏好。假设 $v(c_i)$ 的函数形式为:

$$v(c_i) = c_i^{\frac{\sigma-1}{\sigma}}, \quad \sigma > 1$$

其中,$\frac{\sigma-1}{\sigma} < 1$。易证一阶导数 $v' > 0$,二阶导数 $v'' < 0$。假设一共有 N 个对称的品种。由于品种对称,故可假设各个品种的价格相等,都为 p。消费者总收入为 E,其对每个品种的需求也相等,则消费者在每个品种上的消费量为 $c_i = c = \frac{E}{Np}$。将 c 代入效用函数可得消费者效用为:

$$U = \sum_{i=1}^{N} c_i^{\frac{\sigma-1}{\sigma}} = Nc^{\frac{\sigma-1}{\sigma}} = N\left(\frac{E}{Np}\right)^{\frac{\sigma-1}{\sigma}} = \left(\frac{E}{p}\right)^{\frac{\sigma-1}{\sigma}} N^{\frac{1}{\sigma}}$$

显然,给定消费者可以消费的产品的总数量,即收入水平与产品价格的比值 E/p,产品品种 N 越多,消费者效用越高。消费者偏好多样化的品种组合。

需求曲线

回到最初的效用函数形式,考虑一个代表性消费者在其预算约束下最大化总效用。消费者的预算约束就是他的总收入。假定均衡时所有企业的利润为零,消费者拥有 1 个单位的劳动力,则总收入为其工资 w。消费者在这样的预算约束下选择消费的品种以及在每一个品种上的消费量 c_i,其效用最大化问题为:

$$\max_{c_i} U = \sum_{i=1}^{N} v(c_i), \quad \sum_{i=1}^{N} p_i c_i \leqslant w$$

这个最大化问题对应的拉格朗日方程为:

$$\mathcal{L} = \sum_{i=1}^{N} v(c_i) - \lambda \left(\sum_{i=1}^{N} p_i c_i - w\right)$$

其中,λ 是拉格朗日乘数,代表预算约束放松 1 个单位(也即收入 w 增加 1 个单位)带来的边际效用。根据包络定理,$\frac{\partial \mathcal{L}}{\partial w} = \frac{\partial U}{\partial w} = \lambda$。由于效用最大化问题中约束为紧约束,故 $\lambda > 0$。

对 c_i 求偏导可得一阶条件为:

$$v'(c_i) = \lambda p_i, \quad i = 1, \cdots, N \tag{8.1}$$

式(8.1)给出了价格 p_i 和消费量 c_i 的关系,也就是消费者的需求曲线。需要注意的是,c_i 是单个消费者对 i 品种的需求,经济体共有 L 个消费者,所以 i 品种产品的总需求为 Lc_i。

由于这里没有对效用函数 v 的具体形式做出设定,为了更好地刻画需求曲线,我们对需求曲线的需求弹性做出假设。需求弹性的定义为一个品种价格的百分比变化

带来的对其需求的百分比变化,体现了需求对价格变化的敏感程度,即

$$\eta_i = -\left(\frac{\mathrm{d}c_i}{c_i}\right)\bigg/\left(\frac{\mathrm{d}p_i}{p_i}\right) = -\frac{\mathrm{d}c_i}{\mathrm{d}p_i}\frac{p_i}{c_i}$$

对式(8.1)进行一阶全微分,得到:

$$v''\mathrm{d}c_i = \lambda \mathrm{d}p_i + p_i \mathrm{d}\lambda$$

通常,一个品种的价格变化会改变预算约束的松紧程度,从而影响预算约束对效用的边际贡献 λ,也即某个品种的价格下降会改变边际收入的购买力,进而影响收入的边际效用,即 λ 的值。但是,如果经济体中的品种数量 N 足够多,使得每个品种的预算份额很小,那么单个品种价格对 λ 的影响可以忽略不计(Dixit and Stiglitz,1977)。比如,我们有 1 000 种不同品牌的汽车,那么消费者根本体会不到其中一个品牌汽车价格的变化,也不会感受到其对自身边际效用的影响。或者说,一个品牌价格的变化,在产品品种很多的情况下,对整个经济体所有品牌整体价格的影响可以忽略不计。

因此我们可以假设 $\mathrm{d}\lambda/\mathrm{d}p_i = 0$[①]。对上式进行化简可得:

$$\frac{\mathrm{d}c_i}{\mathrm{d}p_i} = \frac{\lambda}{v''} < 0$$

此式体现了需求的一般特征,即品种价格的提高会降低需求。将此式和需求曲线(式(8.1))代入需求弹性的定义式,可得需求弹性的表达式为:

$$\eta_i = -\frac{\mathrm{d}c_i}{\mathrm{d}p_i}\frac{p_i}{c_i} = -\left(\frac{\lambda p_i}{v'' c_i}\right) = -\left(\frac{v'}{v'' c_i}\right) > 0 \tag{8.2}$$

可见,需求弹性 η_i 是效用 v 和消费量 c_i 的函数,而效用 v 又是消费量 c_i 的函数,那么需求弹性 η_i 最终是消费量 c_i 的函数。仅给出 $v' > 0$ 和 $v'' < 0$ 的设定而不给出效用函数的具体形式,我们无法判断需求弹性与消费量的变动关系。

为此,在接下来的讨论中,我们假设 $\mathrm{d}\eta_i/\mathrm{d}c_i < 0$,即需求弹性随消费量的增多而减小。这意味着一个品种消费越多,消费者对它的需求越不容易受价格变化的影响。附录中给出了几种需求情况下的需求弹性。根据附录中的讨论,我们可以知道,这一假设意味着我们所关心的经济体中,单个品种的需求较为接近具有垄断特征的线性需求。

8.1.2 企业:成本与利润最大化

假设在这个行业中存在很多企业,且企业的生产具有内部规模经济,则一个企业必然只生产一个品种的产品,而不会生产多个品种。企业如果和竞争对手生产完全相同的品种,则既不利于满足消费者的多样性偏好,又不利于获得垄断收益。[②] 因此,均衡时每个企业会且只会生产一个品种,企业与品种一一对应。在本章的后文中我们将

[①] 注意,p_i 变化对 λ 的影响为 0 指的是当所有其他品种的价格不变时,只有一个品种的价格变化对 λ 没有影响。如果所有品种的价格都发生了同步变化,那么这个变化必然会影响到 λ。

[②] 这里我们假设不存在范围经济(Economies of Scope),即企业生产品种的增加不会提升企业生产效率,形成规模经济。

不再特别区分品种与企业。

成本函数

经济体只有一种生产要素，劳动力。假设企业生产所需的劳动力是产出的线性函数：
$$L_i = \alpha + \beta y_i$$
其中，y_i 表示企业 i 的产量，L_i 表示生产所需总的劳动力数量，α 表示固定生产成本所需的劳动力数量，β 表示每多生产 1 个单位的产品所需的劳动力数量。

劳动力工资为 w，则企业 i 的平均成本为：
$$AC_i = wL_i/y_i = w\alpha/y_i + w\beta$$
边际成本为：
$$MC_i = w\beta$$

这样的成本函数可由图 8.1 表示，其说明企业生产具有内部规模经济，即随着产量 y_i 的增加，由于边际成本不变，平均成本递减。

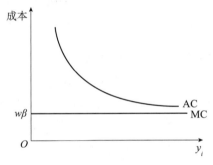

图 8.1 成本函数

利润最大化及定价策略

单个企业的决策不会影响到整个经济体，故而企业最大化自身利润时可以忽略自身决策对其他企业行为的影响。其利润最大化问题为：
$$\max_{y_i} \pi_i = p_i y_i - w\alpha - w\beta y_i \tag{8.3}$$
其中，π_i 表示利润，$w\alpha + w\beta y_i$ 表示生产成本。对此最大化问题求一阶导数可以得到，企业实现利润最大化时边际收益等于边际成本，即 MR＝MC。已知边际成本 MC＝$w\beta$，边际收益 MR 为多生产 1 个单位的产品带来的销售收入的增加，表示为：
$$MR = \frac{d(p_i y_i)}{dy_i} = \frac{dp_i}{dy_i} y_i + p_i = -\frac{p_i}{\eta y_i} y_i + p_i = p_i \left(\frac{\eta-1}{\eta}\right)$$

其中，第三个等式由式(8.2)得到。企业每多生产 1 个单位的产品并不能使其获得该产品价格 p_i 的收益，而只能获得低于该产品价格的收益，$\frac{\eta-1}{\eta} p_i < p_i$。这是因为企业一旦多生产产品，市场价格就必然降低，从而降低企业的边际收益。令边际收益等于边际成本，可得：

$$p_i = \left(\frac{\eta}{\eta-1}\right)\beta w \tag{8.4}$$

式(8.4)给出了企业的最优定价策略,产品的利润最大化最优价格为边际成本MC之上的加成,加成率 $\frac{\eta}{\eta-1} > 1$。这个加成只与需求弹性 η 有关。随着 η 的增大,加成会逐渐变小。其直觉是,当消费者的需求随价格的上升而显著下降时,企业将不敢过度抬高价格。[①]

8.1.3 封闭经济均衡

接下来我们可以考虑封闭经济均衡。假设企业可以自由进入和退出市场,则达到均衡时将不再有企业希望进入,也不会有企业选择退出。企业之间除生产的产品品种不同以外,其他完全相同,即企业是对称的。每个企业做出的决策和每个品种的需求情况都是相同的。我们因此可以去掉代表企业(或品种)的下标 i。求解封闭经济均衡,需要我们解出以下内生变量:均衡时产品的价格与工资之比 $\frac{p}{w}$,每个企业的产量 y,以及市场上存在的企业数量(或品种数) N。

首先,企业的最优定价式(式(8.4))给出我们一个均衡条件。该式中,由于需求弹性 η 和消费量 c 有关,而消费量 c 和品种总产量 y 有关(均衡时所有消费者对一个品种的总需求等于该品种的总产量,即 $y = Lc$),故该式给出了一个关于价格和消费量(或总产量)的关系,稍作改写可得:

$$\frac{p}{w} = \beta\left(\frac{\eta}{\eta-1}\right) \tag{8.5}$$

由于我们假设 $\frac{d\eta_i}{dc_i} < 0$,因此 $\frac{p}{w}$ 会随着 c 的增大而增大。我们可将这个条件称作"最优定价条件",在图 8.2 中以向上倾斜的 PP 曲线表达。

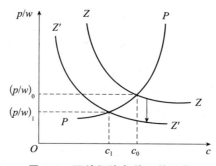

图 8.2 开放经济条件下的均衡

---

① 企业面对的需求曲线可能存在一些点,其需求弹性小于 1,但企业为了最大化利润不会选择在这样的点生产。

我们还需要第二个条件——企业自由进入条件(或"零利润条件")——来得到均衡。垄断竞争市场达到均衡时,企业均为零利润,因为如果企业拥有正利润,且企业可以自由进出,那么正利润会吸引新的企业进入市场,分摊市场份额,直至企业的利润为零,此时市场内企业数量保持恒定,达到均衡状态。因此,由企业利润函数(式(8.3)),零利润条件为 $py=w\alpha+w\beta y$,调整得:

$$\frac{p}{w}=\left(\frac{\alpha}{Lc}\right)+\beta \quad \text{(ZZ)} \tag{8.6}$$

我们将零利润条件得到的 $\frac{p}{w}$ 与 c 之间的关系曲线称为 ZZ 曲线(Zero Profit Curve),可以很容易地看出,$\frac{p}{w}$ 随着 c 的增大而减小,ZZ 曲线向下倾斜。

式(8.5)和式(8.6)分别给出了均衡时 $\frac{p}{w}$ 与 c 之间的关系。如图 8.2 所示,PP 曲线与 ZZ 曲线的交点决定了均衡时的价格与工资之比 $\left(\frac{p}{w}\right)_0$ 和需求水平 c_0。对于 ZZ 曲线,当 $c=0$ 时,$\frac{p}{w}$ 趋近于正无穷;当 $c=\infty$ 时,$\frac{p}{w}$ 趋近于零,且曲线单调递减。在需求弹性随消费量 c 的增加而减小的假设下,PP 曲线单调递增。因此,PP 曲线与 ZZ 曲线一定存在一个交点,保证了均衡的存在性和唯一性。由此,我们得到均衡时的价格与工资之比 $\left(\frac{p}{w}\right)_0$ 和需求水平 c_0。[①]

至此,我们还不知道均衡时经济体中会有多少家企业。这就需要引入劳动力市场出清条件,即所有的劳动力在经济体中实现完全就业(Full Employment):

$$L=\sum_{i=1}^{N}L_i=\sum_{i=1}^{N}(\alpha+\beta y_i)=N(\alpha+\beta y)=N(\alpha+\beta Lc) \tag{8.7}$$

可得,均衡时企业数量为:

$$N=\frac{1}{\alpha/L+\beta c} \tag{8.8}$$

8.1.4 开放经济均衡(无贸易成本)

我们接下来进一步讨论自由贸易下的均衡变化及其对福利的影响。

考虑有两个完全相同的国家(人口规模、消费者对品种的偏好以及生产技术都完全一样),两个国家均从封闭经济转向自由贸易。根据两国的对称性,两国在各自的封闭经济条件下具有相同的价格与工资之比 $\frac{p}{w}$,两国企业具有相同的产量 y。我们假设不存在贸易成本,那么两国进行自由贸易等价于两国合并在了一起,成为一个更大的

[①] 我们尚未定义计价物。我们可以将劳动力作为计价物,使其价格 $w=1$。但由于本模型中不做计价物设定也不增加讨论的复杂性,因此这里将不特别定义计价物。

封闭经济体,人口规模从 L 翻倍变为 $2L$。这样的简化思考为我们讨论开放经济均衡提供了思路。基于对封闭经济均衡的讨论,人口规模变大后,对图 8.2 中的 PP 曲线无影响,但是使 ZZ 曲线向下移动(式(8.6)包含 L)。均衡点将沿着 PP 曲线向左下方移动至 $\left(c_1, \left(\frac{p}{w}\right)_1\right)$。

不难看出,在允许自由贸易后,均衡状态发生了变化:

(1) 每个消费者在每个品种上的消费量 c 减少。

(2) 由于 L 变大,c 变小,由式(8.8)可知,消费者可消费品种 N 增加。这是因为自由贸易使得消费者可以消费由另一国家生产的品种。自由贸易条件下两国合起来的品种数超过任何一个国家在封闭经济条件下的品种数,这满足了消费者的多样性偏好,是贸易利得的一个来源。

(3) $\frac{p}{w}$ 下降。这是因为根据假设消费量 c 的减少导致需求弹性 η 上升,价格加成只与 η 有关且随 η 的上升而下降,故由式(8.5)可得 $\frac{p}{w}$ 会下降。$\frac{p}{w}$ 下降意味着 $\frac{w}{p}$ 上升,同样的收入可购买产品的总数量变多,这也带来了消费者的贸易利得。①

(4) 每个企业的产量 y 增加。这可以从 ZZ 曲线看出(式(8.6)),$\frac{p}{w}$ 下降对应于产量 y 增加。这说明企业在自由贸易后实现了生产规模的扩大,实现了企业生产技术的内部规模经济。我们将这个结果称为自由贸易对企业的规模效应。

(5) 原来一国内部企业的数量减少。换句话说,封闭经济条件下,每个国家都生产 N 个品种,但自由贸易后两国生产的品种总数将小于 $2N$。根据式(8.7)并关注一国自身的劳动力市场,在本国劳动力充分就业的条件下,总劳动力人数在自由贸易前后都为 L,但企业的产量 y 增加,则由本国企业生产的产品品种数必然减少。也就是说,部分企业扩大生产规模需要更多的劳动力,但对一国而言,劳动力资源是有限的(固定的),因此在部分企业扩大规模的同时会有部分企业退出市场。我们将这个结果称为自由贸易对企业的选择效应。

有了上述有关均衡变化的五点讨论,我们还有一些问题。例如,消费者消费的产品品种增加,劳动力的工资相对于产品的价格也得到提升,根据直觉消费者应该会有福利的提升,但我们能否严格证明消费者的福利得到了提升?这一点我们将在本章的习题中给出证明。再如,从封闭经济到开放经济,有部分企业规模扩大而部分企业退

---

① 但我们不能认为 $\frac{w}{p}$ 的上升就是"实际工资"的上升,从而因为"实际工资"的上升认为消费者福利提升。这是因为在本模型中消费者除了关注消费的数量,还关注消费产品的品种多样化。$\frac{w}{p}$ 体现不出品种的变化,从而不能作为"实际工资"度量消费者的福利。更确切地说,我们可能需要构造一个综合价格 P,在这个综合价格中既包含产品的价格,又包含品种的数量,然后以 $\frac{w}{P}$ 为"实际工资"来理解。

出市场,在现有的模型下,我们又假设企业完全一样,那么究竟是哪些企业规模扩大,而哪些企业退出市场?对于这个问题,在现有的模型下,我们无法给出确定性的回答。

另外,上述五点均衡变化是在给定需求弹性满足 $\frac{\mathrm{d}\eta}{\mathrm{d}c_i}<0$ 的条件下得到的。如果我们改变对需求弹性的假设,例如将消费者效用函数设定为 CES 形式,进而需求弹性是常数而不随消费量变化(参见本章附录),是否会带来不同的结果呢?下一小节我们将比较两种效用函数设定下均衡结果的不同,并讨论均衡背后的直觉。

8.1.5 效用函数为 CES 形式时的开放经济均衡

消费者行为

我们假设效用函数为如下 CES 形式:

$$U = \Big(\sum_{i=1}^{N} c_i^{(\sigma-1)/\sigma}\Big)^{\sigma/(\sigma-1)}, \quad \sigma > 1$$

参见第 4 章附录,这种效用函数下消费者对每个品种 i 的需求(在每个品种上的消费量)为:

$$c_i = c_i(p_i, E, P) = E \frac{p_i^{-\sigma}}{P^{1-\sigma}}$$

其中,E 为消费者总收入,P 为价格指数:

$$P \equiv \Big(\sum_{i=1}^{N} p_i^{1-\sigma}\Big)^{\frac{1}{1-\sigma}} \tag{8.9}$$

忽略 p_i 对 P 的影响,可得需求弹性为常数:

$$\eta = -\frac{\mathrm{d}c_i}{\mathrm{d}p_i}\frac{p_i}{c_i} = \sigma$$

企业行为

由企业利润最大化条件可得企业的最优定价为:

$$p_i = \frac{\sigma}{\sigma-1}\beta w \tag{8.10}$$

因此,在 CES 效用函数的设定下,价格加成是一个固定值 $\frac{\sigma}{\sigma-1}$,此时 PP 曲线是水平的,$\frac{p_i}{w}$ 固定不变。

封闭经济均衡

同前面的设定一样,企业在均衡状态下是对称的,所有企业具有相同的产量和价格。此时,自由进入条件(零利润条件)不变,ZZ 曲线仍为 $\frac{p}{w}=\frac{\alpha}{Lc}+\beta$。将 PP 曲线式(8.10)与 ZZ 曲线联立,我们可以解出均衡状态下的企业产量:

$$\bar{y}=(\sigma-1)\frac{\alpha}{\beta} \tag{8.11}$$

这时,由于需求弹性 σ 是一个常数,企业的均衡产量固定。最后,我们引入劳动力市场出清条件,可求解均衡状态下的企业数量:

$$\overline{N} = \frac{L}{\alpha + \beta \overline{y}} = \frac{L}{\sigma \alpha} \tag{8.12}$$

其中,第二个等式由式(8.11)代入得到。

开放经济均衡(无贸易成本)

我们仍考虑两个完全相同的国家从封闭经济转向自由贸易,且不存在贸易成本。同之前的讨论一样,我们将两国自由贸易视为一个封闭经济体人口规模的翻倍。由式(8.11)和式(8.12)可知,经济体规模扩大不影响两国企业的产量 $\overline{y}$ 和两国的企业数量 $\overline{N}$。因此,当经济体规模从 L 扩大为 $2L$ 时,我们可以认为开放经济均衡基本上是两个封闭经济均衡的简单叠加。这种情况下只有一个不同,那就是消费者可消费的总品种数从 $\overline{N}$ 增加为 $2\overline{N}$(一国消费者可自由进口和消费另一国的品种),而消费者在每个品种上的消费量将是原来的 1/2(由 $y = Lc$ 可得)。企业产量不变,消费者消费总量不变,单个品种消费量减半而品种数翻倍。由于品种数增加而产品价格保持恒定,根据式(8.9)价格指数 P 降低,消费者福利 $\frac{w}{P}$ 提升。我们也可以从图 8.3 中看出这个均衡结果。与图 8.2 不同的是,此时 PP 曲线是水平的直线。当 ZZ 曲线向下移动时,$\frac{p}{w}$ 不变,只有消费量 c 变为原来的一半。

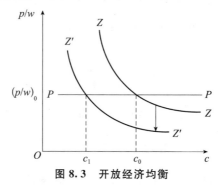

图 8.3 开放经济均衡

两种需求弹性设定下的开放经济均衡比较

无论是固定需求弹性(CES)的情况,还是可变需求弹性 $\left(\frac{\mathrm{d}\eta_i}{\mathrm{d}c_i} < 0\right)$ 的情况,由于消费者消费品种数量的增加,各国均能从贸易中获得福利提升。但是可变需求弹性还会产生企业的规模效应和选择效应,而在固定需求弹性设定下不会产生这两种效应。

这两种需求弹性设定下均衡结果不同,本质上是因为当需求弹性变化时能够引起企业价格加成的变化。固定需求弹性设定下,$\frac{p}{w}$ 固定不变,PP 曲线为水平直线,人口规模的翻倍全部作用于消费量 c 的减半。可变需求弹性设定下,消费量 c 的减少会使得需求弹性变大,进而企业价格加成下降,导致 $\frac{p}{w}$ 下降。价格加成的下降在一定程度上减弱了降低消费者需求量的压力(不需要从 c 降到 $\frac{c}{2}$ 那么多),所以单个存活企业的产量增加(消费者数量翻倍,而每个消费者的消费量并没有减半)。由于劳动力资源的约束,对一国而言,某些企业的扩张必然伴随企业数量的减少,因此会有企业退出。可见,规模效应和选择效应是同时存在或同时消失的。

那么,在这两种需求弹性设定下,两个国家从封闭经济转向开放经济再次达到均衡的过程是如何实现的,又有什么不同?

我们可以这样来思考均衡过程。经济体从封闭均衡开始,假设贸易开放的瞬间对该经济体意味且仅仅意味着消费者数量(和总需求)的增加。在这个瞬间产品的价格不变,那么对产品需求的增加将导致企业获得正的利润,因此会吸引新的企业进入市场。具体均衡转换的分析可以参考本章习题。

在固定需求弹性和可变需求弹性两种设定下,经济体的均衡转换过程稍有不同。在固定需求弹性设定下,新企业的进入将瓜分消费者的需求,从而使消费者在单个品种上的需求量降低。但是,由于最优加成保持恒定,需求量的降低不能影响到企业的最优价格,因此为达到零利润条件,在消费者数量翻倍的情况下,每个消费者对每个品种的消费量必须减半,从 c 降为 $\frac{c}{2}$。这时企业的总产量 $y=2L\frac{c}{2}=Lc$ 保持不变。因此,固定需求弹性设定下的自由贸易可以理解为两个对称国家市场的简单融合,每个品种的总需求量不变,每个企业的生产情况(产量,加成)不变,也没有企业退出市场,只有单个消费者对单个品种的需求量减半。消费者的需求从给定品种转移到了更多品种上。

在可变需求弹性设定下,新企业的进入将瓜分消费者的需求,从而使消费者在单个品种上的需求量降低。由于企业价格加成与需求弹性 η 有关,需求量的降低增大了需求弹性,从而使企业选择相对较低的价格加成。价格加成的降低分散了一部分向零利润条件靠拢时降低消费者需求量的压力,使得消费量的减少相对于固定需求弹性设定下幅度要小(L 扩大为 $2L$,但 c 不会下降一半)。因此,企业产量水平 y 较封闭经济提高(高于 Lc,但低于 $2Lc$)。同时,由于每个品种的总产量增加,对劳动力的需求增加,而每个国家的劳动力总量是固定的,因此均衡时会有一些企业退出市场。

所以,总结起来,自由贸易后对企业而言再次达到零利润均衡的方法只有两个:一个是减少消费量,另一个是降低企业价格加成。在固定需求弹性设定下,只能通过减少消费量来实现向新均衡的调整,而在可变需求弹性设定下,还可以通过降低价格加成的形式调整。

8.1.6 拓展讨论:两国人口规模不同

之前我们一直假设本国和外国是两个完全相同的国家,在无贸易成本的条件下讨论自由贸易均衡结果。若两国所有条件完全相同,则自由贸易后本国和外国的关系是完全对称的,即本国对外国的出口等于外国对本国的出口,均衡条件下两国一定达到贸易平衡。而现实中国家规模往往是不同的,如果我们放松假设,允许两国人口规模不同(仍无贸易成本),那么自由贸易均衡会有什么变化呢?两国仍能实现贸易平衡吗?

我们仍然基于CES效用函数来讨论。假设现有除人口规模外其他条件完全相同的两个国家,本国人口规模为L,外国人口规模为L^*(类似地,其他外国变量均用"$*$"表示)。两国为封闭经济时,由于两国消费者偏好、生产技术都相同,由式(8.10)和式(8.11),两国企业价格加成和产量不受人口规模影响,均为$\frac{\sigma}{\sigma-1}$和$\bar{y}$。由式(8.12),本国企业数量$n=\frac{L}{\sigma\alpha}$,外国企业数量$n^*=\frac{L^*}{\sigma\alpha}$。

当两国间开始贸易且没有贸易成本时,两国消费者能自由消费所有品种,自由贸易仍然等价于两国简单叠加后的封闭经济。在这个规模更大的封闭经济体中,所有企业都是对称的,因此两国产品价格、工资和企业产量等都相等,且较封闭经济均衡没有发生变化。

我们也可以用更直观的两种方式来理解人口规模不相等时的自由贸易均衡。假设$L^*=2L$,即外国人口规模为本国的2倍。一种方式是,我们可以把外国看成是规模为L的经济体复制两次后合并而成的经济体,每个规模为L的经济体都是对称的,有着相同数量的企业。因此,均衡时规模较大的经济体内企业数量较多。另一种方式是,假设世界是一个整体,人口和企业均匀分布,这个巨大的封闭经济体达到均衡状态。现在我们将其切割为两个国家,一国规模为另一国的2倍,两国无贸易成本地进行自由贸易。这时,切割后的开放经济与切割前的封闭经济没有本质区别,只是多了一条没有意义的"国界线"。因此,两国仍保持和未切割以前一样的均衡状态,只有企业数量和人口规模成比例分配。更一般地,我们对这个整体从任意处不均等切割,结论不变。

接下来我们可以看看这样不对称的两国间贸易是否平衡。我们可以计算两国间的贸易量大小。如果各国在所有品种上的消费量都是c,品种价格都为p,那么本国在外国产品上的花费(进口)占收入的比重为:

$$\frac{pcn^*L}{pcnL+pcn^*L}=\frac{n^*}{n+n^*}$$

同样可得,外国在本国产品上的花费占收入的比重为$\frac{n}{n+n^*}$。因为企业数量和人口规模正相关,$\frac{n^*}{n+n^*}=\frac{L^*}{L+L^*}$,且$\frac{n}{n+n^*}=\frac{L}{L+L^*}$。因此,本国进口额为:

$$wL\frac{n^*}{n+n^*}=w\frac{LL^*}{L+L^*}$$

外国进口额为：

$$w^* L^* \frac{n}{n+n^*} = w^* \frac{LL^*}{L+L^*}$$

由于两国工资相等（$w=w^*$），可得：

$$w \frac{Ln^*}{n+n^*} = w^* \frac{nL^*}{n+n^*}$$

因此各国进口等于出口，达到了贸易平衡。

8.1.7 总结

克鲁格曼（1979）通过构建简单的垄断竞争国际贸易分析框架讨论了在两个国家一个行业内贸易如何发生、如何影响消费者福利以及如何影响企业生产等问题。首先，当两国生产技术和要素禀赋完全相同时，消费者多样性偏好和企业内部规模经济也会驱动两国进行贸易。其次，对消费者来说，自由贸易使得可消费的产品品种增加，满足了消费者的多样性偏好，消费者整体福利提升。最后，自由贸易也会对企业产生影响。在需求弹性可变且是消费量的减函数的情况下，贸易会产生规模效应，即存活企业的产量增加，企业实现规模经济，平均成本降低；同时，贸易会产生选择效应，各国封闭经济均衡时的部分企业会退出市场。当然，如果需求弹性是常数，两国自由贸易带来的产品品种的增加会被单个品种消费量的降低抵消，对企业而言国际贸易将不产生规模效应或选择效应。

8.2 贸易不平衡垄断竞争模型：克鲁格曼（1980）

在上一节中，由于两国只存在同一个行业，因此自由贸易时两国间一定达到贸易平衡。然而，在现实中，对适合采用垄断竞争模型描述的行业，可能存在自由贸易时两国间的贸易不平衡的情况，一个国家在这个行业上存在净出口，而另一个国家存在净进口。这样的现实无法使用克鲁格曼（1979）模型来理解。

克鲁格曼（1980）解决了这一问题。为了简化分析，该模型将消费者效用函数设定为 CES 形式，同时引入贸易成本。贸易成本的引入是一个重大突破。由于进口产品存在贸易成本，各国消费者会对本国生产的产品有较强的偏好，由此自由贸易时非对称国家情况下国界不再像上一节中一样可有可无。当然，如果模型中仍然只存在一个行业，则贸易平衡仍然是均衡的必要条件。因此，我们需要在垄断竞争行业的基础上引入第二个行业。这时垄断竞争行业的净出口（或净进口）可以被第二个行业的净进口（或净出口）平衡，我们就可以研究垄断竞争行业在哪个国家更有优势。

克鲁格曼（1980）发现，如果只存在垄断竞争行业，且两国间存在贸易成本，则大国将对企业更具吸引力，因此会有较高的均衡工资。他还发现，如果存在两个行业，一国对垄断竞争行业的需求相对较大，则该国将更倾向于生产并净出口垄断竞争行业产品,且这种倾向在贸易成本较大和生产技术的规模效应较强时表现更强。克鲁格曼(1980)的第二个发现类似于林德(Linder,1961)提出的猜想,即一国只有在本国市场上对某种产品有足够的需求后才有可能出口该种产品。或者说,一个产品首先主要是为了满足本土市场的需要,在此基础上,这种产品才可能出口至他国。因此,如果一国在某种产品上有较大的国内市场,那么该国将更有可能出口该种产品。这一猜想被称为"本土市场效应"(Home Market Effect)。

8.2.1 引入贸易成本

基于上一节 CES 效用函数设定下垄断竞争模型的推导,我们首先引入贸易成本,但仍然设定只存在一个垄断竞争行业。因此,开放经济均衡时仍然要求贸易平衡。在这个设定下,我们会发现在两国其他条件相同的情况下,规模越大的国家开放经济均衡时工资越高。

接下来具体分析这个模型。考虑两个国家,本国人口规模为 L,外国人口规模为 L^*,两国间贸易存在贸易成本,贸易成本为"冰山成本"形式,即为最终将 1 单位产品卖到国外市场,起运时需要从内运出 $\tau > 1$ 单位的产品。

消费者行为

不失一般性,我们考虑本国消费者的效用最大化问题:

$$\max U = \sum_{i=1}^{n} c_{id}^{\frac{\sigma-1}{\sigma}} + \sum_{i=n+1}^{n+n^*} c_{if}^{\frac{\sigma-1}{\sigma}}, \quad \sum_{i=1}^{n} p c_{id} + \sum_{i=n+1}^{n+n^*} p_x^* c_{if} = I$$

其中,c_{id} 为消费者在本国生产的单个品种上的消费量,c_{if} 为消费者在外国生产的单个品种上的消费量。p 为本国品种在本国的销售价格,p_x^* 为外国品种在本国的销售价格,它与外国品种在外国的销售价格 p^* 的关系为 $p_x^* = p^* \tau$(相应地,本国品种在外国的销售价格 $p_x = p\tau$)。这是因为,若本国消费者购买 1 单位外国品种,则实际需要外国企业生产并出口 τ 单位的品种。冰山成本的存在使得实际需求量大于消费者的最终消费量,那么进口价格将比在本地销售的价格高,且高出的比例为 τ。

由上一节基于 CES 效用函数的讨论,可得本国消费者对本国品种和外国品种的需求为:

$$c_{id} = wL \frac{p^{-\sigma}}{P^{1-\sigma}}, \quad c_{if} = wL \frac{p_x^{*-\sigma}}{P^{1-\sigma}} \tag{8.13}$$

其中,P 为本国消费者购买的所有品种的价格指数:

$$P = (np^{1-\sigma} + n^* p_x^{*1-\sigma})^{1/(1-\sigma)}$$

将式(8.13)中的两式相除,可得消费者对两国品种消费量之比为:

$$c_{if}/c_{id} = (p/p_x^*)^\sigma = (p/p^*)^\sigma \tau^{-\sigma} \tag{8.14}$$

式(8.14)体现了消费者在本国品种和外国品种之间的选择,σ 为两国品种的替代弹性。消费者对两国品种的偏好与品种价格和贸易成本有关。如果本国品种价格 p 上升,本国消费者会更多地进口外国品种;贸易成本 τ 越大,消费者越偏好本国品种。

企业行为

对于企业来说,贸易成本的引入相当于提高了生产的边际成本。封闭经济条件下企业生产的边际成本为 βw,开放经济条件下企业生产并出口的边际成本则为 $\tau\beta w$,这并不影响企业的利润最大化行为以及最终的定价策略,只需要将边际成本的不同考虑进去即可。由前面对 CES 效用函数的推导可知,本国品种在两个市场的最优定价分别为:

$$p = w\beta \frac{\sigma}{\sigma-1}, \quad p_x = \tau w\beta \frac{\sigma}{\sigma-1} \tag{8.15}$$

同理,外国品种在两个市场的最优定价为:

$$p^* = w^*\beta \frac{\sigma}{\sigma-1}, \quad p_x^* = \tau w^*\beta \frac{\sigma}{\sigma-1} \tag{8.16}$$

开放经济均衡(有贸易成本)

已知企业的最优定价行为后,我们仍通过自由进入条件(零利润条件)来求解开放经济条件下的企业均衡产量,由 $pLc_{id} + p_x L^* c_{if}^* = \alpha w + \beta w(Lc_{id} + \tau L^* c_{if}^*)$ 可得:

$$\bar{y} = Lc_{id} + L^* c_{if}^* \tau = (\sigma - 1)\frac{\alpha}{\beta}$$

其中,外国消费者对本国品种(包括贸易成本)的实际需求量为 $c_{if}^* \tau$。这是企业为出口而生产的产量,可称为"出厂产量"(Factory-gate Output)。再由劳动力市场出清条件,可得两国开放经济条件下的均衡企业数量为:

$$n = \frac{L}{\alpha\sigma}, \quad n^* = \frac{L^*}{\alpha\sigma}$$

因此,和之前无贸易成本的均衡结果相比,贸易成本的引入对两国的企业产量和企业数量都没有影响。

由于只存在一个行业,两国间仍保持贸易平衡。我们可以将两国的贸易流量表示出来。以一个本国消费者为例,其工资全部用于购买本国品种和外国品种,即 $npc_{id} + n^* p_x^* c_{if} = w$。代入 $p_x^* = p^*\tau$ 和式(8.14),整理可得:

$$(np + n^* p^{*\sigma} p^{1-\sigma} \tau^{1-\sigma}) c_{id} = w \tag{8.17}$$

同理,外国消费者有:

$$(n^* p^* + n p^{*\sigma} p^{1-\sigma} \tau^{1-\sigma}) c_{id}^* = w^* \tag{8.18}$$

那么,由式(8.17)和式(8.18),本国消费者进口支出占收入的比重和外国消费者进口支出占收入的比重分别为:

$$s = \frac{n^* p^\sigma p^{*1-\sigma} \tau^{1-\sigma}}{n^* p^\sigma p^{*1-\sigma} \tau^{1-\sigma} + np}, \quad s^* = \frac{n p^{*\sigma} p^{1-\sigma} \tau^{1-\sigma}}{n p^{*\sigma} p^{1-\sigma} \tau^{1-\sigma} + n^* p^*} \tag{8.19}$$

将式(8.19)以及 n, n^*, p, p^* 代入贸易平衡等式 $wLs = w^* L^* s^*$,可化简得:

$$B \equiv \left(\frac{w}{w^*}\right)^\sigma = \frac{\tau^{1-\sigma} + \left(\frac{L}{L^*}\right)\left(\frac{w}{w^*}\right)^{1-\sigma}}{1 + \tau^{1-\sigma} \left(\frac{L}{L^*}\right)\left(\frac{w}{w^*}\right)^{1-\sigma}} \tag{8.20}$$

式(8.20)给出了满足企业自由进入条件、劳动力市场出清条件和贸易平衡条件下,两国人口规模比$\frac{L}{L^*}$和工资比$\frac{w}{w^*}$的关系。当两国人口规模L和L^*外生给定时,工资比由开放经济均衡内生决定。

式(8.20)形式较为复杂,我们可以将其拆分为左右两部分,它们分别是关于$\frac{w}{w^*}$的函数。当$\sigma>1,\tau>1$时,可知$\tau^{1-\sigma}<1$。因此,等式左边是$\frac{w}{w^*}$的增函数,等式右边是$\frac{w}{w^*}$的减函数。左右两边关于$\frac{w}{w^*}$的函数形式如图8.4所示。图中两条线的交点对应的工资比即为均衡工资比。

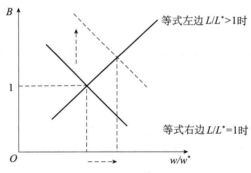

图8.4 开放经济均衡工资的决定

接下来,我们可以基于式(8.20),讨论外生人口规模的变化如何影响两国均衡工资比。

情形一:两国人口规模相同。

当两国人口规模相同,即$L=L^*$时,可得$w=w^*$。这就是我们在上一节中讨论的两国完全相同的情形,对称国家开放经济均衡时工资相等。

情形二:两国人口规模不同,本国为大国。

以情形一为分析起点,我们假设两国人口规模不同,本国人口规模更大,即$L>L^*$。式(8.20)中只有等式右边和人口规模有关,且是$\frac{L}{L^*}$的增函数。因此,随着$\frac{L}{L^*}$的增大,等式右边线向上移动至虚线处,而等式左边线不受影响,因此新的均衡工资比相较于情形一提升,故$w>w^*$。

由此,我们可以证明:在存在贸易成本的情况下,市场规模越大的国家,其他条件相同时,工资越高。

这一结论的直觉在于,由于存在贸易成本,企业位于哪个国家对企业而言是重要的。在大国企业可以面对较多的消费者,而在小国消费者就少。因此,从接近消费者的角度考虑,企业更倾向于到大国生产,就近销售,这样可以最大程度地节约贸易成本。但又不可能所有的企业都跑到大国去生产,否则小国的劳动力将完全没有被使用。因此，在开放经济均衡时，两国各自必须拥有一部分企业。此外，由于企业之间是对称的，这时各个均衡变量必须使得对企业而言无论在哪个国家生产都是无差异的。这种企业选址上的无差异必然通过大国拥有较大的市场而小国拥有较低的工资从而企业有较低的劳动力成本实现。小国较低的工资可以认为是企业选址到该国而放弃较大的市场的一种补偿。

8.2.2 两国福利的讨论

我们在CES效用函数的基础上引入了贸易成本，并讨论了开放经济条件下的均衡结果。我们关心在引入贸易成本后，自由贸易是否仍然能够提升消费者福利，以及贸易成本的引入怎样影响消费者福利。为了简化讨论，我们回到两国人口规模相同的假设，来比较在不同设定下的消费者福利。

情形一：两国规模相等，无贸易成本

假设两国规模都为 L，且无贸易成本，即 $\tau=1$。企业的产出水平在均衡时为一固定值 $\bar{y}$（见式(8.11)）。封闭经济均衡时单个消费者对一个品种的消费量为 $\frac{\bar{y}}{L}$。我们可以计算两国在封闭经济条件下的消费者效用为：

$$U^A = N \left(\frac{\bar{y}}{L}\right)^{\frac{\sigma-1}{\sigma}}$$

我们前面已经知道，CES效用函数下两个规模相等的国家进行自由贸易，其效果等价于经济规模翻倍，或者两个国家简单叠加，即每个国家企业数量 N 和企业产量 $\bar{y}$ 都不变，两国合在一起企业数量变为 $2N$，消费者在每个品种上的消费量变为 $\frac{\bar{y}}{2L}$。两国在开放经济条件下的消费者效用为：

$$U^T = 2N \left(\frac{\bar{y}}{2L}\right)^{\frac{\sigma-1}{\sigma}} = 2^{\frac{1}{\sigma}} U^A > U^A$$

相比封闭经济，自由贸易时消费者效用得到了提升。

情形二：两国规模相等，有贸易成本

进一步地，我们引入贸易成本，即 $\tau>1$。由于两国对称 $L=L^*$，我们可以将劳动力作为计价物，即 $w=w^*=1$。当然，均衡时两国的企业数量相等 $n=n^*$，产品价格相等 $p=p^*$。

同时，由于两国对称，本国消费者对外国品种的消费量等于外国消费者对本国品种的消费量，即

$$c_{if} = c_{if}^* = c_{id}\tau^{-\sigma}$$

其中，第二个等式来自式(8.14)。本国和外国所有消费者的总消费量等于品种的总产量：

$$L c_{id} + L^* c_{if}^* \tau = \bar{y}$$

将两个消费量代入品种总产量可得本国消费者对本国品种的消费量为 $c_{id} =$

$\frac{\bar{y}}{L}\frac{\tau^\sigma}{\tau^\sigma+\tau}$，外国消费者对本国品种的消费量（或本国消费者对外国品种的消费量）为 $c_{if}=\frac{\bar{y}}{L}\frac{1}{\tau^\sigma+\tau}$。

在有成本贸易的情况下，均衡时两国的消费者效用为：

$$U^{CT}=N\left(\frac{\bar{y}}{L}\frac{\tau^\sigma}{\tau^\sigma+\tau}\right)^{\frac{\sigma-1}{\sigma}}+N\left(\frac{\bar{y}}{L}\frac{1}{\tau^\sigma+\tau}\right)^{\frac{\sigma-1}{\sigma}}$$

$$=N\left(\frac{\bar{y}}{L}\right)^{\frac{\sigma-1}{\sigma}}\left(\left(\frac{\tau^\sigma}{\tau^\sigma+\tau}\right)^{\frac{\sigma-1}{\sigma}}+\left(\frac{1}{\tau^\sigma+\tau}\right)^{\frac{\sigma-1}{\sigma}}\right)$$

这一效用表达式看上去比较复杂，但是仔细观察可以发现该式是有关 τ 的函数。我们定义一个新函数：

$$X(\tau)=\left(\frac{\tau^\sigma}{\tau^\sigma+\tau}\right)^{\frac{\sigma-1}{\sigma}}+\left(\frac{1}{\tau^\sigma+\tau}\right)^{\frac{\sigma-1}{\sigma}}$$

求导可知，X 是 τ 的减函数：

$$X'(\tau)=-(\tau^{\sigma-1}+1)\left(\frac{1}{\tau^\sigma+\tau}\right)^{2-\frac{1}{\sigma}}<0$$

因此，效用水平 U^{CT} 也是 τ 的减函数。也就是说，当无成本贸易（$\tau=1$）时，消费者效用最大，等于 U^T。当允许贸易但存在贸易成本（$\tau>1$）时，相较于完全自由贸易，两国消费者效用有所下降。当 $\tau=\infty$ 时，两国相当于是封闭经济，此时效用最小，为 U^A。因此，贸易开放程度越高（体现为贸易成本越低），消费者效用越大。

福利损失的讨论

为什么贸易成本会带来福利损失呢？直觉上，福利损失可以来源于长距离贸易过程中产品"融化"带来的损耗，因为这些损耗没有给任何一个国家带来福利。但仅此而已吗？为了理解贸易成本带来的福利损失，我们可以假设不存在这种运输损耗，但是两国消费量仍然遵照有成本贸易均衡时的配比分配，即 $c_{if}=c_{if}^*=c_{id}\tau^{-\sigma}$。由于不存在运输损耗，外国消费者对本国品种的最终消费量就等于其实际需求量，即 $Lc_{id}+L^*c_{if}^*=\bar{y}$。注意，这里外国最终消费量 c_{if}^* 与实际需求量之间不再存在 τ 比例的损耗。

联立两式，我们可以求出消费者对本国和外国的品种分别消费的数量，并将其代入效用函数得到：

$$\widetilde{U}^T=N\left(\frac{\bar{y}}{L}\frac{\tau^\sigma}{\tau^\sigma+1}\right)^{\frac{\sigma-1}{\sigma}}+N\left(\frac{\bar{y}}{L}\frac{1}{\tau^\sigma+1}\right)^{\frac{\sigma-1}{\sigma}}$$

相似地，我们可以得到 $\frac{d\widetilde{U}^T}{d\tau}<0$，即决定消费者在本国品种和外国品种之间消费比例的参数 τ 越大，消费者效用越低。这就说明，即使不存在运输损耗，消费者效用仍然可能因两国品种间消费量的分配无法最优化而降低。

这是因为消费者存在多样性偏好，更乐意较为平均地消费两国的品种。但是，贸易成本的存在扭曲了消费者在两国品种间的消费比例。贸易成本越高，消费者被迫消费更多本国品种，而减少消费进口品种。这种消费比例因贸易成本产生的偏离而导致消费者无法充分享受到进口品种带来的品种多样性福利。

当然，如果 τ 作为贸易成本而存在运输损耗时，则贸易成本不仅会影响到消费者在两国品种间的消费比例，还存在冰山成本。这些"凭空消失的产品"也造成了福利损失。

这就是贸易成本造成消费者福利损失的两个渠道。直觉上，仅存在消费扭曲情况下消费者效用要高于同时存在消费扭曲和运输消耗情况下消费者效用，即在给定 τ 的条件下，由 $\tau^\sigma+1<\tau^\sigma+\tau$，我们也能得出 $\widetilde{U}^T>U^{CT}$ 的结论。

综上，我们对各种情况下消费者效用的大小做个总结。对于任意贸易成本 $\tau>1$，可以得到：

$$N\left(\frac{\bar{y}}{L}\right)^{\frac{\sigma-1}{\sigma}}=U^A=\widetilde{U}^T(+\infty)=U^{CT}(+\infty)<U^{CT}(\tau)<\widetilde{U}^T(\tau)$$

$$<U^{CT}(1)=\widetilde{U}^T(1)=U^T=2^{\frac{1}{\sigma}}U^A=2^{\frac{1}{\sigma}}N\left(\frac{\bar{y}}{L}\right)^{\frac{\sigma-1}{\sigma}}$$

考虑存在贸易成本时开放经济条件下的消费者福利。当 $\tau=\infty$ 时，经济体等价于两国处于封闭经济，两国完全不发生贸易，因此消费者效用和封闭经济条件下相同。一旦贸易成本变成有限值且 $\tau>1$，两国就可以发生贸易，消费者福利增加；并且，仅存在消费扭曲时的福利大于既有消费扭曲又有运输损耗时的福利。当 $\tau=1$ 时，经济体完全自由贸易，不存在运输损耗，也不存在消费扭曲，此时消费者效用最大，是封闭经济均衡时的 $2^{\frac{1}{\sigma}}$ 倍。

8.2.3 本土市场效应

接下来我们讨论本土市场效应。假设存在两个不同的行业，一国如果对某一行业的需求相对较大，则该国将更倾向于生产并净出口该行业的产品。这一猜想被称为"本土市场效应"。克鲁格曼(1980)在垄断竞争模型下发现了这一效应。他假设两国经济规模相同，存在两个行业，分别是垄断竞争行业和同质产品行业(Homogeneous Good Sector，该行业的产品完全同质，因此竞争结构为完全竞争)。他发现如果一国对垄断竞争行业的需求相对较大，则该国将更多生产并净出口垄断竞争行业的产品。

与克鲁格曼(1980)对本土市场效应的定义稍有不同，我们采用芬斯特拉(Feenstra,2004)对本土市场效应的定义：两国间进行贸易时，对垄断竞争行业而言，大国会更多生产并净出口该行业的产品。尽管这一定义与原始定义稍有出入，但其仍然体现出"对于一个行业而言一个更大的本土市场会吸引相对更多的生产企业，从而更多地出口该行业产品"的含义。

讨论本土市场效应的重要性在于，我们关心企业的地理选址决策。考虑现实中一位企业家设立企业的决策。假设他能够在全国范围内选址，那么这位企业家是会将企业设在上海还是设在内陆的西安？设在上海的考虑是什么，而设在西安的考虑又是什么? 假设有多位企业家同时做出设立企业的决策,有多大比例的企业家会将企业设在上海,又有多大比例的企业家会将企业设在西安? 两地企业数量的差异是多少,这一差异的大小取决于怎样的因素? 为了回答这些问题,我们有必要在理论模型中假设存在两个行业,且允许两国间存在市场规模上的差别。我们接下来将在这样的设定下进行讨论。

消费者行为

我们首先将模型表达得更一般化。假设存在 C 个国家,国家规模为 L_j,每个国家 j 都有两个行业:一个是垄断竞争行业,也称"差异化产品行业",该行业在均衡时品种数量为 N_j;另一个是同质产品行业,其产品完全同质且可以完全无成本贸易。由于同质产品可以自由贸易,我们可以很方便地取该产品为计价物。假设在所有国家该产品的生产技术都是一个劳动力生产一个产品,这意味着所有国家的工资用计价物计都为 1,国家 j 的总收入就是 L_j。

消费者在两行业间的偏好满足柯布-道格拉斯函数形式,在差异化产品行业内部的偏好满足 CES 函数形式。其中,将消费者对品种 k 的需求量记为 c_k,对同质产品的需求量记为 c_0。那么,消费者效用函数可以表示为:

$$U = c_0^{1-\delta} \Big(\sum_{k=1}^{N} c_k^{\frac{\sigma-1}{\sigma}} \Big)^{\frac{\delta\sigma}{\sigma-1}}$$

这样的偏好设定对我们进一步分析差异化产品行业很有帮助。首先,两行业间消费者偏好满足柯布-道格拉斯函数形式,说明消费者会将收入的固定份额 δ 花在差异化产品上,而将 $(1-\delta)$ 份额花在同质产品上,因此花在差异化产品上的总支出为 δL_j。其次,消费者对差异化产品行业内品种的偏好满足 CES 函数形式,根据第 4 章附录对 CES 效用函数的求解,我们可以直接写出 j 国从 i 国进口一种差异化产品的需求函数为①:

$$c_{ij} = (p_{ij}/P_j)^{-\sigma} \delta L_j / P_j \tag{8.21}$$

其中,p_{ij} 为 j 国消费者面对的 i 国某一品种的价格,P_j 为 j 国消费者面对的所有在该国销售的差异化产品的价格指数:

$$P_j = \Big(\sum_{i=1}^{C} N_i (p_{ij})^{1-\sigma} \Big)^{1/(1-\sigma)} \tag{8.22}$$

企业行为

i 国一个代表性企业的劳动力需求仍满足 $L_i = \alpha + \beta y_i$。假设 i 国出口到 j 国的贸易成本(冰山成本)为 τ_{ij},在 CES 效用函数下,由于各国工资为 1,企业最优定价是一个外生给定的值 $p_{ij} = \beta \frac{\sigma}{\sigma-1} \tau_{ij}$。企业在零利润条件下的均衡产量也是一个固定值,即 $\bar{y} = (\sigma-1)\alpha/\beta$。均衡时市场出清意味着 i 国企业的产出等于所有国家消费者对该企

---

① 注意,此时 c_{ij} 不再是消费者个体的消费量,而是整个国家 j 对 i 国一个品种的消费量。

业生产品种的实际需求（包括贸易成本）：

$$\bar{y} = \sum_{j=1}^{C}(c_{ij}\tau_{ij}), \quad i=1,\cdots,C \tag{8.23}$$

经济规模与企业数量的变化关系

联立式(8.21)、式(8.22)和式(8.23)，这几个均衡条件可以刻画整个经济系统的均衡。当经济系统中的某个外生变量变动引起内生变量变动时，这些式子在达到新的均衡时必然依旧成立。将式(8.21)和式(8.22)代入式(8.23)，我们可得 C 个等式，共有 C 个未知数 N_i，因此可以求出均衡解。

不过这里我们不直接求均衡解，而是研究当一个国家的规模 L^j 发生变化时各内生变量如何变化。对式(8.23)求全微分可得：

$$0 = \sum_{j=1}^{C}(\mathrm{d}c_{ij}\tau_{ij}), \quad i=1,\cdots,C$$

由于 τ_{ij} 没有发生变化，因此我们可以猜想新的均衡解中 $\mathrm{d}c_{ij}=0$，即一国消费的任意一个品种的数量固定不变。如果在这一猜想下我们能够求得满足式(8.21)和式(8.22)的解，则其必然是整个经济系统的解。

对式(8.21)取对数再求全微分，得到：

$$0=(\sigma-1)\hat{P}_j+\hat{L}_j \Rightarrow \hat{P}_j=-\hat{L}_j/(\sigma-1) \tag{8.24}$$

其中，对变量 x，$\hat{x}=\mathrm{d}\ln x=\mathrm{d}x/x$。式(8.24)给出了价格指数 P_j 与国家经济规模 L_j 的变化关系。该式表明一国经济规模的扩大将直接降低该国的价格水平。

对式(8.22)取对数再求全微分，得到价格指数与企业数量的变化关系：

$$\hat{P}_j = \frac{1}{1-\sigma}\mathrm{d}\ln\Big(\sum_{i=1}^{C}N_i(p_{ij})^{1-\sigma}\Big)$$

$$= \frac{1}{1-\sigma}\frac{\sum_{i=1}^{C}\mathrm{d}N_i(p_{ij})^{1-\sigma}}{\Big(\sum_{i=1}^{C}N_i(p_{ij})^{1-\sigma}\Big)}$$

$$= \frac{1}{1-\sigma}\sum_{i=1}^{C}\frac{\mathrm{d}N_i}{N_i}\frac{N_i(p_{ij})^{1-\sigma}}{\Big(\sum_{i=1}^{C}N_i(p_{ij})^{1-\sigma}\Big)}$$

$$= \frac{1}{1-\sigma}\sum_{i=1}^{C}\hat{N}_i\frac{N_i(p_{ij})^{1-\sigma}}{\Big(\sum_{i=1}^{C}N_i(p_{ij})^{1-\sigma}\Big)}$$

定义

$$\phi_{ij} = \frac{N_i(p_{ij})^{1-\sigma}}{\Big(\sum_{i=1}^{C}N_i(p_{ij})^{1-\sigma}\Big)} = N_i(p_{ij}/P_j)^{1-\sigma}$$

结合式(8.21)可得 $\phi_{ij}=(N_ip_{ij}c_{ij})/(\delta L_j)$。由于 $N_ip_{ij}c_{ij}$ 表示 j 国进口的 i 国差异化产品的总支出，δL_j 表示 j 国在差异化产品上的总支出，则 ϕ_{ij} 表示在差异化产品上 i

国在 j 国市场所占的份额。此外有 $\sum_{i=1}^{C} \phi_{ij} = 1$。

将 ϕ_{ij} 代入 $\hat{P}_j$，简化为：

$$\hat{P}_j = \frac{1}{1-\sigma}\left(\sum_{i=1}^{C} \hat{N}_i \phi_{ij}\right) \tag{8.25}$$

与式(8.24)联立可得国家经济规模变化 $\hat{L}$ 和企业数量变化 $\hat{N}$ 的关系：

$$\hat{L}_j = \sum_{i=1}^{C} \hat{N}_i \phi_{ij}, \quad j=1,\cdots,C \tag{8.26}$$

假设只存在两个国家(1代表本国，2代表外国)，式(8.26)以矩阵的形式展开：

$$(\hat{N}_1, \hat{N}_2)\begin{pmatrix} \phi_{11} & \phi_{12} \\ \phi_{21} & \phi_{22} \end{pmatrix} = (\hat{L}_1, \hat{L}_2)$$

$$\Rightarrow (\hat{N}_1, \hat{N}_2) = \frac{(\hat{L}_1, \hat{L}_2)}{|\Phi|}\begin{pmatrix} \phi_{22} & -\phi_{12} \\ -\phi_{21} & \phi_{11} \end{pmatrix} \tag{8.27}$$

其中，市场份额矩阵可逆。这是因为，两国间在差异化产品的贸易上存在贸易成本，故本国在本国品种上消费相对更多，$\phi_{ii} > \phi_{ij}$。以 $|\Phi|$ 表示市场份额矩阵的行列式，有 $|\Phi| = \phi_{11} - \phi_{12} = \phi_{22} - \phi_{21} > 0$(由 $\phi_{1j} + \phi_{2j} = 1$ 得)。

由此，只要给定 $\hat{L}_1$ 和 $\hat{L}_2$，我们就可以知道两国企业数量的变化 $\hat{N}$。现在假设初始时两国完全对称，则在均衡时两国企业数量必然相等($N_1 = N_2$)，且差异化产品的贸易达到平衡。现在假设国家1的经济规模扩大而国家2不变，即 $\hat{L}_1 > 0, \hat{L}_2 = 0$。由式(8.27)可得：

$$\hat{N}_1 = \frac{\phi_{22}}{(\phi_{22} - \phi_{21})}\hat{L}_1 > \hat{L}_1 > 0$$

$$\hat{N}_2 = \frac{-\phi_{12}}{(\phi_{11} - \phi_{12})}\hat{L}_1 < 0$$

当国家1经济规模扩大时，其垄断竞争行业企业数量的增长率甚至高于其经济规模的增长率，而国家2垄断竞争行业的企业数量将会减少。由于 c_{ij} 和 p_{ij} 都没有发生变化，i 国向 j 国的总出口 $X_{ij} = N_i p_{ij} c_{ij}$ 会随企业数量 N_i 成比例变动，因此当 N_1 增加而 N_2 减少时，会有 X_{12} 增多而 X_{21} 减少(初始状态两国该行业贸易平衡)，即国家1在垄断竞争行业净出口，$X_{12} > X_{21}$。垄断竞争行业的贸易盈余(或赤字)可由同质产品行业的贸易来平衡。由此我们可得本土市场效应定理：

定理 8.1 本土市场规模较大的国家将生产更多品种数量的差异化产品，且在该产品相对另一国形成净出口。

其中的经济学直觉为，当大国和小国的工资因其他行业的存在而外生决定时，在垄断竞争行业，小国就不再能够以较低的工资补偿企业，吸引企业在该国选址。由于小国的吸引力降低，企业将更愿意选择在大国生产，以通过接近更大规模的市场降低贸易成本的影响。这样大国的企业就会更加集中，而小国的企业数量减少，大国成为差异化产品的净出口国。

8.3 本章小结

相较于李嘉图模型和赫克歇尔-俄林模型,垄断竞争模型从完全不同的视角解释国际贸易动机。首先,垄断竞争模型引入了国际贸易的真正主体——企业。规模报酬递增发生在企业内部,企业将因此有动机扩大市场规模,谋求出口。这是国际贸易理论的一个重大突破。垄断竞争模型将研究视角从国家层面转移到企业层面,为之后在企业层面研究国际贸易问题奠定了理论基础。特别是梅里兹(Melitz,2003)提出的异质性企业模型更是在克鲁格曼垄断竞争模型的基础上引入了不同生产率的企业。现实国际贸易中存在大量企业层面的决策、联系和差异,异质性企业垄断竞争模型为理解所有这些企业层面的国际贸易问题提供了可能性。我们将从下一章开始学习企业层面的国际贸易问题,届时读者将对这一点形成更深刻的认识。

其次,垄断竞争模型刻画了一个行业内不同品种间的差异和贸易,它能够很好地解释国际贸易实践中广泛存在的"产业内贸易"。产业内贸易指的是一国在某种产品上既有进口又有出口。例如,美国既会出口福特汽车到日本,同时又会从日本进口丰田汽车。这样的贸易在发展程度相似的发达国家间特别普遍。比较优势模型完全无法解释这种贸易形式,而垄断竞争模型很好地解释了这种贸易现象。基于此,克鲁格曼的垄断竞争模型被称为"新贸易理论",这里的"新"就是指该模型相较于李嘉图模型和赫克歇尔-俄林模型有着对国际贸易实践的另一种描述与解释。当然,国际贸易实践中似乎既存在由比较优势驱动的行业间贸易,又存在由规模经济驱动的行业内贸易。两者如何能够在一个经济均衡下同时实现?克鲁格曼(Krugman,1981)就建立了这样一个模型,将两类贸易驱动结合在一个理论框架中,本章不做展开。

参 考 文 献

Dixit, A. and J. Stiglitz(1977), "Monopolistic competition and optimum product diversity", *The American Economic Review*, 67(3), 297-308.

Feenstra, R. (2004), *Advanced International Trade: Theory and Evidence*, Princeton, New Jersey: Princeton University Press.

Krugman, P. R. (1979), "Increasing returns, monopolistic competition, and international trade", *Journal of International Economics*, 9(4), 469-479.

Krugman, P. R. (1980), "Scale economies, product differentiation, and the pattern of trade", *The American Economic Review*, 70(5), 950-959.

Krugman, P. R. (1981), "Intraindustry specialization and the gains from trade", *Journal of Political Economy*, 89(5), 959-973.

Linder, S. (1961), *An Essay on Trade and Transformation*, New York: John Wiley &

Sons.

Melitz, M. (2003), "The impact of trade on intra-industry reallocations and aggregate industry productivity", *Econometrica*, 71(6), 1695–1725.

习　　题

8-1 由克鲁格曼(1979)模型的结论我们可知,自由贸易均衡下价格与工资之比 $\frac{p}{w}$ 下降,单个品种消费量 c 减少,产品种类 N 变多。也就是说,消费者在任意一种产品上的购买力提升了,对单个品种的消费量 c 减少了,但购买产品的种类 N 变多了。然而根据消费者的效用函数 $U = \sum_{i=1}^{N} v(c_i)$,总效用最终提升还是下降并不明确。请证明在克鲁格曼(1979)模型中,自由贸易后消费者效用得到了提升。

8-2 请详细说明克鲁格曼(1979)模型中,从封闭经济均衡到开放经济均衡,经济体是如何实现均衡转换的。

8-3 请运用拉格朗日函数求解如下最优化问题。

一个垄断厂商生产两种产品,产品价格与产量之间的关系为：
$$p_1(x_1) = 5 - (x_1/1\,000)$$
$$p_2(x_2) = 7 - (x_2/100)$$

厂商的成本函数为 $c(x_1, x_2) = x_1^2 + x_2^2$,且其面临生产原材料的约束：生产两种产品都需要且仅需要消耗原油,生产1单位产品1需消耗2桶原油,生产1单位产品2需消耗4桶原油,该厂商共有50桶原油。假设该厂商无法获得更多的原油,但可以不用完所有的原油(未消耗的原油价值为零)：(1)请写出该厂商利润最大化时的目标函数和约束条件,并写出库恩-塔克条件(Kuhn-Tucker Conditions)[①]；(2)求解利润最大化时的 x 和拉格朗日乘数 λ。

8-4 在克鲁格曼(1979)模型中我们假设单个品种的需求弹性满足 $d\eta dq < 0$。请问,给定 $dpdq < 0$,是否有可能有产品的需求弹性满足 $d\eta dq > 0$ 呢？如果有这样的产品,那么这些产品会有怎样的特征？

附　　录

8-1A　需求弹性讨论

很多时候我们知道效用函数的形式进而知道需求函数的形式。一些特定的需求

[①] 可复习高等数学了解该条件。

函数形式能够得到具有某些特征的需求弹性。我们看以下两种情形。

情形一：线性需求函数与可变需求弹性。

假设需求可由线性需求函数表示，如图 8.5(a)所示。横轴表示消费量 c_i，纵轴表示价格 p_i。$\dfrac{\mathrm{d}p_i}{\mathrm{d}c_i}$ 为图中线性需求函数的斜率且固定不变。$\dfrac{p_i}{c_i}$ 随着 c_i 的增大而减小。那么此时需求弹性 $\eta_i = -\dfrac{\mathrm{d}c_i}{\mathrm{d}p_i}\dfrac{p_i}{c_i}$ 将随消费量变动，且 c_i 越小，p_i 越高，η_i 越大。因此，需求弹性可变，且随着 c_i 的增大而减小，即 $\dfrac{\mathrm{d}\eta_i}{\mathrm{d}c_i}<0$。本章中我们假设 $\dfrac{\mathrm{d}\eta_i}{\mathrm{d}c_i}<0$，因此大致可认为我们考虑的需求函数接近如图 8.5(a)所示的线性函数。

情形二：CES 效用函数与固定需求弹性。

假设效用函数为 CES 效用函数。第 4 章附录中我们已经详细介绍这种偏好下效用最大化求解过程以及它的一些性质。基于这种效用函数，我们会得到一种特殊的非线性需求函数 $c = \alpha p^{-\sigma}$。此时需求弹性为 $\eta_i = \sigma$，是个常数。图 8.5(b)给出了 CES 效用函数需求曲线的一个特例，此时 $\alpha = 1, \sigma = 1$。

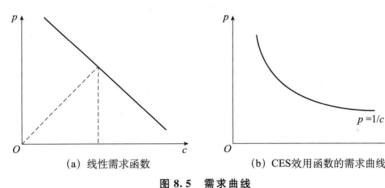

图 8.5　需求曲线

第9章 垄断竞争模型:异质性企业

在上一章中,我们介绍了克鲁格曼(1979,1980)的垄断竞争模型。模型提出了规模报酬递增的概念,并使用垄断竞争作为市场结构来描述企业间的竞争状态,以此为框架分析了国际贸易对企业、生产和福利等的影响。克鲁格曼的垄断竞争模型打破了李嘉图模型、赫克歇尔-俄林模型的局限,将企业的概念引入贸易模型,给出了产业内贸易存在的一个解释。[①] 然而,克鲁格曼的垄断竞争模型假设企业完全相同(同质性企业)。这一假设固然使相较于企业存在差异的假设下对均衡状态的描述变得简单,但也造成模型只能用来解释存在代表性企业的竞争状态。一旦我们想了解行业中不同企业的不同表现,克鲁格曼的同质性企业垄断竞争模型就变得无能为力。

事实上,几乎可以肯定,均衡状态下一个经济体中的企业存在巨大的不同。一个行业中既有盈利能力超强的企业,又有濒临破产的企业。从国际贸易的角度,一个国家的一个行业中一般只有极少的企业可以进口,也只有极少的企业可以出口。更一般地,企业间存在在多个维度上广泛的不同。从20世纪90年代开始,经济学家获得了大量的企业层面的微观数据,能够描述和尝试理解企业间的不同。例如,出口的企业拥有更高的生产率,雇用更高教育水平的人员,付给工人更高的工资,投入更多的资源进行研发,等等。但是,如果我们认为在一个经济均衡下企业必须达到零利润条件,那么我们又应该怎样理解现实中企业间的不同,如何理解企业间的不同是否影响了贸易的福利效应?[②]

因此,理解存在异质性企业情况下的经济状态,或者理解企业间呈现不同表现的原因,都要求我们在理论层面进行突破,打破均衡与零利润之间的"理论"挂钩。这一工作由梅里兹完成,他基于产业组织理论在21世纪后的进展,结合对克鲁格曼(1979,1980)垄断竞争模型的创新,于2003年提出异质性企业垄断竞争模型(Melitz, 2003)。

这一模型除了打破了均衡与零利润之间的"理论"挂钩,为我们提供了研究企业间异质状况的框架,还指出了存在异质性企业情况下国际贸易可能产生的资源分配和福利影响。例如,克鲁格曼(1979)告诉我们,自由贸易时一国某些企业会退出市场(选

---

① 我们可以认为李嘉图模型和赫克歇尔-俄林模型做了这样一个假设,即整个经济体只有一个代表性企业。
② 如果企业间存在差异,那么必然有边际企业获得零利润,而非边际企业获得正的利润。这一正的利润与自由进入条件要求的零利润条件相抵触。

择效应),而另有一些企业会扩大生产(规模效应)。但究竟哪些企业会退出,哪些企业又会扩大生产,只能交给上帝或概率去决定。但在梅里兹的异质性企业框架下,我们可以很自然地得到,生产率高的企业市场扩大,生产扩张,而生产率低的企业利润减少,甚至可能退出市场。企业的选择不再由上帝和概率决定,而由企业自身特性决定。

那么,梅里兹是如何打破均衡与零利润之间的"理论"挂钩的呢?他参考了霍彭哈恩(Hopenhayn,1992)的随机模型框架,提出了一种新的固定成本——市场进入成本。企业在创办之前需要注册企业、租赁厂房、研发产品等,这部分成本构成企业的市场进入成本。这种进入成本的付出需要在企业明确了解自身的条件以及利润前景之前进行。也就是说,企业进入市场是否能够盈利,相较于其他企业是否具有较强的竞争力,这些问题都要在企业付出市场进入成本之后才能知道。这就将市场均衡时企业进入决策在克鲁格曼模型中由利润决定转变成了由企业进入前的预期利润决定。也就是说,企业将基于一定的概率,计算其预期利润,根据预期利润与市场进入成本间的比较决定是否真正进入市场。均衡与零利润之间仍然存在"理论"挂钩,只不过被修正为均衡与"预期"零利润之间的挂钩。

梅里兹模型通过放松经典贸易理论对企业同质性的假设,在垄断竞争模型中引入异质性企业,大大开拓了国际贸易理论的视野,提升了国际贸易理论刻画现实经济状况的能力,为国际贸易理论开辟出一个新的天地。这一模型的重要性无与伦比,可以说是近二十年来最具影响力的国际贸易模型。

9.1 模 型

9.1.1 需求

我们采用迪克西特和斯蒂格利茨(Dixit and Stiglitz,1977)的市场结构假设,即市场上存在多个不同品种的产品,品种之间具有细微差异但又满足同样的功效。消费者对这些品种的效用符合CES形式:

$$U = \left(\int_{\omega \in \Omega} q(\omega)^{\frac{\sigma-1}{\sigma}} d\omega\right)^{\frac{\sigma}{\sigma-1}}$$

其中,$q(\omega)$表示特定品种ω的消费量,Ω表示所有品种(企业)组成的集合,σ表示不同品种间的替代弹性($\sigma>1$)。品种ω的价格为$p(\omega)$,假定消费者的预算约束为R,则消费者的效用最大化问题可以写作:

$$\text{Max } U = \left(\int_{\omega \in \Omega} q(\omega)^{\frac{\sigma-1}{\sigma}} d\omega\right)^{\frac{\sigma}{\sigma-1}}, \qquad \int_{\omega \in \Omega} p(\omega) q(\omega) d\omega \leqslant R$$

第4章附录中我们给出了这一问题的求解,消费者消费品种ω的最优数量为:

$$q(\omega) = \frac{R}{P}\left(\frac{p(\omega)}{P}\right)^{-\sigma}$$

其中，P 为加总价格，可以用来作为反映市场总体价格水平的指标：

$$P = \left(\int_{\omega \in \Omega} p(\omega)^{1-\sigma} \mathrm{d}\omega\right)^{\frac{1}{1-\sigma}}$$

这里的效用函数与第 4 章中我们介绍的 CES 效用函数有一个细微的不同。在这里，Ω 是所有品种组成的集合，而这个集合可以调整其中包含的品种的数量。当集合的品种数可变时，我们可以注意到 CES 效用函数的两个特性：第一，给定 Ω 集合中原有品种不变，当加入一个新品种时，无论这个品种的消费数量和价格是多少（只要非零），我们都可以得到 U 升高而 P 降低。第二，加总价格总是小于等于品种价格中的最小值，$P \leqslant \min\{p(\omega) | \omega \in \Omega\}$。值得注意的是，CES 效用函数形式上有点像幂平均（Power Mean），但其实两者不同，读者可参见本章附录中给出的几种常见的平均数形式。

9.1.2 供给

需求设定为我们展示了消费者在有限的预算约束下如何实现效用最大化。消费者的最优消费支出正是企业面对的市场需求。接下来我们考虑给定企业面对的市场需求，企业如何进行生产决策。

假设每个企业都只生产一个品种 ω，劳动力是唯一的生产要素。以劳动力为计价物，工资 $w=1$。① 一个国家的劳动力总量 L（同时也是该国消费者总数）代表该国的经济规模。企业生产产品的劳动力成本可以表示为：

$$l = f + \frac{q}{\varphi} \tag{9.1}$$

其中，q 表示企业生产的产品总量，企业的生产成本包括固定成本 f 和可变成本 $\frac{q}{\varphi}$ 两个部分。φ 表示企业的生产率，生产率越高的企业，生产相同数量产品的成本越低。我们允许企业间存在差异，且这一差异只体现在生产率上。生产率为 φ 的企业的最优定价可由企业利润最大化问题解出（求解过程参见第 8 章）：

$$p(\varphi) = \frac{1}{\rho \varphi} \tag{9.2}$$

其中，$\frac{1}{\rho} = \frac{\sigma}{\sigma-1}$，为企业对产品的价格加成。由此可以计算企业利润最大化时的总收入：

$$r(\varphi) = p(\varphi) \cdot q(\varphi) = R(P\rho\varphi)^{\sigma-1} \tag{9.3}$$

比较两个具有不同生产率的企业的总收入，可得：

$$\frac{r(\varphi_1)}{r(\varphi_2)} = \left(\frac{\varphi_1}{\varphi_2}\right)^{\sigma-1}$$

---

① 后文中我们在引入国际贸易时假设两个国家完全对称，此时仍然可以使用劳动力作为计价物，因为两国对称故两国间劳动力没有差别。

生产率越高的企业,其总收入也越高。

总收入减去总成本,可以得到企业的利润为:

$$\pi(\varphi) \equiv r(\varphi) - l(\varphi) = \frac{r(\varphi)}{\sigma} - f \qquad (9.4)$$

式(9.4)给出了企业总收入 $r(\varphi)$ 和利润 $\pi(\varphi)$ 之间的一个简单关系,其中 $\pi(\varphi) + f$ 或 $\frac{r(\varphi)}{\sigma}$ 被称为"可变利润",是企业总收入的一个固定份额。

将企业的总收入(式(9.3))代入企业利润式(9.4),企业利润可表达为:

$$\pi(\varphi) = \underbrace{\left(\frac{R\sigma^{-\sigma}}{P^{1-\sigma}(\sigma-1)^{1-\sigma}}\right)}_{B}\varphi^{\sigma-1} - f \qquad (9.5)$$

式(9.5)中只存在两个内生变量 P 和 R。由于一国工资为 1 而总人口规模为 L,则总消费 $R=L$,因此求解利润的关键在于得到均衡时的加总价格 P。如果将等式右边中的括号部分写作 B,代表均衡时的整体市场状况,则式(9.5)反映了企业的利润与生产率(经指数变换后)线性相关。

9.2 封闭经济均衡

有了企业的利润表达式,我们就可以探讨企业的生产决策,进而求解整个经济体的均衡。接下来我们讨论封闭经济条件下的均衡。

9.2.1 均衡条件一:零利润条件

假设市场中存在 M_e 家企业试图进入市场,在进入之前,它们是同质的,没有任何差别。企业需要先支付进入市场的固定成本 f_e,用来注册企业以及进行生产前的准备。企业成立以后,开始生产产品,这时企业才能知道自己的生产率是多少。假设所有潜在进入企业在支付进入成本 f_e 后从分布 $G(\varphi)$ 中随机抽取生产率。这里生产率随机抽取假设并不是说企业的实际生产率是随机得到的,而是在实践中我们可以观察到企业的生产率存在一个分布,实践中的分布可以被抽象为企业从某总体分布中抽取生产率而得到的一个样本。需要注意的是,这里的潜在进入企业数量 M_e 将在均衡条件下内生决定。

假设企业从分布 $G(\varphi)$ 中抽取到一个生产率 φ。有了这个生产率,企业就可以根据自己的条件来判断能否获得正利润。如果企业的生产率足够高,销售收入足以抵补生产的固定成本,企业就能获得正利润,并留在市场上继续生产;反之,如果企业生产率太低,销售收入不足以抵补生产的固定成本,则企业总利润为负,该企业会停止生产并退出市场。当然,由于企业的生产率分布连续,将存在一个生产率的临界值,对于取得该临界生产率的企业来说,继续生产或者退出市场效果都一样,因为两种选择下企业利润均为零。① 这一过程可以用数学表达式来概括：

$$\varphi^* \equiv \inf\{\varphi \geqslant 0 : \pi(\varphi) > 0\}$$

其中，φ^* 表示生产率临界值，生产率大于 φ^* 的企业可以继续留在市场上，赚取到正的利润；而生产率小于 φ^* 的企业的利润为负，会选择退出市场。

我们将"生产率处于临界值的企业利润为零"这一条件称为零利润（Zero-Cutoff-Profit，ZCP）条件。由企业利润的表达式（式（9.5）），我们可以求出生产率临界值：

$$\begin{aligned} ZCP: \pi(\varphi^*) &= \frac{r(\varphi^*)}{\sigma} - f \\ &= B \cdot (\varphi^*)^{\sigma-1} - f = 0 \\ \Rightarrow \varphi^* &= \left(\frac{f}{B}\right)^{\frac{1}{\sigma-1}} \end{aligned} \quad (9.6)$$

当然，根据式（9.6），我们可以知道临界生产率企业的收入为 $r(\varphi^*) = \sigma f$。

有了零利润条件，我们可以考虑经过市场竞争，存活下来的企业的生产率的分布是怎样的。假设 M_e 家潜在进入企业中只有 M 家得以存活下来，则存活下来的这部分企业的生产率的分布可以被看成是原始生产率分布的一部分。由于临界生产率为 φ^*，存活下来的企业的生产率分布的概率密度函数可以表达为：

$$\mu(\varphi) = \begin{cases} \dfrac{g(\varphi)}{1 - G(\varphi^*)}, & \varphi \geqslant \varphi^* \\ 0, & \varphi < \varphi^* \end{cases} \quad (9.7)$$

其中，$g(\varphi)$ 是企业抽取生产率的分布 $G(\varphi)$ 的概率密度函数。由式（9.7）可见，存活下来的企业的生产率分布可以理解为：只有生产率大于临界值 φ^* 的企业才可以存活下来；而存活下来的企业数量占潜在进入企业总数的 $1 - G(\varphi^*)$，则生产率为 φ 的企业占实际存活下来的这部分企业的概率密度为 $\dfrac{g(\varphi)}{1 - G(\varphi^*)}$。

有了存活下来的企业的生产率分布，我们可以用其表达均衡时的一些宏观变量。首先，我们来计算市场加总价格 P。我们知道，生产率相同的企业的产品价格相等，即拥有同一生产率 φ 的企业，其产品定价均为 $p(\varphi)$。而在所有存活下来的企业中，拥有生产率 φ 的企业总数为 $M\mu(\varphi)$。则将所有企业产品的价格根据加总价格的表达式进行加总，得到市场加总价格为：

$$\begin{aligned} P &= \left(\int_0^\infty p(\varphi)^{1-\sigma} M\mu(\varphi) \mathrm{d}\varphi\right)^{\frac{1}{1-\sigma}} \\ &= M^{\frac{1}{1-\sigma}} \cdot \frac{1}{\rho\tilde{\varphi}} \\ &= M^{\frac{1}{1-\sigma}} \cdot p(\tilde{\varphi}) \end{aligned} \quad (9.8)$$

其中，第一个等式将企业集合 Ω 中的所有企业穷举，第二个等式将 M 提取出来，提取

---

① 对于已经进入市场的企业来说，之前为进入市场所支付的固定成本 f_e 属于沉没成本，这部分成本对企业进入退出行为不构成影响。

后 $\tilde{\varphi}$ 的表达式为:

$$\begin{aligned}\tilde{\varphi} &= \left(\int_0^\infty \varphi^{\sigma-1} \mu(\varphi) \mathrm{d}\varphi\right)^{\frac{1}{\sigma-1}} \\ &= \left(\frac{1}{1-G(\varphi^*)} \left(\int_{\varphi^*}^\infty \varphi^{\sigma-1} g(\varphi) \mathrm{d}\varphi\right)\right)^{\frac{1}{\sigma-1}} \\ &= \tilde{\varphi}(\varphi^*)\end{aligned} \quad (9.9)$$

正如我们将 P 认为是所有市场价格的一种加总一样,$\tilde{\varphi}$ 也可以认为是存活企业生产率的 CES 加总。由式(9.9)可见 $\tilde{\varphi}$ 是生产率临界值 φ^* 的函数 $\tilde{\varphi}(\varphi^*)$。

为了更准确地理解 $\tilde{\varphi}$ 的含义,我们加总经济体的总产量 Q、企业的总收入 R 和企业的总利润 Π 可得:①

$$Q = U = M^{\frac{\sigma}{\sigma-1}} \cdot q(\tilde{\varphi}) \quad (9.10)$$

$$R = M \cdot r(\tilde{\varphi}) \quad (9.11)$$

$$\Pi = M \cdot \pi(\tilde{\varphi}) \quad (9.12)$$

将总收入 R 和总利润 Π 分别除以企业总数可得平均收入 $\bar{r}$ 和平均利润 $\bar{\pi}$ 分别为:

$$\bar{r} = \frac{R}{M} = r(\tilde{\varphi}) \quad (9.13)$$

$$\bar{\pi} = \frac{\Pi}{M} = \pi(\tilde{\varphi}) = \frac{r(\tilde{\varphi})}{\sigma} - f \quad (9.14)$$

由式(9.13)和式(9.14)可见,加总生产率 $\tilde{\varphi}$ 恰好是具有平均收入水平或平均利润水平的企业的生产率水平。因此,加总生产率也可以被确切地称为"平均生产率"。

结合平均收入 $\bar{r}$ 和零利润条件,我们可以对企业的平均利润 $\bar{\pi}$ 做进一步的化简。首先,由企业收入式(9.3)和零利润条件(式(9.6))可以推导出企业平均收入 $\bar{r}$ 的另一种表达形式:

$$\begin{aligned}r(\tilde{\varphi}) &= r(\varphi^*) \cdot \left(\frac{\tilde{\varphi}}{\varphi^*}\right)^{\sigma-1} \\ &= \sigma \cdot f \cdot \left(\frac{\tilde{\varphi}}{\varphi^*}\right)^{\sigma-1}\end{aligned} \quad (9.15)$$

将式(9.15)代入式(9.14),我们可以得到平均利润 $\bar{\pi}$ 的另一种表达形式:

$$\text{ZCP}: \bar{\pi} = f\left(\left(\frac{\tilde{\varphi}(\varphi^*)}{\varphi^*}\right)^{\sigma-1} - 1\right) \quad (9.16)$$

其含义为临界生产率 φ^* 利润为零。这要求该生产率企业销售收入达到特定水平才能覆盖生产的固定成本。这进一步要求在同一市场上运行的平均生产率企业的利润达到另一特定水平。显然,固定成本 f 越高,对平均生产率企业的利润水平要求越高。

由于式(9.16)中包含零利润条件(式(9.6))的信息,我们也可以将它称作"零利润

---

① 例如,经济体总产量为 $Q = \left(\int_0^\infty q(\varphi) M\mu(\varphi) \mathrm{d}\varphi\right)^{\frac{\sigma}{\sigma-1}}$。

条件",我们不对两式做特别区分。

9.2.2　均衡条件二:自由进入条件

零利润条件只关注已经在市场中生产的企业应达到的均衡条件。但是,市场中一共应该有多少企业我们还需要另外一个均衡条件来决定,这就是自由进入条件。考虑这样一种情况,市场中的企业整体都获得正的利润,对于一个潜在进入者而言,考虑到其需要支付的进入成本以及进入后根据生产率分布 $G(\varphi)$ 可能获得的生产率和由此可能获得的利润,如果预期利润超过进入成本,该潜在进入者就会选择支付进入成本并抽取生产率,从而可能进入市场。这时,市场中的企业总数就将增加,市场没有达到均衡。类似地,如果市场过于拥挤,企业在评估是否要支付进入成本以进入市场时发现预期利润低于进入成本,企业就会选择不支付进入成本,市场中的企业总数就将减少,市场也没有达到均衡。可见,当再没有企业选择进入或退出时,市场中的企业总数保持稳定,市场达到均衡。接下来我们刻画这一均衡条件。①

假设市场是完全自由进入的。潜在进入者预期可以获得的利润为:

$$E(\pi) = \int_0^{+\infty} \pi(\varphi) g(\varphi) \mathrm{d}\varphi$$
$$= (1 - G(\varphi^*)) \cdot \int_0^{+\infty} \pi(\varphi) \mu(\varphi) \mathrm{d}\varphi$$
$$= (1 - G(\varphi^*)) \cdot \bar{\pi}$$

企业支付的进入成本为 f_e。均衡条件下,企业预期总利润等于进入成本,则自由进入(Free Entry,FE)条件为:

$$\mathrm{FE}: \bar{\pi} = \frac{f_e}{1 - G(\varphi^*)} \tag{9.17}$$

式(9.17)的含义为,在临界生产率为 φ^*,从而(潜在进入)企业有 $1 - G(\varphi^*)$ 的概率进入市场失败的条件下,平均生产率企业的利润(或平均利润)必须达到怎样的水平才能使潜在进入企业有足够的预期利润以覆盖进入成本。显然,进入成本越高,足以覆盖这一成本的平均利润水平就越高。

9.2.3　封闭经济条件下的一般均衡

将零利润条件和自由进入条件结合在一起,我们可以得出经济体的均衡解。联立两个方程(式(9.16)和式(9.17))可得:

$$f\left(\left(\frac{\tilde{\varphi}(\varphi^*)}{\varphi^*}\right)^{\sigma-1} - 1\right) = \frac{f_e}{1 - G(\varphi^*)}$$

---

① 我们所描述的是一个长期均衡,因此我们假设只有一期时间,这一期时间可以认为是一段很长的时间从时间维度上压缩到了一个点。模型也可以假设存在多期时间。此时需要假设存在外生冲击,每期使一部分企业因外生冲击而退出市场,这种设定可参见 Melitz(2003)。

由于我们并未给出生产率分布 $G(\varphi)$ 的具体形式,我们无法直接对此式进行求解。[①] 虽然如此,我们仍然可以通过函数性质分析,找出均衡解的特点。

对上式移项可得:

$$\left(\left(\frac{\tilde{\varphi}(\varphi^*)}{\varphi^*}\right)^{\sigma-1}-1\right)(1-G(\varphi^*))=\frac{f_e}{f} \tag{9.18}$$

显然,等式的右边为常数。如果将等式的左边视为临界生产率的函数 $j(\varphi^*)$,则我们可以证明该函数是随着 φ^* 变化的单调函数。进一步验证得到,当 $\varphi^* \to 0$ 时,$j(\varphi^*) \to \infty$;当 $\varphi^* \to \infty$ 时,$j(\varphi^*) \to 0$(证明过程见附录)。则可知有且只有一个封闭经济条件下的均衡临界生产率 φ^*。将求得的均衡临界生产率代入自由进入条件或零利润条件,可以得到均衡条件下的企业平均利润 $\bar{\pi}$。

图 9.1 展示了均衡的求解。图中分别用 ZCP 曲线和 FE 曲线表示两个均衡条件下平均利润 $\bar{\pi}$ 与临界生产率 φ^* 的关系。根据自由进入条件,$\bar{\pi}$ 对临界生产率 φ^* 单调递增,故 FE 曲线向上倾斜。根据零利润条件,$\bar{\pi}$ 与临界生产率 φ^* 的关系则不确定。事实上,取决于生产率的具体分布,ZCP 曲线可以向上倾斜也可以向下倾斜。例如,当生产率的分布为帕累托分布时(见本章习题),ZCP 曲线就是一条水平线。当然,由于可证均衡解存在且唯一,必有 ZCP 曲线从左侧相交 FE 曲线至其右侧。

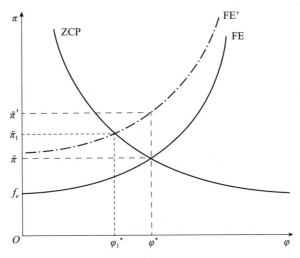

图 9.1 封闭经济条件下的均衡

图 9.1 将 ZCP 曲线画作一条向下倾斜的曲线。当零利润和自由进入两个条件同时满足时(两条曲线的交点),经济体达到均衡状态。根据式(9.18),我们可以发现均衡时的临界生产率与平均利润水平只与进入成本及生产率分布有关,与经济体规模 L

[①] 切尼(Chaney,2008)在梅里兹(Melitz,2003)的基础上,假设企业生产率服从帕累托分布。利用帕累托分布具有极其简单的积分结果的特性,切尼(Chaney,2008)给出在帕累托分布假设下的简单均衡解。本章附录给出帕累托分布的一些简单特性。

和经济体企业总数 M 无关。

为了更好地理解均衡的机制,从某封闭经济均衡点$(\bar{\pi},\varphi^*)$出发,考虑进入成本f_e变大时经济体如何重新达到均衡。如图 9.1 所示,此时 FE 曲线向上移动至 FE′曲线处。由于初始均衡状态下生产的固定成本 f 等参数都没有发生变化,因此φ^*作为临界生产率根据零利润条件意味着经济体内的企业平均利润为$\bar{\pi}$。但是,由于进入成本f_e变大,仍旧以φ^*为临界生产率,潜在进入企业发现其需要更高的平均利润$\bar{\pi}'$才能覆盖增大的进入成本。实际平均利润$\bar{\pi}$相较$\bar{\pi}'$的不足使得潜在进入企业不愿意进入市场。这就使得实际进入市场的企业数量减少,竞争激烈程度降低,单个企业的市场份额扩大,利润提升。由此,即便是原先只能得到零利润的企业也能获得正利润,而此时真正取得零利润的企业生产率将低于φ^*。零利润企业生产率变低这一事实使得平均生产率企业的利润(平均利润)水平沿 ZCP 曲线向左移动,在图 9.1 中这一平均利润水平提升。与此同时,由于零利润企业的生产率变低,企业有相较于初始均衡而言更大的概率$(1-G(\varphi^*))$成功进入市场,这就使得为覆盖进入成本的平均利润水平降低,表现为图 9.1 中从$(\bar{\pi}',\varphi^*)$沿着 FE′曲线向左下移动,最终达到$(\bar{\pi}_1,\varphi_1^*)$点时经济体重新达到均衡。

利用零利润和自由进入两个条件我们仍然无法求得均衡时市场中企业的数量。为此我们需要使用市场出清条件,即劳动力总收入等于劳动力总支出,也等于企业的总收入:①

$$L = R = \bar{r}M \Rightarrow M = \frac{L}{\bar{r}} = \frac{L}{\sigma(\bar{\pi}+f)} \tag{9.19}$$

我们可以进一步通过式(9.9)、式(9.8)分别计算出均衡下的加总生产率$\tilde{\varphi}$和加总价格 P。以实际工资度量消费者的效用水平可得:

$$U = w/P = 1/P = M^{\frac{1}{\sigma-1}}\rho\tilde{\varphi} \tag{9.20}$$

由此,我们解出封闭经济均衡时的所有内生变量。接下来我们讨论自由贸易对均衡和企业的影响。

9.3 开放经济均衡

9.3.1 无贸易成本下的开放经济

首先考虑无贸易成本的自由贸易情形。这种情况类似于封闭经济条件下,国家经济规模扩大:两个经济规模为 L 的国家自由贸易,且两国之间没有贸易成本,相当于一个国家经济规模从 L 扩大到 $2L$。由封闭经济模型的讨论,我们知道一国经济规模的扩大不会对临界生产率φ^*产生影响,加总生产率$\tilde{\varphi}$与平均利润$\bar{\pi}$也不会发生改变。

---

① 注意,我们已经假设劳动力工资是计价物,即工资 $w=1$。

因此，无贸易成本下的开放经济不会改变存活企业的生产率分布情况。

然而，消费者的效用将会发生改变。根据式(9.19)我们可知，L增大，存活企业数量M增多。直观上理解，如果一个经济规模为L的国家在均衡状态下的存活企业数量为M，另一个经济规模为L的国家在均衡状态下的存活企业数量也为M，当两个经济体合并，L增大为$2L$时，存活企业数量M也将增大为$2M$。由式(9.20)，存活企业数量M增多会降低加总价格P，而P降低会带来效用U的增加。这一影响机制与克鲁格曼(1980)模型相同，即国家经济规模的扩大（或国家之间无成本贸易）可以增加消费者消费产品种类的数量，从而提升消费者福利。

9.3.2 有贸易成本下的开放经济

在无贸易成本的开放经济情形下，我们发现存活企业的生产率分布情况并没有发生改变，也就是说，没有发生不同企业间的资源转移。这与克鲁格曼(1979)提出的企业选择效应和规模效应不同，也与实践中观察到的资源可能因自由贸易而在行业企业间再分配的事实不符。什么因素可以在这一模型中引发贸易带来的资源再分配呢？

我们考虑贸易成本可能是一种引发再分配的因素。假设存在两种形式的贸易成本，即贸易的冰山成本($\tau>1$)和出口固定成本($f_x>0$)。其中，出口固定成本是指如果企业决定出口，则必须支付一个额外的固定成本才能在外国市场销售，如在外国市场进行前期商业宣传、申请出口许可等。

假设除本国以外存在n个其他国家，所有国家都是对称的，则各国工资水平相等。仍然将劳动力作为计价物，$w=1$，并以下标d表示本国市场，下标x表示外国市场。由于国家对称，因此均衡状态下所有经济体宏观变量必然相等：

$$P_d = P_x = P$$
$$R_d = R_x = R = wL = L$$

由于存在冰山成本，出口企业在外国每销售1单位产品，需要生产$\tau>1$单位的产品。针对出口市场做利润最大化决策，企业会采取类似封闭经济条件下的定价决策，在边际成本上设定一个固定的价格加成($1/\rho$)。企业在本国市场和外国市场的产品定价及销售收入为：

$$p_d(\varphi) = \frac{1}{\rho\varphi}$$
$$p_x(\varphi) = \frac{\tau}{\rho\varphi} \tag{9.21}$$
$$r_d(\varphi) = R(P\rho\varphi)^{\sigma-1}$$
$$r_x(\varphi) = \tau^{1-\sigma} R(P\rho\varphi)^{\sigma-1} \tag{9.22}$$

显然，同一企业出口获得的收入相比在本国市场上获得的收入要小：

$$r_x(\varphi) = \tau^{1-\sigma} r_d(\varphi) \tag{9.23}$$

在外国市场上获得的利润也相对更小：

$$\pi_d(\varphi) = \frac{r_d(\varphi)}{\sigma} - f$$

$$\pi_x(\varphi) = \frac{r_x(\varphi)}{\sigma} - f_x$$

将式(9.22)代入可以得到：

$$\pi_d(\varphi) = \underbrace{\left(\frac{R\sigma^{-\sigma}}{P^{1-\sigma}(\sigma-1)^{1-\sigma}}\right)}_{B_d}\varphi^{\sigma-1} - f$$

$$\pi_x(\varphi) = \underbrace{\left(\frac{R\sigma^{-\sigma}\tau^{1-\sigma}}{P^{1-\sigma}(\sigma-1)^{1-\sigma}}\right)}_{B_x}\varphi^{\sigma-1} - f_x$$

其中，$B_x = \tau^{1-\sigma}B_d$。生产率为 φ 的企业获得的总利润为在两个市场上的利润之和：

$$\pi(\varphi) = \pi_d(\varphi) + \max\{0, n\pi_x(\varphi)\}$$

如果企业只在本国销售而不出口，则其利润只来自本国市场：

$$\pi(\varphi) = \pi_d(\varphi)$$

标记企业在本国市场存活的生产率临界值 φ_d^* 与出口生产率临界值 φ_x^* 分别为：

$$\varphi_d^* \equiv \inf\{\varphi \geqslant 0 : \pi(\varphi)_d > 0\}$$

$$\varphi_x^* \equiv \inf\{\varphi \geqslant \varphi^* : \pi_x(\varphi) > 0\}$$

一般情况下，这两个临界值的相对大小不确定。但是，回顾我们在第 1 章中介绍的国际贸易的基本事实与特点，一般而言出口企业的生产率都高于不出口企业的生产率。根据这一普遍观察，我们假设只有在本国市场上存活下来的企业才会考虑出口，即如果 $\pi_x(\varphi) > 0$，则 $\pi_d(\varphi) > 0$ 一定成立。根据两国利润表达式可知这一假设成立的条件是：

$$\tau^{\sigma-1} f_x > f \tag{9.24}$$

在这一假设下，标记存活企业的生产率临界值 $\varphi^* = \varphi_d^*$。

由此，基于不同企业在市场上获得利润的不同，我们可以将企业分为三种：退出生产；进入市场但仅在本国销售；既在本国销售又出口（如图 9.2 所示）。当企业生产率低于存活临界生产率时，$\varphi < \varphi^*$，其在本国市场利润 π_d 与外国市场利润 π_x 皆小于 0，所以企业将选择退出市场。当企业生产率高于存活临界生产率，但低于出口临界生产率时，$\varphi^* < \varphi < \varphi_x^*$，其在本国市场可以获得正利润 π_d，但在外国市场利润 π_x 为负，所以企业将选择留在市场，但仅在本国市场上销售而不出口。当企业生产率高于出口临界生产率时，$\varphi > \varphi_x^*$，其在本国市场与外国市场都能获得正利润，所以企业既会在本国销售，又会在外国销售。

接下来考虑在有贸易成本的开放经济情形下，一国内进行销售的各种企业类型。用 n 表示外国国家的数量，根据国家之间的对称性，本国有 M_x 家企业出口，则每一个外国将有 M_x 家企业进入本国市场，本国市场上企业的总数为 $M_t = M + nM_x$。仍然用 $\tilde{\varphi}$ 代表本国市场上所有来自本国的企业的平均生产率：

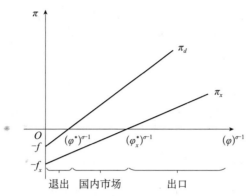

图 9.2 开放经济条件下企业生产率与利润的关系

$$\tilde{\varphi} \equiv \left(\frac{1}{1-G(\varphi^*)}\int_{\varphi^*}^{\infty}\varphi^{\sigma-1}g(\varphi)\mathrm{d}\varphi\right)^{\frac{1}{\sigma-1}}$$

标记进入本国市场的外国企业的平均生产率为 $\tilde{\varphi}_x$(由国家间的对称性,$\tilde{\varphi}_x$ 也是本国出口企业的平均生产率):

$$\tilde{\varphi}_x \equiv \left(\frac{1}{1-G(\varphi_x^*)}\int_{\varphi_x^*}^{\infty}\varphi^{\sigma-1}g(\varphi)\mathrm{d}\varphi\right)^{\frac{1}{\sigma-1}}$$

则本国市场上,全部企业的平均生产率可以标记为:

$$\tilde{\varphi}_t = \left(\frac{1}{M_t}(M\tilde{\varphi}^{\sigma-1}+nM_x(\tilde{\varphi}_x/\tau)^{\sigma-1})\right)^{\frac{1}{\sigma-1}}$$

与封闭经济类似(式(9.8)—式(9.12)),我们可以加总在本国市场所有销售企业的价格、产量、收入和利润可得:

$$P=M_t^{\frac{1}{1-\sigma}}/\rho\tilde{\varphi}_t \tag{9.25}$$

$$Q=M_t^{\frac{\sigma}{\sigma-1}}q(\tilde{\varphi}_t) \tag{9.26}$$

$$R=M_t r(\tilde{\varphi}_t) \tag{9.27}$$

$$\Pi=M_t\pi(\tilde{\varphi}_t) \tag{9.28}$$

对比封闭经济条件下的加总变量,主要的区别在于平均生产率 $\tilde{\varphi}_t$ 和企业总数 M_t。这些内生变量需要利用均衡条件解出。接下来我们先使用均衡条件分析得到存活临界生产率 φ^* 和出口临界生产率 φ_x^*,而后分析均衡状态下由于国际贸易导致的企业数量的变化。

9.3.3 开放经济一般均衡

首先考虑企业自由进入条件。该条件的经济直觉与封闭经济条件下相同,即潜在进入企业的预期利润应等于进入成本,其表达式仍然为 $\bar{\pi}=f_e/(1-G(\varphi^*))$。当然,由于企业的预期利润需要包含可能的出口利润,企业平均利润表达式发生了变化:

$$\bar{\pi}=\pi_d(\tilde{\varphi})+np_x\pi_x(\tilde{\varphi}_x)$$

其中,$p_x=(1-G(\varphi_x^*))/(1-G(\varphi^*))$,表示存活企业中出口的比例(给定企业存活条件,

企业选择出口的条件概率),$1-G(\varphi^*)$是企业存活概率,$1-G(\varphi_x^*)$是企业出口概率。

接着考虑零利润条件。根据临界生产率的定义可以得到临界生产率企业的本国销售收入与出口收入分别为:

$$\pi_d(\varphi^*) = 0 \Leftrightarrow r_d(\varphi^*) = \sigma f$$
$$\pi_x(\varphi_x^*) = 0 \Leftrightarrow r_x(\varphi_x^*) = \sigma f_x$$
(9.29)

结合式(9.23)与式(9.29),可以得到两个生产率临界值的关系如下:

$$\frac{r_x(\varphi_x^*)}{r_d(\varphi^*)} = \tau^{1-\sigma}\left(\frac{\varphi_x^*}{\varphi^*}\right)^{\sigma-1} = \frac{f_x}{f} \Leftrightarrow \varphi_x^* = \varphi^*\tau\left(\frac{f_x}{f}\right)^{\frac{1}{\sigma-1}}$$
(9.30)

结合式(9.4)并仿照式(9.16)可最终得到零利润条件为:

$$\bar{\pi} = f\left(\left(\frac{\tilde{\varphi}(\varphi^*)}{\varphi^*}\right)^{\sigma-1} - 1\right) + np_x f_x\left(\left(\frac{\tilde{\varphi}_x(\varphi_x^*)}{\varphi_x^*}\right)^{\sigma-1} - 1\right)$$
$$= fk(\varphi^*) + p_x n f_x k(\varphi_x^*)$$

从经济意义来看,第二个等式的第二项代表开放经济条件下相对于封闭经济条件下企业额外的预期利润。虽然等式中包含φ_x^*,但由于φ_x^*与φ^*存在函数关系,所以零利润条件的实质仍是$\bar{\pi}$关于φ^*的函数。

由于FE曲线与ZCP曲线都是$\bar{\pi}$关于φ^*的函数,与封闭经济条件下类似,两条曲线的交点即为开放经济的均衡解(见图9.3)。与封闭经济条件下两条曲线比较,我们可以发现开放经济条件下FE曲线保持不变,ZCP曲线则因多了出口利润的部分而向上移动。

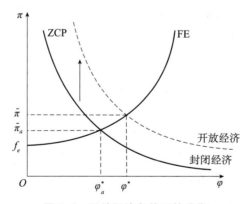

图9.3 开放经济条件下的均衡

比较新旧均衡状态下的φ^*以及$\bar{\pi}$,我们发现开放经济条件下的临界生产率φ^*要高于封闭经济条件下的临界生产率φ_a^*,即$\varphi^* > \varphi_a^*$。这代表一部分原本能够生产的企业必须退出市场。另外,由于φ^*提升使得企业退出的概率$G(\varphi_x^*)$增大,进入成本又不变,企业需要一个较高的平均利润$\bar{\pi}$以保持预期利润不变。因此,开放经济条件下,企业的均衡平均利润也得到提升。

接下来考察开放经济条件下存活企业的数量。开放经济条件下,企业平均收入和企业平均利润之间的关系为$\bar{r} = \bar{\pi} + f + p_x n f_x$。将其代入劳动力市场出清条件$M\bar{r} =$

R 可得:

$$M = \frac{R}{\bar{r}} = \frac{L}{\sigma(\bar{\pi} + f + p_x n f_x)} < M_a$$

不等式成立的原因在于 $\bar{\pi}$ 在开放经济条件下提升以及 $p_x n f_x > 0$。开放经济条件下,一国的企业数量相比封闭经济条件下减少了,开放经济将生产率较高的企业筛选出来,并将生产率较低的企业淘汰掉,这就产生了选择效应。[①] 从另一个角度来看,存活下来的企业具有更高的生产率。根据式(9.30),生产率大于 φ_x^* 的企业才能出口,这些高生产率的企业不仅能够供应本国市场,还能出售至外国市场,其生产规模变大。对于整个经济体来说,相当于劳动力资源从低生产率企业转移至高生产率企业,经济体整体资源配置效率得到了提升。

最后我们研究开放经济福利变化。注意到封闭经济条件下:

$$\left(\frac{\tilde{\varphi}_a}{\varphi_a^*}\right)^{\sigma-1} = \frac{r(\tilde{\varphi}_a)}{r(\varphi_a^*)} = \frac{(R/M_a)}{\sigma f} = \frac{(L/M_a)}{\sigma f}$$

将其代入福利表达式(9.20),可得封闭经济条件下的福利水平为:

$$W_a = M_a^{1/(\sigma-1)} \rho \tilde{\varphi}_a = \rho \left(\frac{L}{\sigma f}\right)^{\frac{1}{\sigma-1}} \varphi_a^*$$

类似地,在开放经济条件下:

$$\left(\frac{\tilde{\varphi}_t}{\varphi^*}\right)^{\sigma-1} = \frac{r_d(\tilde{\varphi}_t)}{r_d(\varphi^*)} = \frac{(R/M_t)}{\sigma f} = \frac{(L/M_t)}{\sigma f}$$

将其代入福利表达式 $P = M_t^{1/(1-\sigma)}/\rho\tilde{\varphi}_t$,可得开放经济条件下的福利水平为:

$$W = M_t^{\frac{1}{\sigma-1}} \rho \tilde{\varphi}_t = \rho \left(\frac{L}{\sigma f}\right)^{\frac{1}{\sigma-1}} \varphi^*$$

由 $\varphi^* > \varphi_a^*$,可知开放经济条件下的福利水平要高于封闭经济条件下的福利水平 $W > W_a$。

9.4 封闭经济与开放经济条件下个体企业变化

本节从微观视角研究贸易开放对具有不同生产率水平的企业的收入和利润的影响。

9.4.1 企业收入

我们已经得到封闭经济和开放经济条件下企业在本国市场上的收入分别为(式(9.15)和式(9.22)):

[①] 需要注意的是,仅仅根据临界生产率 φ^* 的变化不能直接判断企业数量 M 的变化。也就是说,临界生产率 φ^* 的提升虽然代表一部分低生产率的企业需要退出市场,但这并不意味着企业数量 M 减少,完全有可能临界生产率 φ^* 提升而企业数量 M 增加。φ^* 与 M 是两个垂直的维度。有关这一点的阐述参见冯、李和斯文森(Feng,Li and Swenson,2017)。

$$r_a(\varphi) = \left(\frac{\varphi}{\varphi_a^*}\right)^{\sigma-1}\sigma f$$

$$r_d(\varphi) = \left(\frac{\varphi}{\varphi^*}\right)^{\sigma-1}\sigma f$$

由于开放经济的临界生产率更高($\varphi^* > \varphi_a^*$),可知开放经济条件下企业在本国市场销售的收入小于封闭经济条件下该企业的收入,$r_d(\varphi) < r_a(\varphi)$。这一现象的经济直觉在于,开放经济条件下本国市场被外国出口企业竞争,留给个体企业的市场缩小。

对于能够同时在本国市场和外国市场销售的企业而言,其总收入分为两部分:本国市场收入 $r_d(\varphi)$ 和外国市场收入 $n\tau^{1-\sigma}r_d(\varphi)$。企业的总收入为 $r(\varphi) = (1+n\tau^{1-\sigma})r_d(\varphi)$。当冰山成本无穷大时($\tau \to \infty$),国家间没有贸易,各国转变为封闭经济。此时,企业收入与封闭经济条件下相同:

$$\lim_{\tau \to \infty} r(\varphi) = r_a(\varphi)$$

随着冰山成本的减小,出口企业的收入增加。因此,当冰山成本为有限值时,出口企业的收入必定大于封闭经济条件下该企业的收入,$r(\varphi) > r_a(\varphi)$。由此,我们可以得出以下结论:对于出口企业而言,其总收入大于封闭经济条件下的收入,而其在封闭经济条件下的收入又大于开放经济条件下该企业单从本国市场获得的收入(见本章习题 9-3):

$$r(\varphi) > r_a(\varphi) > r_d(\varphi)$$

图 9.4 展示了不同生产率企业在不同均衡条件下的收入关系。所有企业根据生产率的差别可以分为四种情况:第一,生产率低于封闭经济临界生产率,即 $\varphi < \varphi_a^*$,这部分企业无论在封闭经济条件下还是在开放经济条件下都将退出市场。第二,生产率处于 (φ_a^*, φ^*) 之间,这部分企业在封闭经济条件下可以存活,但随着贸易开放,本国市场竞争加剧,生产率临界值提高,企业被迫退出市场。第三,生产率处于 (φ^*, φ_x^*) 之间,这部分企业在贸易开放后能够继续在市场上生存,但仅能在本国市场上销售而无法出口。由于本国市场竞争加剧,这部分企业的收入低于封闭经济条件下的收入,$r_d(\varphi) < r_a(\varphi)$,贸易开放使其收入减少。第四,生产率高于开放经济条件下出口临界生产率,$\varphi > \varphi_x^*$,这部分企业在贸易开放后不仅能够在本国市场上存活,还可以向外国市场出口。向外国市场的扩张使得这些企业收入提升,规模扩大。通过高生产率企业与低生产率企业收入变化的对比,我们可以发现,贸易开放后,资源在企业间会进行再分配,高生产率企业获得更大的市场份额,经济体整体资源配置效率得到提升。

9.4.2 企业利润

我们也可以研究具有不同生产率水平的企业的利润受贸易开放的影响。根据企业在开放经济条件下在各国市场上利润的大小,我们可以将企业分为三类:第一类企业生产率低于存活临界生产率,$\varphi < \varphi^*$,这部分企业即使在本国市场上也无法盈利,只

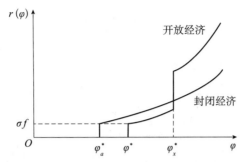

图 9.4 封闭经济与开放经济条件下企业收入对比

能退出市场。第二类企业生产率位于存活临界生产率和出口临界生产率之间，$\varphi^* < \varphi < \varphi_x^*$，这部分企业在本国市场上可以获得正利润，但在出口市场上无法盈利，所以只能在本国市场上销售，其在本国市场上获得的利润就是其总利润。第三类企业生产率高于出口临界生产率，$\varphi > \varphi_x^*$，这部分企业在本国市场及出口市场上都能获得正利润，所以会选择同时在两个市场上销售，其总利润为在本国市场和出口市场上利润的加总。

图 9.5 总结了开放经济条件下企业利润与生产率的关系。其中，π_d 曲线代表企业在本国市场上获得的利润，π_x 曲线代表企业在出口市场上获得的利润。总利润曲线 π 的转折点发生在两个临界生产率处。

我们可以将封闭经济条件下企业的利润曲线加入图 9.5，得到图 9.6。其中，π_a 表示封闭经济条件下企业利润与生产率的关系。可以看到，并非所有的出口企业都能从贸易开放中获得利润的提升。当企业的生产率高于但接近出口临界生产率时，企业从出口中获得的利润不足以弥补因外国企业在本国市场上的竞争而造成的本国利润降低，企业的总利润低于封闭经济条件下的利润水平。只有当企业的生产率较高，能够从出口中获得较高的利润，并超过其在本国市场上的利润损失时，企业才会从贸易开放中获得利润的提升。

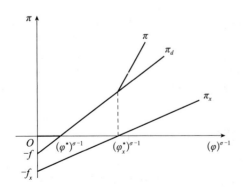

图 9.5　开放经济条件下企业利润与生产率的关系

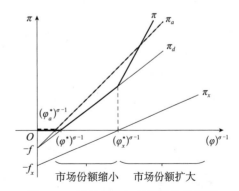

图 9.6　开放经济与封闭经济条件下的企业利润

9.5 本章小结

本章介绍的异质性企业模型为我们从企业层面探索国际贸易问题提供了基础的理论框架。梅里兹结合霍彭哈恩(Hopenhayn,1992)的随机模型和一般均衡状态下的垄断竞争,将克鲁格曼(1980)的企业层面垄断竞争模型拓展至允许企业异质性存在,由此我们得以分析国际贸易对产业内部不同生产率水平企业产生的影响。

在这一异质性企业模型框架下,我们发现,由于贸易成本的存在,贸易开放会对不同生产率的企业产生选择效应。只有生产率高的企业才能进入出口市场,而生产率低的企业只能继续留在本国市场销售甚至退出市场。由于本国低生产率企业的退出,外国高生产率企业的进入,行业总体的生产率因贸易开放而得以提升,消费者的总体福利也得到提升。这一过程伴随着整个经济体资源的重新配置,资源从低生产率企业流向高生产率企业,表现为出口企业(也是高生产率企业)获得更多的利润和更大的市场份额,低生产率企业则面临市场的萎缩甚至退出。

参 考 文 献

Chaney, T. (2008), "Distorted gravity: the intensive and extensive margins of international trade", *The American Economic Review*, 98(4), 1707−21.

Dixit, A. and J. Stiglitz(1977), "Monopolistic competition and optimum product diversity", *The American Economic Review*, 67(3), 297−308.

Feng, L., Z. Li and D. Swenson(2017), "Trade policy uncertainty and exports: evidence from China's WTO accession", *Journal of International Economics*, 106, 20−36.

Hopenhayn, H. (1992), "Entry, exit, and firm dynamics in long run equilibrium", *Econometrica*, 60(5), 1127−1150.

Krugman, P. (1980), "Scale economies, product differentiation, and the pattern of trade", *The American Economic Review*, 70(5), 950−959.

Melitz, M. (2003), "The impact of trade on intra-industry reallocations and aggregate industry productivity", *Econometrica*, 71(6), 1695−1725.

习 题

9−1 在本章正文中,我们得知 FE 曲线的斜率为正,我们可以理解为,当进入成本不变时,进入门槛 φ^* 越高,则用以补偿的平均利润就越高。对比 FE 曲线,我们该如何理解 ZCP 曲线的斜率呢?当生产率分布服从帕累托分布(Chaney,2008): $G(\varphi)=$

$1-\left(\dfrac{b}{\varphi}\right)^{\theta}, \varphi \geqslant b$ 时,ZCP 曲线会是怎样的呢?

9-2 如何理解本章正文中的假设:企业进入市场时将从一个生产率分布中抽取自己的生产率。企业在进入市场前,生产率不是确定的吗?

9-3 证明对于开放经济条件下的出口企业而言,其总收入大于封闭经济条件下的收入,而其在封闭经济条件下的收入又大于开放经济条件下该企业只从国内市场获得的收入,即 $r(\varphi) > r_a(\varphi) > r_d(\varphi)$。

9-4 梅里兹(Melitz,2003)模型描述了存在异质性企业情况下,贸易开放对企业出口和资源分配的影响。模型中假设国家对称,这使得开放经济均衡较方便讨论。试讨论如下设定,并使用 MATLAB 软件模拟:

(1) 给梅里兹(Melitz,2003)模型选择合适的参数,并假设两个对称国家生产率分布满足帕累托分布,求解开放经济均衡。

(2) 扩大一国的经济规模,使两国不对称,模拟并讨论一国经济规模扩大对两国贸易均衡的影响。

(3) 仍令两国经济规模相等,但令一国的生产率分布向右移动(生产率提升,可以令该国生产率的帕累托分布 $G(\varphi) = 1-\left(\dfrac{b}{\varphi}\right)^{\theta}, \varphi \geqslant b$ 中参数 b 增大)。模拟并讨论这种变化对两国贸易均衡的影响。

9-5 考虑某行业可以为梅里兹(Melitz,2003)模型所描述,且达到封闭经济均衡。由于某种颠覆性技术的出现,行业内的企业必须投入极大的研发成本才可能生产出满足颠覆性技术要求的产品。假设为获得该技术需新投入的研发成本可以理解为进入成本 f_e 的大幅升高,请回答:

(1) 这种新技术出现后,均衡时生产率临界值(φ^*)和平均利润($\bar{\pi}$)分别如何变化?

(2) 假设生产率临界值(φ^*)在新的均衡下降低,是否可以认为企业进入该行业的门槛降低?

(3) 如果生产率临界值(φ^*)的降低代表有着更低生产率的企业也可以进入市场并存活,那么这是否与技术要求越高,进入门槛越高,能够留在市场中的企业越少这个一般的直觉相冲突?

附 录

9-1A 重要的平均数形式

以下是几种重要的平均数形式。

- 幂平均(Power Mean)

$$M_p(x_1,\cdots,x_n) = \left(\dfrac{1}{n} \cdot \sum_{i=1}^{n} x_i^p\right)^{\frac{1}{p}}$$

注意幂平均的形式与 CES 效用函数差了一个 $n^{\frac{-1}{p}}$。

- 对数平均(Logarithmic Mean)

$$L(x_1, x_2) = \frac{x_1 - x_2}{\ln x_1 - \ln x_2}$$

- 算术平均(Arithmetic Mean)

$$A(x_1, \cdots, x_n) = \frac{1}{n} \sum_{i=1}^{n} x_i$$

- 几何平均(Geometric Mean)

$$G(x_1, \cdots, x_n) = \left(\prod_{i=1}^{n} x_i \right)^{\frac{1}{n}}$$

- 调和平均(Harmonic Mean,或倒数平均)

$$H(x_1, \cdots, x_n) = \left(\frac{1}{n} \sum_{i=1}^{n} \frac{1}{x_i} \right)^{-1}$$

其中,幂平均是较为一般的平均形式。当幂平均中 $p=1$ 时,我们得到算术平均;$p=2$ 时得到平方平均;$p=0$ 时得到几何平均;$p=-1$ 时得到调和平均;$p=-\infty$ 时得到最小值 $\min(x_1, \cdots, x_n)$;$p=\infty$ 时得到最大值 $\max(x_1, \cdots, x_n)$。一般地,设函数 $D(p) = M_p(x_1, \cdots, x_n), p \neq 0; D(0) = \left(\prod_{i=1}^{n} \right)^{\frac{1}{n}}$。$D(p)$ 是 $[-\infty, \infty]$ 上的连续单调递增函数。当 $r < s$ 时,$D(r) < D(s)$。此结论被称为幂平均不等式。

9-2A 帕累托分布的简单性质

帕累托分布的累积概率函数为 $G(\varphi) = 1 - \left(\frac{b}{\varphi} \right)^{\theta}, \varphi \geq b$,其对应的密度函数为 $g(\varphi) \equiv \theta b^{\theta} \varphi^{-\theta-1}, \varphi \geq b$。其中,参数 b 代表变量 φ 的最小可能取值,θ 代表变量分布的集中程度,取值越小代表变量 φ 的分布越分散,也就是集中程度越低。

帕累托分布具有非常简单的均值形式,$E(\varphi) = \int_b^{\infty} \varphi g(\varphi) \mathrm{d} \varphi = \frac{b\theta}{\theta - 1}$。其方差为 $\mathrm{Var}(\varphi) = \frac{\theta}{\theta - 2} \left(\frac{b}{\theta - 1} \right)^2$。可见帕累托分布在 $\theta > 2$ 时有方差。帕累托分布在积分时具有良好的特性,给定固定值 $a \geq 0$ 有:

$$\int_{\varphi^*}^{\infty} \varphi^a g(\varphi) \mathrm{d}\varphi = \frac{\theta b^{\theta}}{\theta - a} \varphi^{*-\theta+a}$$

9-3A 均衡解存在且唯一证明

以下证明式(9.18)的解 φ^* 存在且唯一。令 $j(\varphi) \equiv \left(\left(\frac{\tilde{\varphi}(\varphi)}{\varphi} \right)^{\sigma-1} - 1 \right)(1 - G(\varphi))$,其中 $\tilde{\varphi}(\varphi) = \left(\frac{1}{1 - G(\varphi)} \int_{\varphi}^{\infty} \xi^{\sigma-1} g(\xi) \mathrm{d}\xi \right)^{\frac{1}{\sigma-1}}$。令 $k(\varphi) \equiv \left(\frac{\tilde{\varphi}(\varphi)}{\varphi} \right)^{\sigma-1} - 1$,则 $j(\varphi) \equiv k(\varphi)(1 - G(\varphi))$。

当 $\varphi \to 0$ 时，$\tilde{\varphi}(\varphi)$ 相当于概率密度函数为 g 的 φ 的均值，是一个常数，则 $k(\varphi) \equiv \left(\frac{\tilde{\varphi}(\varphi)}{\varphi}\right)^{\sigma-1} - 1 \to \infty$。同时，当 $\varphi \to 0$ 时，$(1 - G(\varphi)) \to 1$，也为常数，故而 $j(\varphi) \to \infty$。

当 $\varphi \to \infty$ 时，$j(\varphi)$ 如何变化呢？首先 $k(\varphi)$ 对 φ 求导可得：

$$k'(\varphi) = \frac{g(\varphi)}{1 - G(\varphi)}\left(\left(\frac{\tilde{\varphi}(\varphi)}{\varphi}\right)^{\sigma-1} - 1\right) - \left(\frac{\tilde{\varphi}(\varphi)}{\varphi}\right)^{\sigma-1}\frac{\sigma-1}{\varphi}$$

$$= \frac{k(\varphi)g(\varphi)}{1 - G(\varphi)} - \frac{(\sigma-1)(k(\varphi)+1)}{\varphi}$$

将 $k'(\varphi)$ 代入 $j(\varphi)$ 关于 φ 的导数 $j'(\varphi) \equiv k'(\varphi)(1 - G(\varphi)) + k(\varphi)(-g(\varphi))$ 可得：

$$j'(\varphi) = -\frac{1}{\varphi}(\sigma-1)(k(\varphi)+1)(1 - G(\varphi)) < 0$$

由此可以证明 $j(\varphi)$ 是关于 φ 的单调递减函数。当 φ 从 0 增大到 ∞ 时，$j(\varphi)$ 必将从 ∞ 逐渐减小。如果当 $\varphi \to \infty$ 时，$j(\varphi)$ 减小为一个小于 f_e/f 的数，则可证明临界生产率 φ^* 存在且唯一。

当 $\varphi \to \infty$ 时，$j(\varphi)$ 究竟会减小到什么程度呢？我们可以根据 $j(\varphi)$ 相对于 φ 的弹性判断。由弹性定义式，我们可以将 $j(\varphi)$ 相对于 φ 的弹性表示为：

$$j'(\varphi)\varphi/j(\varphi) = -(\sigma-1)\left(1 + \frac{1}{k(\varphi)}\right) < -(\sigma-1) < 0$$

由 $j(\varphi)$ 的表达式可知 $j(\varphi)$ 非负。随着 φ 从 0 逐渐增大，$j(\varphi)$ 从 ∞ 逐渐减小。假设当 $\varphi \to \infty$ 时，$j(\varphi)$ 减小为非零的常数，即 $\lim_{\varphi \to \infty} j(\varphi) \neq 0$，则当 $\varphi \to \infty$ 时，$j(\varphi)$ 相对于 φ 的弹性必趋近于 0，这与 $j(\varphi)$ 相对于 φ 的弹性小于 0 不相符，所以假设不成立。这也即是说当 $\varphi \to \infty$ 时，$j(\varphi) \to 0$。由此可以证明临界生产率 φ^* 存在且唯一。

第 10 章 异质性企业模型:可变加成率

我们在上一章中学习了异质性企业垄断竞争模型,在该模型中我们设定消费者的效用函数是 CES 形式。在这种设定下,消费者的需求弹性为常数。这一特性使得无论产品的价格有多高,总是有消费者对产品存在需求。这样的需求函数与我们对现实中需求的理解存在一定的差距。现实中,我们可能会认为,如果产品价格过高,那么消费者对该产品的需求将降为零。我们把令消费者需求降为零的价格称为扼窒价格(Chock Price)。例如,当我们考虑如何前往 1 公里外的商场时,我们往往会选择骑共享单车而不是步行前往,因为共享单车骑行一次仅需 2 元。但是如果单次骑行的价格逐渐上升,那么选择骑共享单车出行的人将越来越少。当单次骑行的价格上升到如 10 元时,就不再有人愿意选择骑共享单车。这里的 10 元即为扼窒价格。

当然,扼窒价格的水平与市场中生产同类产品的竞争者有关。因为当我们有很多种共享单车可以选择时,某种共享单车的价格上升会使消费者更容易选择竞争者的共享单车,从而使扼窒价格降低。这样理解下的市场,消费者的需求弹性可变,企业制定的价格越高,消费者的需求下降得越快。并且,一旦产品的价格有所上升,激烈的市场竞争将使得消费者可以随时找到替代选择。垄断竞争企业并不总能无限地提高价格而仍找到消费该企业产品的消费者。

我们理解的需求的这些特性,在 CES 效用函数设定下的垄断竞争模型中无法体现。为了体现这些需求特性,梅里兹和奥塔维安诺(Melitz and Ottaviano,2008)在异质性企业模型中引入二次效用函数。在这种效用函数下,消费者的需求弹性可变,且市场竞争的激烈程度会影响企业的定价决策。本章研究这样设定下的国际贸易结果,以及贸易带来的社会福利提升。

10.1 需求:二次效用函数

考虑到消费者并不总是对所有产品都存在需求,市场上存在扼窒价格。我们引入二次效用(Quadratic Utility)函数来刻画消费者的偏好,形式如下:

$$U = q_0^c + \alpha \int_{i \in \Omega} q_i^c \,di - \frac{1}{2}\gamma \int_{i \in \Omega} (q_i^c)^2 \,di - \frac{1}{2}\eta \left(\int_{i \in \Omega} q_i^c \,di\right)^2 \tag{10.1}$$

其中,上标 c 表示代表性消费者,q_0^c 表示对计价物的消费量,q_i^c 表示对差异化产品 i 的消费量，Ω 表示所有差异化产品的集合。与之前我们讨论过的贸易模型不同，这里我们引入了一种计价物 q_0^c。① 式(10.1) 右边的第一项显示代表性消费者对计价物的效用是线性的，后面三项代表消费者对差异化产品的效用。效用函数中某产品的效用为线性，则该效用函数被称为准线性(Quasi-Linear)效用函数。

消费者对差异化产品的效用的二次函数中，参数 α 和 η 衡量了计价物 q_0^c 和差异化产品 q_i^c 的替代性。其他条件不变，α 越大，η 越小，差异化产品给消费者带来的效用会相对越高，此时消费者相对更偏好差异化产品。参数 γ 代表不同差异化产品之间的替代性。换句话说，它代表消费者对消费品种多样性偏好的程度。

为了理解二次效用下差异化产品之间的替代性，我们可以对函数进行简化，考虑共有 N 种差异化产品，效用函数变为：

$$U = q_0 + \alpha \sum_{i=1}^{N} q_i - \frac{\gamma}{2} \sum_{i=1}^{N} q_i^2 - \frac{\eta}{2} \left(\sum_{i=1}^{N} q_i \right)^2$$

当 $\gamma = 0$ 时，消费者对差异化产品的效用仅取决于差异化产品的消费总量 $\sum_{i=1}^{N} q_i$，而具体是哪个品种消费者并不关心，因此差异化产品之间是完全替代的。但是当 $\gamma > 0$ 时，消费者对不同品种差异化产品的消费量会影响到消费者的效用。当消费总量不变，不同品种的消费量相等时，消费者的效用最高。②

进一步假设消费者在差异化产品上的消费总量为 Nq，并且只消费 $[0, n]$ 的差异化产品，且各产品消费的数量相等，这时我们可以得到效用与消费总量 Nq 的关系：

$$U = q_0 + \alpha Nq - \frac{\gamma}{2n}(Nq)^2 - \frac{\eta}{2}(Nq)^2$$

我们可以观察到，当 $\gamma > 0$ 时，U 随 n 严格单调递增，消费者的效用会随消费品种的增多而增大。当 $n = N$ 时，消费者的消费品种数最多，效用也实现最大化。从这一事实中我们可以得到，只要 $\gamma > 0$，即差异化产品之间不能完全替代，二次效用函数就体现消费者对品种多样性的偏好。在本章接下来的分析中，除非特别指出，"产品"都代指差异化产品，而非计价物。

---

① 我们往往会对计价物做一些简化假设。例如，计价物是同质产品，在国家间可以自由贸易，且同质产品生产率外生给定。这样的简化假设相当于外生给定了本国与外国的工资水平。一国的工资不再依赖于研究的重点产品（差异化产品）的贸易平衡条件内生决定。因此，引入同质产品作为计价物的贸易模型是一种局部均衡模型，不再是一般均衡模型。在本章中，我们假设国家对称，故本国与外国唯一的生产要素（劳动力）价格相等，此时生产要素价格的决定被简化，模型的局部均衡特点表现得不是特别明显。如果两国不对称，则劳动力价格将由同质产品在两国的生产成本决定。模型的局部均衡特点得到凸显。换句话说，如果模型描述的经济体的生产要素价格需内生决定，则模型中不能引入作为计价物的同质产品。

② 这一点可以从均值不等式中得出，即算数平均数不超过平方平均数：$\frac{\sum_{i=1}^{N} q_i}{N} \leqslant \sqrt{\frac{\sum_{i=1}^{N} q_i^2}{N}}$，并且当 $q_1 = q_2 = \cdots = q_N$ 时取等号。

10.1.1 需求函数

基于式(10.1),我们可以求出消费者对产品的需求函数。建立拉格朗日函数求解消费者效用最大化问题,计价物 q_0^c 的价格设为1:

$$\mathcal{L} = q_0^c + \alpha Q^c - \frac{1}{2}\gamma \int_{i \in \Omega} (q_i^c)^2 di - \frac{1}{2}\eta (Q^c)^2 + \lambda \left(I - \int_{i \in \Omega} p_i q_i^c di - q_0^c \right)$$

其中,$Q^c = \int_{i \in \Omega} q_i^c di$ 代表消费者对差异化产品的消费总量。分别对 q_0^c 和 q_i^c 求偏导可以得到影子价格 $\lambda = 1$,以及消费者对产品 i 的需求函数为:

$$p_i = \alpha - \gamma q_i^c - \eta Q^c \tag{10.2}$$

在这一需求函数中,产品 i 的需求与价格之间呈现线性关系。这一需求函数即为我们所熟知的线性需求函数。当产品的价格过高时,$p > p_{\max} \equiv \alpha - \eta Q^c$,消费者对产品的需求将降至0。我们将消费者愿意为产品支付的最高价格 $p_{\max}$ 称为扼窒价格。显然,扼窒价格受到计价物和差异化产品的替代性(α 和 η),以及消费者对差异化产品的消费总量(Q^c)的影响。α 越大,η 越小,消费者相对越偏好差异化产品,因此会乐意支付更高的价格,扼窒价格也会更高。同时,消费者对差异化产品的消费总量 Q^c 越大,市场供给越多,市场竞争越激烈,消费者愿意对单个产品支付的最高价格也越低。

由于扼窒价格的存在,不是所有的产品都能被消费者消费,因此,实际被消费者消费的产品的集合 Ω^* 只是所有产品集合的子集,$\Omega^* \subset \Omega$。在这种情况下,消费总量具体为 $Q^c = \int_{i \in \Omega^*} q_i^c di$。

10.1.2 市场竞争

上述线性需求函数可以反映消费者对单个产品的需求受到市场整体竞争程度的影响。定义产品品种的总数为 $N \equiv \int_{i \in \Omega^*} 1 di$,由于每个企业必然生产不同的品种,因此 N 也是市场上企业的数量。定义这些产品的平均价格为 $\bar{p} = \frac{1}{N} \int_{i \in \Omega^*} p_i di$,将式(10.2)代入可得 $\bar{p}N = \int_{i \in \Omega^*} p_i di = N\alpha - \gamma \int_{i \in \Omega^*} q_i^c di - \eta N Q^c$,即

$$\bar{p}N = N\alpha - \gamma Q^c - \eta N Q^c$$

我们可以把消费总量 Q^c 表示成平均价格 $\bar{p}$ 和企业数量 N 的函数:

$$Q^c = \frac{(\alpha - \bar{p})N}{\gamma + \eta N} \tag{10.3}$$

式(10.3)给出了市场差异化产品消费总量与差异化产品平均价格和企业数量的关系。企业数量越多,差异化产品平均价格越低,消费者对差异化产品的消费总量越大。

将消费总量 Q^c 代入需求函数(式(10.2)),我们可以得到单个产品($i \in \Omega^*$)的需求量与产品价格、企业数量以及差异化产品平均价格的关系:

$$q_i^c = \frac{\alpha}{\gamma + \eta N} - \frac{1}{\gamma} p_i + \frac{\eta N}{(\gamma + \eta N)\gamma} \bar{p} \qquad (10.4)$$

消费者对单个产品的需求不仅受本产品价格 p_i 的影响,同时还受市场竞争程度的影响。市场上企业数量 N 越多,或者市场平均价格 $\bar{p}$ 越低,市场竞争越激烈,消费者对单个产品的需求越小。

10.1.3 扼窒价格

将 Q 的表达式(式(10.3))代入扼窒价格 $p_{\max} = \alpha - \eta Q^c$,我们可以将扼窒价格表达为:

$$p_{\max} = \frac{\gamma \alpha + \eta N \bar{p}}{\gamma + \eta N} \qquad (10.5)$$

从式(10.5)可以看出,扼窒价格是 α 和 $\bar{p}$ 的加权平均值,且总有 $p_{\max} \leqslant \alpha$。扼窒价格受到市场竞争程度的影响,市场平均价格越低,企业数量越多,消费者对差异化产品的偏好越弱,差异化产品的市场竞争就越激烈,扼窒价格就越低,相应存活下来的企业能够制定的价格也就越低。将式(10.5)代入需求函数(式(10.2)),并加总经济体所有消费者的需求,我们可以得到产品 i 在经济体中的总需求为:

$$q_i = \frac{L}{\gamma}(p_{\max} - p_i) \qquad (10.6)$$

式(10.6)可以被进一步改写为 $p_i = p_{\max} - \frac{\gamma}{L} q_i$,由此可以求出产品的需求价格弹性:①

$$\varepsilon_i = \left(\frac{p_{\max}}{p_i} - 1\right)^{-1} \qquad (10.7)$$

由此可以看出,在二次函数形式下,产品的需求价格弹性可变。产品本身的价格越高,需求价格弹性就越大。这一点与 CES 效用函数下,需求价格弹性保持恒定形成对比。另外,市场中企业数量 N 越多,或者市场平均价格 $\bar{p}$ 越低,差异化产品的扼窒价格 $p_{\max}$ 也越低,给定产品价格 p_i 不变,则需求价格弹性 ε_i 越大。激烈的市场竞争将提升消费者需求对价格的敏感度。

10.1.4 消费者福利

接下来研究二次函数形式下消费者的福利。为此,我们计算消费者的间接效用(Indirect Utility)。将消费者对计价物的需求表达为 $q_0^c = I^c - \int_{i \in \Omega^*} p_i q_i^c \mathrm{d}i$,其中 I^c 是消费者的总支出(总收入),并将其代入消费者效用函数(式(10.1)),可得间接效用函数为②:

---

① 假设市场竞争结构为垄断竞争,单个产品的价格 p_i 不会影响到市场均衡扼窒价格 $p_{\max}$。
② 求解过程参见附录。

$$U = I^c - \int_{i \in \Omega^*} p_i q_i^c di + \alpha \int_{i \in \Omega^*} q_i^c di - \frac{\gamma}{2} \int_{i \in \Omega^*} (q_i^c)^2 di - \frac{\eta}{2} \left(\int_{i \in \Omega^*} q_i^c di \right)^2$$

$$= I^c + \frac{1}{2}\left(\eta + \frac{\gamma}{N}\right)^{-1}(\alpha - \bar{p})^2 + \frac{1}{2}\frac{N}{\gamma}\sigma_p^2 \tag{10.8}$$

其中,$\sigma_p^2 \equiv \left(\int_{i \in \Omega^*}(p_i - \bar{p})^2 di\right)/N$,为市场上差异化产品价格的方差。

根据间接效用函数,我们可以分析影响消费者福利的因素包括:

(1) 收入效应。消费者的收入 I^c 只通过提高消费者对计价物的消费来提升消费者的福利,这是准线性偏好的一般结论。

(2) 品种多样性。随着产品种类 N 的增加,消费者的效用提升,品种的多样性带来了更高的效用。

(3) 价格效应。随着市场平均价格 $\bar{p}$ 的降低,消费者可以购买更为低价的差异化产品,消费者福利上升。

(4) 价格方差。在给定平均价格 $\bar{p}$ 的情况下,价格方差的增大为消费者在不同价格的产品间进行选择创造了空间,消费者可以在较低价的产品上支出更多,从而提升消费者的福利水平。

10.2 供给:企业生产

假设劳动力是唯一的生产要素。生产一个单位的计价物需要一个单位的劳动力,计价物市场完全竞争。因此,计价物市场外生(相对于差异化产品市场而言)决定了劳动力的工资:$w = p_0 = 1$。

与梅里兹(Melitz,2003)模型一样,我们假设企业首先支付一笔进入成本 f_e。在支付完进入成本之后,企业从分布 $G(c)$(累积分布函数)中随机抽取生产边际成本 $c, c \in [0, c_M]$,其中 c_M 为边际成本的最高可能取值。根据抽取到的边际成本,企业自主决定是进行生产,还是退出市场。

企业按照其可能获得的利润来决定是否生产。企业的利润最大化问题为:

$$\max_{p(c)} \pi(c) = (p(c) - c)q(p(c))$$

其中,$p(c)$ 是边际成本为 c 的企业设定的产品价格,$q(\cdot)$ 为产品需求函数。对利润最大化问题求一阶导数可以得到企业最优产量为:

$$q(c) = \frac{L}{\gamma}(p(c) - c) \tag{10.9}$$

式(10.9)与市场需求函数(式(10.6))联立,可以求出企业最优价格为[①]:

$$p(c) = \frac{p_{\max} + c}{2} \tag{10.10}$$

---

① 式(10.6)中包含市场企业数量 N 和平均价格 $\bar{p}$,因此这里的一个隐含假设为企业决策基于这些内生变量做出,当然这些变量只有在均衡条件下才能得出。

我们发现企业的最优价格为扼窒价格与企业边际成本的平均值。

根据企业的最优价格,我们可以判定企业在何种情况下会选择生产,又在何种情况下会选择退出市场。如果企业的边际成本大于扼窒价格,则企业的最优价格将高于扼窒价格。此时消费者对这类产品的需求为零,企业的利润为负,企业必然退出市场。将处于生产临界点企业的边际成本记为 c_D,即当 $p(c_D) = p_{\max}$ 时,企业产品的市场需求为零,企业获得零利润。利用式(10.10)可以求得生产临界点企业的边际成本为 $c_D = p_{\max}$。因此,企业的边际成本必须小于扼窒价格才可以存活。如果企业的边际成本 c 大于扼窒价格 $p_{\max}$,则企业无法售出任何产品并将退出市场。

由此,我们可以将企业的最优价格 $p(c)$、最优产量 $q(c)$、绝对加成 $\mu(c)$(售价超过边际成本的部分)、利润 $\pi(c)$ 和销售收入 $r(c)$ 表达成临界成本 c_D 和企业边际成本 c 的函数:

$$p(c) = \frac{1}{2}(c_D + c)$$

$$q(c) = \frac{L}{2\gamma}(c_D - c)$$

$$\mu(c) = p(c) - c = \frac{1}{2}(c_D - c)$$

$$\pi(c) = \frac{L}{4\gamma}(c_D - c)^2$$

$$r(c) = \frac{L}{4\gamma}(c_D^2 - c^2)$$

从企业的最优价格中我们可以发现,企业不会把成本的提升完全转移至消费者,即 $\frac{\mathrm{d}p}{\mathrm{d}c} = \frac{1}{2} \neq 1$。相较于成本较高的企业,低成本企业有更低的价格,价格绝对加成更高,销售收入和利润也更高。

10.3 封闭经济均衡

接下来我们考虑封闭经济条件下的均衡。市场达到均衡时,既没有企业进入也没有企业从市场中退出,而企业不再进入与退出的条件是企业进入可以获得的利润恰好等于进入成本。这一条件被称为"自由进入条件":

$$\int_0^{c_D} \pi(c) \mathrm{d}G(c) = f_e \tag{10.11}$$

式(10.11)的左边为企业进入市场可获得的预期利润,而右边为企业进入市场付出的进入成本。将利润函数 $\pi(c) = \frac{L}{4\gamma}(c_D - c)^2$ 代入整理可得:

$$\int_0^{c_D} (c_D - c)^2 \mathrm{d}G(c) = \frac{4\gamma f_e}{L} \tag{10.12}$$

由于经济规模 L、进入成本 f_e 和边际成本的分布 $G(c)$ 外生给定,我们可以解出封闭经济均衡时的临界成本 c_D。式(10.12)的含义为,给定进入成本,潜在进入企业需要达到的利润水平。在此水平下,潜在进入企业才会考虑进入市场。由于预期利润与临界成本之间存在一一对应关系,企业要求的预期利润水平也就决定了潜在进入企业要求的市场临界成本,如图10.1所示。

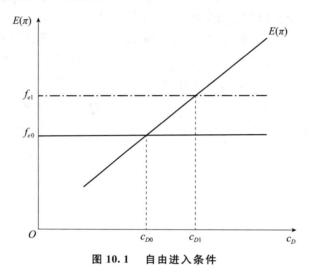

图 10.1　自由进入条件

当进入成本较高时,为吸引企业进入,市场必须有较高的预期利润,因此临界成本 c_D 必须相对较高。临界成本的提升一方面通过积分范围的扩大使企业进入市场后存活下来的可能性提升;另一方面由于 $c_D = p_{\max}$,根据式(10.10)消费者的扼窒价格 $p_{\max}$ 越高,企业的最优价格越高,从而企业可以获得更高的利润。预期利润的提升由此能够抵消较高进入成本对企业进入的负面影响。类似地,当经济规模 L 较大时,即使临界成本较低,企业仍然能够获得足够的利润抵消进入成本。换句话说,在进入成本较高或者经济规模较小时,临界成本必须较高才能提升企业的预期利润从而保证企业有足够的市场进入动机。

市场达到均衡还有第二个条件,即生产临界点企业的利润为零,这一条件被称为"零利润条件"。根据式(10.10),生产临界点企业的利润为零的条件是 $c_D = p_{\max}$。结合式(10.5),可得:

$$c_D = p_{\max} = \frac{\gamma\alpha + \eta N \bar{p}}{\gamma + \eta N} \tag{10.13}$$

根据 $p(c) = \frac{1}{2}(c_D + c)$,我们可以得到 $\bar{p} = \frac{1}{2}(c_D + \bar{c})$,其中 $\bar{c}$ 为平均成本: $\bar{c} = \frac{1}{N}\int_{i\in\Omega^*} c_i di$,也可以写为 $\bar{c} = \frac{1}{G(c_D)}\int_0^{c_D} c dG(c)$。可见 $\bar{p}$ 和 $\bar{c}$ 是临界成本 c_D 的函数。将 $\bar{p}$ 代入式(10.13),零利润条件转化为企业数量 N 为临界成本 c_D 的函数:

$$N = \frac{2\gamma}{\eta}\frac{\alpha - c_D}{c_D - \bar{c}} \tag{10.14}$$

式(10.14)描述了市场竞争程度与临界成本之间的关系。一般而言,竞争越激烈,企业生存就越艰难,临界成本就越低(高成本企业被挤出市场)。因此,假设 $\bar{c}$ 恒定,企业数量越多,临界成本就越低。但是,注意到 $\bar{c}$ 也与 c_D 相关,则临界成本与企业数量之间的关系就变得较为模糊。

式(10.14)对 c_D 求导我们可以观察企业数量 N 的变动:

$$\frac{\mathrm{d}N}{\mathrm{d}c_D} = \frac{\left(\frac{\mathrm{d}\bar{c}}{\mathrm{d}c_D} - 1\right)(\alpha - c_D) - (c_D - \bar{c})}{(c_D - \bar{c})^2}$$

当且仅当 $\frac{\mathrm{d}\bar{c}}{\mathrm{d}c_D} < \frac{\alpha - \bar{c}}{\alpha - c_D}$ 时,我们有 $\frac{\mathrm{d}N}{\mathrm{d}c_D} < 0$,即如果平均成本 $\bar{c}$ 不随 c_D 的增大而大幅增加,则企业数量会随临界成本的提高而减少。进一步考察平均成本的变化,可得:

$$\frac{\mathrm{d}\bar{c}}{\mathrm{d}c_D} = \frac{g(c_D)}{G(c_D)}\left(c_D - \frac{1}{G(c_D)}\int_0^{c_D} c\,\mathrm{d}G(c)\right) = \frac{g(c_D)}{G(c_D)}(c_D - \bar{c})$$

则 $\frac{g(c_D)}{G(c_D)} < \frac{\alpha - \bar{c}}{(\alpha - c_D)(c_D - \bar{c})}$ 时有 $\mathrm{d}N/\mathrm{d}c_D < 0$。显然,$c_D$ 对 N 的影响取决于分布的具体形式。一般而言,当 $g(c_D)$ 较小时,临界成本的提高更倾向于减少企业的数量。在接下来的分析中,我们给出分布的一种特殊形式(帕累托分布),以此为例研究经济均衡受到贸易的影响。

为了更好地理解均衡的机制,从某封闭经济均衡点 (f_{e0}, c_{D0}) 出发,考虑进入成本 f_e 变大时经济体如何重新达到均衡。如图10.1所示,此时进入成本曲线向上移动至 f_{e1} 水平处。由于进入成本变大后经济系统还未发生调整,仍旧以 c_{D0} 为临界生产率,因此潜在进入企业发现其需要更高的预期利润才能覆盖增大的进入成本。实际预期利润相较于要求的预期利润的不足使得潜在进入企业不愿意进入市场,这就使得实际进入市场的企业数量减少,N 下降,竞争激烈程度降低。

根据零利润条件(式(10.13)),此时 $\bar{p}$ 和 α 保持不变,且 $\bar{p} < \alpha$,企业数量的减少使得 $p_{\max}$ 提升。在新的 $p_{\max}$ 下,能够进入市场且获得非负利润的临界企业的成本 c_D 提升,位于新临界成本下的企业能够进入市场。新的临界成本以及成本的分布决定了新的平均成本 $\bar{c}$,并由零利润条件的变化式(式(10.14))决定与新的临界成本对应的企业数量 N。注意,虽然从初始均衡点开始调整时企业数量减少,但一旦临界成本调整,新的市场环境下企业的数量只与新的临界成本以及成本的分布有关。新的企业数量有可能大于也有可能小于初始均衡企业数量,其结果只由式(10.14)决定。在新的市场环境下,基于新的临界成本,潜在进入企业重新根据预期利润与进入成本判断是否进入市场。如果在新的市场环境下,预期利润仍然低于进入成本,则新的市场环境下的企业数量 N 过多。企业退出,企业数量再次减少,$p_{\max}$ 再次提升,临界成本 c_D 也再次提升,直到临界成本达到与进入成本 f_{e1} 相对应的 c_{D1},经济体达到均衡。

总之,本节给出经济体的均衡条件——自由进入条件和零利润条件,从这两个条件中,我们可以看出经济体内生变量的决定顺序。自由进入条件首先决定了市场的临界成本 c_D,而临界成本又进一步决定了市场中企业的数量 N。表示计价物与差异化产品替代性的两个参数 α 和 η 不会影响临界成本(企业是否进入市场的决策),但会影响均衡时的企业数量(因为这些参数影响了企业利润的大小)。

10.4　开放经济均衡(无贸易成本)

接下来讨论开放经济条件下的均衡。首先考虑无贸易成本的开放经济。假设两国经济规模相同,则无成本自由贸易等同于封闭经济条件下规模扩大为两倍时的情形。我们因此可以求解封闭经济均衡,然后通过比较静态分析,考察经济规模 L 扩大产生的影响。

10.4.1　生产成本分布

求解均衡需要给出边际成本的分布函数。假设企业的边际成本服从帕累托分布:

$$G(c) = \left(\frac{c}{c_M}\right)^k, \quad c \in [0, c_M]$$

其中,参数 k 代表成本分布的离散性。如果 $k=1$,则各个成本水平的概率相等,分布均匀。随着 k 的增大,相对更多的企业成本较高,而只有较少的企业能够拥有较低的成本,分布集中在高成本位置,如图 10.2 所示。

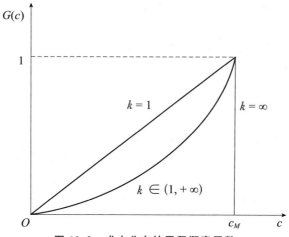

图 10.2　成本分布的累积概率函数

给定成本分布,我们可以得到存活企业的成本分布(给定企业边际成本 $c < c_D$ 条件下的分布)。我们发现存活企业的成本分布也遵循帕累托分布:

$$G_D(c) = \frac{G(c)}{G(c_D)} = \left(\frac{c}{c_D}\right)^k$$

计算这一分布下的平均成本可得[①]:

[①] 这样计算的平均成本有一个隐含条件,那就是市场条件如 f_e 和 L 等使临界成本保持在成本上限以内,即 $c_D < c_M$。根据式(10.15),这种情况成立的条件为 $(c_M)^2 > 2(k+1)(k+2)\gamma f_e / L$。

$$\bar{c} = \int_0^{c_D} c\,\mathrm{d}G_D(c) = \frac{k}{k+1}c_D$$

在这一分布下,平均成本与临界成本之间存在一个简单线性关系。

将这一分布代入自由进入条件(式(10.12))积分并求解可以得到临界成本为:

$$c_D = \left(\frac{2(k+1)(k+2)\gamma(c_M)^k f_e}{L}\right)^{\frac{1}{k+2}} \quad (10.15)$$

将临界成本和平均成本代入零利润条件(式(10.14)),则可以求出企业数量为:

$$N = \frac{2(k+1)\gamma}{\eta}\frac{\alpha - c_D}{c_D} \quad (10.16)$$

根据这两个均衡解的表达式我们可以发现,经济规模 L 的扩大将降低临界成本 c_D,增加企业数量 N。经济直觉为,经济规模扩大使得企业的预期利润增加,更多企业进入市场,$p_{\max}$ 降低,c_D 相应降低。新的临界成本下市场重新决定平均成本、企业数量等。当新的临界成本使企业的预期利润回退至与进入成本平衡的水平,经济体重新达到均衡。

10.4.2 市场竞争的选择效应

我们发现,在线性需求条件下,即使不存在贸易成本,自由贸易也能带来市场选择效应,即经济规模的扩大使得低生产率(高生产成本)企业退出市场。其工作原理为,当经济规模扩大时,企业销售收入和利润提升,吸引企业进入市场而使得企业数量增加,并因此使得市场竞争更为激烈,整体供给的提升拉低单个企业的需求曲线。需求曲线的下移意味着 $p_{\max}$ 的降低。于是,一些高成本企业出现负利润从而选择退出市场。本模型的这一特点与上一章中 CES 效用函数下的模型形成鲜明的对比,在上一章中,我们必须依赖贸易成本才能让贸易产生对企业的选择效应。

我们可以从市场的平均销售水平来观察贸易的选择效应。首先,自由贸易提升了企业的平均利润,扩大企业的规模。对企业的产量 $q(c)$、销售收入 $r(c)$ 和利润 $\pi(c)$ 取平均,并将临界成本 c_D 的解(式(10.15))代入可得:

$$\bar{q} = \frac{L c_D}{2\gamma(k+1)} = \frac{(k+2)(c_M)^k}{(c_D)^{k+1}}f_e$$

$$\bar{r} = \frac{L c_D^2}{2\gamma(k+2)} = \frac{(k+1)(c_M)^k}{(c_D)^k}f_e = \frac{(k+1)f_e}{G(c_D)}$$

$$\bar{\pi} = \frac{(c_M)^k}{(c_D)^k}f_e = \frac{f_e}{G(c_D)} = \frac{\bar{r}}{k+1}$$

其他条件不变,由于自由贸易降低了临界成本 c_D,企业平均产量 $\bar{q}$、平均销售收入 $\bar{r}$ 和平均利润 $\bar{\pi}$ 都有所提高。

其次,在边际成本分布为帕累托分布的条件下,自由贸易带来的利润提升吸引了更多的企业。我们可以计算出尝试进入市场的企业数量 N_e:

$$N_e = \frac{N}{G(c_D)} = \frac{2(k+1)\gamma}{\eta}\frac{\alpha - c_D}{(c_D)^{k+1}}(c_M)^k$$

易证 N_e 随着 c_D 的下降而增加。注意到企业数量本身 N 也随着 c_D 的下降而增加,因此当经济规模扩大后,无论是实际存活下来的企业数量还是尝试进入市场的企业数量都会增加,自由贸易使得市场竞争更加激烈。

最后,竞争的加剧使得企业必须降低价格以求生存。观察模型中的平均价格 $\bar{p} = \frac{2k+1}{2k+2}c_D$、平均成本 $\bar{c} = \frac{k}{k+1}c_D$ 和平均加成 $\bar{\mu} = \frac{1}{k+1}\frac{c_D}{2}$,可知这些变量都会随着(自由贸易带来的)$c_D$ 的下降而下降。

10.4.3 贸易福利

了解了无成本贸易时经济均衡的变化,我们可以研究贸易对消费者福利的影响。根据式(10.8),我们知道影响消费者福利的四种因素,即收入效应、品种多样性、价格效应和价格方差。我们考察无成本贸易时这四种因素的表现。

就收入效应而言,消费者只有一个收入来源,即工资 $I^c = w$。但消费者的工资由计价物的生产率外生决定,$w = 1$。贸易并不影响工资水平,因此贸易并不通过收入效应影响消费者福利。①

就品种多样性和价格效应而言,前面已经分析得出,无成本自由贸易将增加企业数量,产品种类 N 增加。与此同时,企业竞争加剧,平均价格 $\bar{p}$ 下降。这两个效应都将提升消费者福利。其中,后一种效应相较于梅里兹(Melitz,2003)模型是一种新的福利来源。贸易存在竞争效应,企业因竞争加剧而降低产品价格,对消费者而言是一种福利提升。

就价格方差而言,注意到价格的方差为 $\sigma_p^2 = \frac{1}{4}\sigma_c^2$,而帕累托分布下成本的方差为:

$$\sigma_c^2 = \overline{c^2} - \bar{c}^2 = \frac{k}{k+2}c_D^2 - \left(\frac{k}{k+1}c_D\right)^2 = \frac{k}{(k+2)(k+1)^2}c_D^2 \tag{10.17}$$

可知贸易开放带来的临界成本的下降降低了成本的方差,从而也降低了价格的方差。价格方差的降低带来了消费者福利的下降。

但是,综合考虑四种效应,我们发现第四种负面效应没有第二、三种正面效应大。将价格方差以及平均价格和企业数量代入间接效用函数(式(10.8)):

$$U = I^c + \frac{1}{2\eta}(\alpha - c_D)\left(\alpha - \frac{k+1}{k+2}c_D\right)$$

我们发现,整体而言,自由贸易使得临界成本下降,社会福利水平提升。

10.5 开放经济均衡(有贸易成本)

接下来我们考虑与现实更为接近的情形:有贸易成本的开放经济。假设有两个国家,本国 H 和外国 F,其经济规模分别为 L^H 和 L^F。两国的消费者偏好相同,但是

---

① 这里假设消费者对计价物的消费量大于零,这要求消费者在差异化产品上的总支出 $N\bar{r}/L$ 小于总工资收入,即 $N\bar{r}/L = (\alpha - c_D)c_D(k+1)/[\eta(k+2)] < 1$。

$l(l \in \{H, F\})$ 国从另一国进口产品需要支付额外的冰山运输成本 τ^l。由于贸易成本的存在，企业在本国市场和外国市场上会选择不同的销售价格。

由于两国消费者偏好相同，封闭经济中求得的需求函数同样适用于开放经济。l 国企业在本国市场和外国市场上的需求分别为：

$$p_D^l(c) = p_{\max}^l - \frac{\gamma}{L^l} q_D^l(c)$$

$$p_X^l(c) = p_{\max}^h - \frac{\gamma}{L^h} q_X^l(c)$$

其中，$p_D^l(c)$ 和 $q_D^l(c)$ 分别表示成本为 c 的 l 国企业在本国市场上的价格和需求，$p_X^l(c)$ 和 $q_X^l(c)$ 分别表示该企业在外国市场上的价格和需求。h 为 l 以外的另一国，$h \in \{H, F\}$。l 国市场的扼杀价格 $p_{\max}^l$ 由下式给出：

$$p_{\max}^l = \frac{\alpha\gamma + \eta N^l \bar{p}^l}{\eta N^l + \gamma}$$

其中，N^l 是在 l 国销售产品的企业总数，既包括本国企业又包括外国企业，$\bar{p}^l$ 是 l 国市场的平均价格。

由此可以写出成本为 c 的 l 国企业在本国销售和在外国销售的利润 $\pi_D^l(c), \pi_X^l(c)$ 分别为：

$$\pi_D^l(c) = (p_D^l(c) - c) q_D^l(c)$$

$$\pi_X^l(c) = (p_X^l(c) - \tau^h c) q_X^l(c)$$

与封闭经济条件下企业最优决策求解类似，我们可以得到成本为 c 的 l 国企业在本国销售和在外国销售的最优产量与价格分别为：

$$q_D^l(c) = \frac{L^l}{\gamma}(p_D^l(c) - c)$$

$$q_X^l(c) = \frac{L^h}{\gamma}(p_X^l(c) - \tau^h c) \tag{10.18}$$

$$p_D^l(c) = \frac{1}{2}(p_{\max}^l + c)$$

$$p_X^l(c) = \frac{1}{2}(p_{\max}^h + \tau^h c) \tag{10.19}$$

10.5.1 均衡条件

首先考虑零利润条件。与封闭经济条件下的均衡相似，l 国企业在本国市场上销售的临界成本为其本国市场销售利润为零的企业成本 c_D^l，在外国市场上销售的临界成本相应地为其在外国市场销售利润为零时的企业成本 c_X^l：

$$c_D^l = \sup\{c : \pi_D^l(c) > 0\} = p_{\max}^l = \frac{\alpha\gamma + \eta N^l \bar{p}^l}{\eta N^l + \gamma} \tag{10.20}$$

$$c_X^l = \sup\{c : \pi_X^l(c) > 0\} = \frac{p_{\max}^h}{\tau^h} = \frac{1}{\tau^h} \frac{\alpha\gamma + \eta N^h \bar{p}^h}{\eta N^h + \gamma} \tag{10.21}$$

因为在 l 国市场上同时存在本国企业和外国企业,结合式(10.20)和式(10.21),我们可以得到同一市场上外国企业和本国企业的临界成本之间存在如下关系:

$$c_X^h = c_D^l / \tau^l$$

换句话说,在 l 国市场上销售的外国企业的临界成本 c_X^h 比本国企业的临界成本要小。出口企业只有相对于本国企业生产率更高,才可以克服贸易成本,在出口市场上获得利润。

将零利润条件(式(10.20))和式(10.21)给出的临界成本与扼窒价格的关系代入企业最优产量公式(式(10.18))和最优价格公式(式(10.19)),可得企业最优产量、最优价格和最大化利润与临界成本的关系为:

$$q_D^l(c) = \frac{L^l}{2\gamma}(c_D^l - c)$$

$$q_X^l(c) = \frac{L^h \tau^h}{2\gamma}(c_X^l - c)$$

$$p_D^l(c) = \frac{1}{2}(c_D^l + c)$$

$$p_X^l(c) = \frac{\tau^h}{2}(c_X^l + c)$$

$$\pi_D^l(c) = \frac{L^l}{4\gamma}(c_D^l - c)^2$$

$$\pi_X^l(c) = \frac{L^h}{4\gamma}(\tau^h)^2(c_X^l - c)^2$$

接下来考虑企业自由进入条件。在有贸易成本的情况下,l 国的企业进入市场有两部分预期利润——本国销售利润和出口利润。这两部分预期利润在市场达到均衡时应与企业进入成本 f_e 恰好相抵:

$$\int_0^{c_D^l} \pi_D^l(c) \mathrm{d}G(c) + \int_0^{c_X^l} \pi_X^l(c) \mathrm{d}G(c) = f_e \quad (10.22)$$

为了简化分析,仍旧假设企业边际成本服从帕累托分布:$G(c) = \left(\dfrac{c}{c_M}\right)^k$。将分布函数代入自由进入条件(式(10.22)),并且结合 $c_X^l = \dfrac{c_D^h}{\tau^h}$ 可得:

$$L^l (c_D^l)^{k+2} + L^h \rho^h (c_D^h)^{k+2} = \gamma \varphi \quad (10.23)$$

其中,$\rho^h = (\tau^h)^{-k} \in (0,1)$ 可以表示贸易成本的大小,$\varphi = 2(k+1)(k+2)(c_M)^k f_e$。类似地,$h$ 国企业的自由进入条件为:

$$L^h (c_D^h)^{k+2} + L^l \rho^l (c_D^l)^{k+2} = \gamma \varphi \quad (10.24)$$

根据两国的自由进入条件,我们可以解出两国的国内市场临界成本 c_D^l 和 c_D^h。[①] 再

---

① 这里有一个隐含条件,即两国的市场条件使得有非零数量的企业进入差异化产品市场,$N_e^l > 0, l \in \{H, F\}$。

根据两国企业在同一市场上的临界成本关系 $c_X^h = \frac{c_D^l}{\tau^l}$ 和 $c_X^l = \frac{c_D^h}{\tau^h}$，我们可以解出两国出口企业的成本临界值。最后，利用解出的临界成本结合最优价格公式（式（10.19））可以求得市场平均价格，再将其代入两国的零利润条件（式（10.20）和式（10.21）），我们可以解出均衡时的企业数量。

我们可以进一步解出两国尝试进入市场的企业数量。注意到 l 国的企业数量由本土企业数 $G(c_D^l)N_e^l$ 和来自 h 国的出口企业数 $G(c_X^h)N_e^h$ 共同构成：

$$G(c_D^l)N_e^l + G(c_X^h)N_e^h = N^l$$
$$G(c_D^h)N_e^h + G(c_X^l)N_e^l = N^h$$

利用均衡条件解出的企业数量 N^l 和 N^h 以及相应的临界成本，我们可以解出 l 国尝试进入市场的企业数量 N_e^l。

10.5.2 价格、产品多样性以及福利

接下来我们利用这些均衡条件求解具体的均衡变量。根据两国的自由进入条件可得均衡时 l 国企业在本国销售的成本临界值 c_D^l：

$$c_D^l = \left(\frac{\gamma\varphi}{L^l}\frac{1-\rho^h}{1-\rho^h\rho^l}\right)^{\frac{1}{k+2}}$$

其中，$\rho^h, \rho^l \in (0,1)$，且满足 $\frac{1-\rho^h}{1-\rho^h\rho^l} < 1$。对比封闭经济条件下的均衡临界成本 c_D，我们发现 $c_D^l = c_D\left(\frac{1-\rho^h}{1-\rho^h\rho^l}\right)^{\frac{1}{k+2}} < c_D$。这一结果表明，与无贸易成本的开放经济均衡一样，有成本的贸易也会降低一国临界成本，生产率过低的企业将无法适应竞争的加剧而只能退出市场。贸易产生选择效应，生产率低的企业被挤出市场。

现在求解开放经济均衡企业数量。在 l 国市场上，l 国企业只要成本 $c < c_D^l$ 就可以存活。对向 l 国出口的企业而言，如果将 $\tau^l c$ 看作外国企业在 l 国市场上实际表现出的交付成本，则同样是 $\tau^l c \in [0, c_D^l]$ 时外国企业可以在 l 国市场存活。因此，无论是本土企业的成本，还是外国出口企业表现出的交付成本都在 $[0, c_D^l]$ 区间内，且拥有相同的累积分布函数 $G^l(c) = (c/c_D^l)^k$。注意到本国企业和外国出口企业的最优价格可以分别表示为：

$$p_D^l(c) = \frac{1}{2}(p_{\max}^l + c), \quad c \in [0, c_D^l]$$

$$p_X^h(c) = \frac{1}{2}(p_{\max}^l + \tau^l c), \quad \tau^l c \in [0, c_D^l]$$

可得在 l 国市场销售的本土企业的产品价格分布和来自 h 国的出口企业的产品价格分布相同。由此可以计算得到 l 国市场平均价格为：

$$\bar{p}^l = \frac{2k+1}{2k+2}c_D^l \tag{10.25}$$

将平均价格代入式(10.20),可以得到在 l 国市场销售的企业数量(包括本土企业和外国出口企业)为：

$$N^l = \frac{2(k+1)\gamma}{\eta} \frac{\alpha - c_D^l}{c_D^l} \tag{10.26}$$

可见,由于经济开放,l 国市场临界成本 c_D^l 降低,在市场中销售的企业总数增加,市场竞争变得更为激烈。

最后讨论贸易的福利影响。如前所述(式(10.8)),消费者福利取决于市场上的产品种类、平均价格以及产品价格方差。我们知道,开放经济均衡时企业的数量增加(式(10.26)),同时市场上销售产品的平均价格降低(式(10.25)),这两种效应都将提升消费者福利。当然,根据式(10.17),随着临界成本的下降,产品价格的方差降低,这将降低消费者福利。

将均衡时的平均价格、企业数量和产品价格方差代入间接效用函数(式(10.8)),可以计算出消费者效用为：

$$U = I^c + \frac{1}{2\eta}(\alpha - c_D^l)\left(\alpha - \frac{k+1}{k+2}c_D^l\right)$$

很明显,开放经济条件下的消费者效用与封闭经济条件下的消费者效用的决定式完全相同,两种均衡状态下的效用水平差别仅仅体现在临界成本的差别上。我们已经知道贸易带来临界成本的下降,$c_D^l < c_D$,则消费者的效用水平将获得提升。

10.6 本章小结

本章把异质性企业模型中的 CES 效用函数替换为二次效用函数。这一替换的出发点在于 CES 效用函数下无论产品价格多高,总有消费者愿意购买该产品。并且企业的最优定价策略总是在成本之上加一个固定的价格加成。在 CES 效用函数下得到的这些需求特性与我们对经济现实的理解不符。在这种情况下,我们会担心根据 CES 效用函数得到的贸易影响是否能够真正反映现实中的贸易影响。

为了解除这种担心,本章改用二次效用函数。在此效用函数下需求曲线为线性函数,且存在一个扼窒价格。企业定价一旦超过这一价格就将不会有任何消费者愿意购买该企业的产品。由于需求曲线为线性函数,企业的最优价格也不再是成本加上固定加成。这样的需求特征与经济现实更为接近。因此,本章是对异质性企业模型的一个重要拓展。我们在异质性企业模型中引入可变加成率以及企业之间的竞争,使得我们可以研究竞争在异质性企业情境下的作用。

改用二次效用函数构建贸易模型之后,我们发现贸易的影响与使用 CES 效用函数得到的贸易影响基本一致。一方面,产业内资源因贸易开放而重新配置。贸易开放能够扩大市场规模,引入更多企业,提升竞争程度,降低临界成本,挤出生产率低的企业,市场中企业的平均生产率提高。另一方面,贸易带来更多的品种,消费者通过品种多样性获得更高的福利水平。在这一框架下,我们还发现了一个在 CES 效用函数框架下不存在的贸易福利来源——市场竞争程度的提升降低了市场平均加成和平均价格,从而提升了消费者的福利水平。

与 CES 效用函数框架下的模型不同,我们发现在二次效用函数框架下,即便是在无贸易成本的开放经济条件下,产业内资源再配置的选择效应依旧存在。另外,二次效用函数框架下产生选择效应的经济直觉也有所不同。在 CES 效用函数框架下,贸易产生的选择效应来自企业对稀缺劳动力资源需求的上升,实际工资上涨,从而促使生产率最低的小企业退出。在二次效用函数框架下,较低生产率企业的退出是由于企业间的市场竞争加剧,更激烈的竞争影响了需求弹性,使得高成本企业的利润降低。[①]

参 考 文 献

Melitz, M. J. (2003), "The impact of trade on intra-industry reallocations and aggregate industry productivity", *Econometrica*, 71(6), 1695–1725.

Melitz, M. J. and G. Ottaviano (2008), "Market size, trade, and productivity", *The Review of Economic Studies*, 75, 295–316.

习 题

10 - 1 本章模型设定中引入了同质产品作为计价物,从而外生决定了劳动力价格 w。假设经济体中不存在同质产品,效用函数(式(10.1))中也没有 q_0^c 项,请讨论这种情况下经济体的需求与生产会如何变化,给出封闭经济和开放经济条件下的均衡条件,并讨论均衡时企业数量受哪些因素影响。

10 - 2 如果在封闭经济条件下可供企业抽取的边际成本只有两种情况 c_1 和 c_2,那么当自由进入条件中经济规模 L 和进入成本 f_e 发生变化时,边际成本临界值 c_D 以及企业数量 N 会有怎样的变化?

附 录

10 - 1A 间接效用求解

求解间接效用之前,我们首先求解三个积分,即差异化产品价格平方的积分

[①] 本章模型中,由于同质产品行业的存在,生产差异化产品的企业面对的劳动力市场具有完全弹性。行业对劳动力需求的上升并不会提高工资,因为同质产品行业可以源源不断地供应劳动力。模型中劳动力的工资外生给定。因此,选择效应不来自用工成本的上升。

$\left(\int_{i\in\Omega^*} p_i^2 \mathrm{d}i\right)$、消费者对差异化产品的总支出的积分$\left(\int_{i\in\Omega^*} p_i q_i^c \mathrm{d}i\right)$，以及差异化产品需求平方的积分$\int_{i\in\Omega^*} (q_i^c)^2 \mathrm{d}i$。

首先将差异化产品价格平方积分式同时加减$2N\bar{p}^2$，可得：

$$\int_{i\in\Omega^*} p_i^2 \mathrm{d}i = N\bar{p}^2 + \left(\int_{i\in\Omega^*} p_i^2 \mathrm{d}i + N\bar{p}^2 - 2N\bar{p}^2\right)$$

$$= N\bar{p}^2 + \int_{i\in\Omega^*} (p_i - \bar{p})^2 \mathrm{d}i$$

$$= N\bar{p}^2 + N\sigma_p^2$$

其中，$\sigma_p^2 \equiv \left(\int_{i\in\Omega^*} (p_i - \bar{p})^2 \mathrm{d}i\right)/N$为所有差异化产品价格的方差。可见，差异化产品价格平方的积分与平均价格的平方$\bar{p}^2$有关，也与价格的方差σ_p^2有关。

接着计算消费者对差异化产品的总支出的积分，将产品需求（式(10.4)）代入消费者对差异化产品的总支出积分式可得：

$$\int_{i\in\Omega^*} p_i q_i^c \mathrm{d}i = \int_{i\in\Omega^*} \left(\frac{\alpha}{\gamma+\eta N} p_i - \frac{1}{\gamma} p_i^2 + \frac{\eta N}{(\gamma+\eta N)\gamma}\bar{p} p_i\right) \mathrm{d}i$$

$$= \frac{\alpha}{\gamma+\eta N} N\bar{p} - \frac{1}{\gamma}\int_{i\in\Omega^*} p_i^2 \mathrm{d}i + \frac{\eta (N\bar{p})^2}{(\gamma+\eta N)\gamma}$$

$$= \frac{\alpha}{\gamma+\eta N} N\bar{p} + \frac{\eta N}{(\gamma+\eta N)\gamma} N\bar{p}^2 - \frac{1}{\gamma} N\bar{p}^2 - \frac{N}{\gamma}\sigma_p^2$$

$$= \frac{\alpha}{\gamma+\eta N} N\bar{p} - \frac{1}{\gamma+\eta N} N\bar{p}^2 - \frac{N}{\gamma}\sigma_p^2$$

$$= \bar{p} Q^c - \frac{N}{\gamma}\sigma_p^2$$

其中，最后一个等式由式(10.3)可得。差异化产品的总支出需在以平均价格为所有产品价格计算出的支出的基础上，扣减一个与产品价格的方差相关的项。

最后计算差异化产品需求平方的积分$\int_{i\in\Omega^*} (q_i^c)^2 \mathrm{d}i$。为简化起见，记式(10.4)为：

$$q_i^c = \frac{\alpha}{\gamma+\eta N} + \frac{\eta N}{(\gamma+\eta N)\gamma}\bar{p} - \frac{p_i}{\gamma} = X - \frac{p_i}{\gamma}$$

则得：

$$\int_{i\in\Omega^*} (q_i^c)^2 \mathrm{d}i = \int_{i\in\Omega^*} \left(X^2 - 2\frac{p_i}{\gamma}X + \frac{1}{\gamma}\frac{p_i^2}{\gamma}\right) \mathrm{d}i$$

$$= NX^2 - 2\frac{N\bar{p}}{\gamma}X + \frac{1}{\gamma}\left(\frac{N\bar{p}^2}{\gamma} + \frac{N}{\gamma}\sigma_p^2\right)$$

$$= N\left(X - \frac{\bar{p}}{\gamma}\right)^2 + \frac{N}{\gamma^2}\sigma_p^2$$

$$= N\left(\frac{\alpha-\bar{p}}{\gamma+\eta N}\right)^2 + \frac{N}{\gamma^2}\sigma_p^2$$

$$= \frac{1}{N}(Q^c)^2 + \frac{N}{\gamma^2}\sigma_p^2$$

差异化产品需求平方的积分与总需求的平方有关,但需考虑由产品价格的方差带来的修正。

有了这三个积分,我们可以计算消费者效用。代入消费者在计价物上的支出 $q_0^c = I^c - \int_{i \in \Omega^*} p_i q_i^c \mathrm{d}i$,消费者效用可以表达为:

$$\begin{aligned}
U &= I^c - \int_{i \in \Omega^*} p_i q_i^c \mathrm{d}i + \alpha \int_{i \in \Omega^*} q_i^c \mathrm{d}i - \frac{\gamma}{2} \int_{i \in \Omega^*} (q_i^c)^2 \mathrm{d}i - \frac{\eta}{2} \left(\int_{i \in \Omega^*} q_i^c \mathrm{d}i \right)^2 \\
&= I^c - \left(\bar{p} Q^c - \frac{N}{\gamma} \sigma_p^2 \right) + \alpha Q^c - \frac{\gamma}{2} \left(\frac{(Q^c)^2}{N} + \frac{N}{\gamma^2} \sigma_p^2 \right) - \frac{\eta}{2} (Q^c)^2 \\
&= I^c + \frac{N}{2\gamma} \sigma_p^2 + (\alpha - \bar{p}) Q^c - \frac{1}{2} \left(\frac{\gamma}{N} + \eta \right) (Q^c)^2 \\
&= I^c + \frac{1}{2} \left(\eta + \frac{\gamma}{N} \right)^{-1} (\alpha - \bar{p})^2 + \frac{1}{2} \frac{N}{\gamma} \sigma_p^2
\end{aligned}$$

其中最后一个等式由式(10.3)代入获得。

第11章 异质性企业出口成本

从国际贸易理论关注企业开始,我们将企业面对的贸易成本分为两种:一种是不随产量变化的固定成本,另一种是随产量的增加而增加的可变成本。关于贸易企业的实证研究表明,企业的固定成本很大,并且显著地影响了企业的出口决策。在理论推导中(如梅里兹模型),我们也依赖于固定成本才能得到贸易的选择效应和规模效应。那么,应该如何理解出口的固定成本,其来源是什么,企业如何选择为出口而进行的投资?本章采用阿科拉基斯模型(Arkolakis,2010)给出对这些问题的初步讨论和回答。

阿科拉基斯将企业进入出口市场付出的成本理解为市场渗透成本。为了进入一个市场,企业需要使用一系列营销手段使消费者了解自己生产的产品,从而逐渐占据一定的市场份额。我们将企业用来拓展市场的一系列举措称为"市场渗透"(Market Penetration)行为,由市场渗透行为引致的成本则被称为市场渗透成本。阿科拉基斯将市场渗透的过程模型化为企业向消费者投放广告,通过广告扩大企业知名度,因此市场渗透成本就是企业广告营销的花费。

广告营销是企业自主做出的选择,其具体投入大小将由企业根据市场以及自身状况做出决策。因此,阿科拉基斯模型下的出口成本不再是一个对所有企业都相同的固定成本。事实上,对出口成本这样的理解更符合经济现实。我们在实践中观察到很多规模很小的企业也在出口,企业会根据自身在出口市场上的销量决定是否进一步投资以扩大规模。因此,实践中企业的出口成本往往随着企业规模的扩大而递增。而在把出口成本理解为一个固定值的理论框架中,只有生产率很高或规模很大的企业才会出口。因此,我们有必要深入观察企业出口成本的决定过程,并以此理解国际贸易对企业的影响。

本章的模型给出了市场进入成本的微观基础,为我们理解出口成本提供了较固定成本假设更为精细的视角,并将其引入国际贸易理论。在此设定下,我们发现小规模企业也有可能出口。自由贸易也带来了一种新的贸易增长边际,即"新消费者边际"(New Consumers Margin),指的是一个企业通过市场渗透将产品销售给更多的客户。[1] 本章将详细介绍引入市场渗透成本后企业如何进行决策、国际贸易又将如何影响企业的行为、消费者福利将产生怎样的变化等问题。

---

[1] 在之前的章节中,我们已经了解两种贸易增长边际:一种是"集约边际",指的是一个企业(或国家)向特定市场(或消费者)出口更多的产品;另一种是"扩展边际",指的是更多的企业进入出口市场或一个企业向更多的国家出口。这两种贸易增长边际在克鲁格曼模型和梅里兹模型等垄断竞争模型中都有体现。

11.1 理解市场渗透

我们将企业的市场渗透行为模型化为企业的广告营销。我们采用巴特斯(Butters,1977)与格罗斯曼和夏皮罗(Grossman and Shapiro,1984)的框架来设定广告投放模型。我们假设,消费者如果未曾接触某种产品的广告,就永远不会购买该种产品。消费者在看到这种产品的广告之后,就会将这种产品纳入其产品篮子。[①] 当然,当某种产品被纳入产品篮子之后,具体在该种产品上消费多少则取决于消费者的整体需求和产品的价格,就像前面几章中(如梅里兹模型)我们介绍的那样。

所有企业面对相同的广告投放技术。假设 S 是企业投放广告的次数,L 是经济体的规模(总人口),$n(S)$ 是企业在投放了 S 次广告之后市场中的消费者看过该产品广告的概率。换句话说,企业投放了 S 次广告之后,整个经济体中一共有 $n(S)L$ 个消费者看过该产品的广告。当然,$S=0$ 即企业未投放任何广告时,$n(S)=0$。我们将 $n(S)$ 称为企业的市场渗透率。根据 $n(S)$ 的定义,第 S 次广告投放带来的边际新增消费者数量可以表达为 $n'(S)L$,其中 $n'(S)$ 为 $n(S)$ 函数的导数。

企业的一次广告投放往往不能覆盖经济体内所有的消费者。假设投放一次广告后会有 $L^{1-\alpha}(\alpha \in [0,1])$ 个消费者看到该广告。α 的数值越小,意味着广告覆盖的人群规模越大。$\alpha=0$ 意味着一次广告投放可以覆盖所有消费者,类似于在春节联欢晚会电视节目中投放的广告。$\alpha=1$ 则意味着一次广告投放只能被一个消费者看到,类似于在街头分发传单的方式进行广告。

消费者看到广告并不代表该次广告会影响消费者的购买行为,这取决于消费者是不是第一次看到该产品的广告。事实上,在一次广告投放所覆盖的人群中,有一部分人已经知晓该产品。这部分人不会因重复接触产品的广告而增加对该产品的购买。假设在所有接触到第 S 次广告投放的人群中,只有 $(1-n(S))^\beta L^{1-\alpha}(\beta \in (0,\infty])$ 个人是第一次接触到产品的广告。这一假设意味着随着广告投放次数 S 的增加,新一次广告投放覆盖的人群中新消费者的比例越来越小,$(1-n(S))^\beta < 1$,广告的边际收益递减。

参数 β 代表广告的新消费者定位技术。β 越小,意味着一次广告投放覆盖的人群中有相对更多的人第一次接触产品,广告的效率就越高。我们可以用一些特殊情况来辅助理解 β 的影响。首先当 $\beta=0$ 时,$(1-n(S))^\beta=1$,意味着每次广告投放覆盖的每一个人都是新消费者,新消费者定位技术最高。当 $\beta=1$ 时,意味着新消费者在该次广告投放覆盖人群中的比例为 $1-n(S)$。这种情况下的广告投放并不做特殊的努力以识别新消费者。当 $\beta=\infty$ 时,$(1-n(S))^\beta \to 0$,此时新的广告投放完全不能覆盖新消费者,

---

[①] 消费者只需要看到一次某种产品的广告就会将该种产品纳入产品篮子,多次看到产品的广告对于消费者对该种产品的消费偏好没有影响。

广告投放完全没有效率。图 11.1 展示了不同新消费者定位技术（不同 β）下，边际广告投放覆盖人群中新消费者的比例与当前广告投放已覆盖人群的比例之间的关系。

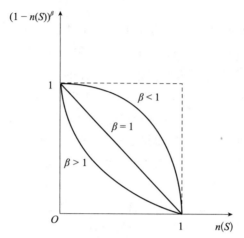

图 11.1　广告的新消费者定位技术

根据上述广告投放技术的设定，第 S 次广告投放后新消费者数量为 $L^{1-\alpha}(1-n(S))^\beta$。注意到根据前面的讨论，边际新增消费者数量也可以表达为 $n'(S)L$，因此：

$$n'(S)L = L^{1-\alpha}(1-n(S))^\beta$$

求解这一微分方程可得 $n(S)$ 的表达式为：

$$n(S) = 1 - \left(1-(1-\beta)\frac{S}{L^\alpha}\right)^{1/(1-\beta)}, \quad \beta \neq 1$$

由上式可知，企业投放广告的次数 S 越多，就有越高比例 n 的消费者知道企业的产品。一般地，随着广告投放次数的增加，广告的边际效果递减，因此 $n(S)$ 是关于 S 的单调递增凹函数。

n 的大小也受到参数 β 的影响。根据不同的 β 取值，我们可以得到不同的 $n(S)$ 函数形状，如图 11.2 所示。当新消费者定位技术效率较高时（β 小于 1），存在某个广告投放次数 S 使得 $n(S)=1$，即足够次数的广告投放能够覆盖所有的消费者。[①] 当新消费者定位技术效率较低时（β 大于 1），随着广告投放次数的增加，新消费者变得越来越难以找到，$n(S)$ 逐渐趋近于 1，但永远无法达到 1。

求 $n(S)$ 函数的逆函数，可得：

$$S = \begin{cases} L^\alpha \dfrac{1-(1-n)^{1-\beta}}{1-\beta}, & \beta \in [0,1) \cup (1,\infty) \\ -L^\alpha \log(1-n), & \beta = 1 \end{cases} \tag{11.1}$$

式（11.1）给出了企业想要覆盖 n 比例的消费者需要投放的广告次数。当 $\beta>1$ 且 $n\to 1$ 时，$S\to\infty$。这意味当新消费者定位技术效率较低时，随着广告的不断投放，获取

---

① 例如，当 $\beta=1/2, S=2L^\alpha$ 时有 $n(S)=1$。

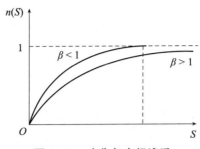

图 11.2　广告与市场渗透

新消费者的难度不断加大。企业如果想要市场内的所有消费者都知晓其产品，则需要付出无穷大的广告成本。为讨论简化起见，后文中除非特殊说明，均只关注 $\beta>1$ 的情形。

广告的投放需要成本。假设 i 国的企业投放广告需要雇用 i 国的劳动力，且劳动力的广告生产率为 ψ：

$$S = \psi l_i$$

其中，l_i 表示企业为了进行广告投放投入的劳动力数量。令 w_i 表示 i 国的劳动力工资，则 i 国企业为在 j 国市场达到覆盖 n_{ij} 比例的消费者需要投入的市场渗透成本为：

$$f(n_{ij}, L_j) = \frac{w_i}{\psi} S = \frac{w_i L_j^\alpha}{\psi} \frac{1-(1-n_{ij})^{1-\beta}}{1-\beta} \tag{11.2}$$

市场渗透成本函数有几个性质：首先，市场渗透率 n_{ij} 越高，广告成本越大，且边际成本为正，即 $f_1(n_{ij}, L_j) > 0$。其次，边际成本随着经济规模 L_j 的增大而增加，即 $f_{11}(n_{ij}, L_j) > 0$。这代表着在一个更大的经济体中，由于每次广告投放能够覆盖的消费者比例更小（$L^{-\alpha}$ 随着 L 的增大而减小），为了取得相同幅度市场渗透率的提升，企业需要付出更大的成本。最后，当 $n_{ij} \to 1$ 时，边际成本趋向于无穷，即 $\lim_{n_{ij} \to 1} f_1(n_{ij}, L_j) = \infty$。

11.2　需　求

假设存在 N 个国家，$i, j \in \{1, 2, 3, \cdots, N\}$。考虑 i 国的企业在 j 国市场销售。企业投放广告后只有一定比例的消费者能够看到广告。虽然实际中由于不同消费者会看到不同企业的广告，消费者面对的产品篮子不尽相同，但是根据大数定理，不同消费者看到同一企业产品广告的概率相等，我们可以认为消费者的需求函数同质。

每个企业仅生产一个品种的产品，且企业可能具有不同的生产率。企业间仅存在生产率的差异，则相同生产率水平企业的决策完全相同。记生产率为 φ 的 i 国企业在 j 国的市场渗透率为 $n_{ij}(\varphi)$，则其在 j 国的消费者总数为 $n_{ij}(\varphi) L_j$。[①]

---

① 由于企业间仅存在生产率的差异，为行文的简便，下文中我们有时将"生产率为 φ 的企业生产的产品"称为"φ 产品"。

假设 i 国的企业数量外生给定为 J_i，企业的生产率服从某种给定的分布。注意这里企业数量的设定与前面章节介绍的垄断竞争模型不同：前面介绍的模型中企业数量由经济体内生决定，而本章的模型中企业数量外生给定。可以想象，企业的进入或退出以及经济体通过这些变动达到均衡都需要较长的时间。在这个意义上，本章的外生企业数量假设可以认为刻画了经济体的短期均衡，是局部均衡，而允许企业数量内生决定的模型则描述了经济体的长期均衡，是一般均衡。[①]

另外，由于假设企业数量外生给定，不允许新的企业加入竞争，企业又存在生产率上的差异，因此本章的模型中一定会有部分企业获得正的利润。假设经济体中的所有消费者共同拥有经济体中的企业，则企业的利润也是消费者收入的一部分。因此，消费者收入为 $y_i = w_i + \pi_i$，其中 w_i 为消费者作为工人的工资，π_i 为消费者获得的该国企业利润分红。由于消费者之间无差异，个人获得的利润分红 π_i 应该为 i 国企业总利润的人均值。

给定总收入，消费者需要根据偏好决定如何消费不同品种的产品。接下来我们计算 j 国市场对 i 国产品的需求。对于进入消费者产品篮子中的品种，消费者的效用函数假设为 CES 形式，其中品种间的替代弹性为 $\sigma > 1$。

根据 CES 效用函数可以解出 j 国消费者对产品篮子中来自 i 国的 φ 产品的需求为（CES 效用函数的需求推导参见第 4 章附录）：

$$c_{ij}(\varphi) = \frac{p_{ij}(\varphi)^{-\sigma}}{P_j^{1-\sigma}} y_j$$

其中，$p_{ij}(\varphi)$ 为 i 国生产率为 φ 的企业生产的产品在 j 国市场上的定价，P_j 为 j 国市场上一个消费者的产品篮子中所有产品的加总价格。

一个产品并不能进入所有消费者的产品篮子，其进入每个消费者产品篮子的概率为 $n_{ij}(\varphi)$，因此实际共有 $n_{ij}(\varphi)L_j$ 个消费者的产品篮子中包含这个产品，则 i 国出口到 j 国的 φ 产品的总需求量为：

$$q_{ij}(\varphi) = n_{ij}(\varphi) L_j \frac{p_{ij}(\varphi)^{-\sigma}}{P_j^{1-\sigma}} y_j \tag{11.3}$$

由于来自 i 国的 φ 产品被 j 国消费者纳入产品篮子的概率为 $n_{ij}(\varphi)$，在 j 国市场上销售产品的国家共有 N 个，且国家 i 拥有的潜在出口企业数量为 J_i，可得 j 国市场上一个消费者的产品篮子中所有产品的加总价格为：

$$P_j^{1-\sigma} = \sum_{i=1}^{N} J_i \int_{\varphi_{ij}^*}^{+\infty} p_{ij}(\varphi)^{1-\sigma} n_{ij}(\varphi) g_i(\varphi) d\varphi \tag{11.4}$$

其中，φ_{ij}^* 为 i 国向 j 国出口企业的临界（最低）生产率，$g_i(\varphi)$ 为 i 国企业生产率分布的概率密度函数。

[①] 一个经济学模型应该采用一般均衡还是局部均衡需要根据模型想要解决的问题来判断，二者并没有优劣之分。

11.3 生　　产

企业生产的目标是利润最大化。不同国家的市场之间相互独立,因此企业在 j 国市场的决策只需要考虑其在该国市场的利润。i 国生产率为 φ 的企业在 j 国市场的利润为:

$$\pi_{ij}(p_{ij},n_{ij},\varphi) = n_{ij}L_j\, y_j\, \frac{p_{ij}^{1-\sigma}}{P_j^{1-\sigma}} - n_{ij}L_j\, y_j\, \frac{p_{ij}^{-\sigma}}{P_j^{1-\sigma}}\frac{\tau_{ij}w_i}{\varphi} - \frac{w_i L_j^\alpha}{\psi}\frac{1-(1-n_{ij})^{1-\beta}}{1-\beta} \tag{11.5}$$

其中,等式右边的第一项是企业出口总额,第二项是企业包含贸易成本 τ_{ij} 的可变成本,第三项是企业为向 j 国出口而付出的市场渗透成本(式(11.2))。

为了最大化利润,企业可以自主选择市场渗透率 n_{ij} 和产品价格 p_{ij}。利润函数对产品价格的一阶条件给出企业的最优价格:

$$p_{ij}(\varphi) = \tilde{\sigma}\frac{\tau_{ij}w_i}{\varphi},\quad \tilde{\sigma}=\frac{\sigma}{\sigma-1} \tag{11.6}$$

企业最优价格与之前的梅里兹模型和克鲁格曼(1980)模型相同,都是在生产的边际成本之上加一个固定价格加成 $\tilde{\sigma}$。①

求解企业的最优市场渗透率,我们计算利润函数对市场渗透率的一阶条件:

$$\frac{L_j\, y_j}{\sigma P_j^{1-\sigma}}\left(\frac{\tilde{\sigma}\tau_{ij}w_i}{\varphi}\right)^{1-\sigma} - \frac{w_i L_j^\alpha}{\psi}\frac{1}{(1-n_{ij})^\beta} = 0$$

其中,第一项为利润函数(式(11.5))前两项(可变利润)对市场渗透率的导数,即市场渗透率的边际可变利润,第二项为市场渗透率的边际成本。

边际可变利润随着企业生产率 φ 的提高而增加。这是因为,企业的生产率越高,其在单个消费者处获得的可变利润越高。因此,市场渗透率对生产率越高的企业越重要。边际成本与市场规模 L 相关,给定相同的市场渗透率 n,更多的人口数量 L 意味着企业需要投放的广告次数 S 越多,故企业需要支付的广告成本越高。但是,企业的市场渗透率函数与企业的生产率无关,因此市场渗透率的边际成本不随企业的生产率变化。

对市场渗透率的一阶条件给出企业的最优市场渗透率 $n_{ij}(\varphi)$。其决定式为:

$$\frac{y_j}{\sigma}\left(\frac{\tilde{\sigma}\tau_{ij}w_i}{P_j}\right)^{1-\sigma}\varphi^{\sigma-1} = \frac{w_i}{\psi L_j^{1-\alpha}}\frac{1}{(1-n_{ij})^\beta} \tag{11.7}$$

如图 11.3 所示,向上倾斜的曲线代表市场渗透率的(人均)边际成本。市场渗透率

---

① 在本章对市场渗透的设定下,企业的最优价格与其市场渗透率无关。这是一个非常简洁方便的结果。假设我们设定的市场渗透成本与企业的销量有关,而销量又与定价有关,则对企业的利润函数求对产品价格的一阶条件时就会包含市场渗透成本项,企业的最优价格就会变得复杂。

越高,提升相同幅度的市场渗透率需要付出的边际成本就越大。水平虚线代表给定生产率企业的市场渗透率(人均)边际可变利润。这一边际可变利润随企业生产率的提高而增大。对于具有特定生产率 φ 的企业,边际成本曲线与边际可变利润曲线的交点给出该生产率企业选择的最优市场渗透率。

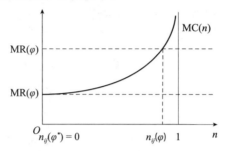

图 11.3 最优市场渗透率

首先,企业的最优市场渗透率与企业的生产率水平相关。生产率越高的企业,最优市场渗透率越高。显然,这来源于高生产率企业较高的市场渗透率边际可变利润。其次,存在一个临界生产率 φ_{ij}^*,该生产率企业的最优市场渗透率为零:

$$(\varphi_{ij}^*)^{\sigma-1} = \left(\frac{w_i}{\psi L_j^{1-\alpha}}\right) \bigg/ \left(\frac{y_j}{\sigma}\left(\frac{\tilde{\sigma}\tau_{ij}w_i}{P_j}\right)^{1-\sigma}\right) \tag{11.8}$$

因为消费者只有看到企业产品的广告才会将其产品纳入产品篮子,所以只有当企业的市场渗透率 n_{ij} 大于 0 时,企业才可能在市场上有销售。这一临界生产率因此也代表了向 j 国市场出口的 i 国企业的出口临界生产率。根据式(11.5),临界生产率企业的出口利润为零。当 $\varphi > \varphi_{ij}^*$ 时,企业的出口利润 $\pi_{ij} > 0$。当 $\varphi < \varphi_{ij}^*$ 时,企业将不向 j 国市场出口。

我们可以考虑一种特殊情况,当广告的新消费者定位技术完美时($\beta = 0$),市场渗透率的边际成本与市场渗透率 n 无关,市场渗透率的边际成本变为一个常数,图 11.3 中的边际成本曲线变为一条水平线。在这种情况下,企业的市场渗透成本为一个固定值,本章模型转化为梅里兹模型。①

结合最优市场渗透率(式(11.7))和临界生产率(式(11.8)),我们可以将最优市场渗透率表示为企业生产率和临界生产率的函数:

$$n_{ij} = \max\left\{1 - \left(\frac{\varphi_{ij}^*}{\varphi}\right)^{\frac{\sigma-1}{\beta}}, 0\right\} \tag{11.9}$$

式(11.9)中 w_i 和 P_j 等均衡时内生变量将不再出现,这是由于临界生产率 φ_{ij}^* 中已经包含这些变量的信息。

---

① 在这种情况下,存在一个临界生产率 φ_{ij}^*,该生产率下的企业出口利润为零。当 $\varphi > \varphi_{ij}^*$ 时,无论市场渗透率为多少,企业的市场渗透率边际可变利润总是大于边际成本,因此企业总会选择覆盖整个市场,$n_{ij} = 1$。当 $\varphi < \varphi_{ij}^*$ 时,企业的市场渗透率边际可变利润总是小于边际成本,企业不进入 j 国市场。

11.4 均　　衡

11.4.1 均衡条件

在上面的讨论中，我们得到了消费者和企业的行为模式。但是消费者和企业的行为决策都是在给定经济层面的宏观变量（如 w_i 和 P_j）的情况下做出的。为了真正解出消费者和企业的行为，我们需要求解这些经济层面的宏观变量。而求解这些宏观变量，我们需要在经济层面观察整个经济体的均衡。

首先加总获得 i 国向 j 国的出口总值。为此，假设 i 国企业的生产率服从帕累托分布，概率密度函数为 $g_i(\varphi) = \dfrac{\theta b_i^\theta}{\varphi^{\theta+1}}$，累积分布函数为 $G_i(\varphi) = 1 - \dfrac{b_i^\theta}{\varphi^\theta}$，其中 b_i 代表 i 国企业生产率的下限水平，θ 代表生产率分布的集中程度。企业生产率的定义域为 $[b_i, \infty)$。①

i 国的企业总数为 J_i，生产率超过 φ_{ij}^* 的企业可以向 j 国出口，则 i 国向 j 国出口的企业数量 M_{ij} 为：

$$M_{ij} = J_i(1 - G_i(\varphi_{ij}^*)) = \frac{J_i b_i^\theta}{\varphi_{ij}^{*\theta}} \tag{11.10}$$

其中，$[1 - G_i(\varphi_{ij}^*)]$ 为 i 国企业生产率高于临界值的比例。在生产率高于临界值的企业中，具有生产率 φ 的企业的条件概率密度函数为：

$$\mu_{ij}(\varphi) = \begin{cases} \dfrac{g(\varphi)}{1 - G(\varphi_{ij}^*)} = \theta \dfrac{\varphi_{ij}^{*\theta}}{\varphi^{\theta+1}}, & \varphi \geq \varphi_{ij}^* \\ 0, & \varphi < \varphi_{ij}^* \end{cases}$$

当然，根据条件概率密度函数的定义，我们一定有 i 国向 j 国出口的企业中生产率为 φ 的企业数量为 $J_i g_i(\varphi) = M_{ij} \mu_{ij}(\varphi)$。

根据 j 国市场的需求函数（式(11.3)），i 国生产率为 φ 的企业向 j 国的出口值为：

$$r_{ij}(\varphi) = n_{ij}(\varphi) L_j y_j \frac{p_{ij}(\varphi)^{1-\sigma}}{P_j^{1-\sigma}}$$

根据式(11.8)，加总价格 P_j 可以表达为临界生产率 φ_{ij}^* 的函数：

$$\left(\frac{1}{P_j}\right)^{1-\sigma} = \sigma \frac{w_i}{\psi L_j^{1-\alpha} y_j} \left(\frac{\tilde{\tau}_{ij} w_i}{\varphi_{ij}^*}\right)^{\sigma-1}$$

结合式(11.9)，出口值可以写为：

$$r_{ij}(\varphi) = \begin{cases} \sigma \dfrac{w_i}{\psi L_j^{-\alpha}} \left(\dfrac{\varphi}{\varphi_{ij}^*}\right)^{\sigma-1} \left(1 - \left(\dfrac{\varphi_{ij}^*}{\varphi}\right)^{\frac{\sigma-1}{\beta}}\right), & \varphi \geq \varphi_{ij}^* \\ 0, & \varphi < \varphi_{ij}^* \end{cases} \tag{11.11}$$

---

① 帕累托分布的性质参见第9章附录。

式(11.11)表明,高生产率的企业出口值高,主要受到两个边际的影响。首先,企业生产率越高,其产品价格越低,消费者需求也就越高。这是企业出口在集约边际上的提升。其次,企业生产率越高,其最优市场渗透率 n_{ij} 越高,将该企业的产品纳入产品篮子的消费者越多,企业的出口值也就越高。这一边际被称为新消费者边际,在之前章节的模型中并不存在。

得到每一个企业的出口值,将其加总可得 i 国向 j 国的出口总值为(加总过程见本章附录):

$$X_{ij} = M_{ij} \int_{\varphi_{ij}^*} r_{ij}(\varphi) \mu_{ij}(\varphi) d\varphi$$

$$= \sigma M_{ij} \left(\frac{w_i}{\psi L_j^{-\alpha}}\right) \left(\frac{1}{1-1/\tilde{\theta}} - \frac{1}{1-1/(\tilde{\theta}\tilde{\beta})}\right) \quad (11.12)$$

其中, $\tilde{\theta} \equiv \theta/(\sigma-1)$, $\tilde{\beta} \equiv \beta/(\beta-1)$,两者都是常数。在本章的模型设定下, i 国对 j 国的出口总值仅取决于均衡时的两个内生变量,即出口临界生产率 φ_{ij}^*(决定出口企业数量 M_{ij})和 i 国的工资 w_i。

出口总值是企业的总销售收入,这些销售收入将通过不同的形式转化为经济体内消费者的收入。消费者的收入来源于三个渠道,即从事广告活动付出劳动获得的工资收入、从事生产活动付出劳动获得的工资收入和通过企业利润分红获得的收入。

首先计算企业支付给从事广告活动的劳动力的工资收入。对所有企业的广告成本进行加总可得(加总过程见本章附录):

$$M_{ij} \int_{\varphi_{ij}^*} \frac{w_i L_j^\alpha}{\psi} \frac{1-(1-n_{ij}(\varphi))^{1-\beta}}{1-\beta} \mu_{ij}(\varphi) d\varphi = \frac{\theta-(\sigma-1)}{\theta\sigma} X_{ij} = m X_{ij}$$

(11.13)

其中, $m \equiv \frac{\theta-(\sigma-1)}{\theta\sigma}$,为常数。在生产率的帕累托分布假设之下,无论一国的出口值是多少,总有固定比例 m 的出口收入用于支付市场渗透成本。

类似地,接着计算企业支付给从事生产活动的劳动力的工资收入。注意到 $\frac{\tau_{ij} w_i}{\varphi} = \frac{\sigma-1}{\sigma} p_{ij}(\varphi)$,对所有企业的生产成本进行加总可得:

$$M_{ij} \int_{\varphi_{ij}^*} n_{ij} L_j y_j \frac{p_{ij}^{-\sigma}(\varphi)}{P_j^{1-\sigma}} \frac{\tau_{ij} w_i}{\varphi} \mu_{ij}(\varphi) d\varphi = \frac{\sigma-1}{\sigma} M_{ij} \int_{\varphi_{ij}^*} r_{ij}(\varphi) M_{ij}(\varphi) d\varphi = \frac{\sigma-1}{\sigma} X_{ij}$$

使用出口总值和支付给劳动力的工资,我们可以计算出企业通过出口获得的总利润为:

$$X_{ij} - \frac{\sigma-1}{\sigma} X_{ij} - m X_{ij} = \left(\frac{\sigma-1}{\sigma\theta}\right) X_{ij}$$

将 i 国向所有国家(包括 i 国本身)出口的利润加总并平均分配给 i 国所有的消费者,我们可以得到消费者人均利润为:

$$\pi_i = \frac{1}{L_i} \frac{\sigma-1}{\sigma\theta} \sum_{v=1}^{N} X_{iv} \qquad (11.14)$$

在本章的模型设定下,整个经济体的利润、生产成本、市场渗透成本等都是总销售收入的固定份额。①模型的这一特征大大降低了均衡求解的难度。

求出消费者通过劳动获得的收入,我们可以构建劳动力市场出清条件(劳动力获得的总工资等于企业支付给劳动力的工资):

$$w_i L_i = \sum_v X_{iv} - \pi_i L_i = (1-\eta)\sum_v X_{iv} = (1-\eta)\sum_v X_{vi} \qquad (11.15)$$

其中,$\eta = \dfrac{\sigma-1}{\sigma\theta}$,第三个等号利用了均衡时的贸易平衡条件$\sum_v X_{vi} = \sum_v X_{iv}$。根据式(11.15),我们有 N 个国家的劳动力市场出清条件,故有 N 个方程,可以求解出 N 个国家的工资水平。经济体的均衡因此可以解出。

稍作总结,经济体的均衡由一组方程式定义。式(11.3)给出消费者效用最大化决策;式(11.6)和式(11.7)给出企业利润最大化决策;均衡时的内生变量 P_j 和 φ_{ij}^* 必须满足式(11.4)和式(11.8);均衡工资则由劳动力市场出清条件(式(11.15))给出。

11.4.2　均衡条件在两国环境下的简化

上一小节中得到的均衡条件相对复杂。为了分析国际贸易对经济体的影响,我们对经济体做一些简化假设,并得到相对简单的均衡条件式,借此更好地理解经济体系的工作机制。

假设世界上只有两个国家,本国 i 和外国 j。由出口总值表达式(11.12),贸易平衡条件 $X_{ij} = X_{ji}$ 可以写作:

$$M_{ij}\left(\frac{w_i}{\psi L_j^{-\alpha}}\right) = M_{ji}\left(\frac{w_j}{\psi L_i^{-\alpha}}\right)$$

令外国劳动力为计价物,即其工资 $w_j = 1$。根据出口企业数量 $M_{ij} = \dfrac{J_j b_i^\theta}{\varphi_{ij}^{*\theta}}$,贸易平衡条件给出两国间劳动力的工资关系为:

$$w_i = \frac{M_{ji} L_i^\alpha}{M_{ij} L_j^\alpha} = \frac{J_j b_j^\theta L_i^\alpha}{J_i b_i^\theta L_j^\alpha}\left(\frac{\varphi_{ij}^*}{\varphi_{ji}^*}\right)^\theta \qquad (11.16)$$

定义参数

$$\lambda \equiv \left(\frac{1}{1-1/\tilde{\theta}} - \frac{1}{1-1/(\tilde{\theta}\tilde{\beta})}\right)$$

则劳动力市场出清条件(式(11.15))可以写作:

$$w_i L_i = (1-\eta)(X_{ij} + X_{ii})$$

---

① 产生这一结果的核心原因在于企业的销售额、利润、生产成本、市场渗透成本和市场渗透率都可以表达成企业生产率与临界生产率比值的幂的线性函数,而这样的幂在帕累托分布假设下进行积分都得到(某一)常数值。

$$= (1-\eta)\frac{\lambda\sigma}{\psi}(w_i M_{ij} L_j^a + w_i M_{ii} L_i^a) \tag{11.17}$$

式(11.17)等号两边的工资 w_i 可以约掉,故而劳动力市场出清与均衡工资水平无关。将 M_{ij} 和 M_{ii} 代入,本国劳动力市场出清条件转化为:

$$\varphi_{ij}^{*\theta} = \left(\frac{L_i\psi}{(1-\eta)J_i b_i^\theta \lambda\sigma} - \frac{L_i^a}{\varphi_{ii}^{*\theta}}\right)^{-1} L_j^a \tag{11.18}$$

同理,由外国劳动力市场出清条件可得:

$$\varphi_{ji}^{*\theta} = \left(\frac{L_j\psi}{(1-\eta)J_j b_j^\theta \lambda\sigma} - \frac{L_j^a}{\varphi_{jj}^{*\theta}}\right)^{-1} L_i^a \tag{11.19}$$

式(11.18)和式(11.19)表明,一国国内市场临界生产率(φ_{ii})的提升将降低该国出口市场临界生产率(φ_{ij})。其原理在于,国内市场门槛的提升减少了能够在国内市场销售的企业数量,造成了一部分原本为国内市场生产的劳动力下岗。为了仍旧保持劳动力市场出清,这些下岗的劳动力必须进入出口市场。只有出口市场的临界生产率降低,出口企业的数量增加才能使出口市场吸纳这些劳动力。

我们还需要不同市场临界生产率之间的关系以求解均衡。这一关系可以由临界生产率决定式(11.8)给出。① 由该式分别计算国内市场临界生产率($\varphi_{ii},\varphi_{jj}$)和出口市场临界生产率($\varphi_{ij},\varphi_{ji}$),且假设国内市场贸易成本为零,$\tau_{ii}=\tau_{jj}=1$,可得:

$$\varphi_{ij}^* = \varphi_{jj}^* \tau_{ij} w_i^{\frac{\sigma}{\sigma-1}} \tag{11.20}$$

$$\varphi_{ji}^* = \varphi_{ii}^* \tau_{ji} w_i^{\frac{-\sigma}{\sigma-1}} \tag{11.21}$$

国内市场临界生产率决定式还给了我们一个额外的信息。式(11.8)给出的 φ_{ii} 决定式为:

$$(\varphi_{ii}^*)^{\sigma-1} = \left(\frac{w_i}{\psi L_i^{1-a}}\right) \Big/ \left(\frac{y_i}{\sigma}\left(\frac{\tilde{\sigma}w_i}{P_i}\right)^{1-\sigma}\right)$$

注意到 $(1-\eta)y_i = w_i$,则上式转化为:

$$\frac{w_i}{P_i} = \left(\frac{(1-\eta)\psi L_i^{1-a}}{\sigma}\right)^{\frac{1}{\sigma-1}} \frac{\varphi_{ii}^*}{\tilde{\sigma}} \tag{11.22}$$

即消费者福利 $\frac{y_i}{P_i} = \frac{1}{(1-\eta)}\frac{w_i}{P_i}$ 可以表达为国内市场临界生产率 φ_{ii}^* 的函数。这意味着给定一国经济规模 L_i,该国的福利水平只取决于国内市场临界生产率,且国内市场临界生产率越高,该国福利水平越高。

上述五个简化后的均衡条件(式(11.16)、式(11.18)、式(11.19)、式(11.20)和式(11.21))共同定义了两国经济体的均衡。根据这五个均衡条件我们可以求出五个内生变量 $w_i,\varphi_{ij}^*,\varphi_{ji}^*,\varphi_{ii}^*$ 和 φ_{jj}^*。

---

① 这一均衡条件可以类比于第9章中的零利润条件。

求解出均衡以后，我们可以进一步求解出一国的加总价格。将最优价格（式（11.6））和最优市场渗透率（式（11.9））代入加总价格（式（11.4））可得①：

$$P_i^{1-\sigma} = \lambda \tilde{\sigma}^{1-\sigma} \left(M_{ji} \left(\frac{\tau_{ji}}{\varphi_{ji}^*} \right)^{1-\sigma} + M_{ii} \left(\frac{w_i}{\varphi_{ii}^*} \right)^{1-\sigma} \right) \quad (11.23)$$

$$P_j^{1-\sigma} = \lambda \tilde{\sigma}^{1-\sigma} \left(M_{ij} \left(\frac{\tau_{ij} w_i}{\varphi_{ij}^*} \right)^{1-\sigma} + M_{jj} \left(\frac{1}{\varphi_{jj}^*} \right)^{1-\sigma} \right)$$

临界生产率通过两个渠道影响加总价格：其一，临界生产率提高意味着低效率企业将退出市场，而低效率企业的产品价格往往较高，因此这部分企业退出将带来加总价格的下降。其二，企业数量 M 会受到临界生产率的影响。临界生产率的提高带来企业数量的减少，企业数量（和产品品种）的减少则带来加总价格的上升。由于企业数量与临界生产率的关系受到参数 θ 的影响，临界生产率对加总价格的总影响取决于 θ 和替代弹性 σ 的相对大小。当 $\theta > \sigma - 1$ 时，临界生产率的提高主要减少了企业数量（和产品品种），加总价格上升；当 $\theta < \sigma - 1$ 时，临界生产率的提高主要降低了市场中产品的价格，加总价格随着临界生产率的提高而下降。

11.5 贸易与福利

11.5.1 封闭经济均衡

为了研究国际贸易对经济体的影响，我们首先求解封闭经济均衡。劳动力市场出清条件（式（11.17））在封闭经济条件下为：

$$M_{ii} = \frac{L_i^{1-\alpha}}{(1-\eta) \frac{\lambda \sigma}{\psi}} \quad (11.24)$$

在封闭经济条件下，一国的经济规模越大，该国能够在市场中存活的企业数量就越多。这是因为只有企业数量增加，增加的劳动力才能被吸纳。

结合式（11.10）进一步求解封闭经济条件下的临界生产率：

$$\varphi_{ii}^{*\theta} = (1-\eta) b_i^\theta \frac{\lambda \sigma}{\psi} \frac{J_i}{L_i^{1-\alpha}} \quad (11.25)$$

给定一国的经济规模 L_i，增加该国的潜在企业数量 J_i 将增加国内市场竞争，挤出生产率较低的企业，提升均衡时的临界生产率。而给定一国的潜在企业数量 J_i，扩大该国的经济规模将降低均衡时的临界生产率。这是由于潜在企业数量 J_i 给定，只有降低临界生产率，才能引入更多的企业进行生产。

为了更深入地理解均衡的变化，我们可以将劳动力市场出清条件（式（11.25））写作：

---

① 求解过程见本章附录。

$$L_i = (1-\eta)b_i^\theta \frac{\lambda\sigma}{\psi} \frac{J_i L_i^\alpha}{\varphi_{ii}^{*\theta}}$$

等式的左边为劳动力供给曲线(图 11.4 中的竖实线),而右边为劳动力需求曲线(图 11.4 中向下方倾斜的实线)。对潜在企业数量 J_i 而言,如图 11.4 所示,潜在企业数量增加加剧市场竞争,低效率企业退出市场,临界生产率提高。而对经济规模 L_i 而言,如图 11.5 所示,经济规模扩大,一方面劳动力供给增加,另一方面劳动力需求也得到提升,两者的影响方向相反。整体而言,经济规模扩大的劳动力供给效应大于劳动力需求效应,经济规模的扩大会降低临界生产率。

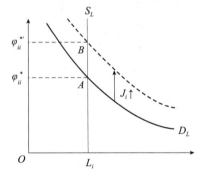

图 11.4　劳动力市场与潜在企业数量增加　　图 11.5　劳动力市场与经济规模扩大

最后,由式(11.23)可得:

$$\left(\frac{w_i}{P_i}\right)^{1-\sigma} = \frac{\tilde{\sigma}^{\sigma-1}}{\lambda} \frac{\varphi_{ii}^{*1-\sigma}}{M_{ii}} = \frac{\tilde{\sigma}^{\sigma-1}}{\lambda} \varphi_{ii}^{*1-\sigma} \frac{\varphi_{ii}^{*\theta}}{J_i b_i^\theta} \tag{11.26}$$

将由式(11.25)得到的临界生产率代入可得:

$$\frac{y_i}{P_i} \propto \frac{w_i}{P_i} = J_i^{\frac{1}{\theta}} \left(\frac{\psi L_i^{(1-\alpha)}}{\sigma(1-\eta)}\right)^{\left(\frac{1}{\sigma-1}-\frac{1}{\theta}\right)} \frac{\lambda^{\frac{1}{\theta}} b_i}{\tilde{\sigma}} \tag{11.27}$$

我们发现,潜在企业数量 J_i 对福利的影响为正。这是因为潜在企业数量的增加加剧了市场竞争,提高了临界生产率,根据式(11.22),给定经济规模的情况下临界生产率的提高将提升福利水平。

经济规模 L_i 对福利的影响方向则不明确。根据式(11.26),一方面,经济规模的扩大通过降低临界生产率从而降低福利水平。但另一方面,经济规模的扩大还因临界生产率的降低而增加市场中存活企业的数量,并由此正向影响福利水平。经济规模扩大的整体影响方向取决于 θ 和 σ 的相对大小。如式(11.27)所示,如果 $\theta > \sigma - 1$,经济规模的扩大将提升福利水平,否则经济规模的扩大将降低福利水平。

考虑封闭经济的一种变化,即该国经济规模 L_i 和潜在企业数量 J_i 同比扩大 k 倍。将式(11.25)和式(11.27)中的 L_i 和 J_i 都乘以 k,我们得到封闭经济变化后的均衡解。此时均衡的变化将是潜在企业数量增加和经济规模扩大两种效应的叠加。根据式(11.25),与初始均衡相比,变化后的均衡临界生产率将提高 $k^{\alpha/\theta}$ 倍。而根据式(11.27),与初始均衡相比,变化后均衡时的福利水平将提高 $k^{\frac{\alpha}{\theta}+\frac{1-\alpha}{\sigma-1}}$ 倍。

11.5.2 对称国家贸易

在克鲁格曼(1980)模型和梅里兹模型中,我们都讨论过无成本贸易对经济均衡的影响。在这些模型中,对称两国间无成本贸易均衡等同于一国经济规模翻倍后的均衡。那么,在本章模型中,前面讨论的封闭经济潜在企业数量和经济规模同比扩大后的均衡是否可以被认为是对称两国间无成本贸易均衡?答案是否定的。

为了理解为什么答案是否定的,我们先考察对称两国间贸易的一般情况。由于两国对称,记 $L_i = L_j = L$, $J_i = J_j = J$, $\varphi_{ij}^* = \varphi_{ji}^* = \varphi_x^*$, $\varphi_{ii}^* = \varphi_{jj}^* = \varphi^*$, $\tau_{ij} = \tau_{ji} = \tau$。①

此时劳动力市场出清条件(式(11.17))变为:

$$M = M_{ij} + M_{ii} = \frac{\psi L^{1-\alpha}}{(1-\eta)\lambda\sigma} \tag{11.28}$$

可以看出,在一国国内市场上销售的企业总数(包括本国企业和外国出口企业)仅与经济规模 L(以及 α 等外生参数)有关,而与贸易成本 τ 无关。但贸易成本 τ 影响到本国企业和外国出口企业的占比,根据式(11.20)和式(11.21)有:

$$\varphi_x^* = \tau\varphi^*$$

结合式(11.10)可以得到,$M = M_{ij} + M_{ii} = M_{ii}\left(\frac{1+\tau^\theta}{\tau^\theta}\right)$。当贸易成本 τ 下降时,外国出口企业进入门槛降低,国内市场竞争加剧,外国出口企业数量增多而国内市场上本国企业数量减少。因此,对称两国间贸易成本主要影响一国市场上本国企业和外国出口企业的占比。贸易成本越低,该国市场上来自外国的出口企业越多,竞争越激烈,$\frac{1+\tau^\theta}{\tau^\theta}$ 可以作为贸易带来的竞争激烈程度的度量。

接下来研究贸易成本降低对临界生产率的影响,将式(11.10)以及 $\varphi_x^* = \tau\varphi^*$ 代入劳动力市场出清条件可得:

$$\varphi^{*\theta} = (1-\eta)Jb^\theta\frac{\lambda\sigma}{\psi}\frac{\left(\frac{1+\tau^\theta}{\tau^\theta}\right)}{L^{1-\alpha}} \tag{11.29}$$

当 $\tau \to \infty$ 时,$\frac{1+\tau^\theta}{\tau^\theta} = 1$,两国开放经济退化成一国封闭经济。当两国无成本贸易即 $\tau = 1$ 时,$\frac{1+\tau^\theta}{\tau^\theta} = 2$,这相当于封闭经济潜在企业数量 J_i 翻倍的情况。一般地,当贸易成本 τ 下降时,国内市场临界生产率 φ^* 上升,国内市场上本国企业数量 M_{ii} 减少,其减少幅度受到贸易引致的竞争激烈程度 $\frac{1+\tau^\theta}{\tau^\theta}$ 的影响。

将 φ^* 代入 $\varphi_x^* = \tau\varphi^*$ 可得出口临界生产率:

---

① 注意我们已经内生化企业的市场渗透成本,故不再假设出口固定成本。

$$\varphi_x^{*\theta} = (1-\eta)Jb^\theta \frac{\lambda\sigma}{\psi} \frac{(1+\tau^\theta)}{L^{1-\alpha}} \tag{11.30}$$

贸易成本的下降将降低出口临界生产率 φ_x^*，出口企业数量 M_{ij} 增加，这将加剧出口国市场的竞争。当 $\tau \to \infty$ 时，$\varphi_x^* \to \infty$，没有企业可以出口。当两国间无成本贸易即 $\tau=1$ 时，$\varphi_x^* = \varphi^*$，所有企业都可以出口。从出口临界生产率我们再次看到，对称两国间无成本贸易均衡相当于封闭经济潜在企业数量 J_i 翻倍的情况。

一般地，对称两国间贸易自由化的过程可以理解为外国出口企业进入本国市场并加剧市场竞争的过程。这一过程与封闭经济条件下潜在企业数量 J_i 的外生增加等价。当外国出口企业数量增加时，出口企业对劳动力的需求增加。劳动力供给不变，因而仅在国内生产销售的企业数量减少，最终使得一国市场上整体存活企业数量 M 不变。

最后考察对称两国间自由贸易的福利水平。将 φ^* 的解（式（11.29））代入式（11.22）可得：

$$\frac{y_i}{P_i} \propto \frac{w}{P} = \left(\frac{1+\tau^\theta}{\tau^\theta}J\right)^{\frac{1}{\theta}} \left(\frac{\psi L^{(1-\alpha)}}{\sigma(1-\eta)}\right)^{\left(\frac{1}{\sigma-1}-\frac{1}{\theta}\right)} \frac{\lambda^{\frac{1}{\theta}}b}{\tilde{\sigma}} \tag{11.31}$$

与封闭经济均衡福利式（11.27）相比，我们发现，对称两国间自由贸易时的福利提升，且其提升的幅度只与市场竞争激烈程度 $\frac{1+\tau^\theta}{\tau^\theta}$ 有关。我们得到如下定理：

定理 11.1 在本章模型的设定下，对称两国间的贸易均衡福利水平等价于封闭经济潜在企业数量 J 扩大 $\frac{1+\tau^\theta}{\tau^\theta}$ 倍时的均衡福利水平，其中 τ 为贸易成本。

我们现在可以回答为什么对称两国间无成本贸易均衡不等价于封闭经济潜在企业数量和经济规模同比扩大后的均衡，而等价于封闭经济潜在企业数量外生增加时的均衡。从根本上，对称两国间无成本贸易时，尽管可变贸易成本为零（$\tau=1$），但企业向外国出口时需要支付额外的市场渗透成本。两国的市场对广告活动而言是分割的，两个市场都需要企业进行市场渗透才能销售产品。在这个意义上，两国的劳动力市场并没有因自由贸易而融合起来。对自由贸易的一国而言，自由贸易仅仅引进了来自外国出口企业的竞争，相当于 J 的外生增加。这一点与克鲁格曼（1980）模型和梅里兹模型中的"无成本贸易"有着本质的区别。

我们具体考察一下对称两国间自由贸易时的市场渗透决策。根据式（11.9），生产率为 φ 的企业在本国市场上的最优市场渗透率 $n_{ii}(\varphi)$ 为：

$$n_{ii}(\varphi) = 1 - \left(\frac{\varphi^*}{\varphi}\right)^{\frac{\sigma-1}{\beta}}$$

两国间贸易成本的下降提升了本国市场的临界生产率 φ^*。进口产品竞争的加剧使得国内企业在本国市场上的份额下降，企业减少在本国市场上的渗透努力，投放广告的次数 S 减少，市场渗透率 $n_{ii}(\varphi)$ 降低。相应地，企业在出口市场上的最优市场渗透率 $n_{ij}(\varphi)$ 为：

$$n_{ij}(\varphi) = 1 - \left(\frac{\varphi_x^*}{\varphi}\right)^{\frac{\sigma-1}{\beta}}$$

两国间贸易成本的下降将降低出口临界生产率φ_x^*，企业面对更大的国际市场，出口企业获得出口市场上更大的份额$n_{ij}(\varphi)$，企业因此会选择在出口市场上投放更多的广告，S增大。

11.5.3 非对称国家贸易

前文已经给出非对称国家间贸易的均衡条件（式(11.16)、式(11.18)、式(11.19)、式(11.20)和式(11.21)），本小节讨论一国向另一国出口成本的降低对两国经济的影响。联立这五个式子可得（见本章习题）：

$$\frac{L_i J_j b_j^\theta}{L_j J_i b_i^\theta} \left(\frac{J_j b_j^\theta}{J_i b_i^\theta} \tau_{ij}^\theta w_i^{\frac{2\theta\sigma}{\sigma-1}-1} + w_i^{\frac{\theta\sigma}{\sigma-1}-1}\right) - \frac{J_j b_j^\theta}{J_i b_i^\theta} w_i^{\frac{\theta\sigma}{\sigma-1}-1} = \tau_{ji}^\theta \tag{11.32}$$

假设$\theta > \sigma - 1 > 0$，当式(11.31)的左边大于零且w_i大于零时，式(11.32)的左边为w_i的增函数，如图11.6所示。给定L_i不变，均衡工资w_i随着τ_{ji}的增大而提高。

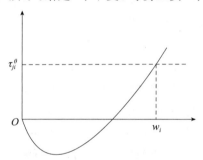

图11.6 单边贸易开放与本国工资

我们发现，如果i国单方面削减进口关税τ_{ji}，则本国的工资w_i降低。其原理在于，本国的工资水平在开放经济条件下取决于国际对本国劳动力和外国劳动力的相对需求变化。当i国单方面削减进口关税τ_{ji}时，国际对外国(j国)劳动力需求的增加超过对本国(i国)劳动力需求的增加，从而降低了本国劳动力的工资。

具体而言，一国的劳动力需求来源于两个部分：为本国需求生产的劳动力和为出口市场生产的劳动力。从经济体的初始均衡点出发，只令i国进口关税下降（给定w_i和φ_{ii}^*不变）。i国进口关税下降使得j国出口企业的临界生产率φ_{ji}^*下降。这增加了出口市场对j国劳动力的需求。给定w_i不变，为了保持贸易平衡，i国出口企业的临界生产率φ_{ij}^*也必须下降。这增加了出口市场对i国劳动力的需求。但与此同时，j国市场上j国企业的临界生产率降低，这又增加了对j国劳动力的需求。综合这些效应，我们发现，对j国劳动力需求的增加来自j国市场及其出口市场，而对i国劳动力需求的增加仅来自i国的出口市场。对j国劳动力需求的增加相对较多，这将降低i国的相对工资水平。

观察均衡临界生产率的变化，可以证明（见本章习题），由于i国进口关税下降使

得 j 国出口企业的临界生产率 φ_{ji}^* 下降,j 国出口企业进入 i 国市场加剧了 i 国市场竞争,i 国企业在本国市场上的临界生产率 φ_{ii}^* 提高。因此,i 国在本国市场上销售的企业数量 M_{ii} 减少。但由于 i 国的工资降低,该国的出口企业相比 j 国的企业在 j 国市场上的竞争力增强,i 国出口企业的临界生产率 φ_{ij}^* 下降,根据式(11.18),i 国出口企业数量 M_{ij} 增加。

根据最优市场渗透率(式(11.9)),i 国本国市场临界生产率的提高将降低 i 国企业在本国市场上的渗透率,这些企业也将减少本国市场上的广告投放。与此同时,i 国出口临界生产率的降低将提高这些企业在出口市场上的渗透率,当然这些企业也将增加在出口市场上的广告投放。最后,根据式(11.22),一国的单边开放将提高本国市场临界生产率,并将因此提升其消费者的福利水平。

11.6 本章小结

本章研究了企业出口时的市场渗透成本。对于垄断竞争模型中常用的出口固定成本,本章的模型给出了更为精细的刻画。与常用的假设不同,本章认为市场渗透成本并不固定,由企业自主决定,也自然受企业特征影响。生产率较低的企业占有较小的市场,付出较低的市场渗透成本。反之,生产率较高的企业占有较大的市场,付出较高的市场渗透成本。对企业市场渗透行为的刻画有助于我们理解企业在国际贸易中的行为,更指出了国家间贸易的新增长边际——新消费者边际。

当然,本章的理论并不能排除现实中企业可能需要支付一笔较大的出口固定成本。具体应用哪种模型来理解企业的贸易行为,需要我们根据经济实践中企业面对的具体情形进行判断。如果企业付出的出口成本较高且不同企业间接近(与企业的生产率无关),那么梅里兹模型就是较好的理论框架。如果出口成本与生产率关联紧密,那么本章模型具有更强的解释力。此外,因为模型的设定与之前的垄断竞争模型设定不同,我们发现自由贸易对经济体内一些关键均衡变量(如价格指数、总福利以及企业数量等)的影响也有所不同。本章模型提供了在市场渗透成本内生决定情形下理解国际贸易对经济体影响的理论框架。

参 考 文 献

Arkolakis, C. (2010),"Market penetration costs and the new consumers margin in international trade",*Journal of Political Economy*,118(6),1151-1199.

Butters, G. (1977),"Equilibrium distributions of sales and advertising prices",*The Review of Economic Studies*,44(3),465-91.

Chaney, T. (2008),"Distorted gravity: the intensive and extensive margins of international trade",*The American Economic Review*,98(4),1707-21.

Eaton, J. and S. Kortum (2010), Technology in the Global Economy: A Framework for Quantitative Analysis, Unpublished manuscript.

Grossman, G. and C. Shapiro (1984), "Informative advertising with differentiated products", *The Review of Economic Studies*, 51(1), 63 – 81.

Melitz, M. J. (2003), "The impact of trade on intra-industry reallocations and aggregate industry productivity", *Econometrica*, 71(6)1695 – 1725.

Melitz, M. J. and S. Redding (2014), "Heterogeneous firms and Trade", in G. Gopinath, E. Helpman and K. Rogoff (Eds.), *Handbook of International Trade*, vol. 4, Amsterdam: Elsevier, pp. 1 – 54.

习　题

11 – 1　根据非对称两国均衡条件推导式(11.32)。

11 – 2　证明本国单边贸易自由化（τ_{ji} 的下降）将提高本国企业在本国市场的临界生产率 φ_{ii}^*，降低出口临界生产率 φ_{ij}^*。

附　录

11 – 1A　计算出口总值

将企业出口值 $r_{ij}(\varphi)$ 式(11.11)代入加总出口值式(11.12)可得：

$$X_{ij} = \frac{\sigma M_{ij} w_i L_j^\alpha}{\psi} \int_{\varphi_{ij}^*} \left(\left(\frac{\varphi}{\varphi_{ij}^*} \right)^{(\sigma-1)} - \left(\frac{\varphi}{\varphi_{ij}^*} \right)^{\frac{(\beta-1)(\sigma-1)}{\beta}} \right) \mu_{ij}(\varphi) d\varphi$$

对积分式内的两项分别积分可得：

$$\int_{\varphi_{ij}^*} \left(\frac{\varphi}{\varphi_{ij}^*} \right)^{(\sigma-1)} \mu_{ij}(\varphi) d\varphi = \frac{1}{1 - 1/\tilde{\theta}}$$

$$\int_{\varphi_{ij}^*} \left(\frac{\varphi}{\varphi_{ij}^*} \right)^{\frac{(\beta-1)(\sigma-1)}{\beta}} \mu_{ij}(\varphi) d\varphi = \frac{1}{1 - 1/(\tilde{\theta}\beta)}$$

将两个积分结果代入可得式(11.12)。

11 – 2A　计算加总广告成本

加总广告成本可得：

$$M_{ij} \int_{\varphi_{ij}^*} \frac{w_i L_j^\alpha}{\psi} \frac{1 - (1 - n_{ij}(\varphi))^{1-\beta}}{1 - \beta} \mu_{ij}(\varphi) d\varphi$$

$$= M_{ij} \frac{w_i L_j^\alpha}{\psi} \frac{1}{1 - \beta} \int_{\varphi_{ij}^*} \left(1 - \left(\frac{\varphi}{\varphi_{ij}^*} \right)^{\frac{(\beta-1)(\sigma-1)}{\beta}} \right) \mu_{ij}(\varphi) d\varphi$$

$$= M_{ij} \frac{w_i L_j^a}{\psi} \frac{1}{1-\beta}\left(1 - \frac{1}{1-1/(\tilde{\theta}\tilde{\beta})}\right)$$

$$= M_{ij} \frac{w_i L_j}{\psi} \frac{\sigma-1}{\theta\beta(\sigma-1)(\beta-1)}$$

$$= M_{ij} \frac{w_i L_j^a}{\psi} \sigma \left(\frac{1}{1-1/\tilde{\theta}} - \frac{1}{1-1/(\tilde{\theta}\tilde{\beta})}\right) \frac{\theta-(\sigma-1)}{\theta\sigma}$$

$$= \frac{\theta-(\sigma-1)}{\theta\sigma} X_{ij} = m X_{ij}$$

其中,第一个等号由 $n_{ij}(\varphi)$ 代入可得,第二个等号见附录 11-1A,第五个等号由式 (11.12) 代入可得。

11-3A 计算加总价格

以 j 国加总价格为例:

$$P_j^{1-\sigma} = M_{ij} \int_0^\infty p_{ij}(\varphi)^{1-\sigma} n_{ij}(\varphi) \mu_{ij}(\varphi) \mathrm{d}\varphi +$$

$$M_{jj} \int_0^\infty p_{jj}(\varphi)^{1-\sigma} n_{jj}(\varphi) \mu_{jj}(\varphi) \mathrm{d}\varphi$$

$$= M_{ij} \left(\frac{\tilde{\sigma}\tau_{ij} w_i}{\varphi_{ij}^*}\right)^{1-\sigma} \int_{\varphi_{ij}^*}^\infty \left(\frac{\varphi_{ij}^*}{\varphi}\right)^{1-\sigma} \left(1 - \left(\frac{\varphi_{ij}^*}{\varphi}\right)^{\frac{\sigma-1}{\beta}}\right) \mu_{ij}(\varphi) \mathrm{d}\varphi +$$

$$M_{jj} \left(\frac{\tilde{\sigma}\tau_{jj} w_j}{\varphi_{jj}^*}\right)^{1-\sigma} \int_{\varphi_{jj}^*}^\infty \left(\frac{\varphi_{jj}^*}{\varphi}\right)^{1-\sigma} \left(1 - \left(\frac{\varphi_{jj}^*}{\varphi}\right)^{\frac{\sigma-1}{\beta}}\right) \mu_{jj}(\varphi) \mathrm{d}\varphi$$

$$= \lambda \tilde{\sigma}^{1-\sigma} \left(M_{ij} \left(\frac{\tau_{ij} w_i}{\varphi_{ij}^*}\right)^{1-\sigma} + M_{jj} \left(\frac{\tau_{jj} w_j}{\varphi_{jj}^*}\right)^{1-\sigma}\right)$$

其中,第二个等号由 $p_{ij}(\varphi), p_{jj}(\varphi), n_{ij}(\varphi), n_{jj}(\varphi)$ 代入可得,第三个等号由附录 11-1A 可得。

第 12 章　异质性企业研发决策

上一章我们在异质性企业框架下讨论了企业出口决策的一个方面——市场渗透率。这一研究为我们展示了异质性企业框架用于理解企业层面各种维度决策的潜力。本章我们将在异质性企业框架下研究国际贸易实践中企业的另外一个重要决策——研发(Research & Development,R&D)决策。

在实践中,企业的技术水平和创新能力是衡量企业竞争力的重要标准。拥有核心技术对于企业巩固市场地位、提高市场份额至关重要。企业会通过大量的研发投入来实现技术升级。但与此同时,技术升级是需要成本的。如何进行成本与收益的权衡是每个企业都需要面对的现实问题。企业在何种情况下会选择进行技术升级?什么类型的企业倾向于进行技术升级?技术升级如何使企业获得更高的收益?本章将回答这些问题。

具体而言,本章讨论异质性企业的研发决策,探究企业如何进行成本与收益的权衡而做出技术升级的选择,以及技术升级选择与企业的国际贸易行为之间存在哪些联系。为了理解企业的研发决策,我们需要对研发可以给企业带来的回报进行模型化。在这一点上我们可以有两种理解:一种理解为,研发回报等比于企业初始生产率水平;另外一种理解为,研发回报不确定,存在一个回报范围,也即具有相同初始生产率的企业在研发之后获得的新的技术水平可能不同。这两种关于研发回报的模型可以从不同的侧面帮助我们理解企业的研发决策。

本章将分别在这两种模型框架下讨论企业的研发决策,前一种模型的讨论基于布斯托斯的论文(Bustos,2011),而后一种模型的讨论主要参照利列娃和阙弗勒的论文(Lileeva and Trefler,2010)。

12.1　等比研发回报模型

首先考虑一个简单的设定。与梅里兹模型相似,企业存在一个与生俱来的初始生产率水平。这一生产率水平由企业在进入市场时从一个给定分布中抽取得到。在企业知道其初始生产率后,企业可做出是否进行技术升级的选择。如果企业选择进行技术升级,则企业将获得生产率水平的一个固定倍数的提升。当然,与此同时,企业需要付出相应的研发固定成本。如果企业选择不进行技术升级,那么它将仍旧保持初始生产率水平。

具体而言,企业为了进入市场,首先需要支付一个固定进入成本 f_e。支付了这个成本之后,企业从给定的帕累托分布(累积分布函数为 $G(\varphi) = 1 - \varphi^{-k}(k>1)$)中抽取得到其初始生产率水平 φ。[①]如果企业决定生产,那么企业需要额外支付一个生产固定成本 f。以生产要素为计价物,则其价格为 1,企业在初始生产率下的成本函数为:

$$\mathrm{TC}_l(q,\varphi) = f + \frac{q}{\varphi}$$

企业在获知其初始生产率后也可以考虑进行技术升级。如果企业选择进行技术升级,那么其生产固定成本将提高至原来的 $\eta(\eta>1)$ 倍,而其生产率则相应提升 $\gamma(\gamma>1)$ 倍。由于企业技术升级后的生产固定成本和生产率都是初始值的固定倍数,我们将这种技术升级设定称作"等比研发回报"模型。技术升级后企业的成本函数变为:

$$\mathrm{TC}_h(q,\varphi) = \eta f + \frac{q}{\gamma\varphi}, \quad \eta>1, \gamma>1$$

在这两个成本函数式中,下标 l 和 h 分别代表企业采用较低的生产技术(初始生产率)或进行技术升级(升级后的生产率)。可以看出,技术升级后企业的生产固定成本提高,但边际成本降低。换言之,企业通过技术升级用一次性的成本支出换来了长期性的边际成本降低。

与梅里兹模型一样,假设消费者对产品(品种)的偏好可由 CES 效用函数表达,产品间的替代弹性为 $\sigma(\sigma=1/(1-\rho)>1, k>\sigma-1)$。则对生产某种产品 $\omega \in \Omega$ 的企业(Ω 为市场所有产品的集合),其面对的市场需求函数为:

$$q(\omega) = RP^{\sigma-1}p(\omega)^{-\sigma}$$

其中,R 为经济体总支出,P 为市场中所有销售产品价格的 CES 加总:

$$P = \left(\int_{\omega \in \Omega} p(\omega)^{1-\sigma} \mathrm{d}\omega\right)^{\frac{1}{1-\sigma}} \qquad (12.1)$$

我们已经知道,在 CES 效用函数下,企业利润最大化时的最优价格应当为边际成本加一个固定加成。因此,企业在初始生产率下在国内市场销售时的产品价格为:

$$p_l^d(\varphi) = \frac{1}{\rho\varphi} \qquad (12.2)$$

而如果企业选择进行技术升级,那么它在国内市场销售时的产品价格将为:

$$p_h^d(\varphi) = \frac{1}{\rho\gamma\varphi}$$

企业除了在国内市场销售,还可以向国外市场出口。与梅里兹模型一样,企业出口时需要先支付一个出口固定成本 f_x,在出口过程中又需要支付出口的冰山成本 τ。则企业在初始生产率下的出口价格为:

$$p_l^x(\varphi) = \frac{\tau}{\rho\varphi} \qquad (12.3)$$

如果企业选择进行技术升级,那么升级之后企业的出口价格为:

[①] 帕累托分布的简单性质参见第 9 章附录。

$$p_h^x(\varphi) = \frac{\tau}{\rho\gamma\varphi}$$

综合企业的市场需求、最优价格以及生产成本，我们可以得到四种技术和市场组合下企业的利润。

- 仅供应国内市场，不升级技术：

$$\pi_l^d(\varphi) = \frac{1}{\sigma}R(P\rho)^{\sigma-1}\varphi^{\sigma-1} - f \tag{12.4}$$

- 仅供应国内市场，升级技术：

$$\pi_h^d(\varphi) = \frac{1}{\sigma}R(P\rho)^{\sigma-1}\varphi^{\sigma-1}\gamma^{\sigma-1} - f\eta \tag{12.5}$$

注意此时生产的固定成本从 f 增加至 ηf，生产率也提升了 γ 倍。

- 既在国内市场销售，又进行出口，不升级技术①：

$$\pi_l^x(\varphi) = (1+\tau^{1-\sigma})\frac{1}{\sigma}R(P\rho)^{\sigma-1}\varphi^{\sigma-1} - f - f_x \tag{12.6}$$

此时企业的总销售额包含从两个市场获得的销售额，生产的固定成本中包含新增的出口固定成本 f_x。此处我们假设两个市场对称，故 R 与 P 在两个市场中的值相等。

- 既在国内市场销售，又进行出口，且升级技术：

$$\pi_h^x(\varphi) = (1+\tau^{1-\sigma})\frac{1}{\sigma}R(P\rho)^{\sigma-1}\varphi^{\sigma-1}\gamma^{\sigma-1} - f\eta - f_x \tag{12.7}$$

任一企业都将面对上述四种选择。企业将基于利润最大化原则，在四种具体的技术和市场模式中选择一种最为有利的模式。

这四种选择下利润的相对大小取决于参数的相对大小。我们可以对利润函数中的参数做一些合理化假设。第一，假设相对技术升级而言，企业更容易出口，即技术升级的成本相对大于出口的成本，$f\eta > f + f_x$。第二，假设出口市场的成本相对本国市场的成本偏高，即 $\tau^{\sigma-1}f_x > f$。这使得只要是出口的企业必然在本国市场上也销售，即出口的临界生产率高于本国市场的临界生产率 $\varphi^x > \varphi^*$。第三，假设技术升级带来的生产率提升不是特别大，没有大到使所有出口企业都进行技术升级。这意味着出口企业的临界生产率低于技术升级企业的临界生产率，即 $\varphi^x < \varphi^h$，而这将在参数满足

$$\frac{f_x}{\tau^{1-\sigma}f} < \frac{(\eta-1)}{(1+\tau^{1-\sigma})(\gamma^{\sigma-1}-1)}$$ 时得到。②

图 12.1 展示了满足这些条件时四种选择下的利润函数。对生产率给定的任一企业，其将选择该生产率对应的利润最高的技术和市场模式。如图 12.1 所示，当企业的生产率小于 φ^* 时，企业生产的最大利润为负，因此企业的最优选择是不进入市场。当企业的生产率位于从 φ^* 到 φ^x 的区间时，π_l^d 相对其他选择下的利润最高，因此企业会选择

---

① 与第 9 章相同，我们假设出口企业必然也在本国市场销售。
② 本节稍后将给出临界生产率的具体决定式，由这些决定式可以得出上述条件。

只在本国市场销售且不升级技术。当企业的生产率位于从 φ^x 到 φ^h 的区间时,企业的最优选择是出口但不升级技术。最后,当企业的生产率大于 φ^h 时,企业的最优选择是出口且升级技术。由此,我们发现,企业生产率的大小决定了企业的最优选择。一旦给定临界生产率,我们就可以得知不同生产率企业的最优选择,如图 12.1 中的粗实线所示。

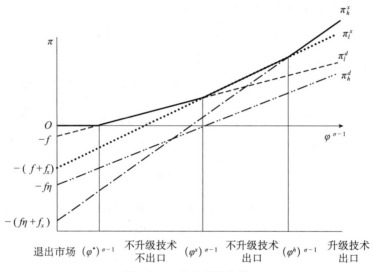

图 12.1　企业利润曲线

接下来我们给出临界生产率的具体表达。首先看本国市场的临界生产率 φ^*,拥有该生产率的企业的本国市场销售利润为零:

$$\pi_l^d(\varphi^*) = 0 \Rightarrow \frac{1}{\sigma}R(P\rho)^{\sigma-1}\varphi^{*\sigma-1} - f = 0$$

可知临界生产率 φ^* 是均衡时的内生变量 R 和 P 的函数,我们将在求解均衡时得到这些均衡内生变量。

接着看出口的临界生产率 φ^x,拥有该生产率的企业在出口市场上获得的利润为零:

$$\pi_l^d(\varphi^x) = \pi_l^x(\varphi^x) \Rightarrow \varphi^x = \varphi^* \left(\frac{f_x}{\tau^{1-\sigma}f}\right)^{\frac{1}{\sigma-1}} = \varphi^* (\delta^x)^{\frac{1}{\sigma-1}}$$

其中 $\delta^x \equiv \frac{f_x}{\tau^{1-\sigma}f}$。前面假设出口的临界生产率高于本国市场的临界生产率,自然要求 $\delta^x > 1$。

最后看技术升级的临界生产率 φ^h,拥有该生产率的(出口)企业不进行技术升级与进行技术升级获得的利润相等:

$$\pi_l^x(\varphi^h) = \pi_h^x(\varphi^h) \Rightarrow (\gamma^{\sigma-1}-1)(1+\tau^{1-\sigma})\frac{1}{\sigma}R(P\rho)^{\sigma-1}(\varphi^h)^{\sigma-1} = f(\eta-1)$$

$$\Rightarrow \varphi^h = \varphi^* \left(\frac{(\eta-1)}{(1+\tau^{1-\sigma})(\gamma^{\sigma-1}-1)}\right)^{\frac{1}{\sigma-1}} = \varphi^* (\delta^h)^{\frac{1}{\sigma-1}}$$

其中,$\delta^h \equiv \frac{(\eta-1)}{(1+\tau^{1-\sigma})(\gamma^{\sigma-1}-1)}$。$\delta^h$ 的定义式中分子代表进行研发带来的成本增加。这

种成本的增加对所有企业都相同。分母代表企业从技术升级中获得的利润提升。技术升级利润提升幅度越大,企业越有动力进行技术升级,技术升级临界生产率与本国市场临界生产率之间的差距就越小。

12.1.1 经济均衡

观察上述三个临界生产率的决定式,我们可以很容易地发现,出口临界生产率 φ^x 与技术升级临界生产率 φ^h 都可以被本国市场临界生产率 φ^* 表达。因此,求解经济体均衡时,只需解出均衡时的本国市场临界生产率即可。

求解均衡的难点在于写出均衡条件式。与第9章相同,我们假设企业在进入市场前需先支付市场进入成本 f_e 才能获知自身的生产率。达到均衡时既不会有企业进入,也不会有企业退出,这意味着均衡时企业进入的预期利润恰好等于进入成本。这就是自由进入条件[①]:

$$(1-G(\varphi^*))\bar{\pi} = f_e \tag{12.8}$$

其中,$(1-G(\varphi^*))$ 为企业在市场中存活的概率。企业进入市场并生产的平均利润为 $\bar{\pi}$。

也与第9章类似,我们需要给出均衡时企业的平均利润 $\bar{\pi}$ 与本国市场临界生产率 φ^* 关系的表达式。这里的困难在于,由于企业可以选择是否进行技术升级,因此企业的平均利润应与升级后的生产率有关。当然升级后的生产率取决于初始生产率和技术升级的临界生产率,但这些关系会使得平均利润与本国市场临界生产率的关系相较于第9章更为复杂。

考虑企业可以在本国市场销售,也可能向外国市场出口,其出口的概率为:

$$p_x = (1-G(\varphi^x))/(1-G(\varphi^*))$$

可以看到,p_x 是一个关于临界生产率 φ^x 和 φ^* 的函数。前文已经得到 φ^x 是 φ^* 的函数,因此 p_x 可以表达为关于 φ^* 的函数。给定 p_x,企业的平均利润可以表达为:

$$\bar{\pi} = \bar{\pi}_d + p_x \bar{\pi}_x$$

为了求得企业的平均利润,我们首先需要求出企业在本国市场上的平均利润 $\bar{\pi}_d$。要得到 $\bar{\pi}_d$,我们需要先得到在本国市场上销售的企业的平均生产率 $\tilde{\varphi}_d$,进而通过平均生产率求出平均利润。如果企业从原始分布 $G(\cdot)$ 中抽到的初始生产率在 φ^* 和 φ^h 之间,那么企业会以该生产率在本国市场上生产和销售。而如果企业从原始分布 $G(\cdot)$ 中抽到的生产率大于 φ^h,那么企业会选择进行技术升级。对这两类企业实际的生产率进行积分可得在本国市场上销售的企业的平均生产率 $\tilde{\varphi}_d$:

$$\tilde{\varphi}_d = \left(\underbrace{\int_{\varphi^*}^{\varphi^h} \varphi^{\sigma-1} \frac{g(\varphi)}{1-G(\varphi^*)} d\varphi}_{\text{不进行技术升级的企业}} + \underbrace{\int_{\varphi^h}^{\infty} \gamma^{\sigma-1} \varphi^{\sigma-1} \frac{g(\varphi)}{1-G(\varphi^*)} d\varphi}_{\text{进行技术升级的企业}} \right)^{\frac{1}{\sigma-1}}$$

---

① 这里我们先给出任意 $G(\cdot)$ 分布下均衡条件的一般形式,后文将给出 $G(\cdot)$ 为帕累托分布时均衡条件的具体形式。

得到了在本国市场上销售的企业的平均生产率后，我们可以进一步求出平均利润 $\bar{\pi}_d$ [①]：

$$\bar{\pi}_d = \frac{1}{\sigma} R(P\rho)^{\sigma-1} (\tilde{\varphi}_d)^{\sigma-1} - f - p_h f(\eta-1) \tag{12.9}$$

其中，式(12.9)右边的第一项为企业的可变利润 $(r(\tilde{\varphi}_d)/\sigma)$，第二项为企业进入本国市场必须支付的固定成本，第三项为技术升级企业所需支付的额外固定成本，p_h 为市场上企业进行技术升级的概率 $\left(p_h = \frac{1-G(\varphi^h)}{1-G(\varphi^*)}\right)$。

类似地，我们可以求出企业在外国市场上的平均生产率和平均利润 $\bar{\pi}_x$。在出口企业中同样存在两类企业：一类企业以从原始分布 $G(\cdot)$ 中抽到的初始生产率进行生产并出口；另一类企业则先进行技术升级，以提高的生产率进行生产并出口。加总两类企业的生产率，得到出口企业的平均生产率 $\tilde{\varphi}_x$：

$$\tilde{\varphi}_x = \left(\underbrace{\int_{\varphi^x}^{\varphi^h} \varphi^{\sigma-1} \frac{g(\varphi)}{1-G(\varphi^x)} d\varphi}_{\text{不进行技术升级的企业}} + \underbrace{\int_{\varphi^h}^{\infty} \gamma^{\sigma-1} \varphi^{\sigma-1} \frac{g(\varphi)}{1-G(\varphi^x)} d\varphi}_{\text{进行技术升级的企业}}\right)^{\frac{1}{\sigma-1}}$$

根据出口企业的平均生产率，我们可以求出出口企业的平均利润 $\bar{\pi}_x$：

$$\bar{\pi}_x = \frac{1}{\sigma} R(P\rho)^{\sigma-1} \tau^{1-\sigma} (\tilde{\varphi}_x)^{\sigma-1} - f_x \tag{12.10}$$

注意，此时企业进行技术升级的额外成本已被包含在本国市场平均利润的计算中，故无须重复计算。

两个市场的平均利润表达式（式(12.9)和式(12.10)）中包含均衡时的内生变量 R 和 P，我们可以将它们用本国市场临界生产率来替换。根据生产率为 φ^* 的企业本国市场利润为零可得：

$$\pi_l^d(\varphi^*) = 0 \Rightarrow \frac{1}{\sigma} R(P\rho)^{\sigma-1} = \frac{f}{\varphi^{*\,\sigma-1}}$$

将其代入平均利润表达式得到零利润条件：

$$\bar{\pi} = f\left(\frac{\tilde{\varphi}_d}{\varphi^*}\right)^{\sigma-1} + p_x f \tau^{1-\sigma} \left(\frac{\tilde{\varphi}_x}{\varphi^*}\right)^{\sigma-1} - f\Delta \tag{12.11}$$

其中，$f\Delta$ 为企业预期支付的生产固定成本，定义为：

$$f\Delta \equiv f + p_x f_x + p_h f(\eta-1)$$

式(12.11)中，$\tilde{\varphi}_d, \tilde{\varphi}_x, p_x, p_h$ 和 Δ 都是本国市场临界生产率 φ^* 的函数。由此，零利润条件和自由进入条件分别给出平均利润 $\bar{\pi}$ 与本国市场临界生产率 φ^* 之间的关系。根据这两个均衡条件我们可以求得两个对称国家贸易时的均衡解。

上述自由进入条件和零利润条件给出的均衡解依赖于生产率分布。为了明确观察均衡解与贸易成本等参数的关系，我们假设生产率分布为前文所定义的帕累托分布，

[①] 平均生产率的表达式、平均利润与平均生产率之间的关系推导见第9章。

容易得到：

$$p_h = \frac{1-G(\varphi^h)}{1-G(\varphi^*)} = \left(\frac{\varphi^h}{\varphi^*}\right)^{-k} = (\delta^h)^{\frac{-k}{\sigma-1}} \quad (12.12)$$

类似地：

$$p_x = \frac{1-G(\varphi^x)}{1-G(\varphi^*)} = \left(\frac{\varphi^x}{\varphi^*}\right)^{-k} = (\delta^x)^{\frac{-k}{\sigma-1}} \quad (12.13)$$

可见，此时企业出口的概率 p_x 与进行技术升级的概率 p_h 只受固定成本（f_x, f, η）、出口成本 τ 和技术提升幅度 γ 等参数影响，与经济体的均衡解无关。在零利润条件中代入帕累托分布我们得到（具体求解过程见本章附录）：

$$\bar{\pi} = \frac{\sigma-1}{k-\sigma+1} f\Delta \quad (12.14)$$

我们发现，企业的平均利润与企业面临的预期固定成本呈固定比例。同样，由于 Δ 只受 p_h 和 p_x 的影响，而 p_h 和 p_x 又只受模型参数的影响，则企业的平均利润也不随经济体均衡解的变动而变动。[①]联立自由进入条件（式(12.8)）和帕累托分布条件下的零利润条件（式(12.14)），我们可以很容易求解经济体的均衡。

经济体的均衡如图 12.2 所示。图中的零利润曲线（ZCP）为一条水平线，其所在位置受固定成本、出口成本和技术提升幅度等参数影响。零利润曲线与自由进入曲线（FE）的交点决定经济体的均衡解。均衡时本国市场临界生产率由下式给出：

$$\varphi^* = \left(\frac{\bar{\pi}}{f_e}\right)^{\frac{1}{k}} \quad (12.15)$$

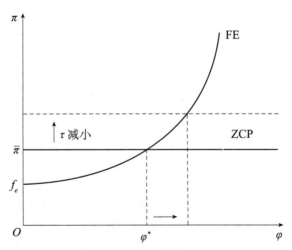

图 12.2　生产率分布为帕累托分布时的经济体均衡

由此可进一步求出出口临界生产率：

[①] 这种均衡特性来自生产率的帕累托分布假设。在第 9 章介绍的梅里兹模型中，如果生产率满足帕累托分布，那么企业的平均利润也不随均衡临界生产率的变化而变化（参见第 9 章习题）。

$$\varphi^x = \varphi^* \tau \left(\frac{f_x}{f}\right)^{\frac{1}{\sigma-1}} \tag{12.16}$$

和技术升级临界生产率：

$$\varphi^h = \varphi^* \left(\frac{(\eta-1)}{(1+\tau^{1-\sigma})(\gamma^{\sigma-1}-1)}\right)^{\frac{1}{\sigma-1}} \tag{12.17}$$

12.1.2 贸易自由化与企业研发决策

我们可以据此模型研究贸易自由化（τ 减小）对企业研发（和技术升级）决策的影响。

首先，根据式(12.12)和式(12.13)可知，贸易成本的降低将提升存活企业中出口的概率 p_x 和进行技术升级的概率 p_h。其次，根据 $f\Delta$ 的定义，企业出口概率 p_x 的提升对企业而言意味着预期固定成本的增加。由于企业的预期利润与预期固定成本成正比，则企业的预期利润将增加，$d\bar{\pi}/d\tau < 0$。换句话说，贸易成本的降低使得企业更容易出口，企业的预期利润增加。

如图12.2所示，根据自由进入条件，由于预期利润增加，潜在企业进入市场的动机增强。为了保持均衡，这种进入动机的增强需要通过降低市场中企业的存活概率才能抵消，故本国市场的临界生产率 φ^* 必须提高。换一种理解，由于贸易自由化的推进，外国企业在本国市场有更多的出口，本国市场上竞争加剧，企业存活下来需要达到的生产率水平也将提高，$d\varphi^*/d\tau < 0$。

我们也可以进一步研究出口临界生产率和技术升级临界生产率的变化。简单推导可以证明，随着贸易成本的降低，出口临界生产率和技术升级临界生产率都将下降，$d\varphi_x/d\tau > 0$，$d\varphi_h/d\tau > 0$（证明见本章附录）。给定企业总数，将有更多的企业进入出口市场，也有更多的企业选择进行技术升级。

我们因此发现，贸易成本的降低会促使更多的企业进行技术升级。其直觉是，贸易成本的降低使得企业有机会向外国市场出口，出口的增加提升了市场上的竞争程度，迫使低生产率企业退出市场，但对高生产率企业而言销售收入将增加。这些高生产率企业市场份额的提升使得技术升级对它们的价值提升，也即当高生产率企业面临更大的出口市场时，技术升级降低可变成本带来的收益变大，企业因此将更倾向于进行技术升级。一言以蔽之，高生产率企业能够从贸易自由化中获得更大的市场，技术升级因市场变大而更加有利，因此高生产率企业将增加研发投入并进行技术升级。

我们现在可以对等比研发回报模型进行一个简单回顾和总结。这一模型对企业研发的成本和收益做了简化假设。企业研发将付出固定比例成本，也将获得固定比例生产率的提升。在这种情况下，企业根据自身初始生产率选择是否进行技术升级。由于企业可以进行技术升级，因此刻画经济体的均衡时我们必须将企业升级技术的内生选择以及升级后的技术水平考虑进去。这就提升了写出经济体均衡条件的难度，而这也是本模型求解的关键。

这样做尽管困难,但好处也非常显:在这一框架下,我们可以讨论参数变化(如贸易自由化)对一般均衡时企业决策的影响。在下一节中,我们将放松对企业研发过于简化的描述,我们允许同样生产率的企业在进行研发后取得不同的生产率提升。但是,研发假设放松会使我们无法讨论贸易自由化对一般均衡时企业决策的影响,而只能讨论其局部均衡时的影响。①

12.2 可变研发回报模型

经济实践中,对于发展中国家而言,我们往往特别关心这样一个问题,贸易自由化能否提升一国企业的生产率?这个问题的答案影响到政府、企业和公众对自由贸易的认知。如果答案肯定,则一国会有较强的倾向拥抱自由贸易,反之亦然。

上一节的模型(等比研发回报模型)对这个问题给出一个答案,即贸易自由化能够提高一国企业从事研发和进行技术升级的积极性。在这个框架下,贸易成本降低带来的技术升级限于边际企业,即在贸易成本较高的经济体中,生产率略低于技术升级临界生产率的企业不会选择研发以升级技术。但随着贸易成本的降低,这些边际企业发现它们的出口市场扩大,从技术升级中获得的收益增加,因此转而选择研发以升级技术。

但是,对于一国企业而言,这些因贸易自由化而选择升级技术的企业的初始生产率较高。生产率相对较低的企业(位于本国市场临界生产率和新均衡下技术升级临界生产率之间的企业)将不会因贸易自由化而选择升级技术。我们是否可以得出结论,初始生产率较低的企业不会因贸易自由化而得到技术的升级?

回答这一问题并不简单。利列娃和阙弗勒(Lileeva and Trefler,2010)的研究发现,对于那些因贸易自由化而实现技术升级的企业而言,初始生产率越低的企业技术升级幅度越大。为什么会出现这样的现象呢?利列娃和阙弗勒构建了一个理论模型,对此给出解释。其经济直觉为,低生产率企业的市场占有率低,相同幅度的技术升级对这些企业的益处也低。因此,贸易成本降低时,为使低生产率企业愿意从事技术升级,研发带来的技术升级幅度必须相应较大。

显然,这一回答要求不同企业进行研发得到的技术升级幅度不同。这与等比研发回报模型的假设相左。接下来我们放松等比研发回报这一假设,研究贸易自由化如何影响企业的技术升级决策。

12.2.1 生产与研发

保持梅里兹模型的基本假设,本国与外国的市场结构为垄断竞争,消费者对产品

---

① 也即,此时我们不再能将参数变化对一般均衡变量如 P 和 φ^* 等的影响考虑进去,而只能假设这些变量保持不变时的影响。

的偏好可用 CES 效用函数表达,如用 ω 指代企业生产的品种,企业在一国市场面对的需求为 $q(\omega) = RP^{\sigma-1}p(\omega)^{-\sigma}$,其中 R, P, p 和 σ 仍分别表示该国总消费、加总价格、产品价格和产品间替代弹性。为了便于讨论,我们令 $A \equiv RP^{\sigma-1}$,则需求函数改写为:

$$q(\omega) = p(\omega)^{-\sigma}A$$

相应地,企业在外国市场面对的需求函数为:

$$q^*(\omega) = p^*(\omega)^{-\sigma}A^*$$

上标"$*$"号代表外国的变量。

将劳动力的工资设为 1,给定企业的生产率水平 φ,其生产的边际成本为 $1/\varphi$。企业利润最大化时的产品最优价格为边际成本乘以一个固定加成($1/\rho = \sigma/(\sigma-1)$)。企业产品在本国市场的最优价格为:

$$p(\varphi) = \frac{1}{\rho\varphi}$$

在外国市场的最优价格为:

$$p^*(\varphi) = \tau p(\varphi)$$

其中,τ 为两国间贸易成本。

在初始生产率水平 φ_0 下,企业在本国、外国两个市场上的利润总和为:

$$\pi_0(E) = \Phi_0(A + E\tau^{-\sigma}A^*) - EF^E \tag{12.18}$$

其中,

$$\Phi_0 \equiv (\sigma-1)^{\sigma-1}\sigma^{-\sigma}\varphi_0^{\sigma-1} \tag{12.19}$$

由于 Φ_0 与生产率 $\varphi_0^{\sigma-1}$ 间呈现简单正比关系,我们也可以用 Φ_0 指代企业初始生产率。式中的下标 0 表示企业使用初始技术而没有进行技术升级。E 指代企业是否选择出口。如果企业出口,则 $E = 1$,此时企业需要支付出口固定成本 F^E,也获得出口销售收入 $\Phi_0\tau^{-\sigma}A^*$。假设企业在本国市场的销售没有固定成本,如果企业不出口,则 $E = 0$,企业将获得本国市场利润 $\Phi_0 A$。

企业也可以选择进行技术升级。为升级技术,企业需要投入 F^I 的固定成本进行研发,研发的结果为企业生产率从 Φ_0 上升到 Φ_1。注意,对具有相同初始生产率的不同企业,其升级后的生产率水平 Φ_1 可以不同。这正是本节模型与第一节模型假设的不同之处,我们将本节模型称为可变研发回报模型。如果企业选择升级技术,则其利润函数可以表达为:

$$\pi_1(E) = \Phi_1(A + E\tau^{-\sigma}A^*) - EF^E - F^I \tag{12.20}$$

其中,下标 1 代表企业进行了技术升级。

根据企业是否选择升级技术以及是否出口,我们可以写出企业在四种选择下的利润函数。

- 仅供应国内市场,不升级技术:

$$\pi_0(0) = \Phi_0 A$$

- 既供应国内市场又出口,不升级技术:

$$\pi_0(1) = \Phi_0(A + \tau^{-\sigma}A^*) - F^E$$

- 仅供应国内市场，升级技术：
$$\pi_1(0) = \Phi_1 A - F^I$$
- 既供应国内市场又出口，还升级技术：
$$\pi_1(1) = \Phi_1(A + \tau^{-\sigma} A^*) - F^E - F^I$$

12.2.2 企业最优选择

给定这些利润函数，企业根据自身条件选择利润最高的模式。市场中的企业存在两个维度上的差异：第一个维度是企业的初始生产率水平 Φ_0，第二个维度是企业的生产率提升幅度 $(\Phi_1 - \Phi_0)$。为了更清楚地观察企业的最优选择，我们将所有企业（任意初始生产率和生产率提升幅度组合）表示在图 12.3 中。图中横轴表示企业的初始生产率水平，纵轴表示企业进行技术升级带来的生产率提升幅度。由于升级后的生产率 Φ_1 可以是初始生产率以上的任意值，所以 $\Phi_1 - \Phi_0$ 可以取大于零的任意值。因此，图中的任意一点代表初始生产率和升级后的生产率的一个组合。

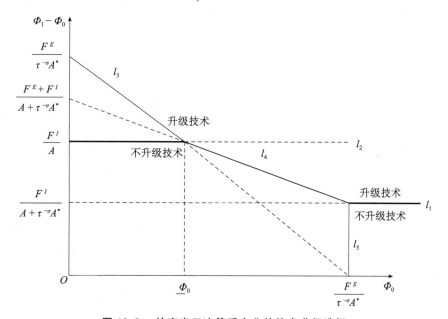

图 12.3　给定出口决策后企业的技术升级选择

由于企业面临四种选择，企业的最优决策需要对四种选择下的利润进行两两比较。为了简化企业最优决策的求解，考虑到企业的决策涉及两个维度——出口和技术升级，我们求解时对企业的问题降维。具体而言，先给定企业的出口决策，研究企业在不同出口决策下的技术升级选择。然后，根据企业的技术升级选择类型，再分别讨论每种类型下企业的出口决策。这样在每次计算时，我们只需要比较两种选择下的利润，大大简化了问题的复杂程度。

先考虑第一个维度，给定出口决策，研究企业的技术升级选择。此时存在企业出口和不出口两种情况。我们分别讨论两种情况下企业的技术升级选择。第一种情况，假设企业出口（$E=1$），比较企业技术升级前后利润的大小。将技术升级和不升级的利润相减可得：

$$\pi_1(1) - \pi_0(1) = (\Phi_1 - \Phi_0)(A + \tau^{-\sigma}A^*) - F^I$$

令 $\pi_1(1) - \pi_0(1) = 0$ 可得：

$$\Phi_1 - \Phi_0 = \frac{F^I}{A + \tau^{-\sigma}A^*} \tag{12.21}$$

这意味着，对于出口企业而言，当企业技术升级带来的生产率提升幅度超过 $F^I/(A + \tau^{-\sigma}A^*)$ 时，技术升级的收益大于成本，企业将选择技术升级；否则企业将选择不进行技术升级。这一技术升级选择的分界线是图 12.3 中的 l_1 线。如果出口企业的生产率提升幅度落在 l_1 线上方，则企业将选择研发以实现技术升级。相反，如果出口企业的生产率提升幅度落在 l_1 线下方，则企业将选择不进行技术升级。

第二种情况，假设企业仅在本国市场上销售（$E=0$）。同理，我们比较企业仅在本国市场上销售时技术升级前后利润的大小。将 $\pi_1(0)$ 与 $\pi_0(0)$ 相减可得：

$$\pi_1(0) - \pi_0(0) = (\Phi_1 - \Phi_0)A - F^I$$

令 $\pi_1(0) - \pi_0(0) = 0$ 可得：

$$\Phi_1 - \Phi_0 = \frac{F^I}{A} \tag{12.22}$$

类似于第一种情况，对仅在本国市场上销售的企业而言，如果技术升级带来的生产率提升幅度超过 F^I/A，企业将选择技术升级；反之亦然。此时的技术升级选择的分界线在图 12.3 中为 l_2 线。

对于一个企业来说，根据哪条技术升级选择分界线进行是否技术升级的选择，取决于这个企业是否出口。l_1 与 l_2 两条线把整个企业分布区间分成三个部分，即高于 l_2 的部分、在 l_1 和 l_2 之间的部分以及在 l_1 以下的部分。第一部分中，企业无论是否出口，一定会选择技术升级，因为生产率提升幅度足够大。第二部分中，企业是否选择技术升级取决于企业是否出口。如果出口，企业就会选择技术升级，而如果不出口，企业就不会选择技术升级。第三部分中，企业无论是否出口，都不会选择技术升级，因为此时的技术升级回报太低。

了解了企业的技术升级选择，接下来我们再考虑第二个维度：给定企业技术升级选择，研究企业的出口决策。同第一、二种情况类似，第三种情况下我们假设企业已经确定进行技术升级，即图 12.3 中分布于 l_2 线上方的企业（$\Phi_1 - \Phi_0 > F^I/A$）。我们比较技术升级企业出口和不出口的利润：

$$\pi_1(1) - \pi_1(0) = \Phi_1\tau^{-\sigma}A^* - F^E$$

令其为零可得：

$$\Phi_1 = \frac{F^E}{\tau^{-\sigma}A^*}$$

将此式改写可得：

$$\Phi_1 - \Phi_0 = -\Phi_0 + \frac{F^E}{\tau^{-\sigma}A^*} \tag{12.23}$$

式(12.23)给出了技术升级企业是否出口的判断标准。如果技术升级后企业的生产率超过 $\frac{F^E}{\tau^{-\sigma}A^*}$，或者技术升级后企业的生产率提升幅度超过 $-\Phi_0 + \frac{F^E}{\tau^{-\sigma}A^*}$，那么企业将选择出口；反之，则不出口。其经济直觉为，技术升级后企业的生产率水平必须使其在出口市场上的销售收入至少恰好补偿出口的固定成本，此时企业才会出口。

式(12.23)在图12.3中表现为从左上方向右下方倾斜的 l_3 线。对于已经选择技术升级的企业（l_2 线上方的企业）而言，如果企业分布于 l_3 线的右边，那么企业将选择出口，而分布于 l_3 线左边的企业则不出口，如图12.4所示。注意到 l_3 线的斜率为1，这代表如果企业的初始生产率降低，则企业生产率提升的幅度必须恰好能够对其进行补偿，使技术升级后企业的生产率达到 $\frac{F^E}{\tau^{-\sigma}A^*}$ 这一固定水平，这样企业才会出口。

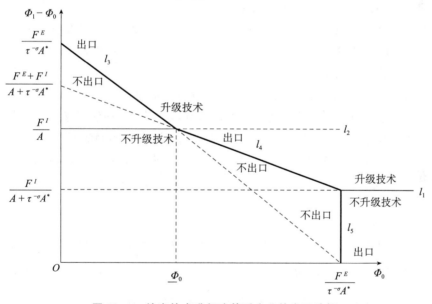

图 12.4 给定技术升级决策后企业的出口选择

使用类似的思想考虑第四种情况，落在 l_1 和 l_2 两条线之间的企业，即 $\frac{F^I}{A+\tau^{-\sigma}A^*} < \Phi_1 - \Phi_0 < \frac{F^I}{A}$。对于这部分企业，我们不能简单地假设其技术升级或不升级，因为这部分企业的技术升级选择依赖于企业的出口选择。具体而言，根据 l_2 线的定义，在给定不出口的前提下该区域中的企业将选择不进行技术升级。又根据 l_1 线的定义，在给定出口的前提下该区域中的企业将选择技术升级。因此，这个区域中的企业有两种选择：一种为企业出口，同时选择技术升级；另一种为企业不出口，同时也不进行技术升级。此

时出口决策和技术升级决策存在严格互补的关系——企业选择了出口就一定会选择技术升级,而选择了技术升级也一定会选择出口。

为了判断这个区域中的企业究竟在这两种选择(出口和技术升级相对于不出口也不进行技术升级)间做何抉择,我们比较两种选择下企业的利润 $\pi_1(1)$ 和 $\pi_0(0)$:

$$\pi_1(1) - \pi_0(0) = (\Phi_0 \tau^{-\sigma} A^* - F^E) + ((\Phi_1 - \Phi_0)A - F^I) + ((\Phi_1 - \Phi_0)\tau^{-\sigma} A^*)$$

令 $\pi_1(1) - \pi_0(0) = 0$,可得:

$$\Phi_1 - \Phi_0 = -\Phi_0 \frac{\tau^{-\sigma} A^*}{A + \tau^{-\sigma} A^*} + \frac{F^E + F^I}{A + \tau^{-\sigma} A^*} \tag{12.24}$$

式(12.24)给出了那些不出口(也不升级技术)的利润和出口(也升级技术)的利润相同的企业的初始生产率 Φ_0 与技术升级后的生产率 Φ_1 之间应有的关系,在图 12.4 中表现为 l_4 线。这条线也是从左上方向右下方倾斜。对于处于 l_1 和 l_2 两条线之间的企业而言,如果企业分布于 l_4 线的左边,则企业既不出口又不进行技术升级;而如果企业分布于 l_4 线的右边,则企业既出口又进行技术升级。

观察式(12.24),可以发现随着企业初始生产率 Φ_0 的提升,能使企业在技术升级后愿意出口的升级后的最低生产率 Φ_1 也随之提升,但生产率最小提升幅度 $\Phi_1 - \Phi_0$ 减小。其原理在于,如果企业选择不出口(也不升级技术),随着初始生产率 Φ_0 的提升,企业在本国市场上利润会增长,增长速度为 A。而如果企业选择出口(也升级技术),则技术升级后新生产率 Φ_1 带来的利润增长不仅来自本国市场(利润增速为 A),同时还来自外国市场(利润增速为 $\tau^{-\sigma} A^*$)。因此,能够补偿本国市场利润的升级后生产率 Φ_1 的提升幅度将小于企业初始生产率的提升幅度,线 l_4 的斜率小于线 l_3 的斜率(1)。简单计算也可以发现,l_4 线和 l_3 线的交点恰好位于 l_2 线上,即交点处 $\Phi_1 - \Phi_0 = F^I/A$,$\underline{\Phi_0} \equiv \frac{F^E}{\tau^{-\sigma} A^*} - \frac{F^I}{A}$。

考虑第五种也是最后一种情况,确定不进行技术升级企业的出口选择,即图 12.3 中分布在 l_1 线下方的企业 $\left(\Phi_1 - \Phi_0 < \frac{F^I}{A + \tau^{-\sigma} A^*}\right)$。由于企业一定不会进行技术升级,我们需要比较企业在初始生产率下出口与不出口的利润大小:

$$\pi_0(1) - \pi_0(0) = \Phi_0 \tau^{-\sigma} A^* - F^E$$

令 $\pi_0(1) - \pi_0(0) = 0$,得到:

$$\Phi_0 = \frac{F^E}{\tau^{-\sigma} A^*} \tag{12.25}$$

与第三种情况类似,如果企业确定不进行技术升级,那么其初始生产率水平必须达到 $\frac{F^E}{\tau^{-\sigma} A^*}$ 企业才会出口。此时,企业在外国市场上获得的销售收入至少可以补偿出口固定成本。在图 12.4 中式(12.25)表示为垂直于横轴的 l_5 线。位于 l_1 线下方的企业,如果同时位于 l_5 线的右边则会选择出口,而位于 l_5 线的左边则不出口。

综上,在经济体达到一般均衡(一般均衡的求解类似于等比研发回报模型下的求解)时,我们总能将市场中的企业根据出口决策和技术升级决策分为四种类型,如图 12.5 所示。l_1,l_2,l_3,l_4,l_5 五条线将所有企业分成了四种类型。区域 I 中的企业选择出口但不进行技术升级;区域 II 中的企业既选择出口又选择技术升级;位于 l_2 线与 l_3 线之间区域 III 的企业会选择技术升级但不会出口;左下角区域 IV 的企业既不出口又不进行技术升级。

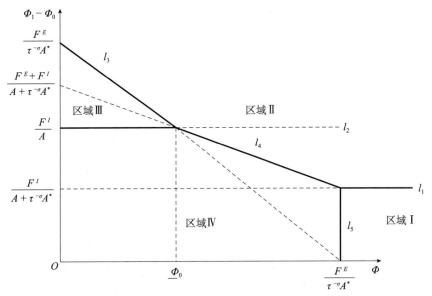

图 12.5 企业出口选择和技术升级选择

12.2.3 贸易自由化与企业研发决策

接下来我们可以研究本节一开始提出的问题——贸易自由化如何影响企业的生产率。我们仍旧将贸易自由化理解为贸易成本 τ 的下降。显然,贸易自由化应影响到经济体的一般均衡,即 A 和 A^* 应随 τ 的变化而变化。但是由于我们未能给出经济体的一般均衡条件,也就不能得到一般均衡时 A 和 A^* 的表达式,我们的讨论此时只能假设一般均衡变量 A 和 A^* 保持不变。①

假设一般均衡变量 A 和 A^* 保持不变,我们可以很容易地观察贸易自由化对企业出口决策和技术升级决策的影响。具体而言,贸易自由化会影响到图 12.5 中几个区域分割线的位置,如图 12.6 所示。首先,考虑贸易自由化对 l_3 线的影响。根据式(12.23),l_3 线的斜率不变,截距变小,故 l_3 线将向下平移。其次,考虑 τ 的下降对 l_4 线的影响。l_4 线的斜率为 $\dfrac{\tau^{-\sigma}A^*}{A+\tau^{-\sigma}A^*}$,当 τ 下降时,斜率增大,l_4 线大致以其与 l_3 线的

---

① 读者可以将此假设与等比研发回报模型下关于贸易成本影响的讨论进行对比。如为研究贸易成本对出口临界生产率 φ^x 的影响,我们必须考虑贸易成本通过影响一般均衡变量 φ^* 而对出口临界生产率产生的影响。

交点为圆心沿顺时针方向旋转。① 最后,类似地,贸易自由化将使得 l_1 线向下平移,使得 l_5 线向左平移。因此,贸易自由化将改变部分企业的出口决策和技术升级决策。在图 12.6 中,被影响到的边际企业包含在四个边际区域①—④中。

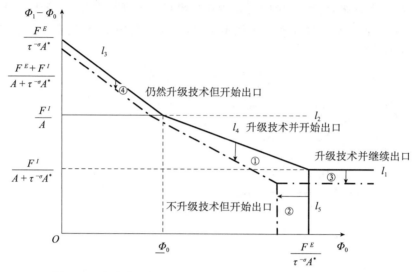

图 12.6　贸易自由化对企业出口决策和技术升级决策的影响

我们现在可以详细考察每个边际区域中企业的决策变化。首先看图 12.6 中边际区域①中的企业。由于 τ 的下降,这部分企业开始出口,另外由于这部分企业出口与技术升级之间互补,这部分企业也将同时选择技术升级,因此可以认为贸易自由化带来了这部分企业生产率水平的提升。但是,与一般的直觉不同,在这些因出口机会变化而开始升级技术的企业中,企业初始生产率 Φ_0 越低,企业生产率提升的幅度 $\Phi_1 - \Phi_0$ 越大。其经济直觉为,生产率水平较低的企业会要求较大的研发回报,这样它们才能以技术升级后的生产率水平进入出口市场。对这部分企业而言,贸易自由化带来了企业的技术升级,但技术升级的幅度随着企业初始生产率的提升而减小。

再看边际区域②中的企业。由于 τ 的下降,这部分企业开始出口,但是并不进行技术升级,因为技术升级带来的生产率提升幅度过小,贸易自由化并没有带来这些企业生产率的提升。

与边际区域②类似,边际区域③中的企业由于 τ 的下降转而进行技术升级,但这部分企业的生产率提升并不是由出口带来的,因为它们在贸易自由化前就已经在出口了。

最后看边际区域④中的企业。当 τ 下降时,这部分企业从不出口转向出口,与此同时这部分企业也会选择技术升级,且企业初始生产率水平 Φ_0 越低,生产率提升幅度 $\Phi_1 - \Phi_0$ 就越大。但是,需要强调的是,这部分企业的生产率提升并非来自贸易自由化。

---

①　当然此时 $\underline{\Phi}_0$ 减小,l_4 线与 l_3 线的交点也将向左移动。

对这部分企业而言,即使没有贸易自由化,它们也将选择技术升级。因此,对于这部分边际企业而言,尽管我们可以观察到由于贸易自由化企业开始出口,且出口的同时企业获得了生产率的提升,但技术升级与出口之间并不存在因果关系。①

我们由此得到相较于等比研发回报模型更为丰富的结论。在等比研发回报模型中,我们发现生产率越高的企业越倾向于进行技术升级,且贸易自由化主要影响初始生产率相对较高企业的技术升级选择。但可变研发回报模型告诉我们,企业的技术升级决策不仅取决于企业的初始生产率,还取决于研发回报。如果企业研发回报高(生产率提升幅度大),则企业更倾向于选择技术升级。同时,由于出口与技术升级之间存在互补关系,贸易自由化也会影响到企业的研发决策。对观察到的因贸易自由化而进行技术升级的企业而言,观察到的生产率的提升幅度随着企业初始生产率水平的提升而降低。

12.3 本章小结

本章研究异质性企业的研发决策以及贸易自由化对企业生产率水平提升的影响。我们使用两个模型对此问题进行研究。在等比研发回报模型中,我们对研发活动的回报做了较强的假设,技术升级带来的生产率提升等比于企业的初始生产率。在这一设定下,我们可以求出经济体的均衡,包括均衡时企业进入本国市场、出口以及选择技术升级的临界生产率值。我们发现,生产率越高的企业有相对更大的市场,从技术升级中获得的收益越多,因此也越倾向于进行技术升级。

在可变研发回报模型中,我们放松了关于研发回报的较强假设,允许企业技术升级带来的生产率提升幅度不同,由此我们可以探究不同的初始生产率与生产率提升幅度组合的企业出口决策和技术升级决策的不同。我们发现,贸易自由化带来边际企业的技术升级,但这些边际企业生产率提升的幅度与企业的初始生产率存在负相关关系。企业的初始生产率越低,越不倾向于进行技术升级与出口。贸易自由化如果要改变这些边际企业的出口决策,则只能在它们的研发活动带来更大幅度的生产率提升时才能实现。

这两个各有侧重的理论模型为我们理解企业的研发决策和贸易决策提供了重要的基础。但是,这两个模型在刻画企业的研发活动方面仍然存在一定的抽象和简化。譬如,在这两个模型中,企业的研发成本都被假设成了固定成本,研发成本与研发回报之间没有特定的关系。试想现实中企业的研发活动,可能较大的研发投入会

---

① 这部分企业的存在提醒我们,在实证研究中,判断一种冲击(如贸易自由化)对某个变量是否存在因果关系意义上的影响,必须选择可以与之比较的状态。在这部分企业的例子中,正确的用来比较的状态是未进行贸易自由化时这些企业的生产率提升幅度,而不是企业的初始生产率水平。不知道企业正确的反事实状态(未进行贸易自由化时的生产率提升幅度),简单而鲁莽的回归,即使是工具变量的回归,也会给我们带来错误的因果关系估计。

带来较大的回报。企业研发活动的这种特性如何影响企业的研发决策，又如何改变贸易自由化对企业的影响？对这些问题的回答需要我们在这个方向上进行进一步的研究。

参 考 文 献

Bustos, P. (2011), "Trade liberalization, exports, and technology upgrading: evidence on the impact of MERCOSUR on argentinian firms", *The American Economic Review*, 101(1), 304–340.

Lileeva, A. and D. Trefler (2010), "Improved access to foreign markets raises plant level productivity... for some plants", *The Quarterly Journal of Economics*, 125(3), 1051–1099.

习 题

12-1 在等比研发回报模型一节中，我们对出口临界生产率和技术升级临界生产率的相对大小做出假设，即 $\varphi^x < \varphi^h$。给出满足这一假设的参数条件，阐释其经济学含义。

附 录

12-1A　计算企业平均利润

给定生产率的帕累托分布 $G(\varphi) = 1 - \varphi^{-k}(k>1)$，进行积分可得：

$$\int_{\varphi^*}^{\varphi^h} \varphi^{\sigma-1} \frac{g(\varphi)}{1-G(\varphi^*)} d\varphi = \varphi^{*k} \frac{k}{\sigma-k-1} \varphi^{-k+(\sigma-1)} \Big|_{\varphi^*}^{\varphi^h}$$

由此可得 $\tilde{\varphi}_d$ 为：

$$(\tilde{\varphi}_d)^{\sigma-1} = \int_{\varphi^*}^{\varphi^h} \varphi^{\sigma-1} \frac{g(\varphi)}{1-G(\varphi^*)} d\varphi + \int_{\varphi^h}^{\infty} \gamma^{\sigma-1} \varphi^{\sigma-1} \frac{g(\varphi)}{1-G(\varphi^*)} d\varphi$$

$$= (1-\gamma^{\sigma-1})\varphi^{*k} \frac{k}{\sigma-k-1} (\varphi^h)^{-k+(\sigma-1)} - \varphi^{*k} \frac{k}{\sigma-k-1} (\varphi^*)^{-k+(\sigma-1)}$$

$$= \frac{k(\varphi^*)^{\sigma-1}}{\sigma-k-1} ((1-\gamma^{\sigma-1})(\delta^h)^{\frac{-k+(\sigma-1)}{\sigma-1}} - 1)$$

类似可得 $\tilde{\varphi}_x$ 为：

$$(\tilde{\varphi}_x)^{\sigma-1} = \int_{\varphi^x}^{\varphi^h} \varphi^{\sigma-1} \frac{g(\varphi)}{1-G(\varphi^x)} d\varphi + \int_{\varphi^h}^{\infty} \gamma^{\sigma-1} \varphi^{\sigma-1} \frac{g(\varphi)}{1-G(\varphi^x)} d\varphi$$

$$= (1-\gamma^{\sigma-1})(\varphi^x)^k \frac{k}{\sigma-k-1} (\varphi^h)^{-k+(\sigma-1)} - (\varphi^x)^k \frac{k}{\sigma-k-1} (\varphi^x)^{-k+(\sigma-1)}$$

$$= \frac{k(\varphi^*)^{\sigma-1}}{\sigma-k-1}((1-\gamma^{-1})(\delta^x)^{\frac{k}{\sigma-1}}(\delta^h)^{\frac{-k+(\sigma-1)}{\sigma-1}} - \delta^x)$$

已知 $p_h = \left(\frac{\varphi^h}{\varphi^*}\right)^{-k} = (\delta^h)^{\frac{-k}{\sigma-1}}$ 和 $p_x = \left(\frac{\varphi^x}{\varphi^*}\right)^{-k} = (\delta^x)^{\frac{-k}{\sigma-1}}$，将 $\tilde{\varphi}_x, \tilde{\varphi}_h, p_x, p_h$ 代入 $\bar{\pi}_d$ 和 $\bar{\pi}_x$ 可得：

$$\bar{\pi}_d = \frac{fk}{\sigma-k-1}((1-\gamma^{-1})(\delta^h)^{\frac{\sigma-k-1}{\sigma-1}} - 1) - f - f(\eta-1)(\delta^h)^{\frac{-k}{\sigma-1}}$$

$$= \frac{fk}{\sigma-k-1}((1-\gamma^{-1})(\delta^h)^{\frac{\sigma-k-1}{\sigma-1}}) - \frac{\sigma-1}{\sigma-k-1}f - f(\eta-1)(\delta^h)^{\frac{-k}{\sigma-1}}$$

$$\bar{\pi}_x = \frac{f\tau^{1-\sigma}k}{\sigma-k-1}((1-\gamma^{-1})(\delta^x)^{\frac{k}{\sigma-1}}(\delta^h)^{\frac{-k+(\sigma-1)}{\sigma-1}}) - \frac{f\tau^{1-\sigma}k}{\sigma-k-1}\delta^x - f_x$$

$$= \frac{f\tau^{1-\sigma}k}{\sigma-k-1}((1-\gamma^{-1})(\delta^x)^{\frac{k}{\sigma-1}}(\delta^h)^{\frac{-k+(\sigma-1)}{\sigma-1}}) - \frac{f_x(\sigma-1)}{\sigma-k-1}$$

则企业平均利润为：

$$\bar{\pi} = \bar{\pi}_d + p_x \bar{\pi}_x$$

$$= \frac{fk}{\sigma-k-1}((1-\gamma^{-1})(\delta^h)^{\frac{\sigma-k-1}{\sigma-1}}) - \frac{\sigma-1}{\sigma-k-1}f - f(\eta-1)(\delta^h)^{\frac{-k}{\sigma-1}} +$$

$$\frac{f\tau^{1-\sigma}k}{\sigma-k-1}((1-\gamma^{-1})(\delta^h)^{\frac{\sigma-k-1}{\sigma-1}}) - \frac{p_x f_x(\sigma-1)}{\sigma-k-1}$$

$$= \frac{fk}{\sigma-k-1}(1+\tau^{1-\sigma})(1-\gamma^{-1})(\delta^h)^{\frac{\sigma-k-1}{\sigma-1}} - f(\eta-1)(\delta^h)^{\frac{-k}{\sigma-1}} -$$

$$\frac{\sigma-1}{\sigma-k-1}f - \frac{p_x f_x(\sigma-1)}{\sigma-k-1}$$

$$= \frac{fk}{\sigma-k-1}(\eta-1)(\delta^h)^{\frac{-k}{\sigma-1}} - f(\eta-1)(\delta^h)^{\frac{-k}{\sigma-1}} - \frac{\sigma-1}{\sigma-k-1}f - \frac{p_x f_x(\sigma-1)}{\sigma-k-1}$$

$$= -\frac{\sigma-1}{\sigma-k-1}f(\eta-1)(\delta^h)^{\frac{-k}{\sigma-1}} - \frac{\sigma-1}{\sigma-k-1}f - \frac{p_x f_x(\sigma-1)}{\sigma-k-1}$$

$$= \frac{\sigma-1}{k-\sigma+1}(f + p_x f_x + p_h f(\eta-1)) = \frac{\sigma-1}{k-\sigma+1}f\Delta$$

由于 $f\Delta$ 代表企业的预期固定成本，因此在本模型设定下，一个企业面对的平均利润和预期固定成本成正比。

12-2A 出口临界生产率与贸易自由化

根据式(12.16)，出口临界生产率 φ^x 对贸易成本 τ 求导：

$$\frac{\mathrm{d}\varphi^x}{\mathrm{d}\tau} = \left(\frac{f}{f_e}\left(\frac{\sigma-1}{k-(\sigma-1)}\right)\right)^{\frac{1}{k}}\left(\frac{f_x}{f}\right)^{\frac{1}{\sigma-1}}\frac{\mathrm{d}(\Delta^{\frac{1}{k}}\tau)}{\mathrm{d}\tau}$$

进一步对 $\frac{\mathrm{d}(\Delta^{\frac{1}{k}}\tau)}{\mathrm{d}\tau}$ 进行拆分，可得：

$$\frac{\mathrm{d}\Delta^{\frac{1}{k}}\tau}{\mathrm{d}\tau} = \tau\frac{\mathrm{d}\Delta^{\frac{1}{k}}}{\mathrm{d}\tau} + \Delta^{\frac{1}{k}} = \frac{\tau}{k}\Delta^{\frac{1}{k}-1}\frac{\mathrm{d}\Delta}{\mathrm{d}\tau} + \Delta^{\frac{1}{k}} = \Delta^{\frac{1}{k}-1}\left(\frac{\tau}{k}\frac{\mathrm{d}\Delta}{\mathrm{d}\tau} + \Delta\right)$$

只需证明最后一项为正。已知 Δ 的具体形式为：

$$\Delta = 1 + \left(\frac{f_x}{f}\right)^{\frac{\sigma-1-k}{\sigma-1}} \tau^{-k} + \left(\frac{\eta-1}{(1+\gamma^{1-\sigma})(\gamma^{\sigma-1}-1)}\right)^{-\frac{k}{\sigma-1}}(\eta-1)$$

易得：

$$\frac{\tau}{k}\frac{d\Delta}{d\tau} + \Delta = 1 + (1+\tau^{1-\sigma})^{\frac{k}{\sigma-1}-1}\left(\frac{\eta-1}{\gamma^{\sigma-1}-1}\right)^{-\frac{k}{\sigma-1}}(\eta-1) > 0$$

12-3A 技术升级临界生产率与贸易自由化

由于 $k > 0$，证明技术升级临界生产率 φ^h 随贸易成本 τ 的下降而降低，只需证明 $d((\varphi_h)^k)/d\tau > 0$。由

$$(\varphi_h)^k = \frac{f}{f_e}\left(\frac{\sigma-1}{k-(\sigma-1)}\right)\left(\frac{\eta-1}{\gamma^{\sigma-1}-1}\right)^{\frac{k}{\sigma-1}}\Delta(1+\tau^{1-\sigma})^{\frac{-k}{\sigma-1}}$$

只需证明 $d(\Delta(1+\tau^{1-\sigma})^{\frac{-k}{\sigma-1}})/d\tau > 0$。

$$d(\Delta(1+\tau^{1-\sigma})^{\frac{-k}{\sigma-1}})/d\tau = (1+\tau^{1-\sigma})^{\frac{-k}{\sigma-1}-1}\left(\Delta k\tau^{-\sigma} + \frac{d\Delta}{d\tau}(1+\tau^{1-\sigma})\right)$$

只需证明 $\Delta k\tau^{-\sigma} + \frac{d\Delta}{d\tau}(1+\tau^{1-\sigma}) > 0$。

根据 Δ 的具体形式可得：

$$\Delta k\tau^{-\sigma} + \frac{d\Delta}{d\tau}(1+\tau^{1-\sigma}) = k\left(\tau^{-\sigma} - \tau^{-k-1}\left(\frac{f_x}{f}\right)^{\frac{\sigma-k-1}{\sigma-1}}\right)$$

由于 $\sigma - k - 1 < 0$，根据 $\frac{f_x}{f} > \tau^{1-\sigma}$ 可得 $\left(\frac{f_x}{f}\right)^{\frac{\sigma-k-1}{\sigma-1}} < \tau^{k-\sigma+1}$，则：

$$\tau^{-k-1}\left(\frac{f_x}{f}\right)^{\frac{\sigma-k-1}{\sigma-1}} < \tau^{-\sigma}$$

故 $\dfrac{d(\Delta(1+\tau^{\sigma-1})^{\frac{-k}{\sigma-1}})}{d\tau} > 0$。

第 13 章　水平型国际直接投资

2017 年 5 月,美国大型家电制造商惠而浦(Whirlpool)向美国国际贸易委员会提出调查申请,认为美国进口洗衣机数量激增,给美国本土产业造成了严重的威胁。2018 年 1 月,美国冲击保障条款(201 条款)正式启动,开始对来自全球的进口洗衣机征收高昂的保护性关税。随后,韩国主要洗衣机出口商三星(Samsung)在美国南卡罗来纳州设立工厂,通过在美国本地生产代替从韩国向美国出口。三星的这种行为,即非美国本土企业在美国设立工厂来生产供应美国市场的产品,被称为"水平型国际直接投资",三星这样的公司被称为"跨国公司"(Multinationals)。[①]

实践中,每个试图将产品卖到外国市场的企业都会面临两个选择:是在本国生产产品后将其出口到外国,还是在外国设立工厂然后本地生产产品并直接销售?为使本章表述简便,我们将第一种供应外国市场的形式称为"出口型",将第二种形式称为"投资型"。企业会在什么情况下选择第一种形式,又会在什么情况下选择第二种形式?决定企业选择的因素有哪些?企业如何权衡这些因素?本章试着对这些问题做出回答。

为了回答这些问题,我们首先在一个相对简单的框架,即类似克鲁格曼(1980)的同质性企业垄断竞争模型下讨论企业的出口与投资决策。然后,我们放松企业同质假设,研究企业异质时不同企业如何选择不同的服务外国市场的形式。由于此时市场中同时存在两种形式的企业,我们可以进一步研究经济体达到均衡时市场中两种形式的比例。

13.1　同质性企业垄断竞争模型

在同质性企业垄断竞争模型下,我们首先考察两国对称的情况。对这种情况的考察可以得到在出口与投资决策中企业遵循的一般性原则——市场邻近和生产集中的权衡。然后,我们再考察两国非对称的情况,研究经济规模变化对企业决策的影响,从而对市场邻近和生产集中权衡给出更细致的刻画。

[①]　本章只讨论企业水平型国际直接投资的决策,因此本章提到的"国际直接投资"均指水平型投资,"跨国公司"也均指进行水平型国际直接投资的跨国公司。垂直型国际直接投资将在下一章中讨论。

13.1.1 两国对称模型

假设世界上只存在两个国家,本国 H 和外国 F。两个国家完全对称,即两国人口、消费者偏好等都相同。经济体中只有一个生产部门,也只有一种生产要素——劳动力,所以两国工资相等。以劳动力为计价物,将其工资标准化为 1。市场中存在很多企业,企业完全对称且相互间垄断竞争。

消费者偏好由 CES 函数表示,替代弹性 $\sigma > 1$。我们知道,在这样的偏好下单个企业在 i 国($i = H, F$)的需求函数为:

$$q^i = E^i (P^i)^{\sigma-1} (p^i)^{-\sigma} = A^i (p^i)^{-\sigma} \tag{13.1}$$

其中,E^i 是 i 国的总支出,P^i 是 i 国的加总价格,$A^i \equiv E^i (P^i)^{\sigma-1}$,代表 i 国市场的整体需求环境。

由于企业完全对称,我们可以用一个代表性企业描述所有企业的特征。假设代表性企业生产率为 φ,即一个单位的劳动力可以生产 φ 单位的产品,则企业在本国生产的边际成本为 $1/\varphi$,出口时边际成本为 τ/φ,其中 τ 为冰山贸易成本。结合消费者的需求函数,最大化企业利润可得 i 国企业在本国市场与外国市场中的最优价格和最优产量分别为:

$$p^i = \frac{\sigma}{\sigma-1} \frac{1}{\varphi}, \quad q^i = A^i \left(\frac{\sigma}{\sigma-1} \frac{1}{\varphi}\right)^{-\sigma}$$

$$p_X^i = \frac{\sigma}{\sigma-1} \frac{\tau}{\varphi}, \quad q_X^i = A^i \left(\frac{\sigma}{\sigma-1} \frac{\tau}{\varphi}\right)^{-\sigma}$$

企业生产需要支付固定成本。固定成本由两部分组成:一部分是企业层面的固定成本 f_E,指的是企业生产前的投入,如研发费用、品牌发展等。这部分成本企业只需支付一次。另一部分是工厂层面的固定成本 f_D,如厂房建设、管理费用等。这部分成本支付的次数取决于企业设立了几个工厂。企业每在一个新的市场设立一个新的工厂,就需要支付一次 f_D 的固定成本。如果企业在本国设厂并向外国出口,则企业只需支付一次工厂层面的固定成本,企业的总固定成本为 $f_X = f_E + f_D$。如果企业选择在外国也设立一个工厂,由外国的工厂生产供应外国市场的产品,则企业的总固定成本为 $f_I = f_E + 2f_D$。总固定成本中的下标 X 和 I 分别指代企业以出口的形式或投资的形式供应外国市场。

根据企业面对的需求和生产成本,我们可以分别得到企业以出口形式或投资形式供应外国市场获得的利润。对出口企业而言,其收入等于国内销售收入和出口收入之和,生产成本等于可变成本加上固定成本 f_X,则企业利润可以表示为[①]:

$$\pi_X^i = \varphi^{\sigma-1} B_X^i + \varphi^{\sigma-1} \tau^{1-\sigma} B_X^{-i} - f_E - f_D \tag{13.2}$$

---

① 利润的求解用到了利润和销售收入的关系式 $\pi(\varphi) = \dfrac{r(\varphi)}{\sigma} - f$,参见第 9 章。

其中，$B_X^i = \frac{1}{\sigma} \left(\frac{\sigma-1}{\sigma}\right)^{\sigma-1} A^i$，$B_X^{-i} = \frac{1}{\sigma} \left(\frac{\sigma-1}{\sigma}\right)^{\sigma-1} A^{-i}$。上标"$-i$"代表 i 以外的另一个国家。

如果企业选择以投资的形式来服务外国市场，则其收入仍然等于国内销售收入和国外销售收入之和，但生产成本变为可变成本加上国际直接投资的固定成本 f_I。企业利润表示为：

$$\pi_I^i = \varphi^{\sigma-1} B_I^i + \varphi^{\sigma-1} B_I^{-i} - f_E - 2f_D \tag{13.3}$$

其中，B_I^i 与 B_X^i 的表达式相同，但需要注意的是，我们不能像第 12 章中那样，通过比较两种形式下企业利润 π_X^i 和 π_I^i 的相对大小来判断企业的选择。这是因为，这两种形式所在的均衡不同，两个均衡下的 p^i 和 A^i 都不同，两者之间无法直接比较。

具体而言，由于我们假设企业完全对称，则所有企业的决策必然完全一致，不存在部分企业选择出口而另外一些企业选择投资的均衡。假设均衡时所有企业都选择了出口的形式，且企业可以自由进入和退出市场，则均衡时企业的利润必然为 0，即 $\pi_X^H = \pi_X^F = 0$。在两国对称的情况下，可以解得：

$$B_X^H = B_X^F = B_X = \frac{f_E + f_D}{(1 + \tau^{1-\sigma}) \varphi^{\sigma-1}} \tag{13.4}$$

类似地，假设均衡时所有企业都选择了投资的形式，企业自由进入和退出市场意味着均衡时企业的利润为 0，即 $\pi_I^H = \pi_I^F = 0$。根据两国对称可以解得：

$$B_I^H = B_I^F = B_I = \frac{f_E + 2f_D}{2 \varphi^{\sigma-1}} \tag{13.5}$$

比较 B_X 和 B_I，可知两者不同。由于 B_X 和 B_I 是均衡时的内生变量，它们取值不同代表着经济体所处的均衡状态不同。我们也不能将均衡时的 B_X 和 B_I 分别代入 π_X^i 和 π_I^i，并比较其大小以判断企业的选择。事实上，在两个均衡下，企业的利润均为零。

出口与投资决策

如果均衡时企业要么全部出口，要么全部投资，两种形式下分别有两种均衡，那么我们如何理解企业在出口与投资之间所做的选择呢？我们将采用以下方法来研究：假设当前经济体达到均衡，均衡下企业全部且只能采取某种形式（如出口）来服务外国市场。此时突然允许企业采用另一种形式（如投资）来服务外国市场，我们研究此时企业是否有动机转向另一种服务方式。

假设当前市场均衡下所有企业都通过出口供应外国市场，则 $\pi_X^H = \pi_X^F = 0$，且均衡时的内生变量 B_X 由式（13.4）给出。假设此时企业也被允许通过投资的形式服务外国市场，企业将在出口和投资两种形式间做何选择？我们将当前的均衡变量 B_X 代入 π_I 的表达式（13.3），这将给出企业如果转向投资形式可获得的利润。如果投资利润大于出口利润，$\pi_I > \pi_X = 0$，则所有企业都将转向投资形式，否则所有企业都将继续选择出口形式。

令 B_I 等于式（13.4）中的 B_X，代入式（13.3），则所有企业转向投资形式的条件是

$\pi_I > 0$,或者:

$$\frac{2f_D}{f_E} < \tau^{\sigma-1} - 1 \tag{13.6}$$

我们可以根据式(13.6)来讨论影响企业出口与投资选择的因素。

式(13.6)显示,工厂层面固定成本 f_D 和贸易成本 τ 会影响企业的选择。工厂层面固定成本越大,则企业在外国新建一个工厂付出的成本越高,企业就越倾向于在已有的工厂中生产并通过出口服务外国市场。类似地,贸易成本 τ 越大,则企业在本国生产并通过出口服务外国市场的成本越高,企业将越有动力在外国直接投资,通过在靠近消费者的地方生产以避免支付高昂的贸易成本。

这反映了企业在出口与投资之间选择的一般性原则:市场邻近和生产集中的权衡(Proximity Concentration Tradeoff,下文简称"邻近–集中权衡")。市场邻近指的是如果企业在靠近消费者的地方设厂生产,就可以避免远距离销售带来的贸易成本。市场邻近的动机推动企业在各个市场分别设立服务本地市场的工厂。生产集中则指的是企业把尽可能多的生产任务集中在一个工厂中,从而获得规模效应(因为不需要多付出工厂层面固定成本 f_D),降低生产的平均成本。生产集中的动机推动企业将生产集中在同一个地点,而不在多国设厂。市场邻近与生产集中无法两全,企业需要根据市场的具体条件进行权衡,选择最优的形式服务外国市场。

式(13.6)显示,企业层面固定成本 f_E 和替代弹性 σ 也会影响企业的选择。为理解这两个因素的影响机制,令 $B_X^i = B_X^{-i} = B_I^i = B_I^{-i} = B_X$,代入式(13.2)和式(13.3)并比较可知:

$$\pi_I > \pi_X \Leftrightarrow (1-\tau^{1-\sigma})\varphi^{\sigma-1}B_X > f_D$$

不等式左边代表企业通过投资而节约贸易成本,从而获得的利润提升。不等式右边代表投资额外支付的固定成本。B_X 越大,外国市场相对越大,企业通过投资获得的利润提升就越大。此时企业也将越倾向于选择投资。

那么企业层面固定成本 f_E 和替代弹性 σ 如何影响企业在外国面对的市场大小呢?根据式(13.4),f_E 越大,B_X 越大。其经济直觉在于,企业层面的固定成本越大,市场进入成本就越高,均衡时市场容纳的企业数量就越少,对单个企业而言分到的市场份额 B_X 相对越大。如果此时本国企业向外国市场销售,则其分到的外国市场份额也就相对越大。相对于出口而言,企业海外建厂可以节约更多的贸易成本,海外建厂的固定成本得到更好的分摊,企业也因此更愿意进行直接投资。

替代弹性 σ 对企业选择的影响与企业层面固定成本的影响相似。替代弹性越大,意味着某一品种 a 相对另一品种 b 价格的降低将对 b 的需求产生更大的负面影响。由于以投资形式供应外国市场边际成本较低(节约了 τ),相当于以投资形式供应的品种的价格低于以出口形式供应的品种。因此,替代弹性越大,以投资形式供应相对于以出口形式供应优势越大,企业越倾向于选择在海外建厂以获得价格上的优势。

稍作总结,在两国对称、企业同质的情况下,所有企业将选择同一种形式服务外国市场。企业选择以何种形式服务外国市场取决于不等式(13.6)是否成立。如果不等式(13.6)成立,则所有企业都将选择以投资形式服务外国市场。此时若某个企业选择向外国出口,则该企业将获得负利润。反之,如果不等式(13.6)不成立,则所有企业都将选择以出口形式服务外国市场。此时若某个企业选择以投资形式服务外国市场,则该企业将获得负利润。

13.1.2　两国非对称模型

在两国对称模型中,两国生产要素(劳动力)的价格相等。但在经济实践中,企业在外国生产时需要使用外国的劳动力,而出口企业使用本国的劳动力。如果两个国家不对称,则两国劳动力的价格也不相等。劳动力的价格又将进入企业的利润函数,从而影响企业选择的服务外国市场的形式。我们因此需要研究经济体的规模变化将如何影响企业的选择。本小节将探讨这一问题。

记本国和外国的劳动力工资分别为 w^H 和 w^F。企业层面的固定成本 f_E 和工厂层面的固定成本 f_D 都代表企业需要雇用的劳动力数量,则企业的实际成本应在这些劳动力数量的基础上乘以劳动力所在国的工资。

选择出口的企业只使用本国的劳动力,则 i 国企业的固定成本为 $f_X = w^i(f_D + f_E)$。对于选择投资的企业而言,它们需要在两国都进行生产,因此需要同时使用两国的劳动力。简单假设投资企业需要使用相同数量的两国劳动力,则企业的固定成本为 $f_I = \frac{1}{2}(w^H + w^F)(f_E + 2f_D)$。值得注意的是,此时跨国公司没有属国的概念,因为其在两国都进行生产和销售,不需要区分其究竟是本国企业还是外国企业。

基于以上设定,我们可以得出企业选择出口或选择投资时的利润。利润的表达式与两国对称模型中相似,只是此时需要考虑两国工资的不同。如果企业选择出口的形式,则其利润为:

$$\pi_X^i = \varphi^{\sigma-1}(w^i)^{1-\sigma} B_X^i + \varphi^{\sigma-1}(\tau w^i)^{1-\sigma} B_X^{-i} - w^i(f_D + f_E) \tag{13.7}$$

而如果企业选择投资的形式,则其利润为:

$$\pi_I = \varphi^{\sigma-1}(w^H)^{1-\sigma} B_I^H + \varphi^{\sigma-1}(w^F)^{1-\sigma} B_I^F - (w^H + w^F)\left(f_D + \frac{1}{2}f_E\right) \tag{13.8}$$

与两国对称模型相似,企业选择出口或选择投资时分别处于两种均衡,我们无法直接比较两种均衡下的利润。为理解企业的选择,我们仍旧从只允许企业以出口的形式服务外国市场的初始均衡出发,观察如果企业可以选择投资,则企业将做何选择。

在初始均衡下,由于企业可以自由进入和退出市场,则均衡时满足 $\pi_X^H = \pi_X^F = 0$,据此可以解出 B_X^H 和 B_X^F:

$$B_X^H = \varphi^{1-\sigma}(f_D + f_E)\frac{(w^F)^\sigma \tau^{1-\sigma} - (w^H)^\sigma}{\tau^{2-2\sigma} - 1}$$

$$B_X^F = \varphi^{1-\sigma}(f_D + f_E)\frac{(w^H)^\sigma \tau^{1-\sigma} - (w^F)^\sigma}{\tau^{2-2\sigma} - 1} \tag{13.9}$$

将式(13.8)中的 B_I^H 和 B_I^F 分别用式(13.9)求得的 B_X^H 和 B_X^F 代替,可得为使 $\pi_I >\pi_X^H = \pi_X^F = 0$,需有:

$$\frac{\omega(\tau^{\sigma-1}-\omega^{-\sigma})+\tau^{\sigma-1}-\omega^{\sigma}}{(\omega+1)(\tau^{\sigma-1}-1)}\left(1+\frac{1}{2\frac{f_D}{f_E}+1}\right)>1+\frac{1}{\tau^{\sigma-1}} \quad (13.10)$$

其中,$\omega \equiv \frac{w^H}{w^F}$ 为本国相对于外国的工资水平。我们利用不等式(13.10)讨论影响企业选择的因素。①

邻近—集中权衡

首先讨论前述邻近—集中权衡是否在两国非对称模型中仍然发挥作用。我们集中关注贸易成本 τ 和工厂层面固定成本 f_D 的影响。为理解贸易成本的影响,我们从 $\tau=1$ 的特例出发。此时,不等式(13.10)左边第一项的分子等于 $(\omega^{1-\sigma}-1)(\omega^{\sigma}-1)$。因为 $\sigma>1$,如果 $\omega>1$,则 $\omega^{1-\sigma}-1<0$;而如果 $\omega<1$,则 $\omega^{\sigma}-1<0$。只要 $\omega \neq 1$,不等式左边恒小于 0,不等式恒不成立,也即在两国间贸易成本较低时,企业必然选择以出口形式来服务外国市场。其经济直觉为,$\tau=1$ 意味着市场邻近没有任何意义,企业无论在哪里生产都不需要支付贸易成本,而选择投资还需要额外支付工厂层面固定成本。显然,此时企业只会选择生产集中,在本国生产后向外国出口。

贸易成本 τ 的增加会如何影响企业的选择呢?将不等式(13.10)左右两边分别对 τ 求导,可以得到左边是 τ 的增函数,右边是 τ 的减函数(求导过程见本章附录)。显然,随着贸易成本的增加,企业逐渐倾向于选择投资而非出口。这也体现了企业决策中的邻近—集中权衡原则:当贸易成本增加时,出口成本升高,市场邻近变得更为重要,企业因此转向选择在外国设厂以供应外国市场。

接下来考察工厂层面固定成本的影响。不等式(13.10)中有包含 $\frac{f_D}{f_E}$ 的项。显然,工厂层面固定成本与企业层面固定成本对企业选择的影响刚好相反,我们只需考虑 $\frac{f_D}{f_E}$ 对企业选择的影响。根据前面的讨论,我们知道当贸易成本趋近于零(τ 趋近于 1)时,不等式(13.10)左边恒负,右边恒正,不等式恒不成立,即当出口没有贸易成本时,无论工厂层面固定成本多低,对企业而言都是无意义的付出,企业不会选择向外国投资。

再看贸易成本 τ 较高使得不等式(13.10)左边为正时的情况。当 $\frac{f_D}{f_E}$ 增大时,不等式左边减小,右边不变,不等式更加难以成立。这意味着在贸易成本较高的情况下,随

---

① 初始均衡时无论是本国出口企业还是外国出口企业利润均为零。如果投资利润为正,则两国企业都将倾向于选择投资形式。因此,不等式(13.10)成立代表两国企业(不论国家经济规模相对大小)都倾向于从出口形式转向投资形式。

着企业在外国新建工厂固定成本的提高,在外国设厂对企业而言越来越不经济,生产集中相比市场邻近对企业变得更加重要,企业更倾向于选择以出口的形式服务外国市场。

经济规模对企业选择的影响

在两国非对称模型中,我们可以研究一国经济规模的变化对企业出口与投资选择的影响。根据第 8 章讨论的克鲁格曼(1980)模型,我们已知在非对称两国贸易达到均衡时,一国经济规模相对外国越大,该国的相对工资越高。因此,研究一国经济规模变化对企业选择的影响等价于考察该国相对工资变化对企业选择的影响。

首先考虑两国体量相等时的情况。将 $\omega=1$ 代入式(13.10)可得,如果 $\pi_I > \pi_X^H$,则有:

$$\frac{2f_D}{f_E} < \tau^{\sigma-1} - 1$$

这正是两国对称模型下的条件式(13.6)。如果此式成立,则在两国经济规模相等时,企业将选择投资而非出口。

令 f_D, f_E, τ 和 σ 保持不变,将不等式(13.10)的左边对 ω 求导,可以发现不等式(13.10)的左边具有如图 13.1 所示的抛物线的特征:当 $\omega < 1$ 时,随着 ω 的增大,不等式的左边增大;当 $\omega = 1$ 时,不等式的左边取到最大值;当 $\omega > 1$ 时,不等式的左边随着 ω 的增大而减小(推导过程见附录)。因此,即使条件式(13.6)成立,从两国对称均衡开始,一国经济规模的增大(或者减小)都将使不等式(13.10)更难成立,两国企业向外国投资的意愿减弱。事实上,图 13.1 所示的抛物线特征表明,两国间经济规模(工资)的差距影响着企业选择投资的意愿。从 $\omega = 1$ 开始,无论 ω 是增大还是减小,其变化对两国企业选择的影响都是一样的。

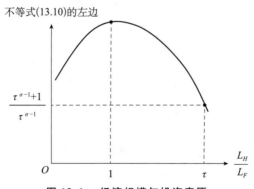

图 13.1　经济规模与投资意愿

为什么两国经济规模差距的扩大会减弱两国企业选择投资的意愿呢?为理解这一结果,我们写出初始均衡时两国企业的出口利润和企业选择投资时的利润:

$$\pi_X^H = \pi_X^F = \varphi^{\sigma-1}(w^F\tau)^{1-\sigma}B_X^H + \varphi^{\sigma-1}(w^F)^{1-\sigma}B_X^F - w^F(f_D + f_E) = 0$$

$$\pi_I = \varphi^{\sigma-1}(w^H)^{1-\sigma}B_X^H + \varphi^{\sigma-1}(w^F)^{1-\sigma}B_X^F - (w^H + w^F)\left(f_D + \frac{1}{2}f_E\right)$$

扩大两国间的工资差距(不失一般性,假设 $w^H - w^F > 0$ 且差值增大),我们发现投资利润中的第一项较出口利润中的第一项变小且差距增大(由于 $1-\sigma<0$),这表明工资差距的扩大使得投资企业从高工资国家获得的利润减少。与此同时,投资利润中的第三项又较出口利润中的第三项变大且差距增大,这表明工资差距的扩大使得投资企业的固定成本上升。① 整体而言,两国间的工资差距扩大使得投资利润相对于出口利润减少,主要原因在于投资形式下从高工资国家获得的销售收入减少,而固定成本上升(因为劳动力成本增加)。试想,当可以在劳动力成本低的国家生产然后出口至劳动力成本高的国家时,我们当然不会选择向劳动力成本高的国家进行投资,花费更大的成本在那里生产。

根据这些讨论,我们可以得出结论,非对称国家下,为使跨国公司存在,两国间的经济规模差距(或工资差距)不能过大。当其他因素不变时,存在一个两国经济规模比值的临界值 ι,当 $\frac{L^i}{L^{-i}} = \iota$ 时式(13.10)的左右两边相等,也即式的左边等于 $1 + \frac{1}{\tau^{\sigma-1}}$。当 $\frac{L^i}{L^{-i}} < \iota$ 时,不等式(13.10)才可能成立,也才可能有企业选择直接投资。

至此,我们在同质性企业垄断竞争模型下讨论了两国对称和非对称情况下企业的选择。当两国对称时,企业主要在出口的贸易成本(τ)和投资的固定成本(f_D)之间进行权衡,我们称之为邻近—集中权衡。当两国经济规模不同时,国家间存在要素价格差异,这种差异会减弱企业直接投资的动机。这与现实中的观察一致 —— 相较于发达国家与发展中国家之间,发达国家之间的水平型直接投资行为更为普遍。

13.2 异质性企业垄断竞争模型

在以上讨论中,我们假设企业同质,而没有考虑企业之间的差别。假设市场上的企业有所不同,就像第9章设定下企业具有不同的生产率,则不同企业会有怎样的选择呢?整个经济体又将达到怎样的均衡呢?本节对此问题做一探讨。

13.2.1 异质性企业选择与均衡

再次回到对称国家的设定下。假定两国经济规模相同($L^H = L^F$),生产只需要劳动力这一种生产要素,则两国工资相等,令 $w^H = w^F = 1$。与第9章的设定一样,企业进入市场前并不知道自己的生产率,但知道其进入市场后获得生产率 φ 的概率。生产率的分布服从帕累托分布 $G(\varphi) = 1 - \left(\frac{\underline{\varphi}}{\varphi}\right)^{-\kappa}$,其中 $\underline{\varphi}$ 是生产率的最低值,κ 为帕累托分布的形状参数。

---

① 注意到 $\pi_X^H = \pi_X^F = 0$,此处我们比较 π_X^F 和 π_I 等价于比较 π_X^H 和 π_I。

企业只有在支付进入市场的固定成本 f_E 后,才能从生产率分布中抽取并获知自己的生产率。根据抽到的生产率,企业可以选择是花费 f_D 的固定成本在本国设立工厂生产,还是退出市场。如果企业还想向外国市场销售,则企业有两种选择:一种是在本国生产然后向外国出口,则企业需要支付出口的固定成本 f_X 以及贸易成本 τ;另一种是企业建立跨国公司,在外国设厂,此时企业仍然需要支付固定成本 f_X 以及在外国设立工厂的固定成本 f_D,但不再需要支付贸易成本 τ。

在这样的设定下,我们可以写出企业在三种选择下的利润:

(1) 本国市场利润 $\pi_D(\varphi) = B\varphi^{\sigma-1} - f_D$;

(2) 出口利润 $\pi_X(\varphi) = B\varphi^{\sigma-1}\tau^{1-\sigma} - f_X$;

(3) 投资利润 $\pi_I(\varphi) = B\varphi^{\sigma-1} - f_X - f_D$。

其中,B 与式(13.2)中的定义一致,代表 H 国和 F 国的整体需求环境。出口利润与投资利润中没有计入本国市场利润。三种选择下的利润如图13.2所示。

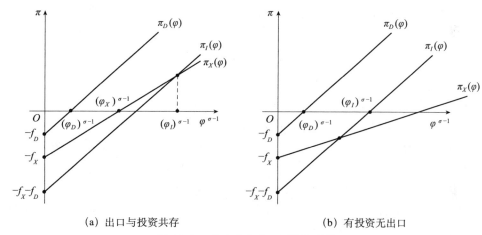

(a) 出口与投资共存　　　　(b) 有投资无出口

图 13.2　生产率与出口、投资利润

图 13.2 给出了两种可能的结果。由于出口利润曲线 $\pi_X(\varphi)$ 比投资利润曲线 $\pi_I(\varphi)$ 在纵轴上的截距更高,即 $-f_X > -f_X - f_D$,但其斜率相对更小,即 $B\tau^{1-\sigma} < B$($\tau > 1$,$\sigma > 1$),则两条曲线 $\pi_X(\varphi)$ 与 $\pi_I(\varphi)$ 一定存在一个交点。这个交点对应的利润值可能为正也可能为负,图 13.2(a) 和图 13.2(b) 分别给出了该利润值为正和为负时的情形。

在这两种情形中,如果如图 13.2(b) 所示,则企业在供应外国市场(供应外国市场的利润大于零)时始终有 $\pi_I > \pi_X$,这时所有供应外国市场的企业都将选择投资形式,这与现实不符,因此我们不考虑这种情形。

考虑图 13.2(a) 所示的情形。当企业的生产率 $\varphi < \varphi_D$ 时,企业在本国市场上的利润为负,这部分企业会选择退出市场。当企业的生产率大于 φ_D 时,企业在本国市场上的利润大于零,企业必将生产并供应本国市场。当企业供应外国市场能够获得正的利润时,企业也将供应外国市场,并且它将在出口与投资两种形式间选择利润更大的形式。显然,当 $\varphi \in (\varphi_X, \varphi_I)$ 时,企业选择以出口方式服务外国市场,而当 $\varphi > \varphi_I$ 时,企业选择以投资形式服务外国市场。

为什么不同生产率的企业会选择不同的形式呢?根据投资利润函数$\pi_I(\varphi)$,生产率越高的企业产品价格越低,其在出口市场上的销量越大。尽管在外国设厂有更高的固定成本,但在出口市场上更大的销量使得企业降低贸易成本的动机更为迫切。因此,生产率越高的企业越倾向于选择以投资形式服务外国市场。

此时经济体能够达到均衡吗?注意到图13.2(a)所示的情形有点类似第12章中的等比研发回报模型,我们用类似的方法求解经济体的均衡。根据图中所示的临界企业特征,我们可以写出临界企业生产率满足的条件:

$$\begin{aligned}\pi_D(\varphi_D) &= B\varphi_D^{\sigma-1} - f_D = 0 \\ \pi_X(\varphi_X) &= B\varphi_X^{\sigma-1}\tau^{1-\sigma} - f_X = 0 \\ \pi_I(\varphi_I) &= \pi_X(\varphi_I) \Rightarrow B\varphi_I^{\sigma-1}(1-\tau^{1-\sigma}) - f_D = 0\end{aligned} \quad (13.11)$$

其中,第一个等式表示在本国市场临界生产率点的企业在本国市场上的销售利润为零,第二个等式表示在出口临界生产率点的企业通过出口获得的利润为零,第三个等式则表示在投资临界生产率点的企业通过出口获得的利润等于通过投资获得的利润。容易证明,为了得到$\varphi_D < \varphi_X < \varphi_I$,出口固定成本$f_X$、设厂固定成本$f_D$和贸易成本$\tau$需满足:

$$f_X + f_D > \tau^{\sigma-1} f_X > f_D \quad (13.12)$$

假设企业可以自由进入和退出市场,这意味着在均衡时企业进入市场的期望利润必须等于企业进入成本f_E。企业的期望利润为企业抽取到不同生产率水平φ可获得利润的期望。生产率$\varphi \in (0, \varphi_D)$的企业退出市场,其利润为$0$;$\varphi \in (\varphi_D, \varphi_X)$的企业只供给本国市场,其利润为本国市场利润;$\varphi \in (\varphi_X, \varphi_I)$的企业出口外国,其利润为本国市场利润与出口利润之和;$\varphi \in (\varphi_I, \infty)$的企业在外国直接投资,其利润为本国市场利润与投资利润之和。因此,企业进入市场前的期望利润为:

$$\int_{\varphi_D}^{\infty} \pi_D \, dG(\varphi) + \int_{\varphi_X}^{\varphi_I} \pi_X \, dG(\varphi) + \int_{\varphi_I}^{\infty} \pi_I \, dG(\varphi)$$

将式(13.11)代入期望利润,并记

$$V(\hat{\varphi}) \equiv \int_{\hat{\varphi}}^{\infty} \varphi^{\sigma-1} \, dG(\varphi)$$

可得自由进入条件为:

$$\begin{aligned}&B(V(\varphi_D) + \tau^{1-\sigma}(V(\varphi_X) - V(\varphi_I)) + V(\varphi_I)) - (1-G(\varphi_D))f_D - \\ &(1-G(\varphi_I))f_D - (G(\varphi_I) - G(\varphi_X))f_X = f_E\end{aligned} \quad (13.13)$$

式(13.11)和式(13.13)给出含有四个未知数$\varphi_D, \varphi_X, \varphi_I, B$的四个等式,我们可以求出模型的唯一均衡解。

我们可以初步理解邻近—集中权衡原则在本模型下对企业服务外国市场形式选择的影响。假设贸易自由化使得贸易成本τ降低,不考虑一般均衡变量B的变化,图13.2(a)中出口利润曲线$\pi_X(\varphi)$斜率变大,φ_X到φ_I的区间将扩大。贸易成本的降低使得生产集中变得更为重要,会有更多的企业选择以出口形式服务外国市场。相应地,假设在外国设立工厂的固定成本 f_D 减小,同样不考虑一般均衡变量 B 的变化,图 13.2(a) 中投资利润曲线 $\pi_I(\varphi)$ 上移,φ_X 到 φ_I 的区间将缩小。工厂层面固定成本的降低使得市场邻近变得更为重要,会有更多的企业选择以投资形式服务外国市场。

13.2.2 均衡下两种形式比重

上一小节中,我们讨论邻近—集中权衡原则时假定一般均衡变量 B 保持不变。当固定成本或贸易成本等参数发生变化时,一般均衡变量当然也会改变,因此上述讨论并不特别精确。事实上,本模型是一个非常易解的模型,我们可以在这个框架下讨论不同参数变化对均衡时出口与投资选择的影响。

为了研究这种影响,我们首先分别计算以出口形式或投资形式服务外国市场的企业的总销售收入。对以出口形式服务外国市场的企业而言,其总销售收入为生产率 $\varphi \in (\varphi_X, \varphi_I)$ 的企业出口收入的加总:

$$S_X = \sigma B \tau^{1-\sigma}(V(\varphi_X) - V(\varphi_I)) \tag{13.14}$$

对以投资形式服务外国市场的企业而言,其总销售收入为生产率 $\varphi \in (\varphi^I, +\infty)$ 的企业销售收入的加总:

$$S_I = \sigma B V(\varphi_I) \tag{13.15}$$

这两种形式下总销售收入的比值可以写作:

$$\frac{S_X}{S_I} = \tau^{1-\sigma}\left(\frac{V(\varphi_X)}{V(\varphi_I)} - 1\right) \tag{13.16}$$

式(13.16)可以进一步表达为外生参数的形式:

$$\begin{aligned}\frac{S_X}{S_I} &= \tau^{1-\sigma}\left(\left(\frac{\varphi_X}{\varphi_I}\right)^{\kappa-(\sigma-1)} - 1\right) \\ &= \tau^{1-\sigma}\left(\left(\frac{f_D}{f_X}\frac{1}{\tau^{\sigma-1}-1}\right)^{\frac{\kappa}{\sigma-1}-1} - 1\right)\end{aligned} \tag{13.17}$$

其中,第一个等号将帕累托分布代入 $V(\varphi_X)$ 和 $V(\varphi_I)$ 可得(参见第 9 章附录),第二个等号将式(13.11)代入可得。

现在我们利用式(13.17)再次研究不同参数变化对均衡时企业服务外国市场形式选择的影响。当贸易成本 τ 降低时,由于 $1-\sigma<0$ 和 $\kappa>\sigma-1$,S_X/S_I 变大,也即贸易成本的降低将促使更多的企业偏好出口形式。同理,如果外国设厂的固定成本 f_D 变小,则 S_X/S_I 变小,也即工厂层面固定成本的降低将促使更多的企业选择以投资形式服务外国市场。

利用式(13.17),我们发现企业生产率分布的集中(离散)程度 κ 也会改变均衡时企业服务外国市场形式的选择。图 13.3 展示了参数 κ 与生产率分布之间的关系。κ 越小,生产率分布越分散,就有越多的企业获得相对较高的生产率,由于高生产率企业相对更倾向于选择投资形式,S_I/S_X 也就越大。因此,我们发现,企业获得高生产率的概率也会影响到出口与投资形式的选择。企业获得高生产率的概率越大,均衡时以投资形式服务外国市场的比重就越大。

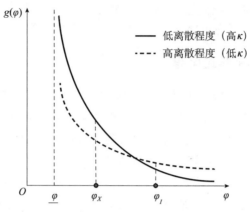

图 13.3　离散程度系数与企业生产率分布

稍作总结,在异质性企业垄断竞争模型框架下,我们仍然发现邻近—集中权衡原则影响着企业对出口与投资两种形式的选择。当贸易成本降低、在外国设厂的固定成本提高时,会有更多的企业选择以出口形式服务外国市场。与同质性企业垄断竞争模型框架下不同,我们还发现高生产率企业更倾向于选择投资形式,并且当生产率的分布较分散使得更多企业获得较高的生产率时,将有更多的企业选择以投资形式服务外国市场。

13.3　本章小结

本章从简单的两国对称模型开始,拓展到两国非对称模型,最后考虑更一般的异质性企业模型。我们在不同的设定下讨论了企业国际化决策的一个重要问题:企业为了服务外国市场,什么时候会出口,什么时候会在海外设厂而成为水平型跨国公司?

我们展示了这一问题的关键影响因素——市场邻近和生产集中的权衡,也即当企业设厂的固定成本提高、出口的贸易成本降低、产品间替代弹性较小时,生产集中带来的优势更为显著,企业更倾向于选择出口形式;反之,则更倾向于选择投资形式。我们还发现,两国间经济规模的差距增大也会使企业更倾向于选择出口形式。进一步考虑异质性企业的设定,我们认识到不同生产率企业在服务外国市场形式选择上的不同:生产率相对较低的企业倾向于选择出口形式,而生产率相对较高的企业倾向于选择投资形式。因此,生产率的分布也会影响到经济体均衡时两种形式的比重。

参 考 文 献

Antràs, P. and S. Yeaple(2011),"Multinational firms and the structure of international trade", *Handbook of International Economics*, 4, 55–130.

Helpman, E., M. Melitz and S. Yeaple (2004), "Exports versus FDI with heterogenous firms", *The American Economic Review*, 94(1), 300–316.

习　题

13-1 假设两国对称，企业同质，初始均衡为所有企业都选择以投资形式服务外国市场。从此均衡出发，讨论如果此时企业被允许以出口形式向外国市场销售，什么情况下企业会改选出口形式，又在什么情况下企业仍旧选择直接投资形式？

附　录

13-1A 两国非对称模型下贸易成本的影响

不等式(13.10)左右两边分别对贸易成本 τ 求导可得：

$$\frac{\partial \text{左边}}{\partial \tau} = \left(1 + \frac{1}{2\frac{f_D}{f_E}+1}\right)\frac{(\omega^\sigma-1)(1-\omega^{1-\sigma})}{(\omega+1)(\tau^{\sigma-1}-1)^2}$$

$$\frac{\partial \text{右边}}{\partial \tau} = -\frac{1}{(\tau^{\sigma-1})^2}$$

给定 $\omega \neq 1, \sigma > 1$，左边对 τ 的偏导大于零，右边对 τ 的偏导小于零。因此可知，当 τ 增大时，不等式(13.10)左边增大，右边减小，不等式更容易成立。这意味着企业更倾向于选择市场邻近的形式服务外国市场。

13-2A 两国非对称模型下经济规模的影响

不等式(13.10)左边对 ω 求导的正负与 $\dfrac{\omega(\tau^{\sigma-1}-\omega^{-\sigma})+\tau^{\sigma-1}-\omega^\sigma}{(\omega+1)}$ 对 ω 求导的正负相同，而后者为：

$$\frac{\partial\left(\dfrac{\omega(\tau^{\sigma-1}-\omega^{-\sigma})+\tau^{\sigma-1}-\omega^\sigma}{(\omega+1)}\right)}{\partial \omega} = \frac{(1-\omega^{2\sigma})(\sigma-1)+\sigma\omega(1-\omega^{2(\sigma-1)})}{(\omega+1)^2\omega^\sigma}$$

当 $\omega=1$ 时，上式等于 0；当 $\omega<1$ 时，上式大于 0；而当 $\omega>1$ 时，上式小于 0。因此不等式(13.10)左边在 $\omega=1$ 时取最大值，即两国经济规模（或工资）差距越大，不等式(13.10)越难成立。

第 14 章　生产全球化

第 1 章我们介绍了新全球化阶段的特征：由于商品运输成本和思想交流成本大幅降低，单个产品的生产环节之间开始解绑，整个生产过程的不同环节可以被分割并置于相距很远的国家和地区。例如，电脑的生产过程按照分工所在国家的不同可以被分解为美国的 CPU、日本的内存、韩国的主板以及中国的机箱等。这种生产过程的解绑与在全球范围内的分工即为生产的全球化。离岸生产（Offshoring）是生产全球化的另一种称谓，这种称谓以生产全球化的决策者——跨国公司——的视角来描述生产全球化的现象。所谓离岸生产，指的是企业将其不同阶段的生产任务由企业所在国转移到其他国家。①

生产全球化（或离岸生产）是如何决定的呢？例如，在电脑的生产中，是什么原因导致 CPU 等环节只能在美国本土生产，而内存、主板和机箱等环节则可以被离岸至外国生产？进一步地，在离岸生产的环节中，有的环节可能由跨国公司在外国直接控制的工厂完成，如英特尔公司在中国设厂生产芯片；有的环节则可能由跨国公司与外国企业签订委托生产合同而外包给外国企业进行生产，如戴尔公司选择将电脑的组装任务交由外国代工企业完成。这两种离岸生产的形式分别被称为企业内离岸（Intrafirm Offshoring）和独立离岸（Arm's-length Offshoring）。企业内离岸有时也被称为垂直型国际直接投资，指的是跨国公司在国外设立子公司进行离岸生产。独立离岸则指的是跨国公司将离岸生产的任务外包给外国企业完成，这些外国企业与跨国公司之间没有从属关系。是什么原因使得部分环节需要通过在国外投资设厂来完成，而有些环节则需要采取独立离岸的形式来完成呢？

本章构建理论模型来分析这些问题。我们首先介绍任务贸易模型，这一模型由格罗斯曼和罗西-汉斯伯格（Grossman and Rossi-Hansberg, 2008）提出。在这一模型中，跨国公司通过简单比较每个生产环节在本国生产和在外国生产的成本，从而决定该环节是否留在本国生产。李志远（Li, 2013）在此模型的基础上做了简单拓展，考虑生产环节在不同离岸生产组织形式下成本的不同，从而判断每个生产环节企业应当选择怎样的离岸生产组织形式。

任务贸易模型对企业间的合作决策做了简化假设。在这一模型中，跨国公司与离岸生产企业间通过完美的市场机制，基于生产的成本进行交易。但在实践中，跨国公

---

① 海岸（Shore）象征着一国的国土范围，离岸（Offshore）代表着生产任务离开本土，移向外国。

司的离岸生产存在与离岸生产企业谈判、签订合约、监督、执行、处罚等合作环节,合作过程中各个环节的协调会形成交易成本,而这些交易成本将影响到跨国公司的离岸生产决策。本章也将对这一问题进行讨论。

14.1 任务贸易模型

14.1.1 基本设定

假设企业必须完成一系列"任务"才能生产一个产品,任务之间完全互补,即一个产品的生产需要用到所有的任务,且所使用的任务数量都为一个单位。这些任务可以是基础研究、产品设计、生产管理、零部件的加工、组装以及营销等,也可以是产品不同零部件(如电脑的鼠标、键盘、风扇、显示器、内存、主板、CPU 等部件)的生产。无论生产过程的具体任务是什么,我们将这些任务抽象为生产产品的不同任务阶段。

考虑有两个国家,本国和外国(外国的变量用"*"表示)。其中,本国是(跨国)企业所在国,外国是企业的生产任务离岸目的国。生产只需要劳动力这一种生产要素。对于任一任务 $i(i \in [0,1])$,在本国完成一单位的任务需要一个单位的劳动力,用 w 表示本国的工资水平,则在本国完成一单位任务 i 的成本为 w。如果该任务被离岸至外国,外国的工资水平为 w^*,完成一单位的任务需要 $\beta t(i)$ 个单位的劳动力,则离岸生产成本为 $\beta t(i) w^*$。

在离岸生产成本中,β 为与具体任务 i 无关的成本,代表任一任务离岸至外国必须支付的成本,我们将其称作"任务无关离岸生产成本",包括由于离岸目的国较差的基础设施、不完备的法律制度和较低的英语普及水平等使得企业额外支付的成本等。$t(i)$ 为离岸生产成本中随任务 i 的不同而变动的成本,我们将其称作"任务相关离岸生产成本"。假设 i 越大,$t(i)$ 越大。我们可以把 i 简单地理解为任务的"复杂度",任务越复杂,离岸该任务的成本就越高。①

发达国家的跨国公司将生产任务离岸至发展中国家的一个重要考虑是发展中国家有较低的劳动力成本。在本模型中,我们假设外国工资低于本国工资,$w^* < w$。为简化讨论起见,假设外国工资与本国工资的比值 w^*/w 外生给定。

14.1.2 离岸生产决策

给定两国要素价格,企业可以进行是否离岸生产的决策。显然,当某一任务在外国生产的成本相对更低时,企业会选择进行离岸生产;反之,企业会选择在本国生产。在所有任务中,存在一个临界任务 I_o,其在本国生产的成本与离岸生产的成本相同:

$$\beta t(I_o) w^* = w \Rightarrow \beta t(I_o) = w/w^* \tag{14.1}$$

---

① 实践中 i 所代表的因素可能不止任务的复杂度。本章做这样的假设只是为了讨论的方便。

临界任务的决定如图 14.1 所示。在生产产品所需完成的所有任务中,复杂度低于临界任务的任务($0 < i < I_o$),本国生产的成本要高于离岸生产的成本,故企业会将这部分生产环节离岸至外国;复杂度高于临界任务的任务则相反,本国生产的成本要低于离岸生产的成本,故企业会将这些任务留在本国完成。

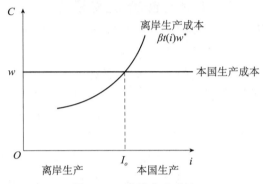

图 14.1　离岸生产成本

利用式(14.1),我们也可以讨论离岸生产成本下降对企业离岸生产决策的影响。假设任务无关离岸生产成本 β 下降至 β',这种下降可能来自外国基础设施的完善、互联网的普及或者英语普及水平的提升等。随着 β 的下降,离岸生产成本曲线下移,如图 14.2 所示。这时有更多的任务($i \in (I_o, I'_o)$),其离岸生产成本低于本国生产成本,从而这些任务也将被离岸至外国。

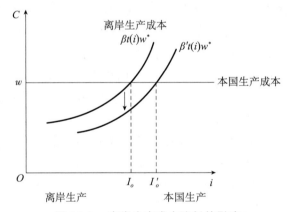

图 14.2　离岸生产成本降低的影响

14.1.3　离岸生产组织形式

利用上述简单框架,我们可以进一步讨论离岸生产组织形式的选择,即离岸生产的任务是采用企业内离岸还是独立离岸的形式进行。为回答这一问题,我们首先需要了解两种组织形式的差别。

两种组织形式之间存在沟通效率的差别。为了协调生产中出现的问题,跨国公司和离岸生产企业之间可能需要沟通,可供选择的沟通手段包括发邮件、打电话、开视频会议和线下开会等。当离岸生产的组织形式为企业内离岸时,由于跨国公司和离岸生产企业同属一个企业集团,两企业间可以较为方便地选择上述各种方式进行沟通。但是,当离岸生产的组织形式为独立离岸时,跨国公司和离岸生产企业之间的沟通就会受到一定的限制。例如,跨国公司不能很方便地安排员工去往离岸生产企业调研和指导,离岸生产企业反映的问题不能及时准确地传递给跨国公司相应的部门等。我们将两种组织形式沟通效率的差别模型化为沟通手段 K 的多寡,$K_m > K_a$,其中 K_m 和 K_a 分别表示企业内离岸和独立离岸的沟通手段。给定沟通手段 K,任务相关离岸生产成本变为 $t\left(\dfrac{i}{K}\right)$。由于 $t' > 0$,对于任一任务 i 有:

$$t\left(\dfrac{i}{K_m}\right) < t\left(\dfrac{i}{K_a}\right), \quad \forall i \neq 0, t(0) = 1$$

不同的任务对沟通手段的要求也不同。对于一些简单任务而言,沟通与协调这些任务的生产并不需要很频繁、复杂的交流,简单的邮件或者偶尔的电话甚至一张传真可能就完全足够。对于这样的任务,更多的沟通手段并不能显著地提升沟通效率。对于另外一些任务而言,频繁的、需要部门协调的或者面对面的沟通十分必要。例如,芯片的设计发生了改变,调整生产过程以适应这种设计变化需要产品经理、研发人员、工程师以及现场生产人员间的大量沟通。对于这样的任务,沟通手段的增加将大幅提升沟通效率。

沟通手段对于不同的任务而言重要性不同。我们将这种不同理解为两种组织形式下沟通效率的差别随着任务的不同而变化:

$$\dfrac{\partial\left(\dfrac{t\left(\dfrac{i}{K_a}\right)}{t\left(\dfrac{i}{K_m}\right)}\right)}{\partial i} > 0 \tag{14.2}$$

式(14.2)反映的是,对于复杂度较低的任务,尽管 $t\left(\dfrac{i}{K_m}\right) < t\left(\dfrac{i}{K_a}\right)$,但两者间的差异并不是很大。对于复杂度较高的任务,两者间的差异逐渐增大,$t\left(\dfrac{i}{K_m}\right)$ 相较于 $t\left(\dfrac{i}{K_a}\right)$ 越来越小。

两种组织形式之间还存在劳动力工资的差别。一般而言,跨国公司(在外国)的子公司(企业内离岸企业)往往比外国本土企业(独立离岸企业)支付给工人的工资要高。例如,在中国对外开放的初期,中国外资企业的工资水平比内资企业要高出很多。因此,企业内离岸形式下的离岸生产企业比独立离岸形式下的离岸生产企业支付给工人的工资要高。造成企业内离岸企业工资水平较高的原因有很多,其中一个原因是两类企业在对员工的监管效率上存在差异。对于企业内离岸企业而言,跨国公司与外国离岸企业员工之间存在委托代理关系。由于跨国公司不能完美监控离岸企业员工的每一个行为,跨国公司只能通过提升其付给离岸企业员工的工资以降低员工不努力工作(或称"偷懒")的动机。①而对独立离岸企业而言,其与企业内离岸企业相比委托代理关系较弱,独立离岸企业员工的表现又可以被企业所有者本地直接监管,故离岸企业不需要通过支付高工资以降低员工偷懒的动机。

企业内离岸企业为了降低员工偷懒的动机而支付给员工的较高工资被称为"效率工资"(Efficiency Wage)。本模型中,记跨国公司在外国设立的企业内离岸企业工资为w_m,其与外国本土企业(包括独立离岸企业)支付的工资w^*之间的关系由下式给定:

$$w_m = w^* + \frac{L^*}{L^* - L_m} \frac{d}{q} \tag{14.3}$$

其中,q表示跨国公司对代理人的监管力度,d表示代理人因努力工作而丧失闲暇带来的效用损失,L^*为外国劳动力总数,L_m为跨国公司设立的离岸工厂在外国雇用的劳动力数量。

根据式(14.3),由于$L^* > L_m$,企业内离岸形式支付的工资w_m总是比独立离岸形式支付的工资w^*要高,即$w_m > w^*$。当跨国公司对代理人的监管力度q提升时,跨国公司离岸工厂的员工偷懒的行为更容易被发现,其偷懒的动机减弱,跨国公司支付的效率工资相应降低。类似地,当员工因努力工作而丧失闲暇带来的效用损失d降低时,其偷懒的动机减弱,跨国公司支付的效率工资也相应降低。最后,跨国公司的效率工资也与其雇用外国劳动力数量占外国劳动力总数的比重L_m/L^*有关。根据式(14.3)可以得到:

$$w_m = w^* + \frac{1}{1 - \frac{L_m}{L^*}} \frac{d}{q}$$

可知,w_m是跨国公司雇工占比L_m/L^*的增函数。跨国公司雇工占比反映了外国劳动力在跨国公司离岸工厂找到工作的难易程度。当跨国公司雇工占比提升时,即使跨国公司离岸工厂的员工因偷懒被抓而被解雇,他也能有较大的机会重新在跨国公司离岸工厂找到工作。因此,在这种情况下,跨国公司离岸工厂的员工偷懒的机会成本降低,跨国公司需要支付更高的效率工资以抵消员工偷懒动机的增强。

简单总结,两种组织形式在沟通效率和劳动力工资方面存在差别:企业内离岸形式相较于独立离岸形式需要支付更高的工资,但与此同时企业内离岸形式相对而言有着更高的沟通效率。由此可知,跨国公司离岸生产组织形式的选择在于沟通成本与劳动力成本之间的权衡。特别地,对于不同复杂度的任务而言,企业内离岸形式具有的沟通效率优势不同。复杂度越高的任务,企业内离岸带来的沟通成本节约越大。这将使得跨国公司针对不同的任务,选择不同的离岸生产组织形式。接下来我们具体讨论离岸生产组织形式

---

① 由于代理人获得较高的工资,其偷懒行为一旦被发现就会面临较高的损失。因此,较高的工资代表代理人在外资企业偷懒的机会成本,机会成本的提升降低了代理人偷懒的动机。

的选择。

离岸生产组织形式选择

根据上述讨论,我们得到企业内离岸生产和独立离岸生产的成本分别为 $\beta t\left(\dfrac{i}{K_m}\right)w_m$ 和 $\beta t\left(\dfrac{i}{K_a}\right)w^*$。图 14.3 展示了不同组织形式下离岸生产成本的相对大小。①图中,独立离岸的生产成本曲线较企业内离岸的生产成本曲线斜率更大,这是因为根据式(14.2),随着任务复杂度的提升,企业内离岸与独立离岸的沟通成本 $t\left(\dfrac{i}{K_m}\right)$ 和 $t\left(\dfrac{i}{K_a}\right)$ 的差别越来越大。

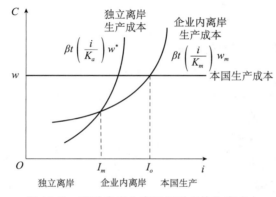

图 14.3　两种离岸生产组织形式的生产成本

跨国公司离岸生产组织形式的选择在于比较这两种离岸生产成本的相对大小。任务 I_m 为独立离岸和企业内离岸两种组织形式的临界任务,方便起见我们称之为"企业内离岸的临界任务"。对于该任务而言,两种组织形式的成本相同:

$$t\left(\frac{I_m}{K_m}\right)w_m = t\left(\frac{I_m}{K_a}\right)w^*$$

任务 I_o 为是否离岸的临界任务,或称"离岸生产临界任务"。对于该任务而言,本国生产成本和企业内离岸生产成本相同:

$$\beta t\left(\frac{I_m}{K_m}\right)w_m = w^*$$

由于 $w > w_m > w^*$,假设外国工资 w_m 和 w^* 相对于本国工资 w 足够低,则对于复杂度较低的生产任务($i \in [0, I_m)$),两种离岸生产的成本都低于本国生产的成本,故跨国公司必然选择将这部分任务离岸至外国。另外,由于 $w_m > w^*$,独立离岸在劳

---

① 两种离岸生产的成本曲线可能还有另外一种形态,即两条曲线交点对应的生产成本大于本国生产成本。在这种情况下,如果任务被离岸生产,其组织形式必然为独立离岸形式。由于其与经济实践不符,因此本章略去对这种情况的讨论。

动力工资方面相对于企业内离岸具有优势。同时,这些任务对沟通效率的要求不高,这使得企业内离岸相对于独立离岸的沟通效率优势得不到体现。因此,跨国公司将以独立离岸的形式对这些任务进行离岸生产。

对于复杂度相对较高的生产任务($i \in (I_m, I_o)$),此时仍有至少一种形式的离岸生产成本低于本国生产成本,故跨国公司仍然会选择将这部分任务离岸至外国。在两种组织形式的选择中,独立离岸仍然相对于企业内离岸具有劳动力工资方面的优势。但是,由于这些任务复杂度较高,其对沟通效率的要求较高,企业内离岸相对于独立离岸能够大幅降低沟通成本。因此,跨国公司更倾向以企业内离岸的形式对这些任务进行离岸生产。

最后,当任务复杂度非常高时($i \in (I_o, 1)$),跨国公司通过离岸生产获得的劳动力工资节约不足以抵消其额外支付的沟通成本,离岸生产成本因此高于本国生产成本,跨国公司将选择把这些任务留在本国。

离岸生产成本降低对生产组织形式的影响

利用这一模型我们可以研究离岸生产成本的降低对离岸生产组织形式的影响。与上一小节一样,我们将离岸生产成本的降低理解为任务无关离岸生产成本 β 的降低。

β 的降低会直接影响到两种组织形式的离岸生产成本,这一影响如图 14.4 所示。由 β 降低直接引发的两种组织形式离岸生产成本的降低表现为两条生产成本曲线的下移。而且,由于 β 对两种生产成本的贡献相同,故两条生产成本曲线等比例向下移动,这使得企业内离岸的临界任务 I_m 不变。但是,由于企业内离岸生产的成本相对于本国生产的成本降低,离岸生产临界任务 I_o 提升至 I_o'。因此,离岸生产成本降低产生的直接效应是更多的任务被跨国公司离岸至外国,而且这些新被离岸的任务将以企业内离岸的组织形式进行生产。同时,离岸生产成本降低并不直接改变原有已经离岸的任务的生产组织形式。

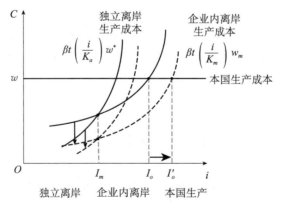

图 14.4　离岸生产成本降低的直接影响

β 的降低也会通过间接渠道影响两种组织形式的离岸生产成本。首先,由于企业内离岸生产的任务范围为 $[I_m, I_o]$,可得企业内离岸形式对外国劳动力的需求为:

$$L_m = \frac{L}{1-I_o}\beta \int_{I_m}^{I_o} t\left(\frac{i}{K_m}\right)\mathrm{d}i \tag{14.4}$$

其中,L 为本国劳动力数量,$1-I_o$ 为单位产品本国生产任务所需的劳动力数量。两者的比值 $\frac{L}{1-I_o}$ 为生产的产品总量。产品总量乘以 $\beta \int_{I_m}^{I_o} t\left(\frac{i}{K_m}\right)\mathrm{d}i$(单位产品企业内离岸生产任务所需的外国劳动力数量),可得企业内离岸生产所需的外国劳动力数量。

显然,β 的降低代表着单位产品企业内离岸生产任务所需的劳动力数量减少,因此,β 的降低会减少企业内离岸生产所需的外国劳动力数量 L_m。进一步地,根据式(14.3),L_m 的下降可以增大企业内离岸企业工人偷懒的机会成本,从而降低企业内离岸企业支付给外国劳动力的效率工资 w_m。

由此,我们发现,β 的降低可以间接降低企业内离岸生产成本,这一影响如图14.5所示。企业内离岸企业支付的工资下降使得企业内离岸的生产成本曲线向下移动。同时,由于独立离岸企业支付的工资 w^* 保持不变,独立离岸的生产成本曲线保持不变。这就使得企业内离岸的临界任务 I_m 变小,离岸生产的临界任务 I_o 变大。因此,当 β 降低时,企业内离岸的任务范围增大,而独立离岸的任务范围缩小。①

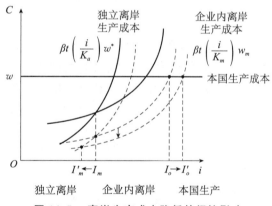

图14.5 离岸生产成本降低的间接影响

稍作总结,我们发现,任务无关离岸生产成本 β 的降低会使得更多的任务被离岸至外国,并且新被离岸的任务将以企业内离岸的形式在外国生产。这是因为相较于之前已经离岸的任务,这些新的任务具有更高的复杂度,对沟通效率的要求更高。同时,β 的降低可能缩小独立离岸的任务范围,降低独立离岸在整个离岸生产中所占的比重。模型的这一结论可以为中国的实践经验所证实。

离岸生产成本降低与中国经验

图14.6展示了1992—2008年中国加工贸易中外商独资企业和非外商独资企业

---

① 当然,根据式(14.4),由于企业内离岸的任务范围增大(I_m 减小,I_o 增大),企业内离岸的劳动力需求 L_m 也会相应扩张,从而使图14.5中的企业内离岸生产成本曲线上移,部分抵消 β 降低的间接效应。

加工贸易出口值的变化。在中国,加工贸易代表着外国企业将部分生产任务转移至中国,可以看作外国企业在中国的"离岸生产"。其中,外商独资加工贸易代表外国企业在中国设立子公司来完成生产任务,可以理解为企业内离岸组织形式;而非外商独资加工贸易代表外国企业将生产任务外包给中国本土企业(或合资企业),可以理解为独立离岸组织形式。1992—2008年,中国非外商独资加工贸易的年均增长率仅约15%,而外商独资加工贸易的年均增长率则达到近34%,远高于非外商独资加工贸易的增长率。

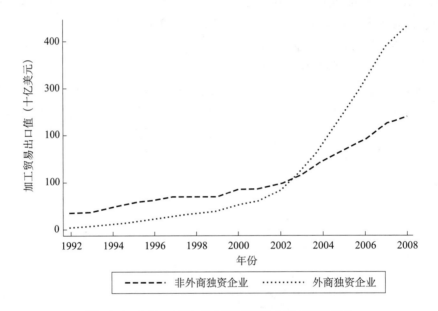

图14.6　1992—2008年中国不同形式加工贸易增长

资料来源:作者整理中国海关数据得到。

根据任务贸易模型,中国外商独资加工贸易相对于非外商独资加工贸易的快速增长可以由中国离岸生产成本的下降给出解释。如第3章所介绍的,在这一时期中国大幅开放本国市场,减少国际贸易的政策障碍,鼓励加工贸易,吸引外资,建立特殊政策区等。这些政策调整大大降低了外国企业向中国离岸生产任务的成本。

例如,在这些政策中,中国建立的大量出口加工区就特别针对加工贸易降低了离岸生产的成本。出口加工区内的企业可以免交进出口货物关税和企业增值税。它们在进出口配额和许可证管理、银行台账管理、加工贸易登记管理等方面享有豁免权,也可以购买到价格更为低廉的中间品(因为中间品供应商向这些企业供货可以获得增值税退税,成本更低从而价格更低),还可以优先享受简化的通关手续和24小时的海关支持。所有这些优惠政策都大大降低了出口加工区内企业完成离岸生产任务的经营成本和时间成本。这些成本的降低如任务贸易模型所示,可以提升离岸生产中企业内离岸所占的比重。

14.2 离岸生产的合约理论模型

在任务贸易模型中,我们聚焦于不同的生产环节讨论企业对这些环节的离岸生产决策。在决策过程中,企业决策的标准为生产环节在本国和外国或者在外国不同组织形式下的生产成本。这里考虑的生产成本忽略了离岸生产中不同行为主体间合作带来的交易成本。

事实上,无论是企业内离岸还是独立离岸,跨国公司(本国总部)与离岸生产企业(包括其在外国的子公司或外包合作的外国企业)均为独立的行为主体。而独立行为主体各有其最优目标,不同主体间的目标不同,这就可能引发合作的交易成本。

例如,跨国公司与离岸生产企业签订合约完成生产的某种任务。跨国公司要求这种任务能够完美完成,而子公司或外包企业则希望在最小的成本下完成。合作双方可能在最后交易的时点对任务是否达标等产生分歧,进而导致合作失败。

一旦最终合作失败,双方都可能遭受损失。合作双方最后交易之前已经生产出来的产品(或者已经完成的任务)具有一定的专有性。例如,米其林轮胎制造商为奔驰汽车制造轮胎,其提供的轮胎必须适应奔驰品牌的车型。所以,如果双方在最后交易环节无法达成一致,那么即使轮胎制造商可以将中间产品(轮胎)转卖给其他汽车品牌,也需要进行额外的调整,或者折价销售。由于合作破裂遭受损失可能性的存在,合作双方将只从自身实际能从交易中获得的收益角度计算个体的最优投入,而这种个体的最优投入比双方共同收益最大化的投入要少。合作双方各自减少专有性生产的投资,这就使得跨国公司和离岸生产企业间的合作效率下降。这类效率损耗可以被看作离岸生产合作过程的交易成本。这种成本不是双方生产过程中产生的成本,而是市场经济主体间交易产生的成本。

相似地,即使离岸生产企业是跨国公司的子公司,跨国公司与子公司的合作也存在破裂的可能,合作双方也会因各自收益的计算而减少专有性生产的投资,使得双方的合作效率下降,带来交易成本。

本节考虑这种交易成本的存在对企业离岸生产决策的影响。

14.2.1 独立离岸的交易成本

独立离岸合约执行过程

我们首先明确合约的执行过程以理解交易成本的来源。将跨国公司(本国总部)用 H 表示,离岸生产企业用 M 表示。产品生产过程需要完成两种任务:一种是产品研发任务,这种任务由跨国公司在本国完成;另一种是生产任务,这种任务由离岸生产企业完成。例如,苹果公司将手机的研发业务放在美国,而将组装业务放到外国。

假定跨国公司无法确保离岸生产企业生产的产品一定满足要求,故跨国公司与离岸生产企业需要在生产完成后的最后交易时点确认任务是否达标,此时合作存在破裂的可能。一旦合作破裂,双方前期的产出将无法实现其全部潜在用途,双方都将遭受损失。

我们将跨国公司与离岸生产企业的合作过程理解为以下五个阶段:

(1) $t=1$ 阶段,跨国公司在本国完成产品研发任务。假设研发任务能够形成一种产品——服务品。企业首先支付独立离岸的固定成本 f_F^O,然后生产服务品,服务品产量为 h。

(2) $t=2$ 阶段,跨国公司向多家离岸生产企业给出离岸生产要求,并最终选择一家离岸生产企业进行生产。离岸生产企业为了获得生产任务,需要首先支付一笔预付款 T 给跨国公司。初始生产合约明确预付款 T 的金额。

(3) $t=3$ 阶段,离岸生产企业完成产品生产任务。同样假设生产任务的完成能够形成一种产品——中间品。离岸生产企业根据自身利润最大化原则选择中间品产量 m。

(4) $t=4$ 阶段,跨国公司与离岸生产企业谈判确定总收益的分成比例。

(5) $t=5$ 阶段,如果合作双方确认继续交易,则离岸生产企业向跨国公司交付中间品,交付过程产生额外的贸易成本 τ。跨国公司将服务品和中间品整合产出最终品,最终品的生产函数为:

$$y(\omega) = \lambda\varphi\left(\frac{h}{\eta}\right)^{\eta}\left(\frac{m}{1-\eta}\right)^{1-\eta} \tag{14.5}$$

其中,ω 代表一个跨国公司,φ 为该跨国公司最终品的生产率,λ 代表不同离岸生产组织形式的离岸效率,η 代表最终品生产中服务品的重要程度,称为总部密集度(Headquarter Intensity)。①跨国公司完成最终品生产后销售给消费者,获得的收益按照第四阶段达成的分成比例分配给离岸生产企业。

离岸生产合作过程中,合作双方均有一定的机会成本。对跨国公司而言,如果双方合作破裂,那么其将没有时间再寻找另一家离岸生产企业生产中间品。所以,跨国公司已经生产出的 h 数量的服务品将因无法与中间品进行整合而无法销售,跨国公司因此获得的收益为 0。

对独立离岸生产企业而言,其拥有中间品的所有权,因此可以向市场中其他跨国公司出售中间品。但是,中间品的生产具有一定的专有性,向其他跨国公司出售中间品将使企业获得成功合作总收益 R^O 的一小部分。例如,假设米其林轮胎制造商生产的奔驰车轮胎被奔驰汽车采购,则米其林轮胎制造商与奔驰汽车合作生产获得的总收益为 R^O。假设米其林轮胎制造商与奔驰汽车的合作破裂,那么这些轮胎转卖获得的收益只有 $(1-\phi)R^O$。其中,$\phi(\phi\in(0,1))$ 表示中间品的专有性,专有性越高则转卖获得的收益越低。

---

① 独立离岸形式的离岸效率可能高于企业内离岸形式。例如,企业内离岸相较于独立离岸更容易出现员工的偷懒行为,所以企业内离岸可能会比独立离岸具有更高的边际生产成本。后文中我们将假设独立离岸 $\lambda>1$,企业内离岸 $\lambda=1$。

合作与生产决策

在跨国公司与离岸生产企业的合作过程中,合约的规定(如预付款 T)、跨国公司的产量 h、离岸生产企业的产量 m 都将由企业自主决定。理解离岸生产的过程与跨国公司的选择,我们需要求解出这些内生变量。这些内生变量的求解采用逆向归纳法(Backward Induction)进行。

合作与生产过程是按顺序发生的,后面阶段的行动者在进行最优决策前可以观察到之前阶段的所有结果,因此他们将基于前一阶段行动者的决策选择最优策略。换句话说,对前一阶段的行动者而言,他们也可以预判自身决策后,后一阶段行动者的最优策略,因此也可以判断自身在当前阶段采取各种策略最终产生的回报。根据这种对后续阶段的完全预期,行动者可以选出当前阶段的最优策略。

模仿各阶段行动者的最优策略选择过程,逆向归纳法从最后一个阶段的最优决策开始,逐步向前推导得出前面阶段的最优决策。在离岸生产合作问题中,我们首先确定阶段四合约双方的总收益分成比例。基于这一分成比例,离岸生产企业根据利润最大化原则选择中间品生产数量 m。由于离岸生产市场中离岸生产企业很多,为了成为跨国公司的专有供应商,离岸生产企业将愿意把所有盈余作为预付款转移给跨国公司,自己正好保持盈亏平衡的状态。跨国公司根据这一原则决定向离岸生产企业收取的预付款金额 T。最后,跨国公司根据利润最大化原则决定服务品的生产数量 h。这样,合作与生产决策得解。接下来我们详细介绍这一求解过程。

第一步:阶段四,收益分成协商。

我们首先通过纳什谈判(Nash Bargaining)①确定跨国公司 H 和离岸生产企业 M 的收益分成比例。将独立离岸形式下合作成功情况下两者的收益分别记为 R^{Oh} 和 R^{Om},合作破裂情况下两者的收益分别记为 R_0^{Oh} 和 R_0^{Om}。合作破裂时,跨国公司将不会有任何收益,因此 $R_0^{Oh} = 0$;而离岸生产企业掌握其生产出来的中间品,将其转卖可获得合作收益的 $1 - \phi$ 部分,即 $R_0^{Om} = (1 - \phi)R^O$。假设双方讨价还价的能力相当(均为 $1/2$),根据纳什谈判的定义,纳什谈判得到的跨国公司和离岸生产企业的收益 R^{Oh} 和 R^{Om} 满足:

$$\max_{R^{Oh}, R^{Om}} (R^{Oh} - R_0^{Oh})^{\frac{1}{2}} (R^{Om} - R_0^{Om})^{\frac{1}{2}}, \qquad R^{Oh} + R^{Om} = R^O \tag{14.6}$$

纳什谈判的收益分成类似于在柯布-道格拉斯函数形式下,以双方的讨价还价能力为权重,在总收益为 R^O 的约束下,双方共同商议实现目标函数最大化并分配收益的过程。为了使合约得以执行,合作双方都至少要获得比合作破裂情况更高的收益,即合作各方各自的实际收益 $R^{Oh} - R_0^{Oh} > 0$ 和 $R^{Om} - R_0^{Om} > 0$。对上述纳什谈判问题求解,我们得到 $R^{Oh} = \frac{1}{2}\phi R^O, R^{Om} = \left(1 - \frac{1}{2}\phi\right)R^O$。

我们发现,尽管合作双方的初始讨价还价能力相当,但由于各方合作的机会成本

---
① 纳什谈判的简要介绍参见本章附录。

不同,在纳什谈判下实际取得的收益分成比例也不同。在独立离岸形式下,离岸生产企业拥有中间品的所有权,有转卖中间品的外部选择。但是对于跨国公司而言,其生产的服务品只有与中间品结合才能获益,没有外部选择,离岸生产企业的实际讨价还价能力相对更大。因此,离岸生产企业的实际讨价还价能力会使其获得超过 1/2 的收益分成,而跨国公司只能获得低于 1/2 的收益分成。

另外,离岸生产企业的实际讨价还价能力随着中间品专有性的提升而降低。中间品的专有性越低,离岸生产企业在合作破裂后能够获得的收益越高,纳什谈判后实际讨价还价能力越强。极端条件下,如果中间品专有性为零($\phi=0$),离岸生产企业的实际讨价还价能力将达到最强(1)。独立离岸形式下跨国公司和离岸生产企业的收益分成比例分别用 β^{Oh} 和 β^{Om} 表示,可以得到双方的实际讨价还价能力分别为:

$$\beta^{Oh} = \frac{1}{2}\phi, \beta^{Om} = 1 - \frac{1}{2}\phi \tag{14.7}$$

第二步:阶段三,离岸生产企业决策。

离岸生产企业根据对阶段四收益分成比例的预期,选择最优的中间品生产数量 m 以实现利润最大化:

$$\max_{m} \pi_M = \left(1 - \frac{1}{2}\phi\right)R^O - \tau w^F m - T$$

其中,w^F 为离岸生产企业所在国(外国)的工资,$R^O = p(\omega)q(\omega)$,$p(\omega)$ 和 $q(\omega)$ 分别表示企业 ω 生产的最终品的价格和数量。

与第 9 章中的假设类似,经济体对企业 ω 生产的最终品的需求函数为 $q(\omega) = Ap(\omega)^{-\sigma}$,$A$ 表示市场整体状况。在均衡时最终品的产出等于需求,即 $y(\omega) = q(\omega) = Ap(\omega)^{-\sigma}$,由此可得离岸生产企业的利润函数为:

$$\max_{m} \pi_M = \left(1 - \frac{1}{2}\phi\right)A^{\frac{1}{\sigma}}\left(\lambda\varphi\left(\frac{h}{\eta}\right)^{\eta}\left(\frac{m}{1-\eta}\right)^{1-\eta}\right)^{1-\frac{1}{\sigma}} - \tau w^F m - T \tag{14.8}$$

给定跨国公司服务品产量 h,求解离岸生产企业的利润最大化问题,可得其生产的中间品的最优产量 m 为:

$$m = (1-\eta)\left(\frac{\left(1-\frac{1}{2}\phi\right)\left(1-\frac{1}{\sigma}\right)}{\tau w^F}(\lambda\varphi)^{1-\frac{1}{\sigma}}A^{\frac{1}{\sigma}}\left(\frac{h}{\eta}\right)^{\eta\left(1-\frac{1}{\sigma}\right)}\right)^{\gamma} \tag{14.9}$$

其中,$\gamma \equiv \dfrac{1}{1-(1-\eta)\left(1-\frac{1}{\sigma}\right)}$。根据中间品的最优产量,结合最终品的生产函数与需求函数,可得在跨国公司服务品产量为 h 的情况下,该跨国公司最终品的价格为:

$$p = \left(\left(\frac{\left(1-\frac{1}{2}\phi\right)\left(1-\frac{1}{\sigma}\right)}{\tau w^F}\right)^{-\frac{1-\eta}{\sigma}}(\lambda\phi)^{-\frac{1}{\sigma}}A^{\frac{\eta}{\sigma}}\left(\frac{h}{\eta}\right)^{-\frac{\eta}{\sigma}}\right)^{\gamma} \tag{14.10}$$

第三步:阶段二,确定预付款金额。

在完全竞争市场中,离岸生产企业为了成为跨国公司的专有供应商,会将自己所

有盈余全部支付给跨国公司,即$\pi_M = 0$。因此,合约预付款金额为:

$$T = \left(1 - \frac{1}{2}\phi\right)py - \tau w^F m$$

第四步:阶段一,跨国公司生产决策。

考虑到跨国公司从离岸生产企业处收到的预付款,跨国公司实际得到整个生产过程的全部利润:

$$\max_h \pi_H = \frac{1}{2}\phi py - w^H h + T - w^H f_F^O = py - w^H h - \tau w^F m - w^H f_F^O \quad (14.11)$$

可以发现,跨国公司此时最大化的利润式与由其同时完成服务品和中间品生产情况下的利润式完全相同。唯一不同之处在于前一种情况下跨国公司只决定服务品的产量,而后一种情况下跨国公司同时决定服务品和中间品的产量。

将中间品最优产量式(14.9)和最终品价格式(14.10)代入跨国公司的利润函数(式(14.11)),最大化该利润函数可得跨国公司服务品的最优产量h,进一步代入利润函数可得跨国公司的最大利润为:

$$\pi_H^O = \lambda^{\sigma-1} \phi^{\sigma-1} B \left((\tau w^F)^{1-\eta} (w^H)^\eta\right)^{1-\sigma} \Gamma_o - w^H f_F^O \quad (14.12)$$

其中,

$$B = \frac{1}{\sigma}\left(\frac{\sigma-1}{\sigma}\right)^{\sigma-1} A$$

$$\Gamma_O = \left(\frac{\sigma - (\sigma-1)\left(1 - \frac{1}{2}\phi\right)(1-\eta)}{\sigma - (\sigma-1)(1-\eta)}\right)^{\sigma-(\sigma-1)(1-\eta)} \left(1 - \frac{1}{2}\phi\right)^{(1-\eta)(\sigma-1)} \quad (14.13)$$

交易成本的来源

式(14.13) 代表跨国公司与离岸生产企业合作带来的交易成本。更准确地讲,Γ_O代表因交易成本存在而产生的总利润折损。Γ_O越小,利润折损越大,交易成本越大。

交易成本来源于合作双方在实际交易前无法签订完备的合约规范所有的行为,而需要在生产后再进行谈判和协商。产品的专有性使得双方在生产后再谈判阶段的谈判砝码不同。如果某一方在生产前预料到自己在谈判中砝码较低,获得的收益较少,那么其在实际生产中就会减少投资,使得企业合作的效率降低,带来交易成本。

为了更清楚地看到这一点,我们考虑极端的情况,假设中间品专有性$\phi = 0$。此时离岸生产企业即使在合作破裂情况下也将得到成功合作情况下的所有收益R^O。因此,离岸生产企业在选择其专有资产产量m时(据式(14.8)),其选择的专有资产生产水平与最大化全部利润的专有资产生产水平完全相同(据式(14.11),但选择变量为h和m)。此时,离岸生产企业的投入水平与中间品产量没有因离岸生产合作而受到扭曲,相应地跨国公司的投入水平与服务品产量也不会因离岸生产合作而扭曲(据式(14.12)),合作带来的利润折损为零,交易成本为零,$\Gamma_O = 1$。

令中间品存在一定的专有性,$0 < \phi < 1$。由于合作存在破裂的可能,离岸生产企

业实际分得的收益仅为成功合作情况下总收益的一部分，$\left(1-\frac{\phi}{2}\right)R^O < R^O$。考虑到自身分得收益的减少，离岸生产企业因此减小其专有资产的产量 m（据式(14.8)）。离岸生产企业实际分得的收益越少，其专有资产的产量就越小（据式(14.9)）。而离岸生产企业专有资产的生产进一步影响到跨国公司服务品的生产，最终造成专有资产产量 m 和服务品产量 h 都偏离最大化全部利润时应有的产量（据式(14.11)），离岸生产合作的不确定性带来整体利润的折损，交易成本上升，$\Gamma_O < 1$。

总之，交易成本是产品专有性 ϕ 的增函数。专有性越强，企业越可能因惧怕合作破裂造成损失而缩减投入（Hold Up），从而使得总产出偏离经济体的最优产出，利润折损增大，Γ_O 变小。根据式(14.13)也可以证明，Γ_O 是总部密集度 η 的增函数。这意味着，当中间品在生产中变得更重要时（η 降低），中间品生产不足导致的最终品生产的下降幅度会更大，离岸生产与最优总产量和总利润的偏离就越大，Γ_O 越小，离岸生产的交易成本越大。

14.2.2 企业内离岸的交易成本

企业内离岸交易的双方为跨国公司与其在外国的子公司。我们考虑两种情况：第一种情况下，企业内离岸交易双方的行为更容易通过组织内部协调，合作破裂的可能性较小。假设企业内离岸交易的双方可以通过内部协调完美避免任何可能的合作破裂情形，在这种情况下双方存在完全的信任，因此不存在任何交易成本。第二种情况下，离岸生产企业（跨国公司的外国子公司）生产的中间品仍然可能不满足跨国公司的要求，双方必须在中间品生产结束后谈判以决定双方的收益分成。由于离岸生产企业是跨国公司的子公司，显然子公司不可能存在将中间品转卖给其他企业的可能，因此外国子公司在再谈判中将处于劣势地位。基于这样的预期，外国子公司的经理也同样会减少中间品的生产，使得企业内合作的效率降低。在这种情况下，企业内离岸类似独立离岸，也将存在交易成本，并且由于外国子公司的地位比独立离岸情况下要低，交易成本可能更大。我们分别考虑这两种情况下企业的最优决策。

情况1：完美协调的企业内离岸

由于跨国公司与其外国子公司的行为可以完美协调，因此企业内离岸的决策就简化为跨国公司最大化生产的全部利润。此时的利润最大化问题表达为：

$$\max_{h,m} \pi_H = p(\omega)q(\omega) - w^H h - \tau w^F m - w^H f_F^I \tag{14.14}$$

其中，$w^H f_F^I$ 为企业内离岸需要支付的固定成本。显然，这一利润最大化问题与独立离岸形式下跨国公司利润最大化问题（式(14.11)）的目标函数相似，主要区别在于此处跨国公司同时决定服务品和中间品的产量 h 和 m，而在独立离岸合作问题中跨国公司只能决定服务品的产量 h。

由于跨国公司可以全权决定企业内离岸交易双方的产出，故在此情况下不存在交易成本。将跨国公司最终品的生产函数式(14.5)代入,并假设企业内离岸的离岸效率 $\lambda=1$,则对利润最大化问题求解可得服务品和中间品的产量满足:

$$\left(\frac{m}{1-\eta}\right)\bigg/\left(\frac{h}{\eta}\right)=\frac{w^H}{\tau w^F}$$

我们已经假设最终品的需求函数为 $q(\omega)=Ap(\omega)^{-\sigma}$,因此可以进一步得到跨国公司最终品的最优价格为:

$$p(\omega)=\frac{1}{\varphi}\frac{\sigma}{\sigma-1}(w^H)^\eta(\tau w^F)^{1-\eta}$$

由此,完美协调的企业内离岸情况下跨国公司的利润为:

$$\pi_H^{I*}=\varphi^{\sigma-1}B\left((w^H)^\eta(\tau w^F)^{1-\eta}\right)^{1-\sigma}-w^H f_F^I \tag{14.15}$$

其中,B 的定义与式(14.12)相同。

情况 2:不完美协调的企业内离岸

由于企业内离岸交易双方的行为和利益不能完美协调,因此交易双方的合作存在破裂的可能。假设企业内离岸的合约内容和执行过程与独立离岸情况下相同,只是企业内离岸情况下双方合作破裂时的收益安排有所变化。假设外国子公司生产的中间品不能达到跨国公司的要求,双方合作破裂,跨国公司对外国子公司生产的中间品拥有所有权,并且可以转卖这部分中间品。①转卖这些中间品可以使跨国公司获得成功合作情况下总收益 R^I 的 δ 部分($\delta<1$),此时跨国公司的收益为 δR^I,而外国子公司的收益为 0。与独立离岸情况下中间品专有性度量 ϕ 的含义相反,δ 越大,中间品的专有性越低。

不完美协调的企业内离岸情况的求解与独立离岸情况方法相同。记此时跨国公司和外国子公司的收益分别为 R^{Ih} 和 R^{Im},合作破裂时双方的收益分别为 R_0^{Ih} 和 R_0^{Im},根据上述讨论有 $R_0^{Ih}=\delta R^I, R_0^{Im}=0$。

仍旧采用逆向归纳法求解。企业内离岸情况下纳什谈判得到的跨国公司和外国子公司的收益 R^{Ih} 和 R^{Im} 满足:

$$\max_{R^{Ih},R^{Im}}(R^{Ih}-R_0^{Ih})^{\frac{1}{2}}(R^{Im}-R_0^{Im})^{\frac{1}{2}},\quad R^{Ih}+R^{Im}=R^I$$

对此问题求解可得 $R^{Ih}=\frac{1}{2}(1+\delta)R^I, R^{Im}=\frac{1}{2}(1-\delta)R^I$。由于跨国公司拥有中间品的所有权,因此具有较高的实际讨价还价能力,且中间品的专有性越低(δ 越大),跨国公司的实际讨价还价能力就越强。将企业内离岸情况下跨国公司和外国子公司的收益分成比例分别用 β^{Ih} 和 β^{Im} 表示,得到:

$$\beta^{Ih}=\frac{1}{2}(1+\delta),\beta^{Im}=\frac{1}{2}(1-\delta)$$

采用与独立离岸情况下类似的求解方法,容易得到企业内离岸跨国公司的最大利

---

① 此时这部分中间品不能用于生产最终品,因为它们达不到跨国公司的质量要求。

润为：
$$\pi_H^I = \varphi^{\sigma-1} B \left((w^H)^\eta (\tau w^F)^{1-\eta}\right)^{1-\sigma} \Gamma_I - w^H f_F^I \tag{14.16}$$

其中，
$$\Gamma_I = \left(\frac{\sigma-(\sigma-1)\frac{1}{2}(1-\delta)(1-\eta)}{\sigma-(\sigma-1)(1-\eta)}\right)^{\sigma-(\sigma-1)(1-\eta)} \left(\frac{1}{2}(1-\delta)\right)^{(1-\eta)(\sigma-1)} \tag{14.17}$$

$\Gamma_I < 1$ 代表在不完美协调的企业内离岸情况下，因存在交易成本而产生总利润折损。①

比较 Γ_I 与 Γ_O 我们发现，两种情况下因交易成本的存在而导致的总利润折损产生的机理完全一样，都来自离岸生产企业 M 因担心合作破裂造成损失而选择减少投入。由于离岸生产企业生产的中间品减少，跨国公司生产的服务品相应减少，跨国公司最终品产量减少，总利润降低。

与独立离岸情况下不同，企业内离岸情况下合作破裂时中间品的所有权不在离岸生产企业手中，故离岸生产企业对合作破裂的担心和由此产生的投入减少问题比独立离岸情况下更为严重。首先，无论中间品专有性的取值为何（$\delta \in [0,1]$），离岸生产企业总会选择减少投入，因为任何情况下离岸生产企业只能得到部分收益（$\beta^{lm} \in [0, 1/2]$）。其次，中间品的专有性降低并不减少交易成本带来的利润折损，相反，专有性的降低反而会增加交易成本带来的利润折损。这是因为专有性的降低增强了跨国公司的实际讨价还价能力，降低了离岸生产企业的实际讨价还价能力，这就进一步刺激离岸生产企业减少投入，降低中间品的产量。

14.2.3 离岸生产组织形式选择

独立离岸与完美协调的企业内离岸

当企业内离岸形式能够完美协调交易双方的行为与利益时，跨国公司通过比较这种情况下的利润水平（式（14.15））与独立离岸情况下的利润水平（式（14.12））来决定离岸生产的组织形式。

假设企业内离岸相比独立离岸有更高的固定成本，$f_F^I > f_F^O$，我们发现企业内离岸相比独立离岸具有两方面的劣势：一方面，企业内离岸的固定成本更高；另一方面，企业内离岸的离岸效率相对更低。但是，企业内离岸具有一个关键优势，那就是独立离岸会产生交易成本，$\Gamma_O < 1$，而完美协调的企业内离岸不会产生交易成本。跨国公司对离岸生产组织形式的选择依赖于这些优劣势的权衡。

为了更清楚地理解这种权衡，假设经济体存在这样一种均衡状态：市场中所有企业的生产率都相同，为 φ；企业可以自由进入、退出市场，故均衡时企业的利润为零；国内的工资远高于国外的工资，使得企业内离岸的固定成本比独立离岸高出很多。在这

---

① 只有当 $\delta = -1$ 时 $\Gamma_I = 1$，不存在总利润折损。但由于 $\delta \geq 0$，这种情况不可能出现。

种情况下,均衡时两种离岸生产组织形式的利润应该满足 $\pi_H^{I*}(\varphi)<0$ 以及 $\pi_H^O(\varphi)=0$,即

$$\varphi^{\sigma-1} B\left((w^H)^\eta (\tau w^F)^{1-\eta}\right)^{1-\sigma} < w^H f_F^I$$

$$\varphi^{\sigma-1} B\left((w^H)^\eta (\tau w^F)^{1-\eta}\right)^{1-\sigma} \lambda^{\sigma-1} \Gamma_O = w^H f_F^O$$

两式相除可以得到:

$$\frac{f_F^I}{f_F^O} \lambda^{\sigma-1} \Gamma_O > 1 \tag{14.18}$$

式(14.18)表明,在这样的经济体中,当企业内离岸的固定成本(f_F^I)很大,或者其离岸效率相对独立离岸的离岸效率($1/\lambda$)很低时,经济体所有企业都将选择独立离岸形式;反之,则会选择企业内离岸形式。这一关键权衡当然也受到很多外生变量的影响,如总部密集度 η、中间品的专有性 ϕ、最终品的替代弹性 σ 等。

独立离岸与不完美协调的企业内离岸

当企业内离岸形式不能完美协调交易双方的行为与利益时,跨国公司对离岸生产组织形式的选择也类似。此时企业内离岸相比独立离岸仍然具有两方面的劣势:一方面,企业内离岸的固定成本更高;另一方面,企业内离岸的离岸效率相对更低。但是,此时企业内离岸相比独立离岸是否具有交易成本优势,则取决于两种组织形式下交易成本的具体大小。比较 π_H^I 与 π_H^O,易得如果

$$\frac{f_F^I}{f_F^O} \lambda^{\sigma-1} > \frac{\Gamma_I}{\Gamma_O} \tag{14.19}$$

则跨国公司选择独立离岸形式,反之则选择企业内离岸形式。

异质性企业组织形式选择

在上述离岸生产组织形式选择的讨论中,我们忽略了跨国公司的生产率差异。不同生产率水平的跨国公司是否会选择不同的组织形式?为了研究这一问题,我们允许企业拥有不同的生产率水平。进一步地,我们假设企业还可以选择另外两种生产方式。

一种生产方式为企业在国内自己生产服务品和中间品,这种生产方式被称为国内一体化生产(Domestic Integration)。另一种生产方式为企业自己生产服务品,但把中间品外包给本国的其他企业生产,这种生产方式被称为国内外包(Domestic Outsourcing)。在交易成本的构成上,这两种生产方式分别与不完美协调的企业内离岸形式和独立离岸形式相同。其与离岸生产的区别在于贸易成本的节约,中间品无须从外国进口,相较于离岸生产可以节省进口中间品支付的贸易成本 τ。另外,离岸生产时中间品的生产使用外国劳动力,而本国生产时需要使用本国劳动力。假设外国劳动力成本更低,$w^H > w^F$,则将中间品的生产放在外国能够节约劳动力成本。

最后,由于投资设厂进行一体化生产的固定成本总是比外包要高,而且通过离岸形式生产还需适应外国的法律政策等,因此离岸生产的固定成本又比本国生产要高。

我们假设四种生产方式的固定成本从大到小排序依次为企业内离岸、独立离岸、国内一体化生产和国内外包，即 $f_F^I > f_F^O > f_D^I > f_D^O$。

与前述独立离岸和企业内离岸的求解方法一致，我们可以分别解出国内一体化生产和国内外包的利润 $\pi_D^I(\varphi)$ 和 $\pi_D^O(\varphi)$ 分别为：

$$\pi_D^O(\varphi) = \varphi^{\sigma-1} B (w^H)^{1-\sigma} \lambda^{\sigma-1} \Gamma_O - w^H f_D^O \tag{14.20}$$

$$\pi_D^I(\varphi) = \varphi^{\sigma-1} B (w^H)^{1-\sigma} \Gamma_I - w^H f_D^I \tag{14.21}$$

通过将这两种生产方式的利润与独立离岸和企业内离岸的利润（式(14.12)与式(14.16)）进行比较，企业将选择利润最高的生产组织形式。

我们分两种情况来讨论企业的生产组织形式选择。

情形一：当 $\lambda^{\sigma-1} \Gamma_O > \Gamma_I$ 时，外包（包括国内外包与独立离岸）的交易成本相对较低。此时，对任一企业，无论是在国内生产还是在国外生产，外包都比一体化生产更为经济，即 $\pi_D^O(\varphi) > \pi_D^I(\varphi)$，$\pi_H^O(\varphi) > \pi_H^I(\varphi)$。接着比较国内外包和独立离岸两种生产方式。由于离岸生产在中间品生产上可以节约劳动力成本，且这种边际成本的节约对于市场份额越大、生产率越高的企业越大，因此，只有生产率较高的企业才能负担较高的离岸固定成本，选择独立离岸形式进行生产，生产率较低的企业则选择国内外包。在这种情况下没有企业选择国内一体化或者企业内离岸的形式进行生产。

情形二：当 $\lambda^{\sigma-1} \Gamma_O < \Gamma_I$ 时，一体化生产（包括国内一体化与企业内离岸）的交易成本相对较低。我们可以借助图14.7所示的四种生产组织形式的企业利润函数来帮助理解不同生产率企业的生产组织形式选择。

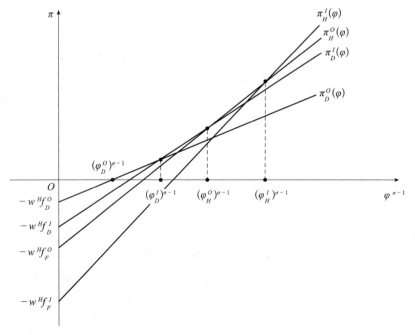

图 14.7 四种生产组织形式的利润

对任一生产率为 φ 的企业,其将比较该生产率下四种生产组织形式的利润,并选择利润最高的生产组织形式。根据图 14.7 可知,生产率 φ 低于 φ_D^O 的企业会退出生产,$\varphi_D^O < \varphi < \varphi_D^I$ 的企业会选择国内外包,$\varphi_D^I < \varphi < \varphi_H^O$ 的企业会选择国内一体化生产,$\varphi_H^O < \varphi < \varphi_H^I$ 的企业会选择独立离岸,$\varphi > \varphi_H^I$ 的企业会选择企业内离岸。这些生产组织形式选择的经济直觉在于:生产率较低的企业更看重较低的固定成本,因此不会选择自己生产而是外包给本国其他企业或者外国离岸生产企业,而生产率较高的企业更看重较低的边际成本,由于这些企业具有较大的市场份额,较低的边际成本能够产生较高的经济效益,从而抵消较高固定成本的影响,因此这些企业更倾向于一体化生产。

进一步地,我们可以分析一国以各种形式参与生产全球化的比重。与第 13 章中的讨论类似,我们假设企业的生产率服从帕累托分布:$G(\varphi) = 1 - \left(\dfrac{\varphi}{\underline{\varphi}}\right)^{-\kappa}$,其中 $\underline{\varphi}$ 为企业可以抽取的最低生产率,κ 为帕累托分布的形状参数($\kappa > \sigma - 1$)。在一般均衡时我们求得各种生产组织形式的临界生产率,即可加总得到各种生产组织形式的企业的数量。例如,给定离岸生产的两个临界生产率 φ_H^O 和 φ_H^I,可以求得离岸生产中企业内离岸的比重为:

$$\frac{N_H^I}{N_H^O + N_H^I} = \frac{1 - G(\varphi_H^I)}{1 - G(\varphi_H^O)} = \left(\frac{f_F^O - f_D^I}{f_F^I - f_F^O} \frac{1 - \lambda^{\sigma-1}\,\Gamma_O/\,\Gamma_I}{\lambda^{\sigma-1}\,\Gamma_O/\,\Gamma_I - \left(\dfrac{w^H}{\tau w^F}\right)^{-(1-\eta)(\sigma-1)}}\right)^{\frac{\kappa}{\sigma-1}-1}$$

(14.22)

根据式(14.22),我们可以分析影响企业参与生产全球化的组织形式的主要因素:

(1) 相对盈利优势。λ 和 Γ_O/Γ_I 代表独立离岸相对于企业内离岸的盈利优势。独立离岸的交易成本越小,离岸效率相对越高,独立离岸的相对盈利优势就越大,企业内离岸形式占比就越小。因此,企业内离岸的比重是 λ 和 Γ_O/Γ_I 的减函数。

(2) 生产成本优势。离岸生产相比本国生产要多支付中间品的贸易成本 τ,但可以雇用更便宜的外国劳动力从而节约劳动力成本,$w_H > w_F$。因此,当贸易成本 τ 变小,外国劳动力变便宜(w_H/w_F 变大)时,会有更多的企业采用离岸生产方式。而根据图 14.7,这些新的改变生产方式的企业首先会采用独立离岸形式,因为这些企业的生产率相对于原有离岸生产企业更低,这就会降低离岸生产中企业内离岸的比重。类似地,当独立离岸的固定成本相对于国内一体化固定成本降低时,$f_F^O - f_D^I$ 变小,也会有更多的企业从国内一体化转为独立离岸,这也将降低企业内离岸在所有离岸生产中的比重。

(3) 总部密集度效应。企业内离岸占比是总部密集度 η 的增函数。一方面,如果最终品生产中需要更多的中间品(η 变小),则会有更多的企业从在国内生产中间品转向离岸生产。独立离岸形式相比企业内离岸占比增大。另外,当企业内离岸不能完美协调交易双方的行为与利益时,离岸生产企业在企业内离岸下相对于在独立离岸下对利益的分配更为敏感。因此,总部密集度的下降将相对更大幅度地增加企业内离岸的交易成本，Γ_O/Γ_I 随 η 的减小而增大。这也将促使更多的企业从企业内离岸转向独立离岸。

14.3　本章小结

本章讨论生产全球化背景下企业的离岸生产决策。我们采用两种理论模型分析离岸生产组织形式的选择，两种理论模型各自强调离岸生产中的两个不同特点。在任务贸易模型下，我们着重考虑不同任务复杂度带来的不同离岸生产成本（模型中理解为离岸生产的沟通效率），并考虑离岸生产成本下降对不同任务的影响。在合约理论模型下，我们着重研究离岸生产交易双方因利益协调问题而产生的交易成本。由于交易双方只考虑自身利益的最大化，而不从整体利益出发选择最优的投入，这就造成独立个体间合作的交易成本。企业需要权衡不同离岸生产组织形式的交易成本差异以及固定生产成本差异，以选择最优的离岸生产方式。这两个模型为我们理解生产全球化提供了基础的理论框架。鉴于生产全球化在当前经济实践中的重要性，基于这些理论的进一步探索将是国际经济学发展的一个重要方向。

参 考 文 献

Aitken, B., A. Harrison and R. E. Lipsey(1996), "Wages and foreign ownership: a comparative study of Mexico, Venezuela, and the United States", *Journal of International Economics*, 40(3-4), 345-371.

Antràs, P. and E. Helpman(2008), "Contractual frictions and global sourcing", CEPR Discussion Papers.

Antràs, P. and S. R. Yeaple(2014), "Multinational firms and the structure of international trade", *Handbook of International Economics*, 4, 55-130.

Blanchard, O. J. and S. Fischer. (1989), *Lectures on Macroeconomics*, Cambridge, Mass: The MIT Press.

Grossman, G. and E. Rossi-Hansberg(2008), "Trading tasks: a simple theory of offshoring", *The American Economic Review*, 98(5), 1978-1997.

Grossman, G. and E. Helpman(2004), "Managerial incentives and the international organization of production", *Journal of International Economics*, 63(2), 237-262.

Li, Z. (2013), "Task offshoring and organizational form: theory and evidence from China", *Journal of Economic Behavior & Organization*, 94, 358-380.

Williamson, O. E. (1985), *The Economic Institutions of Capitalism: Firms, Markets, Relational Contracting*, New York: The Free Press.

习　题

14-1 在任务贸易模型中，我们假设外国工资与本国工资的比值外生给定。但是，两国的工资都是均衡变量，可以在经济均衡时内生决定。如果我们允许工资内生决定，则开放经济均衡如何描述呢？考虑如下设定：消费者消费 1 单位最终品能够得到 1 单位效用。最终品的生产由若干任务环节组成。为了生产 1 单位最终品，需要完成的各个任务的数量都为 1 个单位。考虑有两个国家：本国和外国（外国变量用"*"表示），两国的劳动力规模分别为 L 和 L^*。完成任务只需要劳动力这一种生产要素。将外国的劳动力工资 w^* 标准化为 1，本国的劳动力工资记为 w。假定本国生产 1 单位任一任务 i 需要 1 单位的本国劳动力，外国生产 1 单位任务 i 需要 β_i 单位的劳动力。这里我们将本章中介绍的离岸成本 $\beta t(i)$ 简化为任务 i 的线性函数。给出以下三种情况下的开放经济均衡条件：

（1）只有本国可以生产最终品，最终品生产不需要额外成本；外国如果需要消费该产品，则需从本国进口，贸易成本为零；任务可以在两国完成。写出这种情况下开放经济的均衡条件。

（2）在问题（1）的均衡条件下，如果本国劳动力规模 L 扩大，离岸生产方式会发生怎样的变化？如果离岸生产成本 β 下降，又将有怎样的变化？

（3）两国都可以生产最终品，外国无须通过进口来消费。在这种情况下，开放经济的均衡条件是什么？

附　录

纳什谈判

纳什谈判是合作博弈中讨论收益分成的方法，最早由约翰·纳什（John Nash）于 1950 年提出。考虑有两个参与者 1 和 2，两人需要就总量为 M 的产品的分配进行谈判。我们用 X 表示可能达成的协商结果，D 表示无法达成一致的结果，即

$$X = \{(x_1, x_2) \mid x_1 + x_2 = M, x_i \geqslant 0\}, D = (0,0)$$

每一个参与者 i 对产品的偏好用效用方程 u_i 来表示，通过协商可能获得的收益（集合 U）和协商不一致获得的收益（d）表示为：

$$U = \{(v_1, v_2) \mid u_1(x) = v_1, u_2(x) = v_2, x \in X\}$$
$$d = (d_1, d_2) = (u_1(D), u_2(D))$$

一个谈判问题即一组 (U, d)，其中 $U \subset R^2$ 且 $d \in U$。假设 U 是一个凸（Convex）且紧（Compact）的集合，总是存在 $v \in U$ 使得 $v > d$（即对任一 i 都有 $v_i > d_i$）。将所有谈判问题的集合用 B 来表示，那么谈判的一个解是这样一个函数 $f: B \to U$。在所有的可

能解中，我们将满足以下四个条件的解 $f(\cdot)$ 定义为纳什谈判解：

(1) 帕累托最优(Pareto Efficiency)。不存在某一方可以在不减少他人福利的前提下增加自己的福利，即不存在一组 $(v_1,v_2) \in U$ 使得 $v \geqslant f(U,d)$，且对某个参与者 i 有 $v_i > f_i(U,d)$，其中 $f_i(U,d)$ 为谈判解 $f(U,d)$ 中个体 i 的值，此时谈判解 $f(U,d)$ 帕累托最优。

(2) 对称性(Symmetry)。如果参与者没有差异，则协商的结果就应该对双方相同，即当 $(v_2,v_1) \in U, (v_1,v_2) \in U$ 且 $d_1 = d_2$ 时，$f_1(U,d) = f_2(U,d)$。

(3) 等价效用结果不变(Invariance to Equivalent Payoff Representations)。效用函数仅仅是对偏好的一种表达，改变效用函数，但不改变偏好的排序，如对效用函数做单调变化，协商结果不变。考虑存在两个谈判问题 (U,d) 和 (U',d')，后者的表达为：

$$U' = \{(\alpha_1 v_1 + \beta_1, \alpha_2 v_2 + \beta_2) \mid (v_1,v_2) \in U\}$$
$$d' = (\alpha_1 d_1 + \beta_1, \alpha_2 d_2 + \beta_2)$$

其中，$\alpha > 0$，则一定有 $f_i(U',d') = \alpha_i f_i(U,d) + \beta_i$。

(4) 无关选择的独立性(Independence of Irrelevant Alternatives)。存在两个谈判问题 (U,d) 和 (U',d) 且 $U' \subseteq U$，如果 $f(U,d) \in U'$，那么可以得到 $f(U',d) = f(U,d)$。

满足上述四个条件的 $f(U,d)$，我们称之为纳什谈判解。纳什谈判解等价于求解下述最大化问题的最优收益 (v_1^*,v_2^*)：

$$\max_{v_1,v_2} (v_1-d_1)(v_2-d_2)$$
$$(v_1,v_2) \in U$$
$$(v_1,v_2) \geqslant (d_1,d_2)$$

我们将这一目标函数称为纳什福利函数。我们可以将 (d_1,d_2) 看作双方的谈判砝码，谈判砝码的大小对于达成什么样的分配协议具有决定性的意义，如果参与者 1 的砝码不变，则参与者 2 通过增加自己的砝码可以使自己在谈判中占据优势。

进一步地，如果谈判双方初始讨价还价环节能力不同，此时的纳什谈判解变为加权纳什谈判解(Weighted Nash Bargaining Solution)。引入描述一方讨价还价能力的参数 $\beta \in (0,1)$，加权形式的纳什福利函数为：

$$\max_{v_1,v_2} (v_1-d_1)^\beta (v_2-d_2)^{1-\beta}$$

此时参与者 1 和 2 将分得多少的产品取决于各自的谈判砝码 (d_1,d_2)，以及双方谈判能力 β 的大小。

部分习题答案

4-1 在任意其他需求函数下,我们可以通过以下步骤来求解世界相对需求曲线:

(1)给定价格水平 p,两国分工也就确定了,由此可以得到两国工资水平,即消费者收入 $I(p)$ 和 $I^*(p)$。

(2)给定收入,求解效用最大化问题,我们可以得到各国在两种产品上的需求 $x_1(I(p),p)$ 和 $x_2(I(p),p)$,以及 $x_1^*(I^*(p),p)$ 和 $x_2^*(I^*(p),p)$。把这些需求加总,得到世界相对需求关于 p 的函数为:

$$\frac{x_1(I(p),p)+x_1'(I^*(p),p)}{x_2(I(p),p)+x_2^*(I^*(p),p)}$$

4-2 对 $f(x)$ 求一阶导数:

$$\frac{\partial f(x)}{\partial x}=\ln k\,(1-k^{x-1})^{-2}\left(k^{\frac{(x-1)^2}{x}}-\frac{1}{x^2}k^{\frac{(x-1)^2}{x}}+\frac{1}{x^2}k^{\frac{(x-1)^2}{x}+x-1}-k^{x-1}\right)$$

令 $A=k^{\frac{(x-1)^2}{x}}-\frac{1}{x^2}k^{\frac{(x-1)^2}{x}}+\frac{1}{x^2}k^{\frac{(x-1)^2}{x}+x-1}-k^{x-1}$,可以发现 $\frac{\partial f(x)}{\partial x}$ 的符号大小完全由 A 的符号决定。但是由于其较为复杂,无法简单地判断其正负,因此我们考察 A 的函数单调性。我们令 $g(x)=k^{\frac{(x-1)^2}{x}}-\frac{1}{x^2}k^{\frac{(x-1)^2}{x}}+\frac{1}{x^2}k^{\frac{(x-1)^2}{x}+x-1}-k^{x-1}$,相应可以求得 $g(x)$ 的一阶偏导数为:

$$\frac{\partial g(x)}{\partial x}=k^{\frac{(x-1)^2}{x}}\left(1-\frac{1}{x^2}\right)^2\ln k+k^{\frac{(x-1)^2}{x}+x-1}\left(\frac{2}{x^2}-\frac{1}{x^4}\right)\ln k+$$

$$2x^{-3}k^{\frac{(x-1)^2}{x}}(1-k^{x-1})-k^{x-1}\ln k$$

通过放缩法可以发现当 $x\in(0,1)$ 时:

$$\frac{\partial g(x)}{\partial x}=k^{\frac{(x-1)^2}{x}}\left(1-\frac{1}{x^2}\right)^2\ln k+k^{\frac{(x-1)^2}{x}+x-1}\left(\frac{2}{x^2}-\frac{1}{x^4}\right)\ln k+2x^{-3}k^{\frac{(x-1)^2}{x}}(1-k^{x-1})-k^{x-1}\ln k$$

$$>k^{\frac{(x-1)^2}{x}+x-1}\left(1-\frac{1}{x^2}\right)^2\ln k+k^{\frac{(x-1)^2}{x}+x-1}\left(\frac{2}{x^2}-\frac{1}{x^4}\right)\ln k+2x^{-3}k^{\frac{(x-1)^2}{x}}(1-k^{x-1})-k^{x-1}\ln k$$

$$=k^{\frac{(x-1)^2}{x}+x-1}\ln k+2x^{-3}k^{\frac{(x-1)^2}{x}}(1-k^{x-1})-k^{x-1}\ln k$$

$$>k^{x-1}\ln k+2x^{-3}k^{\frac{(x-1)^2}{x}}(1-k^{x-1})-k^{x-1}\ln k$$

$$=2x^{-3}k^{\frac{(x-1)^2}{x}}(1-k^{x-1})>0$$

基于此,我们可以得到,当 $x\in(0,1)$ 时,$g(x)$ 随着 x 的增大而单调递增,又由于

$g_{\max}(x) = g(1) = 0$,据此可以得到,当 $x \in (0,1)$ 时,$A < 0$ 总成立。因此,我们可以证得 $\dfrac{\partial f(x)}{\partial x} < 0$,也即 $f(x)$ 随着 x 的增大而单调递减。

为了进一步得到 $f(x) = \dfrac{k^{\frac{(x-1)^2}{x}} - 1}{1 - k^{x-1}}$ 在 $0 < x < 1$ 区间的范围,我们借助极限求解。

$$\lim_{x \to 1^-} \frac{k^{\frac{(x-1)^2}{x}} - 1}{1 - k^{x-1}} = \frac{k^{\frac{(x-1)^2}{x}} \ln k \left(1 - \dfrac{1}{x^2}\right)}{-k^{x-1} \ln k} = \frac{k^{\frac{(x-1)^2}{x}} \left(1 - \dfrac{1}{x^2}\right)}{-k^{x-1}} = \frac{1 \times 0}{-1} = 0$$

$$\lim_{x \to 0^+} \frac{k^{\frac{(x-1)^2}{x}} - 1}{1 - k^{x-1}} = \frac{k^{\frac{(0-1)^2}{0}} - 1}{1 - k^{0-1}} = \frac{k^{\infty} - 1}{1 - \dfrac{1}{k}} = \infty$$

因此,我们可以直接得到 $f(x)$ 单调递减,且当 $0 < x < 1$ 时 $f(x)$ 取值从 $+\infty$ 至 0。

4-3 可以参考 Costinot and Donaldson(2012)的思想("Ricardo's theory of comparative advantage:old idea,new evidence",*American Economic Review Papers and Proceedings*,102(3),453-458)。在此论文中,作者关注农业中不同农作物的生产。因为不同农作物的产量主要取决于水、土壤、气候条件等,而这些因素对农作物产量的影响又基本可以根据科学知识预测,所以,一个地区在各种农作物上的生产率都可以观测,而不仅限于那些实际种植的农作物,由此避免了不生产的产品难以观测生产率的问题。

4-4 $\eta > 1$ 表明 x_2 增长对效用水平的贡献比 x_1 增长的贡献大,效用函数呈现非位似函数性质。给定产品的价格,提升收入水平,消费者将提升在 x_2 上的支出份额,如图习 4.1 所示。

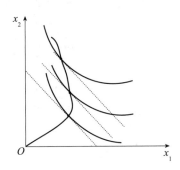

图习 4.1 非位似偏好消费选择

4-5 非洲、中亚地区国家较美国和欧盟国家等发达国家的经济规模要小。中国在减少与美国和欧盟国家等发达国家的贸易量的同时增加与非洲、中亚地区国家的贸易量,在本章介绍的李嘉图模型中可以理解为外国的经济规模 L^* 缩小(中国为本国)。此时开放经济均衡价格将更接近于本国封闭经济均衡价格,本国福利水平下降。

5-1 以外国为例计算生产单位产品 z 需要的劳动力数量(也即生产成本):

$$a^*(z) = x_1(z) + \delta x_2(z)$$

外国选择 $x_1(z)$ 与 $x_2(z)$ 以最小化生产成本,也即

$$\min_{x_1,x_2} a^*(z) = x_1 + \delta x_2, F^z(x_1, x_2) \leqslant 1$$

建立拉格朗日函数以求解上述问题：

$$\mathcal{L} = (x_1 + \delta x_2) - \lambda(F^z(x_1, x_2) - 1)$$

对 x_1, x_2 分别求导可以得到：

$$x_1(z) = z\delta^{1-z}, x_2(z) = (1-z)\delta^{-z}$$

将上述成本最小化的解代入 $a^*(z)$，可得外国的单位产品劳动力需求为：

$$a^*(z) = x_1(z) + \delta x_2(z) = \delta^{1-z}$$

本国的求解类似。令上式中 $\delta = 1$ 可得本国的单位产品劳动力需求为 $a(z) = 1$。

将两国单位产品劳动力需求代入 $A(z) = \dfrac{a^*(z)}{a(z)}$，得到：

$$A(z) = \delta^{1-z}$$

5-2 $b(z)$ 为 z 的消费占总支出的份额，因此贸易平衡条件变为：

$$\frac{w}{w^*} = B(z') \equiv \frac{\int_0^{z'} b(z)\mathrm{d}z}{\int_{z'}^1 b(z)\mathrm{d}z} \frac{L^*}{L}$$

6-1 由单位产品劳动力需求与产品价格的关系可得价格的累积分布函数为：

$$\begin{aligned}
\Pr(p_{ni}(j) \leqslant p) &= \Pr(a_i(j)w_i d_{ni} \leqslant p) \\
&= \Pr\left(a_i(j) \leqslant \frac{p}{w_i d_{ni}}\right) \\
&= 1 - \exp\left(-\left(\frac{A_i p}{w_i d_{ni}}\right)^\theta\right) \\
&= 1 - \exp(-(A_{ni} p)^\theta)
\end{aligned}$$

故而产品价格服从韦布尔分布，其形状参数为 θ，技术参数为 $A_{ni} = A_i/(w_i d_{ni})$。

6-2 令 EK 模型中产品的集合为 M，消费者效用函数为：

$$U = \left(\int_{j \in M} Q(j)^{\frac{\sigma-1}{\sigma}} \mathrm{d}j\right)^{\frac{\sigma}{\sigma-1}}$$

开放经济均衡下仍然有：

$$\sum_n \pi_{ni} w_n L_n = w_i L_i$$

其中：

$$\pi_{ni} = \frac{A_i^\theta (w_i d_{ni})^{-\theta}}{\sum_{j=1}^N A_j^\theta (w_j d_{nj})^{-\theta}}$$

但 n 国加总价格变为：

$$p_n^{1-\sigma} = \int_0^M (p^j)^{1-\sigma} \mathrm{d}j = \int_0^\infty p^{1-\sigma} M \mathrm{d}G_n(p) = M \bar{A}_n^{-(1-\sigma)} \Gamma\left(\frac{1-\sigma}{\theta} + 1\right)$$

注意此时产品集合 M 会进入加总价格，因为价格为 p 的产品数量为 $M\mathrm{d}G_n(p)$。

均衡时福利水平为：

$$\omega_n = \pi_{rm}^{-1/\theta} \omega_{na}$$

其中，$\omega_{na} = A_n \left(M\Gamma\left(\frac{1-\sigma}{\theta}+1\right) \right)^{1/(\sigma-1)}$ 是国家 n 在封闭经济均衡时的福利水平。

6-3 各国分工程度可以影响参数 θ 的大小，而分工程度可能受产品标准化水平、产品间的联系是否紧密等因素影响。

6-4 假设提供贸易服务的部门为完全竞争市场结构，则支付给贸易商和运输公司的贸易成本完全用来支付提供这些服务的生产要素。这些生产要素在没有贸易成本的情况下本来可以从事产品生产从而得到更多的产出，但被用在了贸易服务上。因此，如果在经济体总的均衡中不考虑贸易服务生产要素的收入与消费，则可以认为用于贸易服务的支出如冰山一样融化掉了。

6-5 原始均衡为 N 个国家的自由贸易工资 $\{w_1, w_2, \cdots, w_N\}$，由以下 N 个方程确定：

$$w_i L_i = \sum_{n=1}^{N} w_n L_n \frac{A_i^\theta w_i^{-\theta}}{\sum_{n=1}^{N} A_n^\theta w_n^{-\theta}}, \quad i=1,2,\cdots,N \qquad (习6.1)$$

整理可得：

$$w_i^{1+\theta} = \frac{A_i^\theta}{L_i} \frac{\sum_{n=1}^{N} w_n L_n}{\sum_{n=1}^{N} A_n^\theta w_n^{-\theta}}, \quad i=1,2,\cdots,N \qquad (习6.2)$$

不失一般性，选取国家 1 的劳动力作为计价物，不妨取 $w_1 = (A_1^\theta L_1)^{\frac{1}{1+\theta}}$，利用方程组（习6.1）所蕴含的国家间工资比例关系得到：

$$w_i = (A_i^\theta L_i)^{\frac{1}{1+\theta}}, \quad i=1,2,\cdots,N$$

将其代入方程组（习6.2），检查均衡条件是否成立：

$$((A_i^\theta L_i)^{\frac{1}{1+\theta}})^{1+\theta} = \frac{A_i^\theta}{L_i} \frac{\sum_{n=1}^{N} (A_n^\theta L_n)^{\frac{1}{1+\theta}} L_n}{\sum_{n=1}^{N} A_n^\theta ((A_n^\theta L_n)^{\frac{1}{1+\theta}})^{-\theta}} = \frac{A_i^\theta}{L_i}$$

可发现均衡条件成立。

不失一般性，将国家 N 拆分为国家 N_1 和国家 N_2。新均衡为 $N+1$ 个国家的自由贸易工资 $\{w_1, w_2, \cdots, w_{N-1}, w_{N_1}, w_{N_2}\}$，由以下 $N+1$ 个方程确定：

$$w_i L_i = \sum_n w_n L_n \frac{A_i^\theta w_i^{-\theta}}{\sum_n A_n^\theta w_n^{-\theta}}, \quad i=1,2,\cdots,N-1,N_1,N_2 \qquad (习6.3)$$

其中，对 n 的求和遍历 $1,2,\cdots,N-1,N_1,N_2$，共计 $N+1$ 项。注意国家 N_1 和国家 N_2 由原来的国家 N 拆分得到，故有 $A_{N_1} = A_{N_2} = A_N$，$L_{N_1} = L_{N_2} = \frac{L_N}{2}$。

整理可得：

$$w_i^{1+\theta} = \frac{A_i^\theta}{L_i} \frac{\sum_n w_n L_n}{\sum_n A_n^\theta w_n^{-\theta}}, \quad i=1,2,\cdots,N-1,N_1,N_2 \tag{习 6.4}$$

不失一般性,选取国家 1 的劳动力作为计价物,不妨取 $w_1 = (A_1^\theta L_1)^{\frac{1}{1+\theta}}$,利用方程组(习 6.3)所蕴含的国家间工资比例关系,整理得到:

$$w_i = (A_i^\theta L_i)^{\frac{1}{1+\theta}}, \quad i=1,2,\cdots,N-1,N_1,N_2$$

将其代入式(习 6.4),检查均衡条件是否成立:

$$((A_i^\theta L_i)^{\frac{1}{1+\theta}})^{1+\theta} = \frac{A_i^\theta}{L_i} \frac{\sum_{n=1}^N (A_n^\theta L_n)^{\frac{1}{1+\theta}} L_n}{\sum_{n=1}^N A_n^\theta ((A_n^\theta L_n)^{\frac{1}{1+\theta}})^{-\theta}} = \frac{A_i^\theta}{L_i}$$

可发现均衡条件成立。

因此,原始均衡和新均衡分别为:

$$w^{\text{old}} = \left(\left(\frac{A_1^\theta}{L_1}\right)^{\frac{1}{1+\theta}}, \left(\frac{A_2^\theta}{L_2}\right)^{\frac{1}{1+\theta}}, \cdots, \left(\frac{A_{N-1}^\theta}{L_{N-1}}\right)^{\frac{1}{1+\theta}}, \left(\frac{A_N^\theta}{L_N}\right)^{\frac{1}{1+\theta}}\right)$$

$$w^{\text{new}} = \left(\left(\frac{A_1^\theta}{L_1}\right)^{\frac{1}{1+\theta}}, \left(\frac{A_2^\theta}{L_2}\right)^{\frac{1}{1+\theta}}, \cdots, \left(\frac{A_{N-1}^\theta}{L_{N-1}}\right)^{\frac{1}{1+\theta}}, \left(\frac{A_{N_1}^\theta}{L_{N_1}}\right)^{\frac{1}{1+\theta}}, \left(\frac{A_{N_2}^\theta}{L_{N_2}}\right)^{\frac{1}{1+\theta}}\right)$$

$$= \left(\left(\frac{A_1^\theta}{L_1}\right)^{\frac{1}{1+\theta}}, \left(\frac{A_2^\theta}{L_2}\right)^{\frac{1}{1+\theta}}, \cdots, \left(\frac{A_{N-1}^\theta}{L_{N-1}}\right)^{\frac{1}{1+\theta}}, \left(\frac{2A_N^\theta}{L_N}\right)^{\frac{1}{1+\theta}}, \left(\frac{2A_N^\theta}{L_N}\right)^{\frac{1}{1+\theta}}\right)$$

可见,原始均衡与新均衡并不等价,拆分后的 N 国工资增加了 $2^{\frac{1}{1+\theta}}$。如果将原始均衡 w^{old} 扩充为 $\left(w^{\text{old}}, \left(\frac{A_N^\theta}{L_N}\right)^{\frac{1}{1+\theta}}\right)$,然后代入式(习 6.4)进行检查,那么可以发现等式并不成立。

直观意义上,N 国拆分为两个国家使得国际分工变得更细。N_1 和 N_2 两国可以各自独立(从相同分布中)抽取生产率,进而参与国际分工并获得贸易利得。N 国不拆分的情况,相当于 N_1 和 N_2 总是抽取到一样的生产率。此时,两国之间没有动机进行贸易,也就损失了潜在的分工机会带来的贸易利得。

7-1 已知两种产品的生产函数分别为 $y_1 = f_1(L_1, K_1) = L_1^\alpha K_1^{1-\alpha}$,$y_2 = f_2(L_2, K_2) = L_2^\beta K_2^{1-\beta}$。产品 1 相对劳动密集,意味着 $\alpha > \beta$。由于禀赋约束,生产产品 1 和产品 2 使用的总要素投入不能大于一国拥有的总禀赋,即 $L_1 + L_2 \leqslant L$,$K_1 + K_2 \leqslant K$。对任意给定 y_1,要求 $y_1 \leqslant f_1(L_1, K_1)$。

根据生产可能性边界问题的一阶条件(式(7.2)),我们可以得到:

$$\lambda = \frac{f_{2L}}{f_{1L}} = \frac{f_{2K}}{f_{1K}} = \frac{\beta}{\alpha} \frac{y_2/L_2}{y_1/(L-L_2)} = \frac{1-\beta}{1-\alpha} \frac{y_2/K_2}{y_1/(K-K_2)} \tag{习 7.1}$$

式(习 7.1)化简得到 L_2 和 K_2 应该满足的条件:

$$\frac{\beta}{\alpha} \frac{L_1}{L_2} = \frac{1-\beta}{1-\alpha} \frac{K_1}{K_2} \Leftrightarrow \frac{\beta}{\alpha} \frac{L-L_2}{L_2} = \frac{1-\beta}{1-\alpha} \frac{K-K_2}{K_2} \tag{习 7.2}$$

根据式(习 7.2)可得 $dL_2/dK_2 > 0$。这表明,沿着生产可能性边界移动时,L_2 和

K_2 必须同向变动,即如果 K_2 减少,L_2 也必须相应减少,两者的同时减少又表明 y_2 也在减少。此时用于生产产品 1 的两种要素都增加,则 y_1 增加。所以,我们得到,沿着生产可能性边界增加 y_1 时,y_2 一定减少。用于产品 2 生产的两种要素 L_2 和 K_2 都减少,而用于产品 1 生产的两种要素 L_1 和 K_1 都增加。

接下来考察 L_2 和 K_2 的比值如何随着 y_1 的增加而变化。整理式(习 7.2)可得两种要素投入比率(L_2/K_2)与 L_2 之间的关系:

$$\frac{L_2}{K_2}=\frac{\beta(1-\alpha)}{\alpha(1-\beta)}\frac{L}{K}+\left(1-\frac{\beta(1-\alpha)}{\alpha(1-\beta)}\right)\frac{L_2}{K} \quad (习 7.3)$$

根据假设,产品 1 劳动密集($\alpha>\beta$),则 $1-\frac{\beta(1-\alpha)}{\alpha(1-\beta)}>0$。根据式(习 7.3)可得,$d(L_1/K_1)/dL_2>0$。又由于已知 y_1 增加时 L_2 减少,因此 $d(L_2/K_2)/dy_1<0$,也即沿着生产可能性边界增加 y_1 时,L_2/K_2 下降。又根据式(习 7.2),L_1/K_1 与 L_2/K_2 呈同比例变动,因此 L_1/K_1 也会下降。

如何理解呢?沿着生产可能性边界增加 y_1 的生产时,我们需要减少 y_2 的生产以为 y_1 的生产提供要素。但是,由于产品 2 是资本密集型产品,减少 y_2 的生产时释放出的资本与劳动力的比值比生产 y_1 需要的资本与劳动力的比值要高。这会造成整个经济体资本相对供给的增加,带来资本相对价格的下降,两个行业都会增加对资本的使用以替代相对变贵的劳动力,故 L_i/K_i 在两个行业中都会下降。

接下来我们讨论为什么生产可能性边界是凹函数。根据一阶条件(式(7.2)):

$$\frac{\partial y_2}{\partial y_1}=-\lambda$$

即生产可能性边界的斜率(绝对值)由 λ 给出。在这个问题中,λ 是约束 $y_1\leqslant f_1(L_1,K_1)$ 的影子价值(Shadow Value),代表增加一个单位的 y_1 对目标函数 y_2 产生的影响的大小(此处为负向影响)。

要证明生产可能性边界是凹函数,只需证明 $d\lambda/dy_1>0$。将式(习 7.1)中的 λ 代入,我们只需证明任一要素在两个行业边际产出的比值 $\frac{f_{2L}}{f_{1L}}$ 或 $\frac{f_{2K}}{f_{1K}}$ 随着 y_1 的增大而增大即可,如:

$$\frac{d\lambda}{dy_1}=\frac{1-\beta}{1-\alpha}\frac{d\left(\frac{y_2/K_2}{y_2/(K-K_2)}\right)}{dy_1}>0$$

根据式(习 7.2)和假设 $\alpha>\beta$,令

$$\gamma\equiv\frac{L_1/K_1}{L_2/K_2}=\frac{(1-\beta)\alpha}{(1-\alpha)\beta}>1 \quad (习 7.4)$$

将其代入式(习 7.1),可得:

$$\frac{y_2/K_2}{y_1/K_1}=\frac{L_2^\beta K_2^{1-\beta}/K_2}{L_1^\alpha K_1^{1-\alpha}/K_1}=\frac{(L_2/K_2)^\beta}{(L_1/K_1)^\alpha}=\frac{1}{\gamma^\alpha}\left(\frac{L_2}{K_2}\right)^{\beta-\alpha} \quad (习 7.5)$$

由此可得,当 $\alpha>\beta$ 时,$\frac{y_2/K_2}{y_1/K_1}$ 是 L_2/K_2 的减函数。又由于 L_2/K_2 是 L_1 的减函

数,则 $d\left(\dfrac{y_2/K_2}{y_1/K_1}\right)/dy_1 > 0$。进一步地,$y_2$ 对 y_1 的二阶导数 $d^2 y_2/dy_1^2 < 0$,即生产可能性边界是凹函数。

7-2 在生产产品 i 的成本中,劳动力的工资所占的份额为 $\theta_{iL} = L_i w/c_i$,其中 c_i 表示生产产品 i 的总成本 $L_i w + K_i r$。$\theta_{1L} > \theta_{2L}$,即 $L_1 w/c_1 > L_2 w/c_2$。整理可得:

$$\frac{L_1 w}{L_1 w + K_1 r} > \frac{L_2 w}{L_2 w + K_2 r} \Leftrightarrow \frac{w}{w + \left(\dfrac{K_1}{L_1}\right) r} > \frac{w}{w + \left(\dfrac{K_2}{L_2}\right) r}$$

$$\Leftrightarrow \frac{L_1}{K_1} > \frac{L_2}{K_2}$$

进一步整理得到:

$$\frac{L_1}{K_1} > \frac{L_2}{K_2} \Leftrightarrow \frac{L_1}{L_2} > \frac{K_1}{K_2} \Leftrightarrow \frac{\dfrac{L_1}{L}}{\dfrac{L_2}{L}} > \frac{\dfrac{K_1}{K}}{\dfrac{K_2}{K}}$$

$$\Leftrightarrow \frac{\lambda_{1L}}{1-\lambda_{1L}} > \frac{\lambda_{1K}}{1-\lambda_{1K}} \Leftrightarrow \lambda_{1L} > \lambda_{1K}$$

由此,产品 1 相对产品 2 劳动密集可以使用三种等价的形式表达,即 $\dfrac{L_1}{K_1} > \dfrac{L_2}{K_2} \Leftrightarrow \theta_{1L} > \theta_{2L} \Leftrightarrow \lambda_{1L} > \lambda_{1K}$。

8-1 直觉上看,由消费者的预算约束 $w = \sum_{i=1}^{N} p_i c_i = Npc$ 可知,在 p/w 下降时必有 Nc 增大,即消费者可消费产品总数增加。在产品总数增加的同时,消费者可选择增加多样性 N,也可选择给定多样性增加每个品种消费的数量,因此消费者效用必然提升。严格证明如下。

由于产品是同质的,消费者效用函数和约束条件可以简化为:

$$\max U = Nv(c), \quad Npc \leq w$$

约束条件也可以写作 $Nc \leq w/p$,其中 w/p 可以认为是最大化问题的外生参数。消费者效用最大化的拉格朗日方程为:

$$\mathcal{L} = Nv(c) - \lambda\left(Nc - \frac{w}{p}\right)$$

克鲁格曼(1979)模型已经证明,在封闭经济均衡到开放经济均衡的过程中,均衡 w/p 上升。运用包络定理可得:

$$\frac{\partial U^*}{\partial \left(\dfrac{w}{p}\right)} = \frac{\partial \mathcal{L}}{\partial \left(\dfrac{w}{p}\right)} = \lambda$$

由于消费者必然会将所有收入都用来消费,因此预算约束条件是紧条件,故 $\lambda > 0$。因此,当消费者预算约束放松时(w/p 上升时),拉格朗日目标函数的最优取值(最优效用)会得到提升。

8-2 克鲁格曼(1979)模型已经推导出 PP 曲线：$p/w=\beta(\eta/(\eta-1))$。该曲线代表企业的利润最大化条件，即给定消费者需求，企业如何选择最优价格。模型也给出 ZZ 曲线：$p/w=(\alpha/Lc)+\beta$。该曲线代表零利润条件，即给定某一价格后，企业自由进入市场使得所有企业利润为零。如图习8.1所示，封闭经济均衡时，PP 曲线与 ZZ 曲线相交于 E_1 点，均衡价格为 $(p/w)_0$，均衡消费量为 c_0。开放经济均衡时 PP 曲线与 ZZ 曲线相交于 E_3 点，均衡价格为 $(p/w)_1$，均衡消费量为 c_1。当经济体由封闭转为开放时，我们可以将均衡转换过程描述如下：

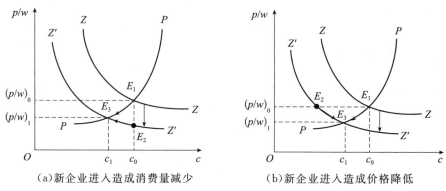

(a)新企业进入造成消费量减少　　　(b)新企业进入造成价格降低

图习8.1　从封闭经济均衡至开放经济均衡转换

从初始均衡点 E_1 出发。假设经济开放的瞬间只是带来了消费者的增多，而整个市场中只存在本国原有的企业，则消费者的突然增多令 ZZ 曲线突然下移至 $Z'Z'$ 位置，如图习8.1(a)所示。这时企业的最优选择点仍旧为 PP 曲线上的 E_1 点。相较于消费量为 c_0 时的企业零利润条件，即价格取 E_2 点对应的价格水平，企业在 E_1 点生产将获得正的利润。正的利润吸引新的企业进入市场。新的企业会分掉对原有企业的一部分需求，消费量从 c_0 向左沿 PP 曲线移动。此时企业的最优价格由 PP 曲线决定，而零利润对应的企业价格由 $Z'Z'$ 曲线决定。只要在某消费量处这两个价格尚未调整至一致水平，企业就存在利润，就会有更多新的企业进入，从而继续调整的过程，直至达到新的均衡点 E_3。

我们也可以从企业价格调整的角度来讨论这一均衡转换过程，如图习8.1(b)所示。仍然从初始均衡点 E_1 出发，仍然假设经济开放的瞬间只是带来了消费者的增多，而整个市场中只存在本国原有的企业，则消费者的突然增多令 ZZ 曲线突然左移至 $Z'Z'$ 位置，企业的最优选择点此时仍然为 PP 曲线上的 E_1 点。但相较于价格为 $(p/w)_0$ 时企业零利润所对应的消费量（图中 E_2 点对应的消费量），企业在 E_1 点处销售更多，故将获得正的利润。正的利润吸引新的企业进入市场。增加的竞争会减少原有企业的销量，也会降低其价格。此时消费量从 E_1 点向左沿 PP 曲线移动，而零利润条件对应的消费量从 E_2 点向右沿 $Z'Z'$ 曲线移动。只要在某价格处，企业的最优消费量（由 PP 曲线决定）大于零利润消费量（由 $Z'Z'$ 曲线决定），则企业仍然存在利润，会有更多新的企业进入，从而继续调整的过程，直至达到新的均衡点 E_3。

8-3

(1) 该厂商的利润最大化目标函数为：

$$\pi = p_1 x_1 + p_2 x_2 - c(x_1, x_2) = 5x_1 - \frac{1001}{1000}x_1^2 + 7x_2 - \frac{101}{100}x_2^2$$

$$2x_1 + 4x_2 \leqslant 50$$

拉格朗日函数为：

$$\mathcal{L} = 5x_1 - \frac{1001}{1000}x_1^2 + 7x_2 - \frac{101}{100}x_2^2 + \lambda(50 - 2x_1 - 4x_2)$$

库恩塔克条件为：

$$\frac{\partial \mathcal{L}}{\partial x_1} = 5 - \frac{1001}{500}x_1 - 2\lambda = 0$$

$$\frac{\partial \mathcal{L}}{\partial x_2} = 7 - \frac{101}{50}x_2 - 4\lambda = 0$$

$$\lambda(50 - 2x_1 - 4x_2) = 0$$

$$2x_1 + 4x_2 \leqslant 50$$

$$\lambda \geqslant 0$$

(2) 根据库恩塔克条件分情况讨论：

当 $\lambda > 0$ 时，预算约束条件为紧条件，得 $x_1 = 25 - 2x_2$。代入上述库恩塔克条件可解得 $\lambda = -3.14 < 0$，$x_1 = 5.64$，$x_2 = 9.68$，此时 $\pi = -30.52 < 0$，舍去。

当 $\lambda = 0$ 时，预算约束条件为松条件，代入上述库恩塔克条件可解得 $x_1 = 2500/1001 \approx 2.5$，$x_2 = 350/101 \approx 3.5$。

此时，消耗原油数量为 $2x_1 + 4x_2 = 18.86 < 50$，最大利润 $\pi = 18.37$。最优化问题得解。

8-4 由于 $\frac{dp}{dq} < 0$，故需求曲线斜率为负，$\eta = -\frac{dq}{dp}\frac{p}{q} > 0$。观察组成 η 的两个部分，其中由于需求曲线斜率为负，故 $\frac{p}{q}$ 随 q 的增大而减小。为了使 η 随 q 的增大而增大，必然要求 $-\frac{dq}{dp}$ 随 q 的增大而增大，且这种增大能超过 $\frac{p}{q}$ 随 q 的增大而减小的幅度。故此，$\frac{d\eta}{dq} > 0$ 的核心在于 $-\frac{dq}{dp}$ 能随 q 的增大而增大，且这种增大的趋势越大越好。

注意到 $-\frac{dq}{dp}$ 随 q 的增大而增大表明需求曲线为凸函数，即只有需求曲线在 q 增大时变得越来越平坦，才会有 $-\frac{dq}{dp}$ 随 q 的增大而增大。

更一般地，定义需求量为价格的函数 $q(p)$，q'、q'' 分别为需求量对价格的一阶导数和二阶导数。由于 $\frac{dp}{dq} < 0$，则 $\frac{d\eta}{dq} > 0$ 等价于 $\frac{d\eta}{dp} < 0$。η 对 p 求导可得：

$$\frac{d\eta}{dp} = \left(-\frac{q'p}{q}\right)' = -\frac{q(q' + q''p) - (q')^2 p}{q^2}$$

$\dfrac{\mathrm{d}\eta}{\mathrm{d}p}<0$ 的充分必要条件为：

$$q(q'+q''p)-(q')^2p=q''qp-(-qq')-(q')^2p>0$$

由于 $q'<0, q''>0$，故 $\dfrac{\mathrm{d}\eta}{\mathrm{d}p}<0$ 需要 $q''qp$ 足够大才能超过后面两项负值。

解此二阶常微分方程较为困难，我们可以找到一个满足条件的函数形式进行分析。函数 $q=\exp(1/p)-1$ 符合要求，其弹性 $\eta=\dfrac{\exp(1/p)}{p^2}\dfrac{p}{q}=\dfrac{(q+1)\ln(q+1)}{q}$，则：

$$\dfrac{\mathrm{d}\eta}{\mathrm{d}q}=\dfrac{q(1+\ln(q+1))-(q+1)\ln(q+1)}{q^2}=\dfrac{q-\ln(q+1)}{q^2}>0$$

这一函数下的价格与需求量的关系如图习 8.2(a) 所示，需求价格弹性与需求量的关系如图习 8.2(b) 所示。图习 8.2(c) 对比了该需求函数与常需求弹性函数 $q=1/p$ 的关系，其中实曲线为本函数，虚曲线为常需求弹性函数。可见，以 $y=x$ 为轴，常需求弹性函数的拐点位于轴上并在两侧完全对称，而本题中的需求函数在 $y=x$ 上方收敛更快，下方收敛更慢，且不沿轴对称。$\dfrac{\mathrm{d}\eta}{\mathrm{d}q}>0$ 体现出需求曲线的二阶导数 q'' 比常需求弹性函数更大的特征。

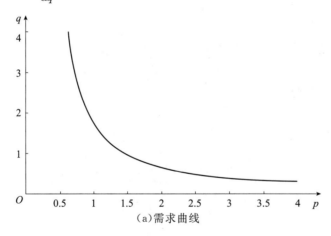

(a) 需求曲线

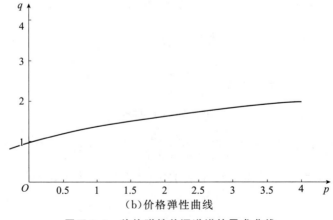

(b) 价格弹性曲线

图习 8.2 价格弹性单调递增的需求曲线

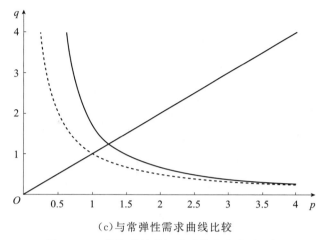

(c) 与常弹性需求曲线比较

图习 8.2　价格弹性单调递增的需求曲线(续)

9-1　如果 ZCP 曲线向下倾斜，我们可以理解为：临界生产率 φ^* 越低，市场上平均生产率企业的利润水平就越高，市场进入门槛越低，说明即使是低生产率的企业，也有可能获得正的利润而存活下来，因此市场上所有存活企业的利润平均值也就越高，故而 ZCP 通常体现为向下倾斜的曲线。

当生产率分布服从帕累托分布时，由于 ZCP 曲线表达式为：

$$\bar{\pi} = f\left(\left(\frac{\tilde{\varphi}(\varphi^*)}{\varphi^*}\right)^{\sigma-1} - 1\right)$$

其中，$\tilde{\varphi} \equiv \left(\frac{1}{1-G(\varphi^*)}\int_{\varphi^*}^{\infty}\varphi^{\sigma-1}g(\varphi)\mathrm{d}\varphi\right)^{\frac{1}{\sigma-1}}$，将帕累托分布所对应的概率密度函数 $g(\varphi)$ 代入可得：

$$\int_{\varphi^*}^{\infty}\varphi^{\sigma-1}g(\varphi)\mathrm{d}\varphi = \frac{\theta b^{\theta}}{\theta-(\sigma-1)}(\varphi^*)^{-\theta+(\sigma-1)}$$

将其代入平均生产率 $\tilde{\varphi}$ 的定义式可得：

$$\tilde{\varphi} \equiv \left(\frac{1}{1-G(\varphi^*)}\int_{\varphi^*}^{\infty}\varphi^{\sigma-1}g(\varphi)\mathrm{d}\varphi\right)^{\frac{1}{\sigma-1}} = \frac{\theta}{\theta-(\sigma-1)}(\varphi^*)^{\sigma-1}$$

进一步将 $\tilde{\varphi}$ 代入 ZCP 曲线可得：

$$\bar{\pi} = f\left(\left(\frac{1}{\theta-(\sigma-1)}\right) - 1\right)$$

我们可以发现，当生产率分布服从帕累托分布时，ZCP 曲线是一条水平的直线。零利润条件下企业的平均利润有一个固定值，与临界生产率无关。

9-2　企业的生产率在企业进入市场之前确实存在不确定性因素。企业在决定进入市场之后，要付出很多固定成本才能知道自己的商业模式(或生产率)能否在市场中获利和生存。这种验证生产率的过程对企业而言就像是一个"抽奖"的过程。由于实践中我们可以观察到企业的生产率存在一个分布，因此本章的假设实际上可以理解为我们假设现实中的分布可以被抽象为企业进入时从该分布中随机抽取生产率而得到的状态。

9-3 根据开放经济均衡条件 $fk(\varphi^*)+p_x nf_x k(\varphi_x^*)=\dfrac{f_e}{(1-G(\varphi^*))}$ 可得：

$$fj(\varphi^*)+nf_x j(\varphi_x^*)=f_e \qquad (习9.1)$$

其中，$\varphi_x^*=\varphi^*\tau\left(\dfrac{f_x}{f}\right)^{\frac{1}{\sigma-1}}$。

式(习9.1)对 τ 求导，且根据 $\partial \varphi_x^*/\partial\tau=\varphi_x^*/\tau+(\varphi_x^*/\varphi^*)\partial\varphi^*/\partial\tau$，以及 $j'(\varphi)<0$，可得：

$$\dfrac{\partial\varphi^*}{\partial\tau}=-\dfrac{\varphi^*}{\tau}\dfrac{nf_x j'(\varphi_x^*)\varphi_x^*}{f\varphi^* j'(\varphi^*)+nf_x\varphi_x^* j'(\varphi_x^*)}<0 \qquad (习9.2)$$

以及：

$$\dfrac{\partial\varphi_x^*}{\partial\tau}=-\dfrac{fj'(\varphi^*)}{nf_x j'(\varphi_x^*)}\dfrac{\partial\varphi^*}{\partial\tau}>0 \qquad (习9.3)$$

可知，随着贸易成本 τ 的降低，临界生产率 φ^* 提升，而出口临界生产率 φ_x^* 降低。

由于 $r_d(\varphi)=(\varphi/\varphi^*)^{\sigma-1}\sigma f,\forall\varphi\geqslant\varphi^*$，又由于临界生产率 φ^* 随贸易成本 τ 的降低而提升，故开放经济条件下企业只从国内市场获得的收入 $r_d(\varphi)$ 随贸易成本 τ 的降低而减少，可得 $r_a(\varphi)>r_d(\varphi)$。

开放经济条件下出口企业的总收入 $r(\varphi)=(1+n\tau^{1-\sigma})r_d(\varphi)$ 的变化取决于 $(1+n\tau^{1-\sigma})/(\varphi^*)^{\sigma-1}$ 的综合变化。接下来证明当贸易成本 τ 降低时，$(1+n\tau^{1-\sigma})/(\varphi^*)^{\sigma-1}$ 增大。

根据式(习9.2)：

$$\begin{aligned}
-\dfrac{\partial\varphi^*}{\partial\tau}\dfrac{\tau}{\varphi^*} &= \left(\dfrac{f}{nf_x}\dfrac{\varphi^*}{\varphi_x^*}\dfrac{j'(\varphi^*)}{j'(\varphi_x^*)}+1\right)^{-1} \\
&= \left(\dfrac{f}{nf_x}\dfrac{(1-G(\varphi^*))(k(\varphi^*)+1)}{(1-G(\varphi_x^*))(k(\varphi_x^*)+1)}+1\right)^{-1} \\
&= \left(\dfrac{f}{nf_x}\left(\dfrac{\varphi_x^*}{\varphi^*}\right)^{\sigma-1}\dfrac{\int_{\varphi^*}^{\infty}\xi^{\sigma-1}g(\xi)\mathrm{d}\xi}{\int_{\varphi_x^*}^{\infty}\xi^{\sigma-1}g(\xi)\mathrm{d}\xi}+1\right)^{-1} \\
&= \left(\dfrac{\tau^{\sigma-1}}{n}\dfrac{\int_{\varphi^*}^{\infty}\xi^{\sigma-1}g(\xi)\mathrm{d}\xi}{\int_{\varphi_x^*}^{\infty}\xi^{\sigma-1}g(\xi)\mathrm{d}\xi}+1\right)^{-1} \\
&< \left(\dfrac{\tau^{\sigma-1}}{n}+1\right)^{-1}
\end{aligned}$$

其中，第二个等号成立是由于 $j'(\varphi)=-\dfrac{1}{\varphi}(\sigma-1)(1-G(\varphi))(k(\varphi)+1)<0$（见附录9-3A），第三个等号成立是由于 $\tilde{\varphi}(\varphi)^{\sigma-1}=\dfrac{1}{1-G(\varphi)}\int_{\varphi}^{\infty}\xi^{\sigma-1}g(\xi)\mathrm{d}\xi$，第四个等号成立是由于 $\varphi_x^*=\varphi^*\tau\left(\dfrac{f_x}{f}\right)^{\frac{1}{\sigma-1}}$，不等式成立是由于当 $\varphi^*<\varphi_x^*$ 时，

$$\int_{\varphi^*}^{\infty} \xi^{\sigma-1} g(\xi) \mathrm{d}\xi \Big/ \Big(\int_{\varphi_x^*}^{\infty} \xi^{\sigma-1} g(\xi) \mathrm{d}\xi \Big) > 1$$

进一步地,

$$\frac{\partial \left(\frac{1+n\tau^{1-\sigma}}{(\varphi^*)^{\sigma-1}} \right)}{\partial \tau} = \frac{1+n\tau^{1-\sigma}}{(\varphi^*)^{\sigma-1}\tau} \left(\frac{(1-\sigma)n\tau^{1-\sigma}}{1+n\tau^{1-\sigma}} - (\sigma-1) \frac{\partial \varphi^*}{\partial \tau} \frac{\tau}{\varphi^*} \right)$$

$$= \frac{1+n\tau^{1-\sigma}}{(\varphi^*)^{\sigma-1}\tau} (\sigma-1) \left(-\frac{\partial \varphi^*}{\partial \tau} \frac{\tau}{\varphi^*} - \left(\frac{\tau^{\sigma-1}}{n} + 1 \right)^{-1} \right) < 0$$

故开放经济条件下出口企业的总收入 $r(\varphi)$ 随着贸易成本的降低而增加,因此有 $r(\varphi) > r_a(\varphi)$。

9-5

(1) 根据封闭经济均衡条件,即自由进入条件和零利润条件,进入成本 f_e 的升高会造成均衡时生产率临界值 (φ^*) 的降低和平均利润 ($\bar{\pi}$) 的升高。

(2) 尽管生产率临界值 (φ^*) 在新的均衡下降低,但这不可以被认为企业进入该行业的门槛降低,这是因为决定企业进入行业的门槛主要是进入成本 f_e,只是因为进入成本 f_e 较高,能够进入行业的企业较少,才使得生存企业的生产率临界值较低。

(3) 生产率临界值 (φ^*) 的高低与市场中的企业数量没有必然的联系。生产率临界值 (φ^*) 更高不代表市场更难进入,该值更低也不代表市场更容易进入。从市场出清条件可得,平均利润 ($\bar{\pi}$) 升高意味着市场中存活的企业数量 M 减少,这与技术要求越高,进入门槛越高,能够留在市场中的企业越少这个一般的直觉一致。

10-2 当生产成本 c 只有两个取值时,我们可以得到成本服从的概率分布 $G(c)$ 为:

$$c = \begin{cases} c_1, & p_1 = k \\ c_2, & p_2 = 1-k \end{cases}$$

此时可能会出现 $c_1 < p_{\max} < c_2$ 和 $c_1 < c_2 < p_{\max}$ 两种情况。两种情况下生产成本临界值分别为 c_1 和 c_2。由于生产成本临界值不连续,我们主要关注连续变量扼塞价格 $p_{\max}$。我们分别就这两种情况下自由进入条件的成立和均衡变量的变化进行具体讨论:

(1) $c_1 < p_{\max} < c_2$,只有生产率为 c_1 的企业才能存活下来。因此我们可以将封闭经济条件下的自由进入条件写为:

$$\frac{L}{4\gamma}(p_{\max} - c_1)^2 k + 0(1-k) = f_e$$

由于需要满足 $c_1 < p_{\max} < c_2$,因此 $p_{\max} = c_1 + \sqrt{\frac{4\gamma f_e}{kL}}$,并且有 $c_1 + \sqrt{\frac{4\gamma f_e}{kL}} < c_2$,即 $\frac{L}{4\gamma}(c_2 - c_1)^2 k > f_e$。

(2) $c_1 < c_2 < p_{\max}$,即市场上所有的企业都能存活下来。自由进入条件写为:

$$\frac{L}{4\gamma}(p_{\max} - c_1)^2 k + \frac{L}{4\gamma}(p_{\max} - c_2)^2 (1-k) = f_e$$

自由进入条件成立等价于关于 $p_{\max}$ 的函数 $f(p_{\max})=0$ 有解：

$$f(p_{\max})=\frac{L}{4\gamma}(p_{\max}-c_1)^2 k+\frac{L}{4\gamma}(p_{\max}-c_2)^2(1-k)-f_e$$

由于 $L>0$、$\gamma>0$ 且 $c_1<c_2<p_{\max}$，因此我们可以得到 $f(p_{\max})$ 在 (c_2,∞) 上随 $p_{\max}$ 的增大而增大。自由进入条件成立，也就意味着 $f(c_2)<0$：

$$\frac{L}{4\gamma}(c_2-c_1)^2 k-f_e<0$$

因此在 $\frac{L}{4\gamma}(c_2-c_1)^2 k<f_e$ 时，在 $c_1<c_2<p_{\max}$ 的情况下自由进入条件有解。

得到均衡时的扼室价格 $p_{\max}$，我们可以讨论企业数量随 f_e 和 L 的变化情况。以 f_e 的变化为例。假设 f_e 较小，一直满足 $\frac{L}{4\gamma}(c_2-c_1)^2 k>f_e$。此时的均衡状态下，$c_1<p_{\max}<c_2$。随着 f_e 的增大，由式(10.13)，$p_{\max}$ 增大，$\bar{p}$ 不变，则企业数量减少。在这个过程中，成本为 c_1 的企业会有正的利润，但其利润恰好等于进入成本。同样，当进入成本 f_e 增大到一定程度，使得 $\frac{L}{4\gamma}(c_2-c_1)^2 k<f_e$ 时，$p_{\max}$ 增大至 $c_1<c_2<p_{\max}$。由式(10.13)，仍有 $p_{\max}$ 增大，$\bar{p}$ 不变，企业数量减少。经济直觉为，当市场变得越来越难以进入时，为保证企业预期利润能覆盖增加的进入成本，$p_{\max}$ 必须提升才能增加企业利润。而使企业获得较高利润的条件是减弱竞争，也就是减少市场中企业的数量。

11-1 将式(11.20)和式(11.21)相除，并且代入式(11.16)，可得 φ_{ii}^* 为 φ_{jj}^* 的函数（或 φ_{jj}^* 为 φ_{ii}^* 的函数）：

$$\varphi_{ii}^{*\theta}=\varphi_{jj}^{*\theta}\frac{\tau_{ij}^\theta}{\tau_{ji}^\theta}\frac{J_j b_j^\theta L_i^\alpha}{J_i b_i^\theta L_j^\alpha}w^{\frac{2\theta}{\sigma-1}-1}$$

将其代入式(11.20)，可得用 φ_{ii}^* 表达的 φ_{ij}^*。

根据式(11.17)，本国和外国的劳动力市场出清条件分别写作：

$$L_i=(1-\eta)J_i b_i^\theta \frac{\lambda\sigma}{\psi}\left(\frac{L_j^\alpha}{\varphi_{ij}^{*\theta}}+\frac{L_i^\alpha}{\varphi_{ii}^{*\theta}}\right)$$

$$L_j=(1-\eta)J_j b_j^\theta \frac{\lambda\sigma}{\psi}\left(\frac{L_i^\alpha}{\varphi_{ji}^{*\theta}}+\frac{L_j^\alpha}{\varphi_{jj}^{*\theta}}\right)$$

将前述求得的 φ_{ij}^* 代入 i 国劳动力市场出清条件可得：

$$\frac{L_i}{(1-\eta)J_i b_i^\theta \frac{\lambda\sigma}{\psi}}=\frac{1}{\varphi_{ii}^{*\theta}}\left(\frac{L_j^\alpha}{\tau_{ij}^\theta w_i^{\frac{2\theta}{\sigma-1}}}\frac{\tau_{ji}^\theta J_j b_j^\theta L_i^\alpha}{\tau_{ij}^\theta J_i b_i^\theta L_j^\alpha}w_i^{\frac{2\theta}{\sigma-1}-1}+L_i^\alpha\right)$$

同理，将用 φ_{ii}^* 表达的 φ_{jj}^* 和 φ_{ji}^* 代入 j 国劳动力市场出清条件可得：

$$\frac{L_j}{(1-\eta)J_j b_j^\theta \frac{\lambda\sigma}{\psi}}=\frac{1}{\varphi_{ii}^{*\theta}}\left(\frac{L_i^\alpha}{\tau_{ji}^\theta w_i^{\frac{-2\theta}{\sigma-1}}}+L_j^\alpha\frac{\tau_{ij}^\theta J_j b_j^\theta L_i^\alpha}{\tau_{ji}^\theta J_i b_i^\theta L_j^\alpha}w_i^{\frac{2\theta}{\sigma-1}-1}\right)$$

两式相除得到仅含内生变量 w_i 的式子：

$$\frac{L_i J_j b_j^\theta}{L_j J_i b_i^\theta}\left(L_i^a w_i^{\frac{\theta\sigma}{\sigma-1}} + \frac{J_j b_j^\theta L_i^a}{J_i b_i^\theta}\tau_{ij}^\theta w_i^{\frac{2\theta\sigma}{\sigma-1}-1}\right) = \frac{J_j b_j^\theta L_i^a}{J_i b_i^\theta} w_i^{\frac{\theta\sigma}{\sigma-1}-1} + L_i^a \tau_{ji}^\theta$$

两边同除以 L_i^a 并将右边第一项移至左边得到式(11.31):

$$\frac{L_i J_j b_j^\theta}{L_j J_i b_i^\theta}\left(\frac{J_j b_j^\theta}{J_i b_i^\theta}\tau_{ij}^\theta w_i^{\frac{2\theta\sigma}{\sigma-1}-1} + w_i^{\frac{\theta\sigma}{\sigma-1}}\right) - \frac{J_j b_j^\theta}{J_i b_i^\theta} w_i^{\frac{\theta\sigma}{\sigma-1}-1} = \tau_{ji}^\theta$$

11-2 利用反证法证明本国市场临界生产率 φ_{ii}^* 提升。已经证明本国单边贸易自由化将降低本国劳动力工资。假设本国市场临界生产率 φ_{ii}^* 降低,根据本国劳动力市场出清条件(式(11.18)),本国出口临界生产率 φ_{ij}^* 提升。又由于本国劳动力工资 w_i 下降,根据出口临界生产率关系式(11.20),本国出口临界生产率 φ_{ij}^* 提升意味着外国企业在外国市场上的临界生产率 φ_{jj}^* 提升。再利用外国劳动力市场出清条件(式(11.19)),可得外国向本国出口临界生产率 φ_{ji}^* 下降。由此,根据贸易平衡条件(式(11.16)),本国出口临界生产率 φ_{ij}^* 提升以及外国向本国出口临界生产率 φ_{ji}^* 下降意味着本国工资提升。这与本国单边贸易自由化降低本国劳动力工资的结论相反,证明本国市场临界生产率 φ_{ii}^* 降低的假设不成立。由此证得本国单边贸易自由化将提升本国企业在本国市场的临界生产率。根据本国市场临界生产率 φ_{ii}^* 提升的结论,由本国劳动力市场出清条件可知本国出口临界生产率 φ_{ij}^* 下降。

12-1 根据 φ^* 和 φ^h 的定义可知:

$$(\varphi^h)^{\sigma-1} = (\varphi^*)^{\sigma-1}\frac{(\eta-1)}{(1+\tau^{1-\sigma})(\gamma^{\sigma-1}-1)}$$

又根据

$$(\varphi^x)^{\sigma-1} = (\varphi^*)^{\sigma-1}\tau^{\sigma-1}\left(\frac{f_x}{f}\right)$$

如果 $\varphi^x < \varphi^h$,需有:

$$\frac{(\eta-1)}{(1+\tau^{1-\sigma})(\gamma^{\sigma-1}-1)} > \frac{f_x}{\tau^{1-\sigma}f}$$

其左右两边分别体现某种选择(技术升级或出口)的成本相对于该种选择的收益的大小。为了保证至少有部分出口企业不选择技术升级,则技术升级的相对收益不能太大,或者其相对成本不能太小。当研发的固定成本相对于出口的固定成本足够大时,只有较高生产率的企业才会因技术升级而获得较大的收益,故技术升级的临界生产率 φ^h 将大于出口的临界生产率 φ^x。

13-1 当前均衡状态下企业利润为零 $\pi_I = 0$,据此可以解得 $B^H = B^F = B_I = \frac{f_E + 2f_D}{2\varphi^{\sigma-1}}$。将其代入 π_X 的表达式,令 $\pi_X > 0$,可得 $\frac{2f_D}{f_E} > \tau^{\sigma-1} - 1$。这与式(13.6)完全相同,则 f_E, f_D, τ 和 σ 等因素对企业选择的影响及经济直觉与正文中的讨论一致。

14-1

(1) 记本国和外国最终品的消费量分别为 Q, Q^*,最终品的价格为 P,在本国完成的任务集合为 Ω,在外国完成的任务集合为 Ω^*。均衡时存在某一特定任务 I_o,其在本国完成和在外国完成的成本相等：
$$w = w^* \beta I_o = \beta I_o$$

当任务 $i < I_o$ 时,在外国完成的成本更低,因此这部分任务会在外国完成;当 $i > I_o$ 时,在本国完成的成本更低,因此这部分任务将在本国完成。由此可得一单位最终品的价格为 $P = (1-I_o)w + w^* \int_0^{I_o} \beta i \, \mathrm{d}i$。本国和外国的劳动力市场出清,即完成任务需要的劳动力数量等于劳动力总量：

$$L = (1-I_o)(Q+Q^*)$$
$$L^* = \int_0^{I_o} \beta i (Q+Q^*) \mathrm{d}i$$

据此可得分工的临界点 I_o 为：

$$\frac{L}{L^*} = \frac{1-I_o}{\frac{1}{2}\beta I_o^2}$$

一国的总收入等于该国的总支出：

$$wL = PQ = \left((1-I_o)w + w^* \int_0^{I_o} \beta i \, \mathrm{d}i\right)Q$$
$$w^* L^* = PQ^* = \left((1-I_o)w + w^* \int_0^{I_o} \beta i \, \mathrm{d}i\right)Q^*$$

由此可得两国的消费品消费量为：

$$Q = \frac{L}{1 - \frac{I_o}{2}}$$
$$Q^* = \frac{L^*}{\beta I_o \left(1 - \frac{I_o}{2}\right)}$$

易证由此得到的消费量 Q 和 Q^* 满足贸易平衡条件(一国的总出口等于该国的总进口)：

$$(Q+Q^*)\left(w^* \int_0^{I_o} \beta i \, \mathrm{d}i\right) = \left((1-I_o)w + w^* \int_0^{I_o} \beta i \, \mathrm{d}i\right)Q^*$$

(2)当本国的劳动力规模扩大时,本国的劳动力供给增加,本国的劳动力工资 w 下降,这将使得在本国完成任务的成本降低,因此会有更多的任务留在本国,临界任务 I_o 下降。当离岸生产成本 β 下降时,会有更多的任务转移至外国,临界任务 I_o 上升。

(3)允许外国生产最终品等价于允许外国进口本国完成的任务,并自行组装最终品。不仅最终品的贸易没有额外成本,外国从本国进口完成的任务也没有贸易成本,所以两种情况下的开放经济均衡完全等价。此时的均衡条件与问题(1)中相同。

具体而言,临界任务处两国的成本相同：
$$w = w^* \beta I_o = \beta I_o$$

其实际上通过 I_o 给出本国的工资 w。两国的劳动力市场出清条件仍为：
$$L = (1-I_o)(Q+Q^*)$$

$$L^* = \int_0^{I_o} \beta i \, di (Q + Q^*)$$

这两个式子给出分工的临界点 I_o 为：

$$\frac{L}{L^*} = \frac{1-I_o}{\frac{1}{2}\beta I_o^2}$$

由于外国此时可以进口本国的任务，可得两国的贸易平衡条件为：

$$w(1-I_o)Q^* = w^* \int_0^{I_o} \beta i \, di Q$$

在此条件两边同时加上 $w(1-I_o)Q$，整理可得：

$$w(1-I_o)(Q+Q^*) = w(1-I)Q + w^* \int_0^{I_o} \beta i \, di Q$$

结合本国劳动力市场出清条件，我们可以得到问题(1)中的本国收入等于支出的均衡条件：

$$wL = \left((1-I_o)w + w^* \int_0^{I_o} \beta i \, di\right)Q$$

类似地，我们也可以在贸易平衡条件两边同时加上 $w^* \int_0^{I_o} \beta i \, di Q^*$，结合外国劳动力市场出清条件可得问题(1)中外国收入等于支出的均衡条件：

$$w^* L^* = \left((1-I_o)w + w^* \int_0^{I_o} \beta i \, di\right)Q^*$$

因此，问题(1)中我们只允许外国购买本国生产的最终品，而问题(3)中允许外国购买本国的任务并自行组装最终品，但这两种情形完全等价。

教辅申请说明

　　北京大学出版社本着"教材优先、学术为本"的出版宗旨,竭诚为广大高等院校师生服务。为更有针对性地提供服务,请您按照以下步骤通过微信提交教辅申请,我们会在1~2个工作日内将配套教辅资料发送到您的邮箱。

◎扫描下方二维码,或直接微信搜索公众号"北京大学经管书苑",进行关注;

◎点击菜单栏"在线申请"—"教辅申请",出现如右下界面:

◎将表格上的信息填写准确、完整后,点击提交;

◎信息核对无误后,教辅资源会及时发送给您;如果填写有问题,工作人员会同您联系。

温馨提示: 如果您不使用微信,则可以通过下方的联系方式(任选其一),将您的姓名、院校、邮箱及教材使用信息反馈给我们,工作人员会同您进一步联系。

联系方式:
北京大学出版社经济与管理图书事业部
通信地址:北京市海淀区成府路205号,100871
电子邮箱:em@pup.cn
电　　话:010 - 62767312/62757146
微　　信:北京大学经管书苑(pupembook)
网　　址:www.pup.cn